高等院校经济学系列
精品规划教材

ECONOMETRICS THEORY AND APPLICATION

第2版

计量经济学及其应用

主编 杜江
副主编 李恒 贾文

机械工业出版社
China Machine Press

图书在版编目（CIP）数据

计量经济学及其应用 / 杜江主编 . —2 版 . —北京: 机械工业出版社，2015.6（2018.5 重印）
（高等院校经济学系列精品规划教材）

ISBN 978-7-111-50501-3

I. 计… II. 杜… III. 计量经济学－高等学校－教材 IV. F224.0

中国版本图书馆 CIP 数据核字（2015）第 130202 号

本书立足于计量经济学的基本理论思想，本着通俗易懂的原则，深入浅出，将数学公式的运用最少化，注重理论和方法的具体应用，使读者在阅读后可以比较容易地领悟到计量经济学原理的思想内涵，掌握计量经济学最基本的研究方法，学会如何使用计量经济学软件分析解决现实的经济问题，是一本让人读了就会懂，懂了就会用，兼具理论性与实用性的教材。

本书既适用于大学本科以及研究生的教学和实践，也可以作为科研工作者在经济研究过程中的参考书籍，还可以作为广大计量经济学爱好者的科普性教材。

出版发行：机械工业出版社（北京市西城区百万庄大街 22 号 邮政编码：100037）

责任编辑：董凤凤	责任校对：董纪丽
印　　刷：北京诚信伟业印刷有限公司	版　　次：2018 年 5 月第 2 版第 5 次印刷
开　　本：185mm × 260mm　1/16	印　　张：19.25
书　　号：ISBN 978-7-111-50501-3	定　　价：35.00 元

凡购本书，如有缺页、倒页、脱页，由本社发行部调换

客服热线：(010) 88379210 88361066　　投稿热线：(010) 88379007

购书热线：(010) 68326294 88379649 68995259　　读者信箱：hzjg@hzbook.com

PREFACE

第2版前言

在《计量经济学及其应用》第1版中，我就提及过编写的初衷，就是让读者拥有一册既通俗又上手的计量经济学读物，使读者一读就懂，懂即会用。的确，读者对这本读物给予了很多"点赞"，这让我们感到欣慰和振奋，也激励了我们要更好地续写《计量经济学及其应用》，以不辜负读者的更高期望。

本书在第1版的基础上，做了部分修订和扩展，增加了单变量时间序列模型、虚拟被解释变量模型和面板数据模型三章内容。同时，更新和丰富了案例，以便读者对计量经济学的应用有更深的理解。尽管有更高版本的 EViews，但本书仍然沿用第1版的，这对读者使用喜欢的版本没有影响，甚至对使用其他软件也不会产生多大影响。毕竟，本书主要是讲计量经济学的理论和应用，而不是推销哪款软件更好。

本书新增加的三章内容由杜江主笔，杨文溥博士给予了大力协助。宋跃刚博士也参与了本书部分内容的修订工作，全书的统稿和部分内容的修订由杜江完成。

第2版的完成有赖于诸多人士的帮助，在此首先表示感谢。特别是很多高校讲授计量经济学课程的老师们，对《计量经济学及其应用》第1版中存在的问题以及对这本读物的建议，都通过直接或间接的方式知会了我们。这些高校主要包括北京师范大学、东南大学、华南理工大学、上海交通大学、四川大学、厦门大学、浙江财经大学等。此外，对四川大学经济学院的吴良、邓国营和赵绍阳老师，还有尚未提及的高校或素未相识的老师和同行，在此，一并表示感谢。同时，我们也借鉴了诸多学者的成果，对这些学者也表示感谢。最后感谢四川大学经济学院始终如一的热情鼓励和鼎力支持，感谢机械工业出版社华章公司的编辑章集香和董凤凤的详尽指导。

尽管我们竭力实现"一读就懂，懂即会用"的初衷，但我还是强调一点，学习计量经济学与做其他任何事基本类似，需要两件东西：一把不移动的椅子和一个充满智慧的脑袋。也就是说，学习计量经济学需要的是理性，而不是任性，要坐得住，踏踏实实，集中精力，勤学善思，勇于求教，像学习驾驶一样，反复实践才能不断取得硕果。我们期待这部教材能对经济学、金融学、统计学、管理学、社会学、心理学等领域的读者带来更多的帮助，使他们能够熟练掌握计量经济学的基础知识，善于运用计量经济模型分析经济社会中的各种现象。让我们拥抱“大数据时代”，顺着计算机与信息科学快速发展的风口，应用计量经济学充分揭示经济学以及其他学科的真谛。

在本书中，错误在所难免，敬请再次斧正。

杜　江

2015 年初春于四川大学望江园

PREFACE

第 1 版前言

当今社会，“月光族”已经成为一个越来越普遍的现象。但是，所谓的“月光族”，真的“月光”了吗？要想搞清楚这个经济现象是否存在，我们可以采用计量经济学方法来检验。通过建立收入与消费之间的计量经济学模型，采用大量的抽样调查数据，如果在统计意义上得出消费者的边际消费倾向恰好等于 1 的话，才能称之为严格意义上的“月光族”。这个有趣的结论仅仅是运用计量经济学解决现实经济问题的无数事例之一。事实上，在现实社会中，几乎所有的经济问题都可以用计量经济学加以分析和处理，可以说计量经济学在解决各种各样的社会现象和经济现象中起到举足轻重的作用。

目前，我国计量经济学与以往相比有了长足的发展，也出现了很多优秀的教材，但大多数教科书中烦琐的数学公式和理论推导，使得计量经济学这门学科的应用普及还不太广泛。我们经过深思熟虑后，把这本教材命名为《计量经济学及其应用》，在编纂过程中，我们不仅最小限度地运用数学公式，还采用同一组数据基本上贯穿了所有章节，竭力将计量经济学原理以最直观、最通俗易懂的形式表述出来。

从事计量经济学教学十多年来，我在教学过程中发现，很多学生虽然学习了不少理论方法，但是不知道如何运用这些知识来分析解决实际的经济问题，空有一肚子计量经济学理论知识，却缺乏灵活应用和实际操作的能力，没有真正领悟到计量经济学的内涵所在。倘若不能将其运用到实际经济问题的解决中，则好比一个人买了一台 8G 内存的电脑却只用于看电子小说——极好的资源完全没有得到充分的应用。因此，在本书中，我们十分强调计量经济学方法的实际应用，每讲述完一个计量经济学的理论方法，都详尽地介绍了相应的 EViews 软件的操作方法和步骤，并在此基础上，通过一些精选出来的案例使读者能够更直观地了解如何将计量经济学运用到现实的经济生活中去。

总的来说，本书立足于计量经济学的基本理论思想，本着通俗易懂的原则，深入浅出，将数学公式的运用最少化，注重理论和方法的具体应用，使读者在阅读后可以比较容易地领悟到计量经济学原理的思想内涵，掌握计量经济学最基本的研究方法，学会如何使用计量经济学软件分析解决现实的经济问题。这是一本让人读了就会懂，懂了就会用，兼具理论性与实用性的教材。

从炎炎夏日到隆冬之季，一路走来，感触良多。在编纂这本计量经济学教材的过程中，我与我的同事，还有参与帮忙的勤奋好学的学生们都伴随着这本书的编写一起成长。为了力图使这本书通俗易懂而又不失深度，每个章节都经过了反复修改，每一页都进行了反复校对，每个原理都被反复斟酌，每个公式都经再三推敲，每一步 EViews 软件操作都经过仔细核实，字字句句都凝聚了无数的心血和精力。功夫不负有心人，耗费数个月的艰辛与汗水，我们基本达到了既定的目标——编成一本最通俗易懂的计量经济学教材。可以这样说，这本《计量经济学及其应用》可以让你

一读即懂　懂即会用

回首过去的数月，每天在锦江之滨，望江楼下，薛涛井边，浸润着百年名校四川大学的人文气息，徜徉于计量经济学的海洋，思忖着如何使这门经典的学科能为更多人所知、所识、所用，为普及计量经济学的应用尽自己的一份绵薄之力。这本书既适用于大学本科以及研究生的教学和实践，也可以作为科研工作者在经济研究过程中的参考书籍，同时，该书还可以作为广大计量经济学爱好者的科普性教材。笔者希望这本书可以让读者在探索经济学这个奇妙世界的道路上如虎添翼。

本书的完成有赖于众多人士的帮助和支持。感谢四川大学经济学院一如既往的鼓励和支持；感谢机械工业出版社华章公司的张娴竹编辑在编写过程中给予的详尽指导与耐心说明；感谢我的学生陈博、华夏欣、黄玥、刘璐、康忠伟、李政、唐韵、万光、王晨曦、许多、张宸铭等在本书的编写和校订过程中所付出的努力和汗水；特别地，我要感谢我的夫人丁怡对我的充分理解和倾力支持，使我能够顺利地完成书稿；最后，还要感谢一大批未曾谋面的作者和学者，他们的著作和研究成果对本书的编纂完成具有极大的借鉴意义。

由于水平有限，书中不足之处在所难免，恳请广大读者朋友斧正。

2009年12月于四川大学望江园

SUGGESTION

教学建议

教学目的

本课程教学的目的在于让学生掌握计量经济学的基本知识和原理，主要包括经典假设下的计量经济学模型、放宽假设的计量经济学模型、联立方程模型的理论及其应用、时间序列计量经济学模型及其应用和高级计量经济学应用五个部分，要求学生不仅要熟练掌握计量经济学的基础知识，能够运用计量经济模型分析经济现象，更要让学生能够熟练使用 EViews 软件完成相应的数据处理。

前期需要掌握的知识

微积分、线性代数、概率论与数理统计、微观经济学、宏观经济学等课程相关知识。

课时分布建议

教学内容	学习要点	课时安排	
		本科	研究生
第 1 章 EViews 软件简介与数据处理方法	（1）了解 EViews 软件 （2）了解 EViews 软件中的数据分类 （3）了解数据获取途径以及如何将数据录入 EViews （4）掌握基于 EViews 数据处理	3	2
第 2 章 最小二乘法	（1）掌握散点图的画法 （2）理解函数的形式与参数的经济意义 （3）掌握最小二乘法的思想 （4）掌握最小二乘法的 EViews 实现方法	3	2
第 3 章 一元线性回归	（1）了解总体回归函数和样本回归函数的概念 （2）了解一元线性回归模型的基本假设以及最小二乘估计的基本特征	6	4

（续）

教学内容	学习要点	课时安排	
		本科	研究生
第3章 一元线性回归	（3）掌握判断系数的概念及其意义 （4）掌握参数显著性检验的概念及其意义 （5）了解点预测与区间预测 （6）掌握本章涉及知识点的EViews实现方法	6	4
第4章 多元回归分析（一）	（1）了解多元回归模型概念及其假设 （2）掌握多元回归模型的参数估计方法 （3）理解判定系数和校正后的判定系数 （4）掌握多元回归模型的显著性检验 （5）了解多元回归模型的点预测和区间预测 （6）掌握本章涉及知识点的EViews实现方法	6	4
第5章 多元回归分析（二）	（1）掌握虚拟变量的概念及其引入方式 （2）掌握虚拟变量的引入原则 （3）了解虚拟变量与Chow检验的联系与区别 （4）理解参数标准化的意义 （5）掌握参数标准化的方法 （6）掌握本章涉及知识点的EViews实现方法	4	4
第6章 异方差性	（1）理解异方差的概念、类型 （2）了解异方差产生的原因与后果 （3）掌握异方差的诊断方法 （4）掌握消除异方差的方法 （5）掌握本章涉及知识点的EViews实现方法	4	4
第7章 序列相关性	（1）理解序列相关性的概念 （2）了解序列相关性产生的后果 （3）掌握序列相关性的诊断方法 （4）掌握消除序列相关性的方法 （5）掌握本章涉及知识点的EViews实现方法	4	4
第8章 多重共线性	（1）理解多重共线性的概念 （2）了解多重共线性产生的后果 （3）掌握多重共线性的诊断方法 （4）掌握消除多重共线性的方法 （5）掌握本章涉及知识点的EViews实现方法	4	4
第9章 联立方程模型和识别	（1）了解联立方程模型的概念 （2）了解结构式模型和简约式模型，并掌握两者的转化过程 （3）了解联立方程模型识别的概念 （4）掌握联立方程模型识别的方法	3	2
第10章 联立方程模型的参数估计方法	（1）了解递归模型及其估计方法 （2）掌握工具变量方法 （3）掌握间接最小二乘法 （4）掌握二阶段最小二乘法 （5）掌握本章涉及知识点的EViews实现方法	4	2
第11章 时间序列的平稳性及其检验	（1）了解平稳性的概念 （2）掌握平稳性检验方法和步骤 （3）掌握本章涉及知识点的EViews实现方法	4	2

（续）

教学内容	学习要点	课时安排	
		本科	研究生
第 12 章 单变量时间序列模型	（1）了解自回归（AR）模型 （2）了解移动平均（MA）模型 （3）掌握自回归移动平均（ARMA）估计方法 （4）掌握本章涉及知识点的 EViews 实现方法	6	4
第 13 章 向量自回归模型及其应用	（1）了解向量自回归模型的概念 （2）了解向量自回归模型的参数估计 （3）掌握脉冲响应函数 （4）掌握预测误差方差分解 （5）掌握 Granger 因果关系检验 （6）掌握本章涉及知识点的 EViews 实现方法	6	4
第 14 章 协整与误差修正模型	（1）了解协整理论 （2）掌握 E-G 两步法 （3）了解 Johansen 检验的思想 （4）掌握误差修正模型 （5）掌握向量误差修正模型 （6）掌握本章涉及知识点的 EViews 实现方法	6	4
第 15 章 虚拟被解释变量模型	（1）了解线性概率模型步法 （2）掌握二元 logit 模型 （3）掌握本章涉及知识点的 EViews 实现方法	6	4
第 16 章 面板数据模型	（1）了解面板数据模型 （2）了解混合效应、变截距和变系数模型 （3）掌握固定效应和随机效应 （4）掌握本章涉及知识点的 EViews 实现方法	6	4
	课时总计	75	54

说明：（1）标注的课时与相关内容仅供参考，主讲老师可根据教学特点灵活调整。

（2）EViews 上机操作等可在课程中穿插进行，也可以专门设置特定的试验课程。

目 录

第二篇　放宽假设的计量经济学模型

第三篇　联立方程模型的理论及其应用

第四篇　时间序列计量经济学模型及其应用

第五篇 高级计量经济学应用

绪　论

什么是计量经济学

计量经济学（Econometrics）是一门用于验证和测度的学科，是一门运用数学、统计学和经济理论对经济现象进行定量分析的社会科学学科。社会科学与自然科学在研究过程中的主要区别就是前者没有实验作为基础，而后者的研究都可以通过实验来验证。在计量经济学出现之前，经济学的研究多处于理论分析的阶段，无法对理论分析的结果给出现实的证据；在计量经济学出现之后，经济学者开始采用客观的经济数据来对理论分析的结果进行验证，使得经济研究的结果更令人信服，这在一定程度上解决了社会科学研究缺乏实验验证的缺陷。

为什么要学习计量经济学

计量经济学的功能是验证和测度，我们之所以要学习计量经济学就是因为在现实经济中有许多经济现象需要进行验证和测度。西方经济学微观部分开篇就讲到需求定律，即在其他条件不变的情况下，一种商品的价格上升会引起该商品需求量的下降。根据生活经验，一种商品的价格上涨了，消费者可能不情愿购买，也可能负担不起，从而导致需求量降低。然而，在整个社会中，这种关系是否是成立的呢？某种商品的价格上涨一单位，需求量会降低多少呢？或者说某种商品的价格上涨1%，需求量会降低几个百分点呢（需求弹性）？这些都是单纯的理论分析无法回答的问题。

1928年美国数学家柯布和经济学家道格拉斯提出了著名的柯布－道格拉斯生产函数，其数学表达式为

$$Y = AK^{\alpha}L^{\beta} \tag{0-1}$$

式中，参数α、β表示资本与劳动的产出弹性；参数A表示效率系数，用于测度广义技术进步水平。如果没有计量经济学就无法测度出以上参数的值，从而也无法测度出产出弹性的大小，进而无法衡量技术进步的水平。

采用计量经济学，就可对经济变量进行定量分析，起到验证和测度的作用，使经济学的研究更为深入。

如何学习计量经济学

从计量经济学的定义可以看出，计量经济学是一门涉及数学、统计学和经济理论的学科。具体来讲，在学习这门学科之前应该掌握微积分、线性代数、概率论与数理统计、微观经济学、宏观经济学等基础知识。在学习的过程中，除了掌握计量经济学的知识要点之外，还应该跳出教材讲解的知识点，与现实经济现象联系起来思考。计量经济学是一门方法论学科，是一种研究工具，只有与现实经济现象联系起来思考才能发挥它的作用。学习计量经济学最大的目的不是单纯地为了了解这门学科，而是要学会使用这门学科分析和解决经济问题。所以，学习计量经济学就如同学习驾驶一样，要勇于实践。在学习的时候，应该大胆运用计量经济学这门研究工具，力图解决一些现实经济问题。

计量经济学方法

如果我们要用计量经济学去分析一种经济问题，该采取何种步骤呢？在这里，我们以经典的单方程计量经济学模型为例，介绍采用计量经济学分析经济问题的方法。一般来说，用计量经济学分析经济问题主要采用如下步骤：

（1）理论分析与理论假设；

（2）构建计量经济学模型；

（3）收集样本数据；

（4）计量经济学模型的参数估计；

（5）计量经济学模型的检验。

第 1 步：理论分析与理论假设

在分析一个经济问题时，首先要了解现有的经济理论是如何阐述这个问题的，如果现有的经济理论没有对其进行阐述，那么就应该对其进行合理推导以形成某种结论。例如，在宏观经济学中，凯恩斯的绝对收入假说下的消费理论认为，居民消费水平受到可支配收入的影响，随着居民可支配收入的增加，居民的消费水平也在提高，但是，居民可消费支出的增长速度不及收入的增长速度。

第 2 步：构建计量经济学模型

计量经济学是通过对模型参数的估计来达到验证和测度的效果的，因此，构建模型就是必需的。计量经济学模型的构建主要包含选择变量，确定变量之间的数学关系，拟定待估参数的理论值。

计量经济学模型是由变量构成的，在单方程计量经济学模型中变量主要分为解释变量和被解释变量两种类型。例如，居民可支配收入影响了居民消费水平，因此，我们把居民可支配收入在理论假设中认为是解释变量，它解释了居民消费水平的变化；与此对应，居民消费水平就是被解释变量，它的变动被居民可支配收入所解释，是由收入的变动引起的。我们在前面的理论分析中已经假设居民消费水平和可支配收入呈现正相关的关系，因此，它们之间的数学关系是一元线性关系（在无法较好给出理论假设的情况下需要借助散点图来观察变量之间的关系，在第 2 章将有详细介绍）。我们在理论假设基础上，构建计量经济学模型

$$Y_i = \beta_0 + \beta_1 X_i + \mu_i \tag{0-2}$$

式中，μ_i 代表随机干扰项（random error term），简称误差项（error term），模型（0-2）中给定一个 Y_i，就有唯一一个 X_i 与之对应。然而，在现实当中两者并不是精确的函数关系，而是不确定的统计关系，因此，为了反映这种不确定性，在理论假设的基础上引入了随机干扰项 μ_i。随机干扰项的具体含义将在后面的相应章节给予解释和讨论。在估计这个模型之前，通过相关经济理论，我们预期，在通常情况下，$0<\beta_1<1$，在估计出参数 β_1 之后，结合这个理论预期就达到了验证的效果。同时这也测度出了边际消费倾向的大小。

当然，也有特殊情况存在。在现实生活当中，对于某些消费个体而言，可能有的月份消费支出略微大于收入而有的月份则略有结余。那么，从统计意义上来讲，这些消费个体在一段时间内的平均消费支出水平应该恰好等于收入，也就是说 β_1 恰好是等于 1 的。这种情况即为我们在序言开头部分所提到的“月光族”现象。

第 3 步：收集样本数据

采用计量经济学方法进行实证分析离不开数据的收集。数据的数量和质量直接影响到实证分析的效果。一般来说，有三种数据可以用于实证分析。这三种数据的具体形式为：

（1）截面数据；

（2）时间序列数据；

（3）混合数据。

截面数据（cross-section data）是指对于某一经济变量相对于同一时间点上，来自于不同个体的数据集合。例如，某一个年度，某个村落中的所有家庭的收入所构成的数据。

时间序列数据（time series data）是指某一经济变量，按照时间先后顺序排列，来自于某一单独个体的数据集合。例如，某村落中的某个家庭，10 年以来的收入构成的数据。

混合数据（pooled data）是指时间序列数据和截面数据的组合。例如，某村落的所有家庭 10 年以来的收入构成的数据。在这组混合数据中，该村落中的某个家庭 10 年以来的收入构成了时间序列，而某一年所有家庭的收入构成了截面数据。在混合数据中，有一类特殊的数据叫面板数据（panel data），也称纵向数据（longitudinal data），指一个截面单位的跨期

调查数据。例如，将上述村落中的所有家庭看作一个截面单位，调查所有家庭10年以来的收入水平所构成的数据。

第4步：计量经济学模型的参数估计

参数估计是计量经济学的核心内容。在建立了计量经济学模型，并收集到模型所需要的所有数据后，就应该选择采用适当的方法来对参数进行估计。例如，我们需要对模型(0-2)的参数 β_0 和 β_1 进行估计。参数估计是纯技术过程，包括对模型识别问题的研究、解释变量相关程度的研究、估计方法的选择、计量经济学应用软件的操作等。常用的参数估计方法有普通最小二乘法（OLS）、加权最小二乘法（WLS）、间接最小二乘法（ILS）、二阶段最小二乘法（2SLS）等。

第5步：计量经济学模型的检验

当模型的参数估计出来后，可以认为得到了一个计量经济学模型的初步结果。但它能否客观反映经济问题中相关经济变量之间的关系，能否具有指导作用，必须要通过对模型的检验才能决定。一般来说，对模型的检验主要分为以下四个方面：

（1）经济意义的检验。经济意义的检验即检验参数估计值的符号和大小是否符合应有的经济意义。例如，对于模型（0-2），是否满足人们的理论预期 $0<\beta_1<1$。如果不满足，则需要找出原因并进行修正。

（2）统计检验。统计检验是采用统计理论来检验参数估计值可靠性的一种检验方法。例如，对于模型（0-2），假定估计得出 $\beta_1=0.47$，但我们并不能说明之前的理论假设得到了实证结果的验证。我们必须确保这一估计参数并非偶然的结果，才能真正相信这一估计结果。常用的统计检验有拟合优度检验、变量显著性检验和方程显著性检验等。

（3）计量经济学检验。计量经济学检验是从计量经济学理论出发的，主要检验模型的计量经济学性质是否符合计量经济学相关的假设。最主要的检查标准有异方差检验、序列相关性检验和多重共线性检验。

（4）模型预测检验。模型预测检验主要检验估计值的稳定性以及相对于样本容量变化时的灵敏度，确定所建立的模型是否可以用于样本观测值以外的范围的预测，即模型的所谓超样本特性。具体方法包括：①利用扩大了的样本重新估计模型参数，将估计值与原来的估计值进行比较，并检验两者之间差异的显著性；②将所建立的模型用于样本以外某一时期的实际预测，比较预测值与实际观察值，然后检验两者差异的显著性。

计量经济学模型的应用

经历并通过上述步骤之后，一个计量经济学模型的真正结果就建立起来了，它可以用于预测、结构分析和政策评价等目的。

预测是指利用现有样本数据以外的某些变量值，给出经济变量在未来时期中或其他空间上的预测结果值。

结构分析是应用计量经济学模型对经济变量之间的关系做出定量的测度。

政策评价是通过计量经济学模型仿真或模拟各种政策措施的效果，对不同的政策方案进行比较和选择。图 0-1 较为完整地反映了计量经济学模型的构建和分析过程。

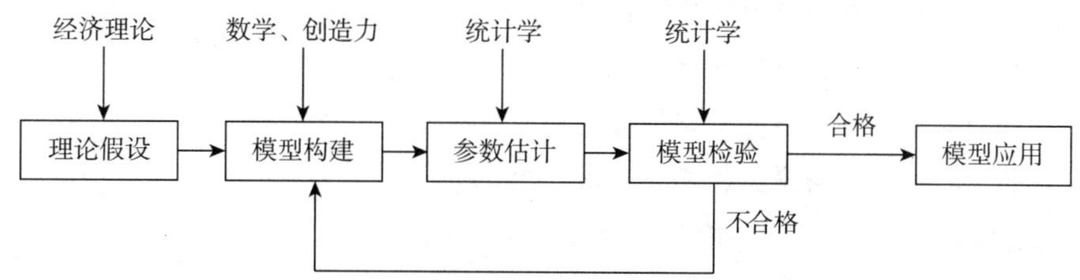

图 0-1　计量经济学模型的构建与分析过程

从图 0-1 可以看出，计量经济学模型在建立过程中，体现了经济学、统计学和数学的结合。同时也可以看出，“模型构建”在整个过程中处于枢纽地位，模型构建的不合格将直接影响到模型的应用，在构建模型的过程中是离不开构建者的创造力的。

思考与练习

1. 请解释下列名词：计量经济学　被解释变量　解释变量　随机干扰项　截面数据　时间序列数据

2. 计量经济学的研究对象和内容是什么？计量经济学模型研究的经济关系有什么基本特征？

3. 试结合一个具体经济问题说明建立与应用计量经济学模型的主要步骤。

4. 试说明时间序列数据和截面数据有哪些异同，并分别举出一组时间序列数据和截面数据。

5. 下列假想的计量经济模型是否合理，为什么？

(1) $SC_t = 8\,300 - 0.24RI_t + 1.12FI_t$

式中，SC_t 为第 t 年社会消费品零售总额（亿元），RI_t 为第 t 年居民收入总额［城镇居民可支配收入总额与农村居民纯收入总额之和（亿元）］，FI_t 为第 t 年全社会固定资产投资总额（亿元）。

(2) $C_t = 180 + 1.2Y_t$

式中，C、Y 分别是城镇居民消费支出和可支配收入。

(3) $\ln Y_t = 1.15 + 1.62\ln K_t - 0.28\ln L_t$

式中 Y、K、L 分别是工业总产值、工业生产资金和职工人数。

(4) $GDP_i - \alpha + \sum\beta_i GDP_i + \varepsilon_i$

式中，$GDP_i(i=1,2,3)$ 是第 i 产业的国内生产总值。

6. 下列关系中，哪些是确定性关系，哪些具有不确定的统计关系？

(1) 销售额、销售数量与价格。

(2) 圆的面积和半径。

(3) 粮食产量与温度。

(4) 总成绩、数学成绩和语文成绩。

(5) 身高、地区、运动时间和饭量。

(6) 本期投资、上期收入和上期投资。

(7) 国内生产总值、消费、投资和净出口。

7. 计量经济学与理论经济学的区别和联系是什么？

第一篇

经典假设下的计量经济学模型

第1章 EViews 软件简介与数据处理方法

从后面的章节我们会看到，采用计量经济学的方法来定量分析各种经济关系，其中涉及的计算过程非人力可及，因此，计量经济学软件的使用就显得尤为重要。虽然有很多计量分析软件，但目前普遍采用的是 EViews 软件。EViews 的功能很强，在 Windows 操作系统下，可以实现对复杂数据的统计分析，实现计量经济学中的各种估计方法的参数估计和检验。EViews 软件已经在社会科学，特别是经济学和管理学中被广泛使用。

1.1 EViews 软件简介

EViews 软件主要是通过菜单实现人机对话，完成各种计量分析和处理工作，很适合不熟悉程序设计语言的使用者。同时，EViews 软件也带有很强的命令功能和程序设计语言，可以解决很多问题。本书主要以 EViews3.1 为基础，讲解它的使用方法。

1.1.1 EViews 软件的启动

方法 1：在 Windows 操作系统的桌面下，单击“开始”按钮，然后选择“所有程序（P）”中的 EViews 执行程序软件。

方法 2：在“我的电脑”下，逐步进入 EViews 目录，选择 EViews 执行程序软件。

方法 3：如果桌面上有 EViews 执行程序图标，则双击该图标。

方法 4：如果存在已经建立的 EViews 文件，则直接双击该文件图标，进入到类似于图 1-3或图 1-9 的工作文件窗口。

当程序启动后，将显示如图 1-1 的 EViews 的主菜单窗口。这个窗口由 5 个部分组成：标题栏、主菜单、命令窗口、工作区窗口、状态栏。

1.1.2 EViews 软件文件类型

EViews 软件可以处理 4 种类型的文件，分别是工作文件（Workfile）、程序文件（Program）、数据库文件（Database）和文本文件（Text）。本书在后面的软件应用中主要是

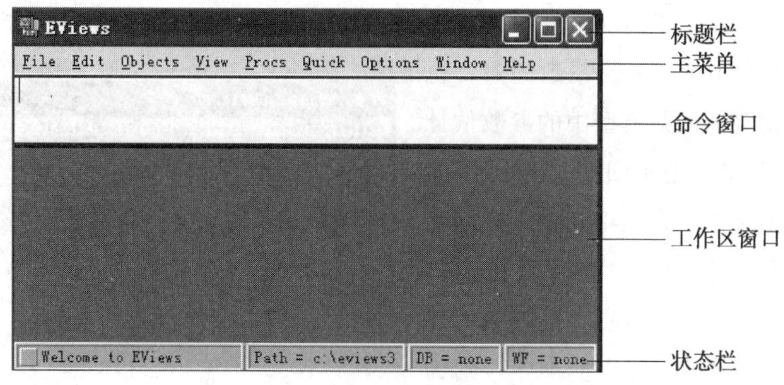

图1-1 EViews主菜单窗口

针对工作文件进行讲解。

EViews软件的核心是对象（Object)。对象是指具有关联的信息组织在一起的单元，主要对象有：序列（Series)、方程式（Equation)、图形（Graph)、序列组或群（Group)、向量（VAR）等。这些对象所组成的集合构成了一个工作文件。

1.2 数据分类

1.2.1 选择数据类型

EViews软件主要针对的是数值数据，数据类型各种各样，频率有高有低（时间间隔有短有长)，如绪论所讲，可划分为时间序列数据、截面数据和Panel数据。在使用EViews软件时，如果不存在所要处理的工作文件，就需要建立新的工作文件。建立新工作文件的步骤是：在主菜单下，选择“file/New/Workfile”，然后将显示如图1-2所示的对话框。

在图1-2的对话框中，要分析处理的数据频率(Workfile freqency）有8种选择，分别是年度数据(Annual)、半年度数据（Semi annual)、季度数据(Quarterly)、月度数据（Monthly)、周度数据(Weekly)、类似于股市的5日制数据（Daily [5 day weeks])、商业企业的7日制数据（Daily [7 day weeks]）以及无规则或截面数据（Undated or irregular)。如果样本观测值是频率较低的年度数据，则选择年度数据。

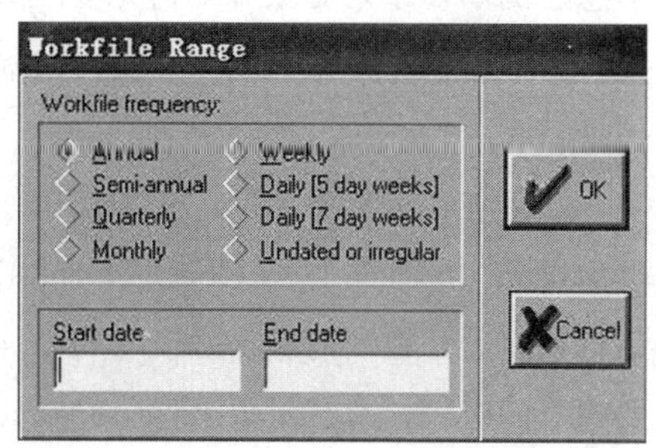

图1-2 建立新工作文件对话框

当数据频率选定后，则要输入样本范围，可在“起初日期”(Start data）处输入起初日期，“结束日期”(End data）处输入结束日期。

如果选定年度数据，则起初日期为开始年度，结束日期为结束年度。假定有一组时间序列数据的起始年度为1978年，结束年度为2008年，则在“起初日期”处输入1978，在“结束日期”处输入2008。当输入完毕，选择“OK”后，将显示图1-3所示的工作文件窗口。

在工作文件窗口中，*c* 为系数向量，也就是后面所要讲到的回归模型中的参数估计值，resid代表残差，是指回归分析得到的实际值与估计值之差。它们将随着不同回归模型而发生变化，这一点尤其需要注意。

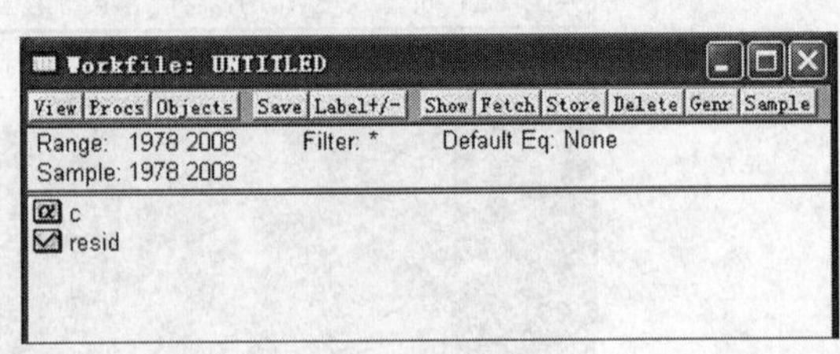

图1-3 工作文件窗口

如果选定的是半年度数据，则日期的表示格式为年度：1或2。若为上半年，则为1，否则为2。例如，起始日期为1978年下半年，结束日期为2008年上半年，则在“起初日期”输入1978:2，在“结束日期”输入2008:1。

如果选定的是季度数据，则日期的表示格式为年度：季度。第1季度为1，依此类推。例如，起始日期为1978年第3季度，结束日期为2008年第2季度，则在“起初日期”输入1978:3，在“结束日期”输入2008:2。

如果选定的是月度数据，则日期的表示格式为年度：月份。例如，起始日期为1978年7月，结束日期为2008年6月，则在“起初日期”输入1978:7，在“结束日期”输入2008:6。

如果选定的是周度数据或日数据，则起始日期和结束日期的表示格式为月：日：年。

注意：有些版本的EViews软件的数据起始日期和结束日期格式中，“:”也用“/”代替。

1.2.2 创建数据对象

对象是具有相关联的信息组织在一起的单元，每个对象都包含与特定分析领域有关的信息。例如，序列对象和矩阵对象（Matrix-Vector-Coef）主要包含数值方面的信息，而向量自回归对象、方程对象和系统对象除了含有数值方面的信息外，还包含了估计结果方面的信息。

在建立各种对象之前，必须使工作文件处于激活状态，然后选择“Object/New Object”，将出现如图1-4所示的对话框，之后，在“对象类型”（Type of Object）中选择所要建立的对象，在“对象名称”（Name for Object）处输入名称，单击“OK”即可完成了对象的建立，该对象名就会出现在工作文件窗口中。

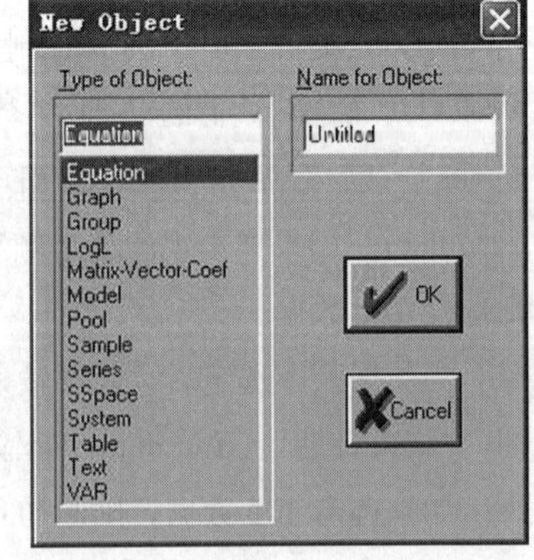

图1-4 对象选择窗口

建立数据对象的过程包括：

方法1：在图1-4的对象选择窗口中，选择“序列对象”（Series），在“对象名称”处输入名称，如命名为X，单击“OK”即可。

方法2：在主窗口下，选择“Quick/Generate series”，

或在工作文件窗口下，选择工具条上的 Genr，然后，在出现的方程式对话框（Enter equation）中键入对象名称，如 X，单击“OK”即可。如果有具体的方程式，则不仅建立了数据对象，而且给出了这个数据对象的具体数据。

方法 3：在主窗口下，选择“Quick/Empty Group”（Edit Series），之后，在对应的组窗口下，在 obs 所对应的行上，依次输入序列名称 X、Y。具体操作可参考数据录入部分的介绍。

在 EViews 软件中，不区分大小写英文字母，所有的变量名和对象名，包括文件名，都必须采用以英文字母开头，后面可以是字母，也可以是数字，目前不支持汉语。

1.3　数据获取

一项计量经济研究结果的好坏，取决于数据的数量和质量。我们研究任何一种经济现象或关系，必然涉及某些个体的特征，可以用变量来表示，用数据具体描述。例如，居民收入与消费之间的关系，就涉及居民的收入水平和消费支出，居民收入水平用 PGDP 表示，消费支出用 PC 表示。但为了用数据进行具体描述，就必须有获得数据的方法，然后将这些数据整理、录入。

1.3.1　数据的获取方法

方法 1：通过调查与试验获取数据

数据获取方法可以分为调查方法和试验方法。如果是有限总体，则可以通过普查和抽样调查获取样本数据。如果是无限总体，则只能采取抽样调查获取样本数据。

凡是不对被调查对象数据施加任何约束，进行直接调查的数据被称为观测数据。这种数据是众多因素共同作用的结果。例如，农民的收入会受到许多因素的影响，这些因素主要包括气候、自然灾害、产品品种、市场需求等。

若是在数据的获取过程中，对数据产生的条件实施约束而得到的数据，则这种数据被称为试验数据。这种数据通常是单一因素作用的结果。例如，在现实经济活动中，企业的诚实报税率无法直接获取，因此，只能通过试验获取。这是因为受法规的限制，企业无法真实地、大幅度地随意改变税率，由此导致我们无法观测到税率变化条件下的企业的诚实报税率。

方法 2：通过统计年鉴和快报获取数据

很多数据都以出版物的形式公开发布，因此，可以通过这些出版物直接获取所需数据。例如，全面反映中国经济发展状况的《中国统计年鉴》，反映中国对外贸易发展水平的《中国经济贸易年鉴》和《中国海关统计年鉴》，反映中国金融发展状况的《中国金融年鉴》，还有反映世界各国地区经济状况、考察世界经济发展动向、追踪世界各经济行业发展状况的《世界经济年鉴》，以及反映行业发展水平的各种统计年鉴和反映区域经济社会发展的区域性统计年鉴。

方法 3：通过各种数据库获取数据

目前，互联网为研究者或读者提供了大量翔实的数据，既有微观数据，也有宏观数据。我们可以充分利用这些数据库，从中下载最新或历史数据。例如，国家统计局（http：//www. stats. gov. cn），中国经济信息网（http：//www. cei. gov. cn；http：//db. cei. gov. cn；http：//ceidata. cei. gov. cn），世界银行（www. worldbank. org），IMF（www. imf. org），国际贸易组织（www. wto. org），中国金融数据库（www. wind. com. cn），国泰安数据库（http：//www. gtarsc. com）等。

1. 3. 2　数据录入

为了在 EViews 软件下，运用获取后的数据进行各种统计分析和计量分析，就必须将数据录入到 EViews 软件中。

假定存放在 Excel 文件的数据如图 1-5 所示。数据录入方法主要有下面几种。

1. 键盘录入

在主菜单下，选择“Quick/Empty Group”（Edit Series），将出现图 1-6 所示的数据录入窗口。然后，按先后顺序将鼠标键置于 obs 所在行的各列处后单击左键，键入数据的变量名称，即序列对象名称。紧接着，在变量名字对应列录入数据。如果录入数据后，没有给出变量名，则会按序默认为变量名 SER××，其中，××为顺序号。

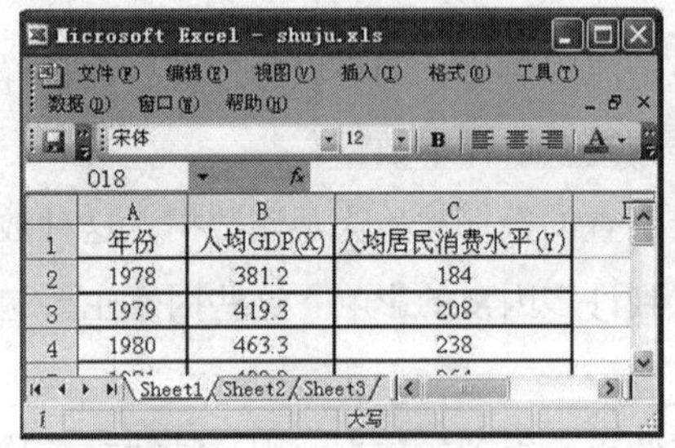

图 1-5　Excel 文件中的数据

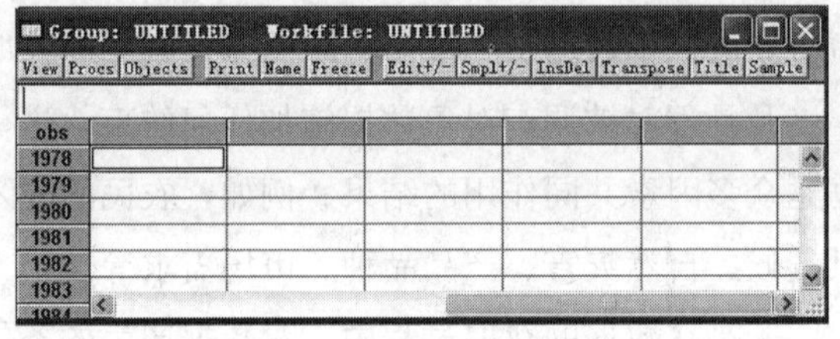

图 1-6　数据录入窗口

2. 复制粘贴

如果数据在其他文档中，可在其他文档的管理中先进行复制，然后选择 EViews 软件主菜单中的“Edit/Paste”，把数据复制到图 1-6 所示的对应的变量名下。

3. 文件导入

事实上，大多数数据都存在 Excel 文件中，我们可以把 Excel 的数据导入到 EViews 工作文件中。在主菜单下，选择“File/Import/Read Text-Lotus-Excel”，或“Procs/Import/Read Text-Lotus-Excel”，或在图 1-3 所示的工作文件窗口下，选择“Procs/Import/Read Text-Lotus-Excel”，然后，在目录中找到包含所需数据的 Excel（. xls）文件，单击后出现如图 1-7 所示的对话框。

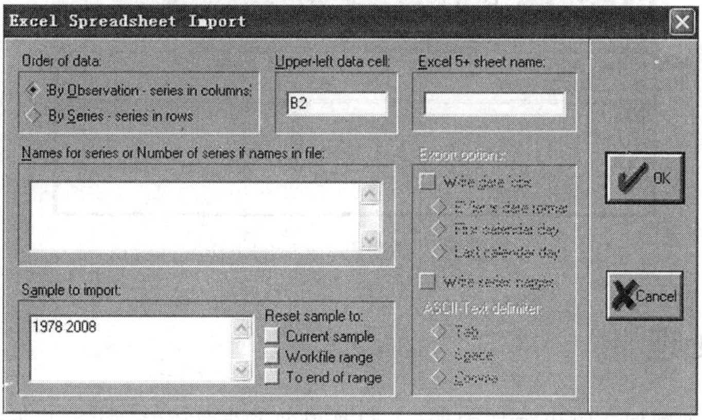

图 1-7 Excel 文件数据导入选择窗口

在“数据排列方式”（Order of data）中，选择 Excel 文件中的数据排列方式是按列（In columns）还是按行（In rows）。在“数据起始位置”（Upper-left data cell）或左上角位置中，输入所需数据在 Excel 文件中左上角的起始单元格。在“变量名和变量个数”（Names for series or Numbers of names if names in file）中，按序输入工作文件中的变量名。在“导入样本范围”（Sample to import）中，输入把 Excel 的数据要导入到 EViews 工作文件中的什么范围（样本区间）。

如图 1-8 所示，将给出的在 Excel 文件中保存的数据导入 EViews 工作文件中，在数据排列方式中选择按列，起始位置选择 B2（B 列第 2 行），变量名和个数栏中输入：X、Y。注意：变量间要用空格分隔，要与 Excel 文件图列一致。样本范围栏的样本区间自动默认为 1978 2008，若有必要，则可以根据需要自己重新设定（选 Reset sample to 下的选项）。确认后，数据就导入到了 EViews 工作文件中。在图 1-9 中明显可以看出，与图 1-3 相比，多出了序列 X、Y，显示了在数据导入时，也建立了新的序列对象。

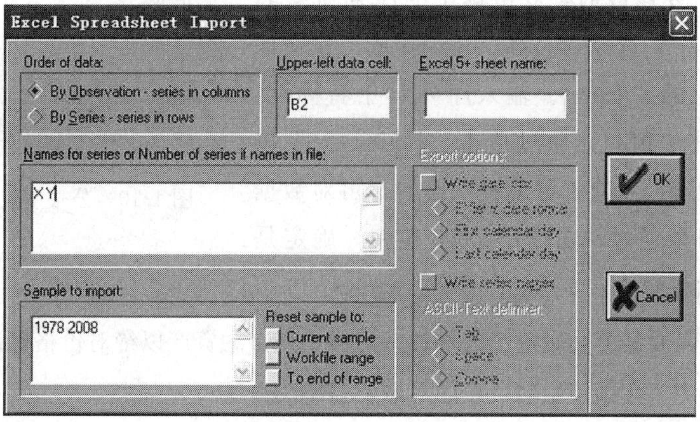

图 1-8 Excel 文件数据导入

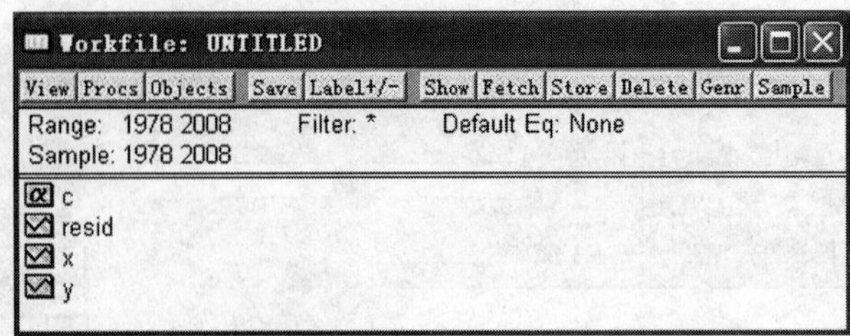

图 1-9 数据导入到 EViews 后的工作文件窗口

1.4 数据处理

在第 1.3 节的数据获取和数据录入中，只是提到了获取数据的方法和手段，把数据录入到了工作文件中。也许这些数据中的有些数据并不能直接应用，需要进行必要的加工和处理，转换为真正能够用于分析的数据。常用的方法是利用公式生成新的数据。

1.4.1 用公式生成新数据

用公式生成新数据，就是使用数学公式对 EViews 工作文件中已经有的变量或序列进行变换。例如，如果需要变量 Y 的自然对数，则采用函数

$$\ln Y = \log Y$$

于是生成了一个新的变量或序列 $\ln Y$。

对于这种变换，在 EViews 软件中，可在主菜单下，选择“Quick/Generate series”，或选择工作文件窗口中的工具条上的 Genr，弹出如图 1-10 所示的对话框后，在“方程式”（Enter equation）对话栏中键入等式“lnY=log(Y)”即可。注意：无论哪种方式输入的数据，当需要修改时，双击选中的序列对象名称，或在主菜单下，选择“quick/show”，或工作文件窗口的工具条上的“show”。输入序列对象名称后，进入序列窗口或主窗口，通过单击“Edit+/−”按钮，切换编辑状态，当处于可编辑状态时，可对数据进行修正，也可以通过单击“InsDel”按钮，确定是插入数据还是删除数据。

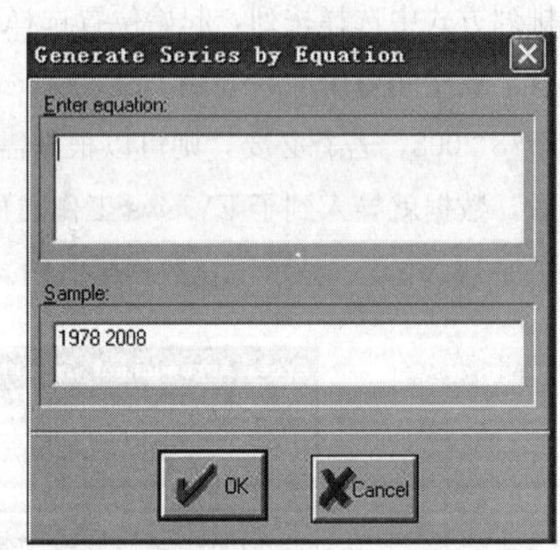

图 1-10 公式生成新数据窗口

又如，我们需要某个金融资产的增长率，假定该金融资产以绝对价格标记的本期价格为 P_t，上期价格为 P_{t-1}，则该金融资产的对数收益率为

$$g_t = \log \frac{P_t}{P_{t-1}}$$

这样，就产生了一个新的变量或序列，命名为 g，而这个变量 g 涉及先行指标和滞后指标。

EViews 软件针对有先行指标和滞后指标的变量，在该变量的后面引入了一对小括号，括号内的数字表示滞后期数或先行期数，若为负，则表示滞后，若为正，则表示先行。与前面的操作相同，在进入到图 1-10 的对话框后，只要在方程式对话栏中键入等式"$g=\log(P/P(-1))$"或"$g=\log(P)-\log(P(-1))$"，就可以生成新序列，命名为 g。

需要注意的是，如果工作文件中已经存在类似于 $\ln Y$ 和 g 的变量名，则用公式生成新数据将会替代原始数据，使原始数据丢失，这点需要特别谨慎。

1.4.2 EViews 软件中公式的运算符和函数功能

表 1-1 是常用的运算符号和功能。

表 1-1　运算符号及其功能

运算符号	功　能	运算符号	功　能	运算符号	功　能
+	加	>	大于	<=	小于等于
−	减	<	小于	>=	大于等于
*	乘	=	等于	AND	与
/	除	<>	不等于	OR	或
∧	乘方				

在 EViews 软件中，除了通常意义下的变量外，也可以使用逻辑变量，这些变量有真和假两种结果，用 1 表示真，用 0 表示假。同样，可以通过使用逻辑运算符 AND 与 OR 表述较为复杂的逻辑运算。例如，在图 1-10 的方程式对话栏中键入"$Z=X<30$ AND $Y>=10$"，就可以实现当 X 小于 30 且 Y 大于等于 10 时，变量 Z 的值赋为 1，否则为 0。

表 1-2 至表 1-4 列出了一些常用的函数及其功能，其他函数没在本书中列出，可参考相关文献。

表 1-2　生成新变量的常用函数及其功能

函　数	功　能
D(X)	变量 X 的 1 阶差分，即 $X-X(-1)=\Delta X$，是变量 X 的变动量
D(X,n)	变量 X 的 n 阶差分，如 2 阶差分 D(X,2) ……
LOG(X)	变量 X 的自然对数
DLOG(X)	变量 X 的自然对数的 1 阶差分，即变量 X 的对数增长率
EXP(X)	e^X，即 e 的 X 次幂
SQR(X)	变量 X 的平方根，即 $\sqrt{X}$
ABS(X)	变量 X 的绝对值，即 $\vert X\vert$
@TREND(d)	生成以 d 期开始的相对期数为 0 起始的时间趋势变量
@SEAS(d)	生成季节虚拟变量。当第 d 季度时，取值为 1，否则为 0

表 1-3　与描述统计相关的常用函数及其功能

函　数	功　能	函　数	功　能
@SUM(*X*)	变量 *X* 的和	@OBS(*X*)	变量 *X* 的样本观测值个数
@MEAN(*X*)	变量 *X* 的均值	@COV(*X*,*Y*)	变量 *X* 与变量 *Y* 的协方差
@VAR(*X*)	变量 *X* 的方差	@COR(*X*,*Y*)	变量 *X* 与变量 *Y* 的相关系数
@SUMSQ(*X*)	变量 *X* 的平方和		

表 1-4　与回归方程相关的常用函数及其功能

函　数	功　能	函　数	功　能
@R2	判定系数 R^2 的值	@DW	杜宾统计量的值
@RBAR2	调整后的判定系数 $\bar{R}^2$ 的值	@F	*F* 统计量的值
@SE	回归的标准误差，即随机干扰项的标准差	@MEANDEP	被解释变量的平均值
		@SDDEP	被解释变量的标准差
@SSR	残差的平方和		

例如，若我们要生成一个趋势变量 *T*，就可以利用函数@TREND(*d*)。如果 EViews 的工作文件中的样本区间为 1978～2008，当表达式 *T*=@TREND(*d*)的 *d* 取 1978 时，*T* 的观测值依此为 0，1，2，…，30，而 *d* 取 1977（1979）时，*T* 的观测值依此为 1，2，3，…，31(−1，0，1，…，29)。把表达式“*T*= @TREND(*d*)”输入到图 1-10 的方程式对话框中，就等价于录入了序列 *T* 的观测值。

很显然，表 1-3 和表 1-4 的函数给出的结果是一个具体的数值。对于与回归方程相关的函数，如果只关心当前的（最后一次）回归方程的有关结果，则可以直接应用表 1-4 中的相关函数获取。而如果关心以往的其他回归方程的有关结果，则需要在相应函数的@前冠以原方程名再加一个英文句号“·”(如果以往的方程存在的话)。

例如，在第 6 章讲到的 Goldfield-Quant 异方差检验需要知道两段回归的残差的平方和，假定第 1 段的回归方程名为 *EQU*1，第 2 段的回归方程名为 *EQU*2，则第 1 段的残差平方和采用函数：

*EQU*1. @*SSR*

第 2 段的残差平方和采用函数：

*EQU*2. @*SSR*

需要注意的是，上述函数的熟练应用是建立在边读边操作的基础之上的。

1.5　数据的统计特征

在第 1.4 节，我们只简单提到了如何利用函数获取包括均值、方差、协方差等描述性统计量的方法。本节将阐述如何利用 EViews 软件的各种窗口下的操作，获取这些统计量以及进行的途径。

1.5.1　单变量的描述性统计量

在如图 1-9 所示的 EViews 工作文件窗口下，选择一个序列后进入序列窗口。点击序列窗口栏中的 View 键，将出现如图 1-11 所示的下拉菜单，总共有 11 项。其中，在计量经济学中经常用到描述性统计量及其检验的有 2 项，这两项是“描述性统计量”（Descriptive Statistics）和“平稳性检验”（Unit Root Test）。平稳性检验将在第 11 章中讨论。

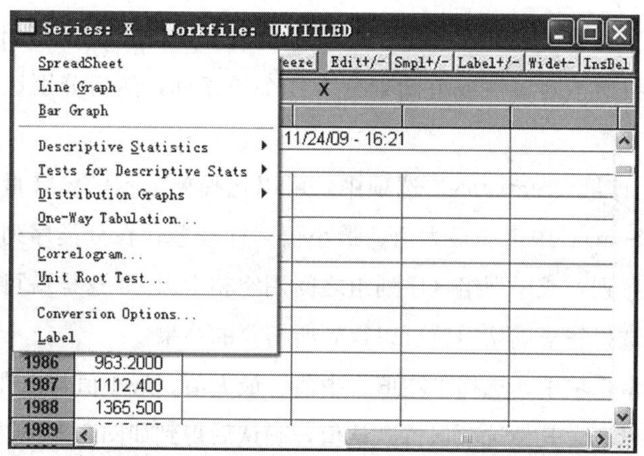

图 1-11　单变量描述性统计量会话框

1. 描述性统计量

当选择“View/ Descriptive Statistics/Histogram and Statistics”后，就会出现如图 1-12 所示的直方图和统计量。

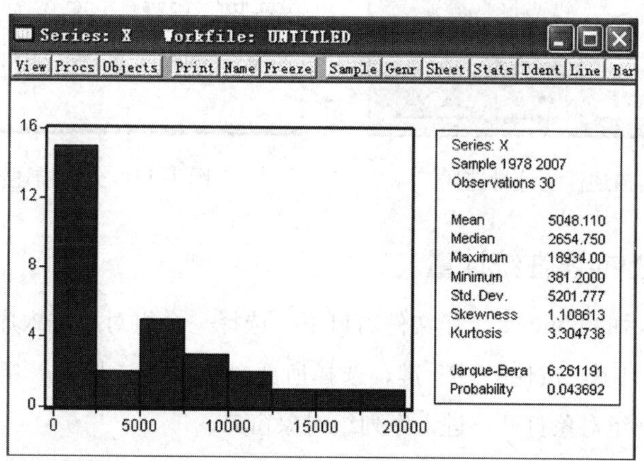

图 1-12　描述性统计量结果

在图 1-12 显示的直方图中，显示了序列 X 的数据的频率分布。这个直方图把序列 X 的级差（最大值与最小值之差）按相等的组距进行了划分。

在图 1-12 显示的统计量中，主要包括平均值（Mean）、中值（Median）、最大值（Maximum)、最小值（Minimum）以及标准差（Std. Dev.）。其中标准差的计算公式为

$$s=\sqrt{\frac{\sum_{t=1}^{n}(X_t-\overline{X})^2}{n-1}}$$

式中，X_t 表示第 t 个样本观测值，$\overline{X}$ 表示样本的平均值，n 表示样本观测值的数目。

2. 分组描述性统计量

当选择“View/ Descriptive Statistics/ Stats by Classification”后，将弹出如图 1-13 所示的对话框。通过这个对话框，可以实现序列不同属性的样本的描述性统计量。换句话说，可以实现把指定序列按照不同属性或范围划分为几个子序列，然后分别计算每个子序列的描述统计量。

在图 1-13 的统计量（Statistics）选项中，可以选择要显示的统计量，主要包括观测样本的平均值、和（Sum）、中值、最大值、最小值、标准差；在分类序列或序列群中，直接输入要用于分类的序列，或序列组（序列组之间用空格分开），这样就可以把一个序列划分为若干个子序列。选择完毕确认后就可以得到所需要的结果。

例如，在统计量选项中，选择平均值、中值、最大值、最小值与标准差，在序列或序列群中，直接输入变量 X，其他选项保持默认值，确认后得到如图 1-14 所示的结果。

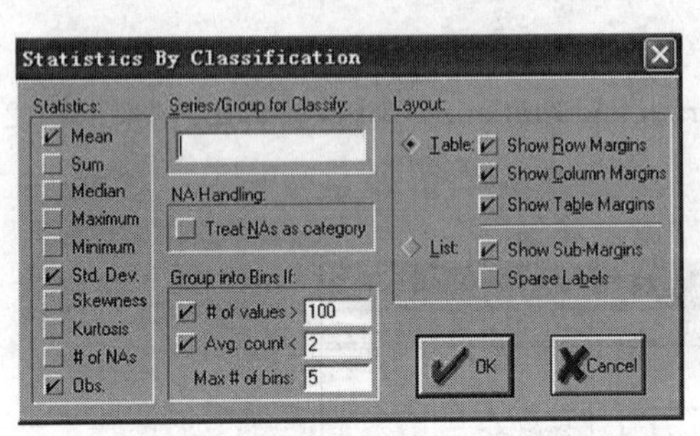

图 1-13　分组描述性统计量选择

Series: X　Workfile: UNTITLED

View Procs Objects Print Name Freeze Sample Genr Sheet Stats Ident Line Bar

Descriptive Statistics for X
Categorized by values of X
Date: 11/24/09　Time: 16:50
Sample: 1978 2008
Included observations: 31

X	Mean	Median	Max	Min.	Std. Dev.
[0, 5000)	1309.994	963.2000	4044.000	381.2000	1023.167
[5000, 1000	7142.975	6977.250	9398.100	5045.700	1439.596
[10000, 150	12310.20	12335.60	14053.00	10542.00	1755.638
[15000, 200	17549.50	17549.50	18934.00	16165.00	1957.979
All	5048.110	2654.750	18934.00	381.2000	5201.777

图 1-14　分组描述性统计量结果

1.5.2　多变量的描述性统计量

在如图 1-9 所示的 EViews 工作文件窗口下，选择一个组对象进入序列组对象窗口。或者，在工作文件窗口下，按住 CTRL 键，选择所要分析序列，形成一组序列（至少两个序列），然后作为序列组对象打开，进入序列组对象窗口。

点击序列组窗口栏中的 View 键，将出现如图 1-15 所示的下拉菜单，总共有 15 项。其中，在计量经济学中经常用到的描述性统计量及其检验的有 5 项：“描述性统计量”（Descriptive Stats）、“相关系数”（Correlations）、“方差与协方差”（Covariances）、“协整检验”（Cointegration Test）和“因果关系检验”（Granger Causality）。其中，协整检验和因果关系检验将在第 13 章和第 14 章中专门讨论。

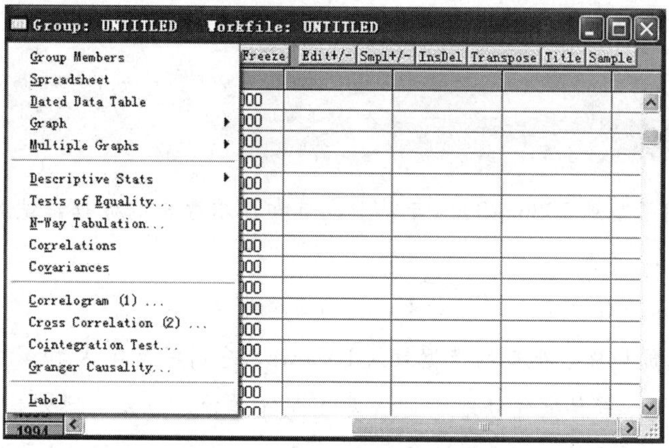

图 1-15　公式生成新数据窗口

当选择“View/ Descriptive Stats/Common Sample”后，与单个序列的描述性统计一样，就会得到平均值（Mean）、中值（Median）、最大值（Maximum）、最小值（Minimum）、标准差（Std. Dev.）等统计量。在这种选择下，要求所有的序列具有同样多的样本观测值。

当选择“View/ Descriptive Stats/Individual Sample”后，同样也会得到平均值（Mean）、中值（Median）、最大值（Maximum）、最小值（Minimum）、标准差（Std. Dev.）等统计量。在这种选择下，不必要求每个序列的样本观测值的数目都相同。如果所有序列的观测值数目都相同，则两种选择所得的结果是一样的。

为了得到变量间的相关系数，可在序列组窗口下，点击“View/ Correlation”，就会得到如图 1-16 所示的相关系数矩阵。

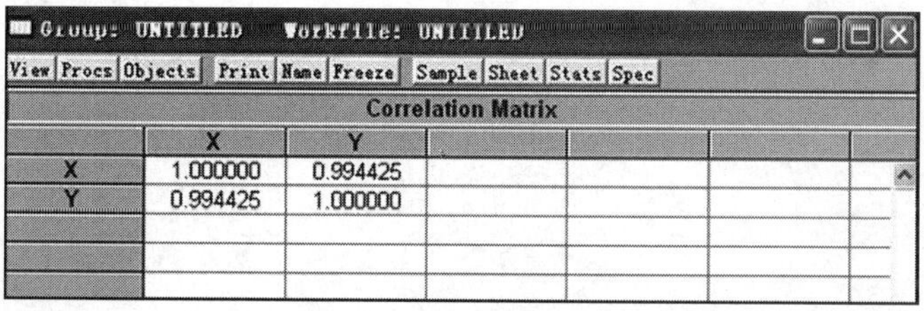

Correlation Matrix

	X	Y
X	1.000000	0.994425
Y	0.994425	1.000000

图 1-16　相关系数矩阵

同样，在序列组窗口下，点击“View/ Covariance”，就会得到如图 1-17 所示的方差 - 协方差系数矩阵。

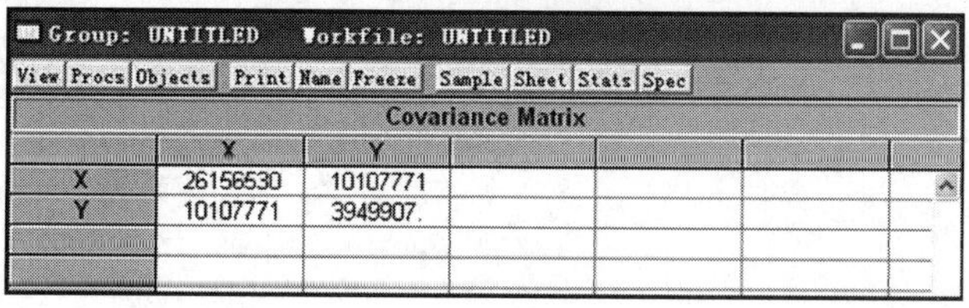

Covariance Matrix

	X	Y
X	26156530	10107771
Y	10107771	3949907.

图 1-17　方差 - 协方差系数矩阵

其他对象的处理过程将在以后的章节中陆续提及。

思考与练习

1. 表 1-5 给出了某地 1986～2005 年从业人员和资本存量的数据，试利用本章学习的知识，完成下列要求：

（1）在 EViews 中建立两个序列对象，分别命名为 X 和 Y。

（2）将从业人员和资本存量的数据录入 EViews，分别保存在 X 和 Y 中。

（3）利用 EViews 软件操作获取变量 X 和 Y 的平均值、方差、协方差。

（4）数据在 Excel 文档，以 label1-5（pxx）命名。将数据从 Excel 导入到 EViews 中。

表 1-5　某地 1986～2005 年从业人员和资本存量的数据

年　份	从业人员（万人）	资本存量（亿元）	年　份	从业人员（万人）	资本存量（亿元）
1986	2 811.92	897.30	1996	3 641.30	4 242.06
1987	2 910.99	1 005.20	1997	3 701.90	4 808.70
1988	2 994.72	1 140.59	1998	3 783.87	5 498.24
1989	3 041.27	1 276.44	1999	3 796.32	6 281.53
1990	3 118.10	1 437.69	2000	3 989.32	7 075.70
1991	3 259.20	1 627.45	2001	4 058.63	7 929.69
1992	3 367.21	1 931.92	2002	4 134.37	8 882.60
1993	3 433.91	2 405.09	2003	4 395.93	10 115.88
1994	3 493.15	2 985.18	2004	4 681.89	11 585.74
1995	3 551.20	3 626.21	2005	5 022.97	13 427.03

2. 假定有两个变量 X 和 Y，样本区间为 2000～2012。试建立序列对象、组对象和图对象。

CHAPTER 2

第2章 最小二乘法

在理论模型中，类似于$Y=\alpha+\beta X$的变量间的函数关系究竟如何表示，是计量经济学关心的主要问题，通过X和Y样本观测值，运用最小二乘法就可以估计出函数α与β的值，推断出变量X与Y间的具体函数形式。

2.1 散点图

假设变量X、Y之间存在某种函数关系，即$Y=f(X)$，那么就存在一组观察值(X_1,Y_1)，(X_2,Y_2)，…，(X_n,Y_n)分布于函数$Y=f(X)$的图像上。在现实经济中，虽然存在一组经济变量的观察值(X_1,Y_1)，(X_2,Y_2)，…，(X_n,Y_n)，但它们之间的依存关系无从得知。在这种情况下，我们可以采用散点图来直观地观察经济变量之间的依存关系。**散点图**是数据点在直角坐标系中的分布图，它表示被解释变量（因变量）随解释变量（自变量）变化的大致趋势。散点图的画法比较简单，直接在直角坐标系中把观测值所对应的点描出来即可。假设变量X、Y的观测值由表2-1给出，X代表人均GDP，Y代表人均居民消费水平，则可用EViews来生成散点图。其实现方法如图2-1和图2-2所示，在工作文件窗口下：依次选中X和Y，点击“Open/as Group/View/Graph/Scatter/Simple Scatter”。注意：做散点图时，先选对应于横坐标的变量，后选对应于纵坐标的变量。

表2-1 我国居民消费水平和人均GDP （单位：元/人）

年份	人均GDP	人均居民消费水平	年份	人均GDP	人均居民消费水平
1978	381.2	184.0	1985	857.8	446.0
1979	419.3	208.0	1986	963.2	497.0
1980	463.3	238.0	1987	1 112.4	565.0
1981	492.2	264.0	1988	1 365.5	714.0
1982	527.8	288.0	1989	1 519.0	788.0
1983	582.7	316.0	1990	1 644.0	833.0
1984	695.2	361.0	1991	1 892.8	932.0

（续）

年　份	人均 GDP	人均居民消费水平	年　份	人均 GDP	人均居民消费水平
1992	2 311.1	1 116.0	2000	7 857.7	3 632.0
1993	2 998.4	1 393.0	2001	8 621.7	3 869.0
1994	4 044.0	1 833.0	2002	9 398.1	4 106.0
1995	5 045.7	2 355.0	2003	10 542.0	4 411.0
1996	5 845.9	2 789.0	2004	12 335.6	4 925.0
1997	6 420.2	3 002.0	2005	14 053.0	5 463.0
1998	6 796.0	3 159.0	2006	16 165.0	6 138.0
1999	7 158.5	3 346.0	2007	18 934.0	7 081.0

资料来源：中华人民共和国国家统计局，《中国统计年鉴——2008》，中国统计出版社，2008。

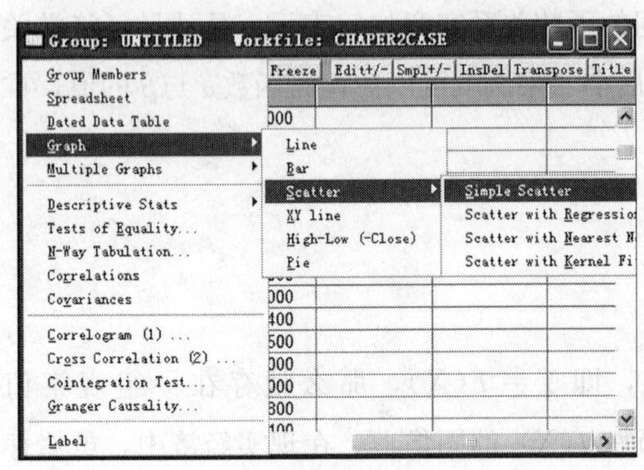

图 2-1　散点图的生成

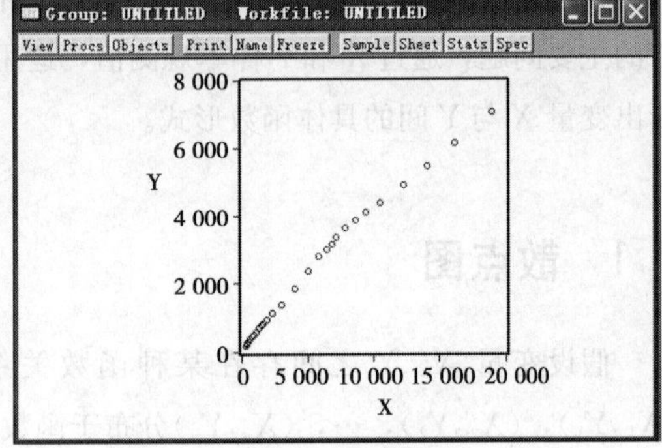

图 2-2　EViews 生成的散点图

2.2　函数的形式与参数的经济意义

在不考虑随机误差项的情况下，我们用 Y 表示人均居民消费水平，X 表示人均 GDP，如果

$$Y=\alpha+\beta X \tag{2-1}$$

那么，参数 α、β 究竟代表什么经济意义呢？

令 $\beta=0$，则有 $Y=\alpha$，α 是在没有人均 GDP 的影响下所自发形成的消费，即所谓的自发性消费。由此，我们可以认为，常数项代表模型在引入解释变量之前所固有的经济状态。

若对解释变量 X 求导，便有：$\beta=\mathrm{d}Y/\mathrm{d}X$，表示 X 每变化 1 单位时，Y 将变化 β 个单位，在宏观经济学中，我们称 β 为**边际消费倾向**（MPC）。因此，解释变量 X 所对应的系数 β 表示 1 单位解释变量的变动会引致多少单位被解释变量的变动。

有趣的是，有时候经济变量之间的关系是以幂函数的形式表示的，例如，

$$Y=\alpha X^{\beta} \tag{2-2}$$

那么，模型（2-2）中的参数 α、β 又表示什么经济意义呢？

令 $\beta=0$，则有 $Y=\alpha$，即与常数项的性质模型（2-1）是一样的，仍表示在引入解释变量

之前所固有的经济状态。

如果再对模型（2-2）两边取自然对数，则有

$$\ln Y = \ln a + \beta \ln X \tag{2-3}$$

$\ln Y$ 对 $\ln X$ 求导得

$$\beta = \frac{\mathrm{d}\ln Y}{\mathrm{d}\ln X} \tag{2-4}$$

由于，$\mathrm{d}\ln Y = \mathrm{d}Y/Y$，$\mathrm{d}\ln X = \mathrm{d}X/X$，于是

$$\beta = \frac{\mathrm{d}Y/Y}{\mathrm{d}X/X} = \frac{X}{Y}\frac{\mathrm{d}Y}{\mathrm{d}X} \tag{2-5}$$

显然，参数 β 表示解释变量 X 发生 1%的变动（$\mathrm{d}X/X$ 表示 X 变动的百分比），被解释变量 Y 将发生 β%（$\mathrm{d}Y/Y$ 表示 Y 变动的百分比）的变动，这就是通常所说的**弹性系数**。

2.3　最小二乘法

最小二乘法又称普通最小二乘法（ordinary least squares，OLS），其基本思想是：对于一组样本观测值（X_i，Y_i），要找到一条样本回归线，使其尽可能地拟合这组观测值。换句话说，就是使被解释变量的估计值与观测值在总体上最为接近。假定样本回归线为

$$\hat{Y}_i = \hat{\alpha} + \hat{\beta} X_i \tag{2-6}$$

用 e_i 来表示被解释变量的观察值与估计值的差，即有

$$e_i = Y_i - \hat{Y}_i = Y_i - \hat{\alpha} - \hat{\beta} X_i \tag{2-7}$$

e_i 称为**残差项**（residual），它代表了其他影响 Y_i 的随机因素的集合，可以看作随机干扰项的估计值。随机干扰项的概念将在第 3 章中提及。最小二乘法的基本思想也可表述为：确定 $\hat{\alpha}$ 和 $\hat{\beta}$ 的值，使得残差 e_i 的平方和最小。为什么要采用平方和而不对 e_i 进行直接加总呢？因为，样本观测值所对应的点可能在样本回归线的上方，也可能在下方，所以 e_i 的值可正可负，简单加总很大程度上会将误差抵消掉，只有采用平方和的形式才可以把误差的信息全部包含进来。

如图 2-3 所示，残差平方越小，点（X_i，Y_i）与回归直线 $\hat{Y} = \hat{\alpha} + \hat{\beta} X$ 就越接近，换句话说，残差平方和越小就表明所有的点与回归直线越接近。

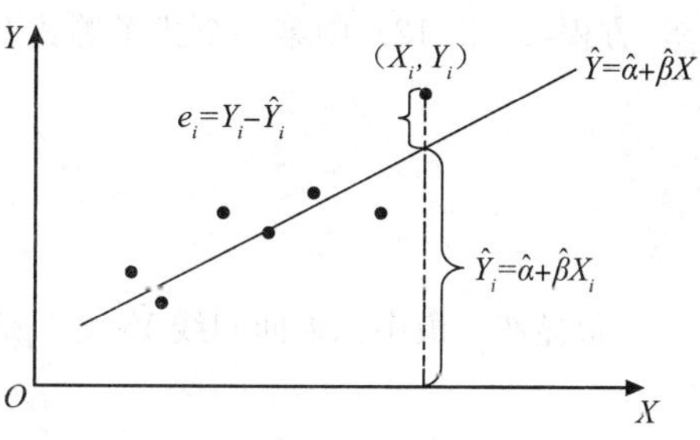

图 2-3　离差的示意图

最小二乘法的数学形式为

$$\min_{(\hat{\alpha},\hat{\beta})} : \sum_{i=1}^{n} e_i^2 = \sum_{i=1}^{n} (Y_i - \hat{Y}_i)^2$$

$$= \sum_{i=1}^{n} (Y_i \quad \hat{\alpha} \quad \hat{\beta} X_i)^2 \tag{2-8}$$

由微分学的知识可知，方程（2-8）取极小值

的条件是 $\sum_{i=1}^{n} e_i^2$ 对 $\hat{\alpha}$ 和 $\hat{\beta}$ 的一阶偏导数为零，即有

$$\frac{\partial\left(\sum_{i=1}^{n} e_i^2\right)}{\partial\hat{\alpha}} = -2\sum_{i=1}^{n}(Y_i-\hat{\alpha}-\hat{\beta}X_i)=0$$

$$\frac{\partial\left(\sum_{i=1}^{n} e_i^2\right)}{\partial\hat{\beta}} = -2\sum_{i=1}^{n}(Y_i-\hat{\alpha}-\hat{\beta}X_i)X_i=0 \tag{2-9}$$

事实上，由于 $\frac{\partial^2\left(\sum_{i=1}^{n} e_i^2\right)}{\partial\hat{\alpha}^2}=2n>0$，$\frac{\partial^2\left(\sum_{i=1}^{n} e_i^2\right)}{\partial\hat{\beta}^2}=2\sum_{i=1}^{n} X_i^2>0$，所以，可以取到最小值。我们用“$\sum$”来代替方程（2-9）中的“$\sum_{i=1}^{n}$”，于是有

$$\sum(Y_i-\hat{\alpha}-\hat{\beta}X_i)=0$$

$$\sum(Y_i-\hat{\alpha}-\hat{\beta}X_i)X_i=0 \tag{2-10}$$

或

$$\sum Y_i=n\hat{\alpha}+\hat{\beta}\sum X_i$$

$$\sum Y_iX_i=\hat{\alpha}\sum X_i+\hat{\beta}\sum X_i^2 \tag{2-11}$$

解方程（2-10）得到 $\hat{\alpha}$，$\hat{\beta}$ 的解为

$$\hat{\alpha}=\frac{\sum X_i^2\sum Y_i-\sum X_i\sum Y_iX_i}{n\sum X_i^2-(\sum X_i)^2}$$

$$\hat{\beta}=\frac{n\sum Y_iX_i-\sum Y_i\sum X_i}{n\sum X_i^2-(\sum X_i)^2} \tag{2-12}$$

我们把方程组（2-10）或（2-11）称为**正规方程组**（normal equations）。

令 $x_i=X_i-\overline{X}$，$y_i=Y_i-\overline{Y}$，式中，$\overline{X}$ 和 $\overline{Y}$ 分别为样本观测值的均值，即 $\overline{X}=\sum X_i/n$，$\overline{Y}=\sum Y_i/n$。于是便有

$$\sum x_i^2=\sum(X_i-\overline{X})^2=\sum X_i^2-\frac{1}{n}(\sum X_i)^2 \tag{2-13}$$

$$\sum x_iy_i=\sum(X_i-\overline{X})(Y_i-\overline{Y})=\sum X_iY_i-\frac{1}{n}\sum X_i\sum Y_i \tag{2-14}$$

这样一来，对方程组（2-12）中第二个式子等式右边的分子、分母都除以 n，就可得到 $\hat{\beta}$，方程组（2-12）中第一个式子等式右边的分子、分母都除以 n，就可得到 $\hat{\alpha}$，于是有

$$\hat{\beta}=\frac{\sum x_iy_i}{\sum x_i^2}$$

$$\hat{\alpha}=\overline{Y}-\hat{\beta}\overline{X} \tag{2-15}$$

很显然，最小二乘回归线 $\hat{Y}=\hat{\alpha}+\hat{\beta}X$ 通过样本均值点（$\overline{X}$，$\overline{Y}$），这是因为

$$\hat{Y}=\hat{\alpha}+\hat{\beta}X$$

$$=(\overline{Y}-\hat{\beta}\overline{X})+\hat{\beta}X$$

$$=\overline{Y}+\hat{\beta}(X-\overline{X})$$

因此，当 $X=\overline{X}$ 时，$Y=\overline{Y}$。

以上只是最小二乘法计算参数的理论方法，在实际运用的过程中，很少人会依照上述方法进行，EViews 可以很容易地实现最小二乘法并给出估计结果。对于方程（2-6），假设 X 代表人均 GDP，Y 代表人均居民消费水平，在类似于图 1-9 的工作文件窗口下依次选中 Y、X，“Open/as Equation”，就会出现如图 2-4 所示的界面。

或在主菜单下，选择“Quick/Estimate Equation 或 Object/new object/Equation”，就会进入如下类似于图 2-4 的窗口，在方程表达式对话框中输入“Y X C”，注意输入时“Y X C”之间要用空格分开。

在图 2-4 的白色部分键入回归方程，其格式为因变量在最前面，自变量和常数项在后面（这两者顺序可随意调换），变量与变量之间以空格隔开。EViews 中常用 c 来表示常数项。图 2-4 中显示的就是键入后的情形。图形左下“Method”栏表示估计方法，点击下拉菜单会出现图中的情形，其中包括：LS（最小二乘法）、TSLS（二阶段最小二乘法）、ARCH（自回归条件异方差）、GMM（广义矩法）、BINARY（二元选择模型）、ORDERED（有序选择模型）、CENSORED（删截模型）、COUNT（计数模型）。以上估计方法，除了最小二乘法外还有一些会在后面的章节中涉及。

选中“LS”（实际上系统默认的就是最小二乘法），点击“OK”就可以实现最小二乘估计。估计结果如图 2-5 所示。

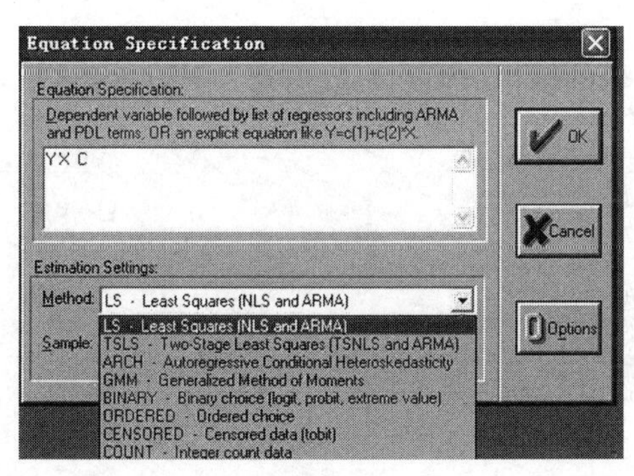

图 2-4　最小二乘法的 EViews 实现

EViews - [Equation: UNTITLED　Workfile: CHAPER2CASE]

File　Edit　Objects　View　Procs　Quick　Options　Window　Help

View | Procs | Objects | Print | Name | Freeze | Estimate | Forecast | Stats | Resids

Dependent Variable: Y
Method: Least Squares
Date: 12/18/09　Time: 11:38
Sample: 1978 2007
Included observations: 30

Variable	Coefficient	Std. Error	t-Statistic	Prob.
X	0.386434	0.007744	49.90087	0.0000
C	224.3055	55.64934	4.030695	0.0004

R-squared	0.988880	Mean dependent var	2175.067
Adjusted R-squared	0.988483	S.D. dependent var	2021.413
S.E. of regression	216.9291	Akaike info criterion	13.66136
Sum squared resid	1317631.	Schwarz criterion	13.75477
Log likelihood	-202.9204	F-statistic	2490.097
Durbin-Watson stat	0.115832	Prob(F-statistic)	0.000000

图 2-5　EViews 输出的最小二乘估计结果

在图 2-5 中，Coefficient 对应的列是参数估计值，即式（2-6）中的 $\hat{\alpha}$ 和 $\hat{\beta}$ 的值；Std. Error 对应的列是参数的标准误差（用于衡量回归系数的可靠性，该值越小表示估计值越可靠）；t-Statistic 对应的列是 t 统计量；Prob 对应的列是参数估计值为零的概率；R-squared表示可决系数；Adjusted R-squared 表示调整后的可决系数；S. E. of regression 表示回归标准误差；Sum squared resid 表示残差平方和；Log likelihood 表示对数似然估计值；Durbin-Watson stat 表示 $D.W.$ 统计量；Mean dependent var 表示被解释变量的均值；S. D.

dependent var 表示被解释变量的标准差；Akaike info criterion 表示赤池信息准则；Schwarz criterion 表示施瓦茨信息准则；F-statistic 表示 F 统计量；Prob（F-statistic）表示 F 统计量对应的概率。

读者不需要对上面提到的诸多统计量感到困惑，它们将会逐渐出现在后面的章节。在这里，只需知道最小二乘法的估计结果就可以了。其相应的表达式为

$$Y_i = 224.3 + 0.386X_i$$

2.4　案例分析

表 2-2 给出了 10 位销售代理商的推销电话次数和复印机的销售数量的数据。试通过散点图观察两者之间的关系，推测两者之间的函数关系，并采用最小二乘法估计出参数值。

表 2-2　10 位销售代理商的推销电话次数和复印机的销售数量

代　理　商	推销电话次数	复印机的销售数量	代　理　商	推销电话次数	复印机的销售数量
Tom Keller	20	30	Rich Niles	20	40
Jeff Hall	40	60	Mike Kiel	20	50
BrianVirost	20	40	Mark Reynolds	20	30
Creg Fish	30	60	Soni Jones	30	70
Susan Welch	10	30	合计	220	450
Carlos Ramirez	10	40			

资料来源：道格拉斯 A. 林德，威廉 G. 马歇尔，塞缪尔 A. 沃森．商务与经济统计方法——全球数据集［M］．冯燕奇，叶光，聂巧平，译．北京：机械工业出版社，2009.

1. 散点图

我们用 X 代表推销电话次数，用 Y 代表复印机的销售数量，将数据录入 EViews 之后，依次选中 X 和 Y，点右键“Open/as Group/view//Graph/Scatter/Simple Scatter”，便生成了散点图，如图 2-6 所示。

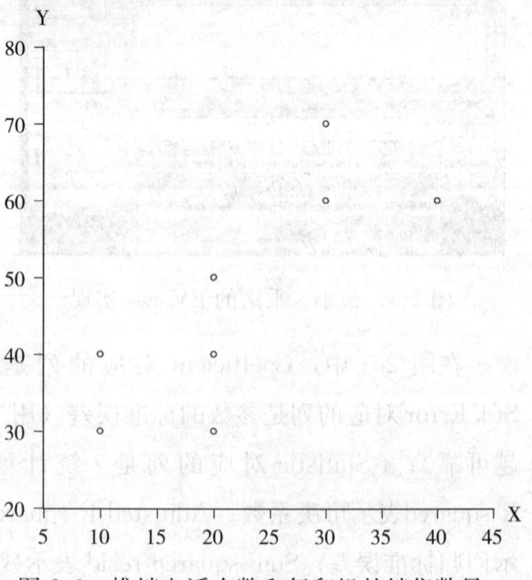

图 2-6　推销电话次数和复印机的销售数量

由图 2-6 可以看出，推销电话次数和复印机的销售数量之间大致呈现一次函数关系，由此，我们采用一次函数来表示它们之间的关系

$$Y_i = \beta_0 + \beta_1 X_i$$

2. 最小二乘法

下面采用最小二乘法来估计参数 β_0 和 β_1 的值。依次选中 Y 和 X，点右键“Open/as Equation”，点击“OK”便得到最小二乘法的估计结果，如表 2-3 所示。

表 2-3 最小二乘法的估计结果

Dependent Variable：Y
Method：Least Squares
Date：02/06/15 Time：11:32
Sample：1 10
Included observations：10

Variable	Coefficient	Std. Error	t-Statistic	Prob.
X	1.184 211	0.359 141	3.297 345	0.010 9
C	18.947 37	8.498 819	2.229 412	0.056 3

R-squared	0.576 102	Mean dependent var	45.000 00
Adjusted R-squared	0.523 115	S. D. dependent var	14.337 21
S. E. of regression	9.900 824	Akaike info criterion	7.599 969
Sum squared resid	784.210 5	Schwarz criterion	7.660 487
Log likelihood	−35.999 85	F-statistic	10.872 48
Durbin-Watson stat	2.158 866	Prob（F-statistic）	0.010 902

根据表 2-3 对应的参数估计结果，得出回归方程为

$$Y_i = 18.95 + 1.18X_i \tag{2-16}$$

需要注意的是，尽管从估计出的回归方程可以看出推销电话次数和复印机的销售数量之间存在正相关关系，但是这能否说明推销电话越多复印机销售量越大，答案是否定的。因为我们不能仅仅根据相关系数来判断变量间的因果关系。

思考与练习

1. 解释下列名词：散点图 残差项 正规方程组
2. 试阐述普通最小二乘（OLS）法的基本思想。
3. 从经济学角度和现实角度思考，为什么要将 e_i 包含在模型中？
4. 表 2-4 列出了中国 1978～2013 年的财政收入 Y 和国内生产总值 GDP 的统计数据。

表 2-4 我国财政收入与国内生产总值

年 份	Y（亿元）	GDP（亿元）	年 份	Y（亿元）	GDP（亿元）
1978	1 132.26	3 645.2	1987	2 199.35	12 058.6
1979	1 146.38	4 062.6	1988	2 357.24	15 042.8
1980	1 159.93	4 545.6	1989	2 664.90	16 992.3
1981	1 175.79	4 891.6	1990	2 973.10	18 667.8
1982	1 212.33	5 323.4	1991	3 149.48	21 781.5
1983	1 366.95	5 962.7	1992	3 483.37	26 923.5
1984	1 642.86	7 208.1	1993	4 348.95	35 333.9
1985	2 004.82	9 016.0	1994	5 218.10	48 197.9
1986	2 122.01	10 275.2	1995	6 242.20	60 793.7

（续）

年　份	Y（亿元）	GDP（亿元）	年　份	Y（亿元）	GDP（亿元）
1996	7 407.99	71 176.6	2005	31 649.29	183 217.4
1997	8 651.14	78 973.0	2006	38 760.20	211 923.5
1998	9 875.95	84 402.3	2007	51 321.78	265 810.3
1999	11 444.08	89 677.1	2008	61 330.35	314 045.4
2000	13 395.23	99 214.6	2009	68 518.30	340 902.8
2001	16 386.04	109 655.2	2010	83 101.51	401 512.8
2002	18 903.64	120 332.7	2011	103 874.40	473 104.1
2003	21 715.25	135 822.8	2012	117 253.50	519 470.1
2004	26 396.47	159 878.3	2013	129 209.60	568 845.2

资料来源：中华人民共和国国家统计局，《中国统计年鉴——2014》，中国统计出版社，2014。

请利用本章所学内容和EViews软件，完成如下要求：

（1）画出GDP与财政收入Y的散点图。

（2）根据散点图，请说明这两个变量之间存在什么关系。

（3）利用最小二乘法估计出财政收入与GDP之间的数量关系。

（4）对估计出的参数的经济意义进行解释。

5. 表2-5列出的是美国七大软饮料品牌的销量（Y）和广告费用（X）的相关数据。试分析广告费用对美国七大软饮料品牌销量的影响，利用最小二乘法作数量分析，并说明分析结果的经济意义。

表2-5　销售量与广告费用的相关数据

品牌名称	Y（100万箱）	X（100万美元）	品牌名称	Y（100万箱）	X（100万美元）
可口可乐	1 929.3	131.3	胡椒博士可乐	546.9	40.2
百事可乐	1 384.6	92.4	激浪	535.6	29.0
健怡可乐	811.4	60.4	七喜	219.5	11.6
雪碧	541.5	55.7			

资料来源：戴维R. 安德森，丹尼斯J. 斯威尼，托马斯A. 威廉斯. 商务与经济统计［M］. 张建华，王健，冯燕奇. 译. 10版. 北京：机械工业出版社，2010.

6. 为研究中国的商品零售价格和国内生产总值之间的相互依存关系，根据表2-6分析1990～2013年的中国商品零售价格指数（RPI）与国内生产总值指数（GDP Index）的有关数据。试利用最小二乘法估计这两者之间的关系，并说明分析结果的经济意义。

表2-6　商品零售价格和国内生产总值数据

年　份	RPI（1978=100）	GDP Index（1978=100）	年　份	RPI（1978=100）	GDP Index（1978=100）
1990	207.7	281.7	1994	310.2	452.8
1991	213.7	307.6	1995	356.1	502.3
1992	225.2	351.4	1996	377.8	552.6
1993	254.9	400.4	1997	380.8	603.9

（续）

年份	RPI	GDP Index	年份	RPI	GDP Index
	（1978＝100）	（1978＝100）		（1978＝100）	（1978＝100）
1998	370.9	651.2	2006	362.9	1 340.7
1999	359.8	700.9	2007	376.7	1 500.7
2000	354.4	759.9	2008	398.9	1 707.0
2001	351.6	823.0	2009	394.1	1 864.3
2002	347.0	897.8	2010	406.3	2 059.0
2003	346.7	987.8	2011	426.2	2 250.5
2004	356.4	1 087.4	2012	434.7	2 422.7
2005	359.3	1 200.8	2013	440.8	2 608.6

资料来源：中华人民共和国国家统计局，《中国统计年鉴——2014》，中国统计出版社，2014。

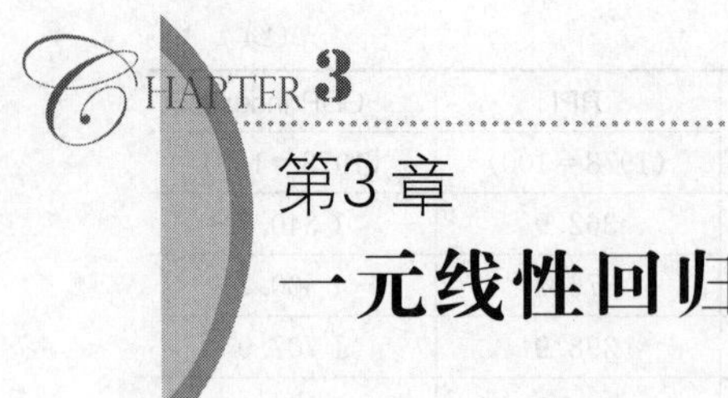

第3章 一元线性回归

回归分析是在变量间相关关系的基础上，根据样本观测值来考察被解释变量的期望值与解释变量的关系。最简单的回归分析是一元回归分析，它是多元回归分析的基础。

3.1 传统假设下的一元线性回归模型

3.1.1 回归分析的基本概念

回归分析是研究一个变量关于另一个变量的依赖关系的理论和方法，其用意是通过后者的已知或设定值，去估计或者预测前者的（总体）均值。其中，前一个变量称为被解释变量或者因变量，后一个变量称为解释变量或者自变量。有一点需要明确的是，回归分析只是检验解释变量与被解释变量之间的相关关系，并不能说明解释变量就是原因而被解释变量就是结果。变量之间是否存在因果关系必须建立在一定的经济理论的基础之上。

3.1.2 总体回归函数和样本回归函数

1. 总体回归函数

在解释变量 X_i 确定的情况下，被解释变量 Y_i 的期望轨迹称为**总体回归线**（population regression line），其相应的函数形式为

$$E(Y \mid X_i) = f(X_i) \tag{3-1}$$

称为**总体回归函数**（population regression function，PRF），或称**条件期望函数**（conditional expectation function，CEF）。

总体回归函数描述了被解释变量的均值随解释变量变化的规律，至于总体回归函数应该采用什么形式，需要考察总体所固有的特征。然而，在实际研究过程中很难将整个总体值用于分析，因此，这是一个重要的实践经验问题。在确定总体回归函数的时候，可以从理论上对变量之间的关系做出假设，拟定初步的近似形式，然后建立函数关系。例如，前面我们把人均居民消费水平与人均GDP看作线性关系，则式（3-1）可写为

$$E(Y \mid X_i) = \beta_0 + \beta_1 X_i \tag{3-2}$$

式中，β_0 和 β_1 是待估参数，称为**回归系数**（regression coefficients）。式（3-2）本身则称为**线性总体回归函数**。值得注意的是，经典线性回归中涉及的线性指的是 Y 的条件期望是参数 β 的线性函数，而非解释变量的线性函数。例如，在实际研究当中，可能遇到形如

$$E(Y \mid X_i) = \beta_0 + \beta_1 X_i^2 \tag{3-3}$$

或与此类似的函数形式。很容易看出，它不是解释变量的线性函数，因为解释变量的指数为 2。但它却是参数 β 的线性函数，因为其指数为 1，该函数同样属于经典线性回归的范畴。事实上，我们可以采用换元的思想，将解释变量换成一次方。

2. 随机干扰项

总体回归函数描述了被解释变量的均值随解释变量变动的规律，但在绝大多数情况下被解释变量总是受多种因素影响的，而这些因素不一定全部被包括在模型中，因此，解释变量与被解释变量之间不是一一对应的函数关系，而是一种相关关系。通过式（3-2）右边计算出的值与被解释变量的观察值的期望值 $E(Y \mid X_i)$ 往往存在一定偏离，称为**离差**（deviation），它是一个不可观测的随机变量，又称为**随机干扰项**（stochastic disturbance）或**随机误差项**（stochastic error）。加入随机干扰项后，式（3-2）可以改写为

$$Y_i = \beta_0 + \beta_1 X_i + \mu_i \tag{3-4}$$

式（3-4）称为总体回归函数的随机设定形式，它表明了被解释变量不仅受到解释变量的影响，还受到解释变量之外的诸多因素的影响，随机干扰项 μ_i 便是这些因素的综合代表。当式（3-4）引入了随机干扰项后，就成为了计量经济学模型，因此，式（3-4）也称为**总体回归模型**（population regression model）。

随机干扰项的内容非常丰富，在计量经济学模型的建立中起着至关重要的作用，它主要代表以下信息：

（1）代表未知的影响因素。尽管回归模型是建立在一定理论基础上的，然而理论往往是不完全的，也许还存在目前尚未认知的因素。例如，某个理论说明了 X 是影响 Y 的因素，但并没有说明 X 是影响 Y 的全部因素，基于这个理论建立的计量经济学模型就只能反映 X 对 Y 的影响，而其他因素对 Y 的影响却是未知的，因此，有必要采用随机干扰项来代表未知的影响因素。

（2）代表缺失的数据。有时在建立计量经济学模型时，我们明知一些因素会影响被解释变量，但由于数据的限制，不得不在模型中剔除这些因素。例如，在分析居民消费的时候，明知消费习惯是影响居民消费的一个重要因素，但这方面的数据基本上无法获取，因此，不得不省略这个因素，将其归入随机干扰项。

（3）代表众多次要变量。在影响被解释变量的诸多因素中，有一些变量是非常次要的，即使几个变量综合起来其影响效应也是非常小的。于是，为了模型的简练，并从收集数据成本方面考虑，往往会忽略掉影响作用很小的变量，将其归入随机干扰项。

（4）代表数据的测量误差。在进行计量分析时采用的观测数据往往是不完全准确的，常常存在或大或小的测量误差，这些误差也被归入了随机干扰项。

（5）代表模型设定误差。由于经济现象的复杂性，模型的真实函数形式往往难以准确把握，在一元回归中尚可通过散点图来观察被解释变量和解释变量的关系，从而推测采用哪种函数形式。然而在多元回归模型中就不易得出一个多维的散点图来直接观察函数的形式，因而在确定函数形式时很容易出现偏差。随机干扰项包含了这种模型设定的偏差。

（6）变量的内在随机性。即使所有的影响因素都纳入模型当中，所有的观测数据都不存在测量误差，但是由于某些变量存在内在的随机性，我们无论如何也解释不了，而这种随机性又会对被解释变量产生随机性影响，因而这种随机性只能被归入随机干扰项中。

3. 样本回归函数

细心的读者会发现，前面的讨论都是基于特定的解释变量 X 和对应的被解释变量 Y 的总体，即讨论总体被解释变量随特定解释变量的平均变化规律。然而在现实当中，总体的信息往往是无法全部获取的，也就是说总体回归函数实际上是未知的。因此，在计量分析中，常常是通过抽样获取总体的一个样本，再通过样本的信息来估计总体回归函数。

在总体中随机抽取一个样本，对该样本做散点图，并用一条直线尽可能地拟合该散点图。由于样本取自总体，因此，可以采用这条线来近似代表总体回归线。该线称为**样本回归线**（sample regression lines），其函数形式

$$\hat{Y}_i = \hat{\beta}_0 + \hat{\beta}_1 X_i \tag{3-5}$$

称为**样本回归函数**（sample regression function，SRF）。式（3-5）可以被认为是式（3-4）的近似替代，这样 $\hat{Y}_i$ 就是 Y_i 的估计量，$\hat{\beta}_0$ 是 β_0 的估计量，$\hat{\beta}_1$ 是 β_1 的估计量。将式（3-5）转化为随机形式

$$Y_i = \hat{\beta}_0 + \hat{\beta}_1 X_i + e_i \tag{3-6}$$

式中，e_i 称为残差项，可以被看作随机干扰项 μ_i 的估计值。在加入了随机干扰项后，式（3-6）就成为了计量经济学模型，称为**样本回归模型**（sample regression model）。

回归分析事实上就是在构造一个样本回归函数，使其尽量接近总体回归函数，图 3-1 描述了总体回归线和样本回归线之间的关系。本书后面部分涉及的回归分析都是针对样本回归模型的分析。

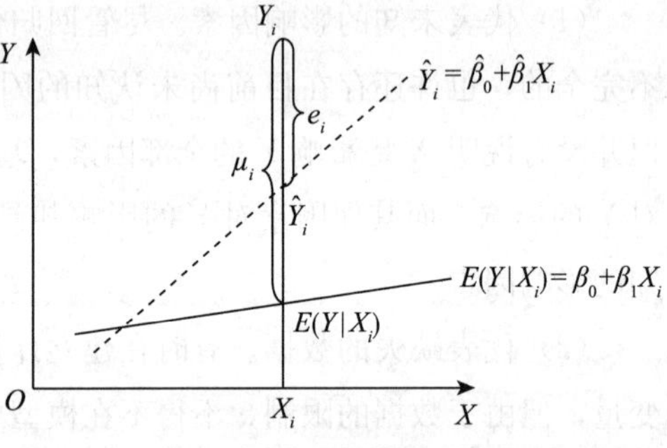

图 3-1　总体回归线与样本回归线的关系

3.2　一元线性回归模型的基本假设

回归分析的主要目的就是通过样本回归函数尽量准确地估计总体回归函数，常用的方法就是第 2 章介绍的普通最小二乘法。为了使普通最小二乘法估计出的结果具有良好的性

质，通常要对模型提出若干假设，只有在满足这些假设的前提下，普通最小二乘法才是适用的估计方法；否则，最小二乘法将不再适应，必须发展其他的估计方法。因此，严格地说，以下假设主要是针对普通最小二乘法的，而不是针对模型本身的。

假设 1：解释变量 X_i 是确定性变量，不是随机变量，而且在重复抽样中取固定值。

假设 2：随机干扰项具有零均值、同方差的特性，即

$$E(\mu_i)=0，\mathrm{Var}(\mu_i)=\sigma^2 \quad i=1，2，\cdots，n$$

也就是说，对于每个样本点，随机干扰项的均值都为零，方差都相同。

假设 3：随机干扰项相互独立，即

$$\mathrm{Cov}(\mu_i，\mu_j)=0 \quad i\neq j \quad i，j=1，2，\cdots，n$$

也就是说任意两个样本点上的随机干扰项是不相关的。

假设 4：随机干扰项与解释变量 X_i 之间不相关，即

$$\mathrm{Cov}(X_i，\mu_i)=0 \quad i=1，2，\cdots，n$$

假设 5：随机干扰项服从零均值、同方差的正态分布，即

$$\mu_i \sim N(0，\sigma^2)$$

以上假设称为线性回归模型的**经典假设**或**高斯假设**，满足以上假设的线性回归模型称为**经典线性回归模型**（classic liner regression model，CLRM）。只有满足了上述条件，普通最小二乘法的估计结果才是可靠的。

3.3　最小二乘估计值的特征

在满足经典假设的前提下，普通最小二乘法的估计结果具有非常优良的性质，即线性性、无偏性和最小方差性（有效性），是**最佳线性无偏估计量**（Best Linear Unbiased Estimator，BLUE），这就是著名的**高斯 - 马尔科夫定理**（Gauss-Markov theorem）。

线性性是指 $\hat{\beta}_0$ 和 $\hat{\beta}_1$ 是随机变量 Y 的线性函数，当然也是随机干扰项 μ 的函数。无偏性是指参数估计值 $\hat{\beta}_0$ 和 $\hat{\beta}_1$ 的期望与其真实值 β_0 和 β_1 是一致的。最小方差性（有效性）是指最小二乘估计量的方差小于其他任何一个无偏估计量的方差，是最小的方差。㊀

3.4　判定系数

普通最小二乘法的思想是找出一条拟合曲线，使残差平方和达到最小，也就是说对于所有的样本观测值，最小二乘法都能得出最佳线性无偏估计量。尽管图 3-2 中的直线都是样本观测值的最小二乘估计结果，但是显然图 3-2b 中的样本回归线更能反映变量间的变化规律，而图 3-2a 则不然。事实上，即使将毫无规律的点散布于坐标系中，最小二乘法也能找出一

㊀ 其证明过程可参考：邓翔，杜江，张蕊．计量经济学［M］．成都：四川大学出版社，2002。

条样本回归线来，而这样的样本回归线是毫无意义的。因此，需要对样本回归线反映变量间变化规律的程度，即**拟合优度**进行检验。

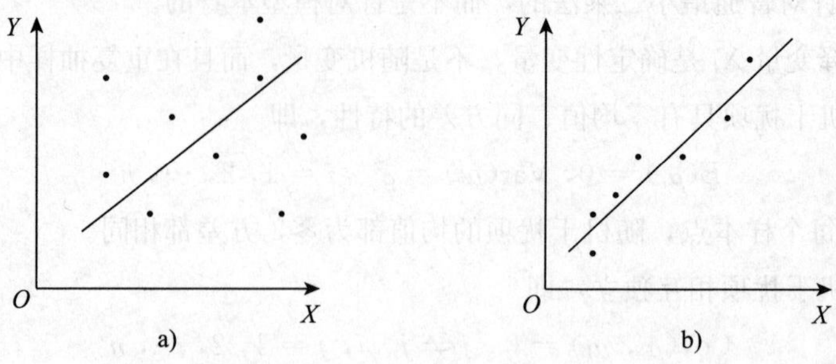

图 3-2　最小二乘法的样本回归线

假设样本回归直线 $\hat{Y}_i=\hat{\beta}_0+\hat{\beta}_1X_i$ 是由一组样本观测值 $(X_i, Y_i)(i=1, 2, \cdots, n)$ 得出，则 Y 的第 i 个观测值 Y_i 与样本均值 $\overline{Y}$ 的离差 $y_i=Y_i-\overline{Y}$ 可以做如下分解

$$y_i=Y_i-\overline{Y}=(Y_i-\hat{Y}_i)+(\hat{Y}_i-\overline{Y})=e_i+\hat{y}_i \tag{3-7}$$

图 3-3 显示了这种分解过程，其中，$\hat{y}_i=\hat{Y}_i-\overline{Y}$ 是回归拟合值与观测值 Y_i 的平均值之差，我们可以把这部分看作回归线能够解释总离差 $y_i=Y_i-\overline{Y}$ 的部分；$e_i=Y_i-\hat{Y}_i$ 是实际观测值与回归拟合值之差，该部分不能被回归直线解释。当 Y_i 落在样本回归线上时，Y 的第 i 个观测值与样本均值的离差全部来自于回归拟合值与样本观测值 Y_i 的平均值之差，即在此点处完全拟合。

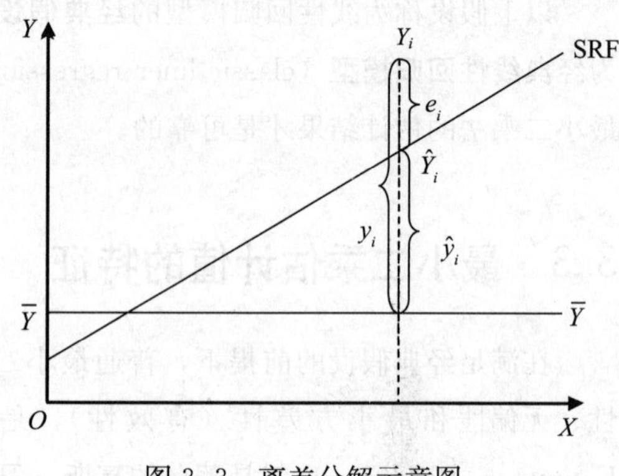

图 3-3　离差分解示意图

对所有的样本点，所有点的样本观测值与样本均值的离差平方和为

$$\sum y_i^2=\sum\hat{y}_i^2+\sum e_i^2+2\sum\hat{y}_ie_i \tag{3-8}$$

因为，根据式 (2-10)，有

$$\begin{aligned}\sum\hat{y}_ie_i&=\sum(\hat{Y}_i-\overline{Y})e_i\\&=\sum(\hat{\beta}_0+\hat{\beta}_1X_i-\overline{Y})e_i\\&=\hat{\beta}_0\sum e_i+\hat{\beta}_1\sum e_iX_i-\overline{Y}\sum e_i\\&=0\end{aligned}$$

所以

$$\sum y_i^2=\sum\hat{y}_i^2+\sum e_i^2 \tag{3-9}$$

习惯上，令 $\sum y_i^2=TSS$，称为**总离差平方和** (total sum of squares)，用于反映样本观测值总体离差的大小；令 $\sum\hat{y}_i^2=ESS$，称为**回归平方和** (explained sum of squares)，用于反映能被

解释变量所解释的那部分离差的大小；令$\sum e_i^2=RSS$，称为**残差平方和**（residual sum of squares），用于反映不能被解释变量解释的那部分离差的大小。于是，式（3-9）就反映了这样一个事实：样本观测值Y_i与其均值的总离差平方和可以分解为两部分，一部分来自于围绕样本回归线的离散程度，另一部分来自于随机势力。由此，我们就可以用来自样本回归线的那部分离差平方和与总离差平方和的比值来衡量样本回归线对样本观测值的拟合程度，称为拟合优度，用R^2表示，即

$$R^2=\frac{ESS}{TSS}=1-\frac{RSS}{TSS} \tag{3-10}$$

R^2被称为**判定系数**（coefficient of determination），有些书上也称为**可决系数**。显然，回归平方和占总离差平方和的比重越大，回归直线与样本点拟合得就越好。当$R^2=1$时，表明模型与观测值完全拟合，即$Y=\hat{Y}$；当$R^2=0$时，因为$\sum \hat{y}^2=0$，所以，对于Y的所有观测值，都取样本观测值的均值。然而在实际运用当中，这些情况罕有发生。毋庸置疑的是，R^2越接近于1，说明模型的拟合优度越高。事实上，回归离差平方和$\sum \hat{y}^2$越大，R^2越趋近于1。由于$\sum \hat{y}^2$中含有解释变量X的信息。所以，它的变化是由解释变量X引起的。因此，R^2越大意味着X对Y的解释能力就越强。

由于

$$ESS=\sum \hat{y}_i^2=\sum(\hat{\beta}x_i)^2=\hat{\beta}^2\sum x_i^2$$

式中，

$$\begin{aligned} x_i &= X_i-\overline{X} \\ \hat{y}_i &= \hat{Y}_i-\overline{Y} \\ &= \hat{\beta}_0+\hat{\beta}_1 X_i-\hat{\beta}_0-\hat{\beta}_1\overline{X} \\ &= \hat{\beta}_1(X_i-\overline{X}) \\ &= \hat{\beta}_1 x_i \end{aligned}$$

于是

$$R^2=\frac{\hat{\beta}^2\sum x_i^2}{\sum y_i^2}=\frac{(\sum x_i y_i)^2}{\sum x_i^2\sum y_i^2}=r^2 \tag{3-11}$$

利用式（3-11），就能很方便地计算出可决系数，式中，r代表X与Y的相关系数。值得注意的是，式（3-11）只是对一元回归分析而言的。

事实上，判定系数一般都用不着研究者自己去计算，因为 EViews 直接就给出了可决系数的值，图 2-5 中的 R-squared 对应的数值就是可决系数的输出结果。其值为 0.988 88，非常接近于 1，说明模型的拟合优度非常高。

3.5　最小二乘回归的若干重要结论

在满足经典假设下，就可以采用最小二乘法得出回归模型的 OLS 估计量。然而，OLS

估计量是随机变量，其值会随着样本的不同而变化。因此，就有必要了解这些估计量的抽样差异性，即它们是如何随着样本的变化而变化的。这种差异性一般是采用方差和标准差来衡量的。式（3-12）～式（3-15）给出了OLS估计量 $\hat{\beta}_0$ 和 $\hat{\beta}_1$ 的方差和标准差。㊀

$$\mathrm{Var}(\hat{\beta}_0)=\frac{\sum X_i^2}{n\sum x_i^2}\sigma^2 \tag{3-12}$$

$$\mathrm{Se}(\hat{\beta}_0)=\sqrt{\mathrm{Var}(\hat{\beta}_0)} \tag{3-13}$$

$$\mathrm{Var}(\hat{\beta}_1)=\frac{\sigma^2}{\sum x_i^2} \tag{3-14}$$

$$\mathrm{Se}(\hat{\beta}_1)=\sqrt{\mathrm{Var}(\hat{\beta}_1)} \tag{3-15}$$

式中，Var表示方差，Se表示标准差，σ^2 表示随机干扰项 μ 的方差，n 表示样本观测值的个数。根据经典假设，随机干扰项的方差是一个常数。

从式（3-12）和式（3-14）可知，要计算参数估计值的方差，必须要知道随机干扰项的方差 σ^2。然而，随机干扰项的方差 σ^2 实际上是未知的，因为随机干扰项 μ_i 是不可观测的，因此，只能从 μ_i 的估计值，即残差 e_i 来估计随机干扰项的总体方差 σ^2。可以证明 σ^2 的最小二乘估计量为㊁

$$\hat{\sigma}^2=\frac{\sum e_i^2}{n-2} \tag{3-16}$$

式中，n 为观测值的个数。

式（3-13）和式（3-15）的值都可以由EViews直接输出，如图2-5所示，Std. Error的值便是相应参数的标准差，将Std. Error的值平方就可以得出式（3-12）和式（3-14）的结果。图2-5中的S. E. of regression的值就是 $\hat{\sigma}^2$ 的正平方根，只要求这个值的平方便可得式（3-16）的结果。

3.6 参数显著性检验 t 检验

事实上，判定系数 R^2，只是对模型（3-2）中的解释变量 X 对被解释变量 Y 的解释能力的强弱给出了一个模糊的推测，而没有在统计上给出严格的结论，因此，有必要对变量进行显著性检验（也称为参数估计值的显著性检验）。

显著性检验的思想是：若变量 X 是显著地影响被解释变量 Y，那么，其模型（3-2）中的参数 β_1 应该显著的不为零。根据数理统计学知识，用于进行显著性检验的方法主要有三种：t 检验、F 检验和 z 检验，其中，针对单个参数进行检验并且运用最广泛的是 t 检验。

㊀㊁ 证明过程可参考：达摩达尔N古扎拉蒂．计量经济学基础［M］．费剑平，孙春霞，等译．4版．北京：中国人民大学出版社，2005。

3.6.1　t 检验

为了检验参数估计值是否显著为零，采取如下步骤进行检验。

第 1 步：提出原假设 H_0 和备择假设 H_1。通常，研究者都将不期望出现的情况作为原假设，其对立的情况作为备择假设。在此，若为双侧 t 检验，则原假设和备择假设分别为

$$H_0: \beta_i = 0$$

$$H_1: \beta_i \neq 0$$

若为单侧检验，则根据问题需要，提出原假设 H_0 和备择假设 H_1。以零为中心的原假设为 H_0：$\beta_i=0$，而备择假设为 H_1：$\beta_i>0$ 或 H_1：$\beta_i<0$。

第 2 步：构造 t 统计量

$$t = \frac{\hat{\beta}_i - \beta_i}{\mathrm{Se}(\hat{\beta}_i)} = \frac{\hat{\beta}_i}{\mathrm{Se}(\hat{\beta}_i)} \sim t(n-2) \quad i = 0, 1 \tag{3-17}$$

第 3 步：获取给定显著水平 α 下的临界值。给定一个显著水平 α，比如 5%（常见的显著水平有 1%、5%、10%），来表示原假设 H_0 成立的概率，查 t 分布表，会得到一个临界值 $t_{\alpha/2}(n-2)$。若 $|t|>t_{\alpha/2}(n-2)$（注意：此处的 t 值是在 $\beta_1=0$ 的情况下计算出来的），则说明在 $1-\alpha$ 的置信度下拒绝原假设 H_0，说明变量 X（人们习惯上把常数项看作一个始终取值为 1 的常变量）通过了显著性检验，是显著的；若没有发生 $|t|>t_{\alpha/2}(n-2)$ 的情况，则说明在 $1-\alpha$ 的置信度下接受了原假设 H_0，说明变量 X 没有通过显著性检验，是不显著的。

第 4 步：比较 t 统计量与临界值 $t_{\alpha/2}(n-2)$，得出结论如图 3-4 所示。分别令 $i=0$，$i=1$ 就可对一元回归模型的参数估计值进行显著性检验。

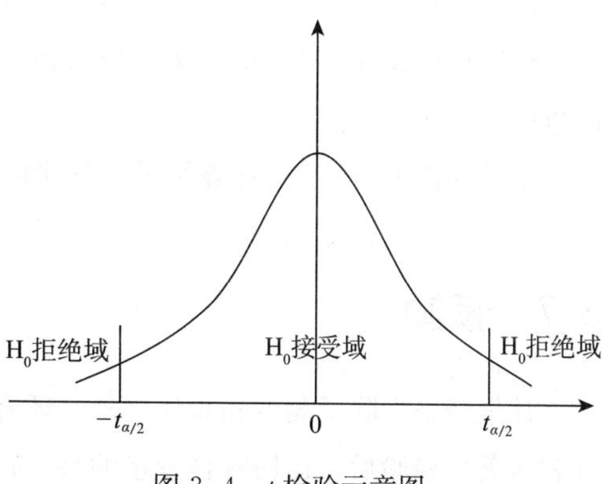

图 3-4　t 检验示意图

t 统计量的值也可由 EViews 直接输出，图 2-5 中的 t-Statistic 所对应的值便是 t 统计量的值。在实际应用过程中，没有必要依照 t 统计量的值去查 t 分布表，直接依据图 2-5 中的 Prob 对应的值来判断即可。图 2-5 中的 prob 值表示 t 检验的原假设 H_0 成立的概率，也就是说对应参数真值为零的概率。通过这一统计量就可方便地判断是拒绝还是接受参数真值为零的假设，一般来说，当 Prob 值低于 0.1（0.05，0.01）时，就说明对应参数在 10%（5%，1%）显著不为零。如果在 1%的显著水平下，参数显著不为零的话，则在 5%或 10%的显著水平下参数一定显著的不为零。图 2-5 中 Prob 值几乎为零，小于 0.01，说明参数显著不为零。

3.6.2　参数的置信区间

通过了显著性检验后，我们还可能会关心参数估计值的可信程度，即参数估计值与其真值究竟有多接近。一方面，根据式（3-17）可以得到 t 统计量；另一方面，在给定显著水平 α 下，通过 t 分布表可以得到临界值 $t_{\alpha/2}$。从图（3-4）可以看出，t 值落在区间 $(-t_{\alpha/2}, t_{\alpha/2})$ 的概率为 $(1-\alpha)$，由此即有

$$P(-t_{\alpha/2} < t < t_{\alpha/2}) = 1-\alpha \tag{3-18}$$

把式（3-17）中的 t 统计量代入式（3-18），则有

$$P\left(-t_{\alpha/2} < \frac{\hat{\beta}_i - \beta_i}{\mathrm{Se}(\hat{\beta}_i)} < t_{\alpha/2}\right) = 1-\alpha \tag{3-19}$$

式（3-19）可以进一步地改写为

$$P(\hat{\beta}_i - t_{\alpha/2} \times \mathrm{Se}(\hat{\beta}_i) < \beta_i < \hat{\beta}_i + t_{\alpha/2} \times \mathrm{Se}(\hat{\beta}_i)) = 1-\alpha \tag{3-20}$$

式（3-20）中的区间 $(\hat{\beta}_i - t_{\alpha/2} \times \mathrm{Se}(\hat{\beta}_i) < \beta_i < \hat{\beta}_i + t_{\alpha/2} \times \mathrm{Se}(\hat{\beta}_i))$ 称为**参数的置信区间**（confidence interval），它衡量了参数估计值与其真值的接近程度。

显然，置信区间越小，参数估计值越接近其真值。那么如何才能缩小置信区间呢？采取的方式有以下两种。

（1）增大样本容量 n。从式（3-20）可以看出，一方面，当样本容量 n 增大时，在给定显著水平下，临界值必然会减小，在参数统计量不变的条件下，置信区间就会缩小；另一方面，当样本容量 n 增大时，一般来讲，随机干扰项的方差会减小，使得参数估计值的方差变小，即参数估计量的标准差减小，这样通过参数估计量与临界值共同变化的作用，置信区间缩小。

（2）提高模型的拟合优度。模型拟合优度越高，意味着残差平方和越小，综合式（3-13）、式（3-15）和式（3-16）的结果可以得到，参数估计值的方差越小，标准差也越小，置信区间也就越小。

结合前面 EViews 的运算结果，就能很容易地计算出参数的置信区间。

3.7　预测

计量经济学除了测度和验证之外，还有一个作用就是预测。所谓预测，就是指在参数估计和显著性检验后，运用解释变量的某一特定值，根据回归方程所描述的变化规律推测被解释变量的值。对被解释变量的预测主要有**点预测**和**区间预测**两种。

1. 点预测

点预测就是给定解释变量 X 的某一特定值 X_0，直接利用回归方程来估计被解释变量 Y_0 的值。假设回归方程为

$$\hat{Y}_i = \hat{\beta}_0 + \hat{\beta}_1 X_i \tag{3-21}$$

当**解释变量** X 取值为 X_0 时，$\hat{Y}_0=\hat{\beta}_0+\hat{\beta}_1 X_0$ 就是对 Y_0 的预测值，这是对 Y_0 的单个值进行的预测。

实际上，点预测估计出的 $\hat{Y}_0$ 仅仅是被解释变量的预测值的估计值，而非其预测值。这是因为：一是参数估计值本身就是随机变量，是不确定的；二是受随机干扰项的影响。因此，点估计得到的只是预测值的一个估计值，预测值的真值处于在某一置信度下以该预测值为中心的一个区间中。

2. 区间预测

区间预测就是在一定的显著水平下找出预测值真值所在区间。

记 e_0 是预测值 $\hat{Y}_0$ 与其真值 Y_0 之差，即预测误差。可以证明（证明过程略）

$$e_0 \sim N\left(0, \sigma^2\left(1+\frac{1}{n}+\frac{(X_0-\overline{X})^2}{\sum x_i^2}\right)\right) \tag{3-22}$$

在式（3-22）中用 $\hat{\sigma}^2$ 代替未知的 σ^2，即可对 e_0 构造 t 统计量

$$t=\frac{\hat{Y}_0-Y_0}{\mathrm{Se}(e_0)} \sim t(n-2) \tag{3-23}$$

在给定显著水平 α 的情况下，可得临界值 $t_{\alpha/2}$，则有

$$P\left(-t_{\alpha/2}<\frac{\hat{Y}_0-Y_0}{\mathrm{Se}(e_0)}<t_{\alpha/2}\right)=1-\alpha \tag{3-24}$$

进一步的有

$$P(\hat{Y}_0-t_{\alpha/2}\times \mathrm{Se}(e_0)<Y_0<\hat{Y}_0+t_{\alpha/2}\times \mathrm{Se}(e_0))=1-\alpha \tag{3-25}$$

因此，在（$1-\alpha$）的置信水平下，Y_0 的预测区间，即置信区间为

$$(\hat{Y}_0-t_{\alpha/2}\times \mathrm{Se}(e_0)<Y_0<\hat{Y}_0+t_{\alpha/2}\times \mathrm{Se}(e_0)) \tag{3-26}$$

式中，

$$\mathrm{Se}(e_0)=\hat{\sigma}\sqrt{\left(1+\frac{1}{n}+\frac{(X_0-\overline{X})^2}{\sum x_i^2}\right)} \tag{3-27}$$

点预测很容易实现，直接把解释变量的值代入回归方程计算即可。区间预测的 t 统计量临界值可通过查表得到，最重要的是计算 $\mathrm{Se}(e_0)$ 的值。$\mathrm{Se}(e_0)$ 的值可通过生成序列的方法，逐步计算出 $\hat{\sigma}$、$\overline{X}$、$\sum x_i^2$ 的值就可以计算出 $\mathrm{Se}(e_0)$ 的值。

3.8 案例分析

案例 3-1

我国自改革开放以来提出了“科教兴国”的战略决策，颁布了《国家中长期科学和技术发展规划纲要（2006—2020）》，从财政上加大了对科技的投入力度，使研究与开发投入强度稳定提高，高质量的论文和具有国际水平的专利在数量上不断增加，然而这些科技成果有没

有进入生产领域，促进经济增长呢？表 3-1 是中国 1987～2007 年实际 GDP 和研究与开发支出（R&D）的数据，由于科技投入的资金没有价格指数，因此，采用 GDP 平减指数进行转化。我们将科技投入对经济增长的影响进行计量分析。

表 3-1 我国实际 GDP 与 R&D

年 份	实际 GDP（亿元）	实际 R&D（亿元）	年 份	实际 GDP（亿元）	实际 R&D（亿元）
1987	8 533.62	52.39	1998	23 349.84	152.47
1988	9 498.78	56.51	1999	25 204.90	190.82
1989	9 893.68	65.39	2000	27 361.04	247.00
1990	10 296.08	69.18	2001	29 565.04	281.07
1991	11 233.83	82.24	2002	32 387.35	346.57
1992	12 813.89	94.25	2003	35 832.44	406.18
1993	14 565.26	102.23	2004	39 563.19	486.58
1994	16 474.40	104.68	2005	43 977.94	588.07
1995	18 012.09	103.31	2006	49 145.54	696.43
1996	19 847.94	112.79	2007	55 130.63	794.78
1997	21 758.76	140.28			

资料来源：中华人民共和国国家统计局，《中国统计年鉴——2008》，中国统计出版社，2008。

1. 做散点图并建立模型

我们以 *RGDP* 表示真实 GDP，以 *RD* 表示研究与开发费用 R&D，将数据录入 EViews 后，在工作文件窗口下，依次选中两个变量 *RGDP* 和 *RD*，进入组窗口，然后点击“View/Graph/Scatter/Simlpe Scatter”，就出现图 3-5 所示的散点图。

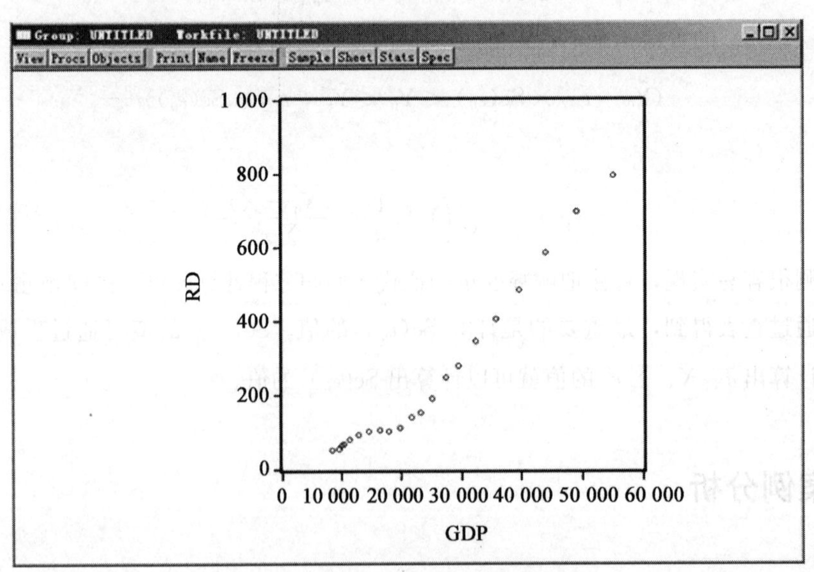

图 3-5 科技投入与经济发展关系的散点图

从图 3-5 显示的散点图来看，*RGDP* 和 *RD* 之间是线性关系，基于此，本例建立一元回归模型，如下。

$$RGDP_i = \beta_0 + \beta_1 RD_i + \mu_i \tag{3-28}$$

接着在主窗口下点击“quick/Estimate equation”，在出现的对话框中的方程中键入“RGDP RD C”，得到如表 3-2 所示的回归结果。

表 3-2　回归结果

Dependent Variable：GDP

Method：Least Squares

Date：11/26/09　Time：16:35

Sample：1987 2007

Included observations：21

Variable	Coefficient	Std. Error	t-Statistic	Prob.
RD	60.194 49	3.066 471	19.629 89	0.000 0
C	9 668.901	1 010.223	9.571 057	0.000 0
R-squared	0.953 009	Mean dependent var		24 497.44
Adjusted R-squared	0.950 536	S. D. dependent var		13 820.63
S. E. of regression	3 073.784	Akaike info criterion		18.989 60
Sum squared resid	1.80E+08	Schwarz criterion		19.089 08
Log likelihood	−197.390 8	F-statistic		385.332 6
Durbin-Watson stat	0.111 495	Prob（F-statistic）		0.000 000

写出回归结果为

$$RGDP_i = 9\,668.9 + 60.19 RD_i \tag{3-29}$$
$$(9.57)\qquad (19.63)$$

$$R^2 = 0.953 \quad F = 385.33 \quad D.W. = 0.111$$

式中，括号内数字表示对应参数的 t 统计量的值，R^2 表示判定系数，同时得出了 F 统计量和 $D.W.$ 统计量。F 统计量和 $D.W.$ 统计量将在后面的相应章节进行讲述。

2. 模型检验

由回归结果和表 3-2 可以看出，$R^2=0.953$，说明模型的拟合优度很高。从截距项和斜率的参数估计值的 t 统计量所对应的 Prob 值都趋近于零来看，参数估计值为零的概率接近于零。也就是说，在 1%的显著水平下，参数估计值是显著不为零的。

3. 预测

假设 2008 年经过 GDP 平减指数转化后的实际 R&D 支出为 912.05 亿元。则由上述回归方程可知，2008 年实际 GDP 的点预测值为

$$RGDP_{2008} = 9\,668.9 + 60.19 \times 912.05 = 64\,565.2(\text{亿元})$$

下面进行区间预测。在 EViews 软件下，容易得到实际 GDP 的样本均值和样本方差。具体实现过程如下。

在估计出方程后，点击“Quick/Generate series”，键入“erd=@mean(rd)”（erd 为人为命名的代表样本均值的变量），点击“OK”后返回工作文件就可得到实际 R&D 的样本均值。同理，在点击“Quick/Generate series”，键入“vrd=@var(rd)”（vrd 为人为命名的代

表样本方差的变量)，点击“OK”后返回工作文件就可得到实际R&D的样本方差，得出

$$erd = 246.34 \quad vrd = 47\,846.46$$

由式（3-26）可知，被解释变量Y的预测区间为

$$(\hat{Y}_0 - t_{\alpha/2} \times \mathrm{Se}(e_0)) < Y_0 < \hat{Y}_0 + t_{\alpha/2} \times \mathrm{Se}(e_0))$$

在95%的显著水平下（$\alpha=0.05$），查自由度为19的t分布表可知$t_{\alpha/2}=2.093$，又根据式（3-27）有

$$\mathrm{Se}(e_0) = \hat{\sigma}\sqrt{\left(1+\frac{1}{n}+\frac{(X_0-\overline{X})^2}{\sum x_i^2}\right)} \tag{3-30}$$

结合上面的计算结果和式（3-16）可知

$$\mathrm{Se}(e_0) = \sqrt{\frac{1.80E+08}{21-2}} \times \sqrt{1+\frac{1}{21}+\frac{(912.05-246.34)^2}{(21-1)\times 47\,846.46}} = 3\,778.05$$

上式用到了$\sum x_i^2=(n-1)\mathrm{Var}(X)$（读者可自行证明)。把计算结果代入预测区间可知，2008年实际GDP的预测区间为（56 657.74，72 472.66)。

案例3-2

政府支出是指一国（或地区）为了完成其公共职能，对购买的所需商品和劳务进行的各种财政资金的支付活动，是政府必须向社会付出的成本。经济增长给政府支出提供了资金来源。GDP越高的省份，其财政支出也越高吗？为了验证这一想法，表3-3给出了2012年我国31个省份GDP与政府支出的截面数据。我们运用一元线性回归模型来进行分析。

表3-3　2012年我国各地区生产总值与政府支出

省　份	GDP（亿元）	政府支出（亿元）	省　份	GDP（亿元）	政府支出（亿元）
北　京	11 115.00	3 685.31	湖　北	11 328.92	3 759.79
天　津	6 719.01	2 143.21	湖　南	11 555.00	4 119.00
河　北	16 011.97	4 079.44	广　东	36 796.71	7 387.86
山　西	7 315.40	2 759.46	广　西	7 021.00	2 985.23
内蒙古	8 496.20	3 425.99	海　南	1 503.06	911.67
辽　宁	13 668.58	4 558.59	重　庆	5 793.66	3 046.36
吉　林	6 426.10	2 471.20	四　川	12 601.23	5 450.99
黑龙江	8 314.37	3 171.52	贵　州	3 561.56	2 755.68
上　海	14 069.87	4 184.02	云　南	5 692.12	3 572.66
江　苏	30 981.98	7 027.67	西　藏	394.85	905.34
浙　江	21 462.69	4 161.88	陕　西	7 314.58	3 323.80
安　徽	8 851.66	3 961.01	甘　肃	3 166.82	2 059.56
福　建	10 823.01	2 607.50	青　海	1 018.62	1 159.05
江　西	6 971.05	3 019.22	宁　夏	1 203.92	864.36
山　东	30 933.28	5 904.52	新　疆	4 183.21	2 720.07
河　南	18 018.53	5 006.40			

资料来源：中华人民共和国国家统计局，《中国统计年鉴——2013》，中国统计出版社，2013。

1. 做散点图并建立模型

我们以 GDP 表示地区国内生产总值，以 GE 表示政府支出，将数据录入 EViews 后，在工作文件窗口下，依次选中两个变量 GDP 和 GE，进入组窗口，然后点击“View/Graph/Scatter/Simlpe Scatter”，就出现图 3-6 所示的散点图。

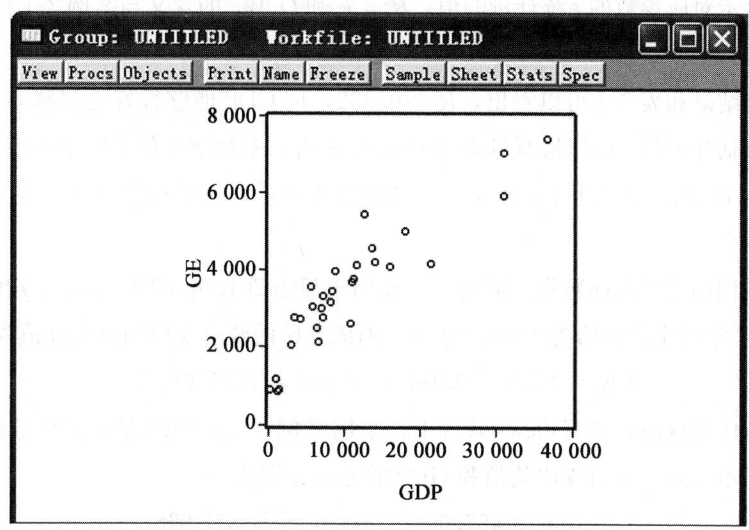

图 3-6 政府支出与经济发展关系的散点图

从图 3-6 显示的散点图来看，GDP 和 GE 之间是线性关系，基于此，本例建立一元回归模型如下

$$GE_i = \beta_0 + \beta_1 GDP_i + \mu_i \tag{3-31}$$

接着在主窗口下点击“Quick/Estimate equation”，在出现的对话框中的方程式中键入“GE C GDP”，得到式（3-31）的回归结果，如表 3-4 所示。

表 3-4 式（3-31）估计结果

Dependent Variable: GE
Method: Least Squares
Date: 02/04/15 Time: 21:21
Sample (adjusted): 1 31
Included observations: 31 after adjusting endpoints

Variable	Coefficient	Std. Error	t-Statistic	Prob.
C	1 704.609	189.185 1	9.010 275	0.000 0
GDP	0.163 046	0.013 620	11.970 63	0.000 0

R-squared	0.831685	Mean dependent var	3 457.689
Adjusted R-squared	0.825 881	S. D. dependent var	1 598.051
S. E. of regression	666.827 8	Akaike info criterion	15.905 28
Sum squared resid	12 895 122	Schwarz criterion	15.997 80
Log likelihood	−244.531 9	F-statistic	143.296 0
Durbin-Watson stat	2.260 234	Prob (F-statistic)	0.000 000

报告出的回归结果为

$$CE_i = 1\,704 + 0.163GDP_i \tag{3-32}$$
$$(9.01)\quad(11.97)$$
$$R^2 = 0.832 \quad F = 143.30 \quad D.W. = 2.26$$

括号内数字表示对应参数的 t 统计量的值，R^2、F 和 $D.W.$ 的含义与案例 3-1 相同。

2. 模型检验

综合回归结果和表 3-4 可以看出，$R^2=0.832$，用 GDP 能够很好地解释 GE。从截距项和斜率的参数估计值的 t 统计量所对应的 Prob 值来看，参数估计值为零的概率都几乎为零。也就是说，在 1%的显著水平下，参数估计值显著不为零，表明 GDP 对 GE 有显著影响。

3. 预测

由于本案例用的是截面数据，因此，只能用于预测 2012 年 GDP 与政府支出的关系。假设某省份 2012 年的生产总值为 10 000 亿元，则该省份的政府支出的点估计值为

$$GE = 1\,704 + 0.163 \times 10\,000 = 3\,334(\text{亿元})$$

为了进行区间预测，在 EViews 软件下，采用案例 3-1 介绍的方法容易得到实际 GE 的样本均值和样本方差。政府支出均值和 GDP 的方差分别为

$$ege = 3\,457.69 \qquad vgdp = 77\,317\,896$$

由式（3-26）可知，被解释变量 Y 的预测区间为

$$(\hat{Y}_0 - t_{\alpha/2} \times \text{Se}(e_0) < Y_0 < \hat{Y}_0 + t_{\alpha/2} \times \text{Se}(e_0))$$

在 95%的显著水平下（$\alpha=0.55$），查自由度为 19 的 t 分布表可知 $t_{\alpha/2}=2.093$，又根据式（3-27）有

$$\text{Se}(e_0) = \hat{\sigma}\sqrt{\left(1 + \frac{1}{n} + \frac{(X_0 - \overline{X})^2}{\sum x_i^2}\right)} \tag{3-33}$$

结合上面的计算结果和式（3-16）可知

$$\text{Se}(e_0) = \sqrt{\frac{12\,895\,122}{31-2}} \times \sqrt{1 + \frac{1}{31} + \frac{(10\,000 - 3\,457.69)^2}{(31-1) \times 77\,317\,896}} = 683.527$$

把计算结果代入预测区间可知 2008 年实际 GDP 的预测区间为（1 903.379，4 764.621）。

思考与练习

1. 请解释下列名词：总体回归函数　样本回归函数　随机干扰项　拟合优度　残差平方和　t 检验　F 检验

2. 随机误差项 μ_i 和残差项 e_i 是一回事，为什么？

3. 线性回归模型是否意味着变量是线性的，为什么？

4. 是否可以认为总体回归函数给出了对应于每一个解释变量的被解释变量的值。

5. 为什么要进行解释变量的显著性检验？

6. 经典线性回归模型有哪些基本假设？

7. 判断下列模型是否为线性回归模型：

(1) $Y_i=\beta_0+\beta_1\dfrac{1}{X_i}+\mu_i$　　(2) $Y_i=\beta_0+\beta_1\ln X_i+\mu_i$

(3) $\ln Y_i=\beta_0+\beta_1 X_i+\mu_i$　　(4) $\ln Y_i=\beta_0+\beta_1\ln X_i+\mu_i$

(5) $\ln Y_i=\beta_0+\beta_1\beta_2\ln X_i+\mu_i$　　(6) $\ln Y_i=\beta_0+\beta_1^2\ln X_i+\mu_i$

8. 最小二乘回归有哪些性质？

9. 假设样本回归函数为：$\hat{Y}_i=\hat{\beta}_0+\hat{\beta}_1 X_i+e_i$，试证明如下性质：

(1) 估计值的均值等于真值的均值：$\overline{\hat{Y}}=\overline{Y}$。

(2) 残差和为零：$\sum e_i=0$。

(3) 残差项与解释变量不相关：$\sum e_i X_i=0$。

10. 对于计量经济学模型 $Y_i=\beta_0+\beta_1 X_i+\mu_i$，其最小二乘估计参数 β_1 的特性会因为以下情况受到何种影响：

(1) 观测值数目增加一倍。

(2) X_i 各观测值呈等差数列形式排列。

(3) X_i 各观测值相等。

(4) $E(\mu_i^2)=0$。

11. 表 3-5 给出的是某省 20 个市县的卫生医疗机构数量 Y 与人口数量 X 的数据。完成如下要求：

(1) 试求出这 20 个市县的卫生医疗机构数量 Y 与人口数量 X 的估计回归方程。

(2) 对回归方程解释变量的参数的显著性进行 t 检验，计算 R^2。

(3) 假设该省另一市县的人口数量为 536 万人，试预测该市县的医疗机构数量，并求出相应的预测区间（$\alpha=5\%$）。

表 3-5　观测数据

地　区	Y（个）	X（万人）	地　区	Y（个）	X（万人）
1	934	103.0	11	4 064	709.2
2	6 304	1 013.3	12	827	339.9
3	911	315.0	13	1 589	438.6
4	1 297	463.7	14	2 403	620.1
5	1 085	379.3	15	866	149.8
6	1 616	518.4	16	1 223	346.7
7	1 375	371.0	17	1 361	488.4
8	1 021	302.6	18	594	88.9
9	1 212	419.9	19	1 471	402.4
10	1 132	345.9	20	1 530	508.5

12. 表 3-6 给出的是 2012 年我国各地区就业人数与地区生产总值数据，请根据本章学习

的知识完成下列要求：

(1) 绘制地区生产总值与就业人数的散点图。

(2) 建立地区生产总值与就业人数的一元回归模型。

(3) 对回归结果进行拟合优度检验，t 检验。

(4) 解释斜率参数的经济意义。

表 3-6　2012 年我国各地区就业人数与地区生产总值数据

地　区	就业人数（万人）	地区生产总值（万元）	地　区	就业人数（万人）	地区生产总值（万元）
北　京	592.3	17 879.40	湖　北	911.5	22 250.45
天　津	148.1	12 893.88	湖　南	721.9	22 154.23
河　北	641.3	26 575.01	广　东	1 808.9	57 067.92
山　西	386.2	12 112.83	广　西	477.6	13 035.10
内蒙古	360.9	15 880.58	海　南	116.8	2 855.54
辽　宁	807.0	24 846.43	重　庆	548.5	11 409.60
吉　林	407.1	11 939.24	四　川	884.1	23 872.80
黑龙江	504.2	13 691.58	贵　州	276.4	6 852.20
上　海	712.0	20 181.72	云　南	563.0	10 309.47
江　苏	2 232.9	54 058.22	西　藏	51.3	701.03
浙　江	1 546.2	34 665.33	陕　西	420.5	14 453.68
安　徽	646.2	17 212.05	甘　肃	226.0	5 650.20
福　建	652.7	19 701.78	青　海	69.9	1 893.54
江　西	659.9	12 948.88	宁　夏	98.9	2 341.29
山　东	1 375.0	50 013.24	新　疆	211.7	7 505.31
河　南	865.5	29 599.31			

资料来源：中华人民共和国国家统计局，《中国统计年鉴——2013》，中国统计出版社，2013。

13. 表 3-7 给出了 1990～2013 年我国进出口总额与国内生产总值的数据，请根据本章学习的知识回答下列问题。

(1) 做进出口总额对国内生产总值的回归分析，并解释参数的经济意义。

(2) 做拟合优度检验，并回答回归直线不能解释的部分有多大。

(3) 做参数显著性检验并求出参数的置信区间。

(4) 已知 2014 年的进出口总额为 264 300 亿元，请给出 2014 年国内生产总值的点预测值与区间预测值。

表 3-7　1990～2013 年我国进出口总额与国内生产总值数据

年　份	进出口总额（万元）	国内生产总值（万元）	年　份	进出口总额（万元）	国内生产总值（万元）
1990	5 560.1	18 667.82	1995	23 499.9	60 793.72
1991	7 225.8	21 781.49	1996	24 133.8	71 176.59
1992	9 119.6	26 923.47	1997	26 967.2	78 973.03
1993	11 271.0	35 333.92	1998	26 849.7	84 402.27
1994	20 381.9	48 197.85	1999	29 896.2	89 677.05

（续）

年　份	进出口总额（万元）	国内生产总值（万元）	年　份	进出口总额（万元）	国内生产总值（万元）
2000	39 273.2	99 214.55	2007	166 740.2	257 305.60
2001	42 183.6	109 655.20	2008	179 921.5	314 045.40
2002	51 378.2	120 332.70	2009	150 648.1	340 902.80
2003	70 483.5	135 822.80	2010	201 722.2	401 512.80
2004	95 539.1	159 878.30	2011	236 402.0	473 104.10
2005	116 921.8	183 217.40	2012	244 160.2	519 470.10
2006	140 971.4	211 923.50	2013	258 168.9	568 845.20

资料来源：中华人民共和国国家统计局，《中国统计年鉴——2014》，中国统计出版社，2014。

第4章 多元回归分析（一）

在现实经济中，某种经济现象一般会受到许多经济变量的影响。在实践中，像第3章中介绍的双变量模型（一元回归模型），往往具有很大的局限性，因为很少有经济现象可以只用一个解释变量解释清楚。例如，在第2章和第3章中我们提到人均GDP是影响人均居民消费水平的因素，但影响居民消费水平的因素不是由收入唯一确定的，影响居民消费水平的因素还有商品价格、互补品、替代品的价格等。因此，为了能够更好地解释经济现象，有必要将双变量回归模型进行扩展，将更多的解释变量纳入模型中，构建包含多个解释变量的回归模型，即**多元回归模型**。本章先从介绍最简单的三变量模型出发（两个解释变量），然后推广到有 k 个解释变量的一般情形。

4.1 多变量线性回归模型

假定被解释变量为 Y，将双变量的总体回归模型进行推广，便可写出三变量的总体回归模型

$$Y_i = \beta_0 + \beta_1 X_{1i} + \beta_2 X_{2i} + \mu_i \quad i = 1,2,3,\cdots,n \tag{4-1}$$

式中，Y_i 是被解释变量；X_{1i}和 X_{2i}是解释变量；μ_i 是随机干扰项；β_0是截距项，它代表 X_{1i}和 X_{2i}都等于零时的 Y_i 的平均值（期望值）。系数 β_1 和 β_2 被称为**偏回归系数**，反映其他解释变量保持不变的情况下，对应解释变量每变化一个单位引起的被解释变量的变化量。

我们还可对模型（4-1）做更一般的推广，假设影响被解释变量的因素有 k 个，分别记为：$X_1,X_2,\cdots,X_k$；Y 与 X 之间存在线性关系，则有

$$Y_i = \beta_0 + \beta_1 X_{1i} + \cdots + \beta_k X_{ki} + \mu_i \quad i = 1,\ 2,\ \cdots,\ n \tag{4-2}$$

式中，μ_i 表示随机干扰项，β_i 表示偏回归系数。

4.2 多元线性回归模型的若干假设

与一元回归模型类似，采用普通最小二乘法对多元回归模型进行的参数估计也需建立

在一系列假设之上。除了在第 3 章中介绍的 5 点假设之外，多元回归模型还增加了一项假设，即解释变量之间不存在线性关系，即

$$\mathrm{Cov}(X_i, X_j) = 0 \quad i \neq j \quad i, j = 1, 2, \cdots, k$$

4.3 多元线性回归模型的参数估计

4.3.1 三变量线性回归模型的参数估计

与一元回归分析相同，我们仍用普通最小二乘法来估计多元回归模型的参数。对于三变量线性回归模型，我们先根据式（4-1）写出对应的样本回归模型

$$Y_i = \hat{\beta}_0 + \hat{\beta}_1 X_{1i} + \hat{\beta}_2 X_{2i} + e_i \quad i = 1,2,\cdots,n \tag{4-3}$$

式中，e_i 表示残差，普通最小二乘法的思想就是要寻找 $\hat{\beta}_0$、$\hat{\beta}_1$ 和 $\hat{\beta}_2$，使残差平方和 $\sum e_i^2$ 达到最小，即

$$\min_{(\hat{\beta}_0, \hat{\beta}_1, \hat{\beta}_2)} \sum e_i^2 = \sum (Y_i - \hat{\beta}_0 - \hat{\beta}_1 X_{1i} - \hat{\beta}_2 X_{2i})^2 \tag{4-4}$$

对待估参数 $\hat{\beta}_0$、$\hat{\beta}_1$、$\hat{\beta}_2$ 求导，并令导数值为零，便得到式（4-5）显示的联立方程组。

$$\begin{aligned}
\sum Y_i &= n\hat{\beta}_0 + \hat{\beta}_1 \sum X_{1i} + \hat{\beta}_2 \sum X_{2i} \\
\sum Y_i X_{1i} &= \hat{\beta}_0 \sum X_{1i} + \hat{\beta}_1 \sum X_{1i}^2 + \hat{\beta}_2 \sum X_{1i} X_{2i} \\
\sum Y_i X_{2i} &= \hat{\beta}_0 \sum X_{2i} + \hat{\beta}_1 \sum X_{1i} X_{2i} + \hat{\beta}_2 \sum X_{2i}^2
\end{aligned} \tag{4-5}$$

由式（4-5）解得

$$\begin{aligned}
\hat{\beta}_0 &= \overline{Y} - \hat{\beta}_1 \overline{X}_1 - \hat{\beta}_2 \overline{X}_2 \\
\hat{\beta}_1 &= \frac{(\sum y_i x_{1i})(\sum x_{2i}^2) - (\sum y_i x_{2i})(\sum x_{1i} x_{2i})}{(\sum x_{1i}^2)(\sum x_{2i}^2) - (\sum x_{1i} x_{2i})^2} \\
\hat{\beta}_2 &= \frac{(\sum y_i x_{2i})(\sum x_{1i}^2) - (\sum y_i x_{1i})(\sum x_{1i} x_{2i})}{(\sum x_{1i}^2)(\sum x_{2i}^2) - (\sum x_{1i} x_{2i})^2}
\end{aligned} \tag{4-6}$$

式中，小写字母表示样本观测值与样本均值之差，即离差，例如 $y_i = Y_i - \overline{Y}$。

在得到 β_0、β_1、β_2 的 OLS 估计量后，就可以推导出这些估计量的方差以及标准差。方差或标准差表示了估计量由于样本的改变而发生的变化。同双变量情形一样，我们计算标准差的主要目的是建立置信区间和检验统计量。式（4-7）、式（4-9）和式（4-11）分别是参数统计量 $\hat{\beta}_0$、$\hat{\beta}_1$、$\hat{\beta}_2$ 的方差，而式（4-8）、式（4-10）和式（4-12）则分别是 $\hat{\beta}_0$、$\hat{\beta}_1$、$\hat{\beta}_2$ 的标准差。

$$\mathrm{Var}(\hat{\beta}_0) = \left(\frac{1}{n} + \frac{\overline{X}_1^2 \sum x_{2i}^2 + \overline{X}_2^2 \sum x_{1i}^2 - 2\overline{X}_1 \overline{X}_2 x_{1i} x_{2i}}{\sum x_{1i}^2 \sum x_{2i}^2 - (\sum x_{1i} x_{2i})^2}\right)\sigma^2 \tag{4-7}$$

$$\mathrm{Se}(\hat{\beta}_0) = \sqrt{\mathrm{Var}(\hat{\beta}_0)} \tag{4-8}$$

$$\mathrm{Var}(\hat{\beta}_1) = \frac{\sum x_{2i}^2}{\sum x_{1i}^2 \sum x_{2i}^2 - (\sum x_{1i} x_{2i})^2}\sigma^2 \tag{4-9}$$

$$\mathrm{Se}(\hat{\beta}_1) = \sqrt{\mathrm{Var}(\hat{\beta}_1)} \tag{4-10}$$

$$\mathrm{Var}(\hat{\beta}_2)=\frac{\sum x_{1i}^2}{(\sum x_{1i}^2)(\sum x_{2i}^2)-(\sum x_{1i}x_{2i})^2}\sigma^2 \tag{4-11}$$

$$\mathrm{Se}(\hat{\beta}_2)=\sqrt{\mathrm{Var}(\hat{\beta}_2)} \tag{4-12}$$

在式（4-7）～式（4-12）中，σ^2 表示总体误差项 μ_i 方差，其OLS估计量为

$$\hat{\sigma}^2=\frac{\sum e_i^2}{n-3} \tag{4-13}$$

式（4-13）是一元回归模型的直接扩展，只不过自由度变为了 $n-3$。这是因为在估计RSS即 $\sum e_i^2$ 时，必须先求出 $\hat{\beta}_0$、$\hat{\beta}_1$、$\hat{\beta}_2$，也就是说，它们消耗了自由度。依此类推，在3个解释变量情形下，自由度为 $n-4$；当解释变量个数为4时，自由度为 $n-5$。依此类推，当解释变量个数为 k 时，自由度为 $n-(k+1)$。因此，在有 k 个解释变量的情况下，σ^2 的OLS估计量为

$$\hat{\sigma}^2=\frac{\sum e_i^2}{n-(k+1)} \tag{4-14}$$

值得注意的是，$\hat{\sigma}^2$ 的正的平方根是 σ^2 的估计值的标准差，又称**回归标准差**。为了计算 $\hat{\sigma}^2$，首先要求出 $\sum e_i^2$，根据

$$\sum e_i^2=\sum y_i^2-\hat{\beta}_1\sum y_i x_{1i}-\hat{\beta}_2\sum y_i x_{2i} \tag{4-15}$$

可以很容易求出 $\sum e_i^2$。

与一元回归分析类似，EViews可以直接输出式（4-8）、式（4-10）、式（4-12）的结果，对这三个公式取平方就可得式（4-7）、式（4-9）、式（4-11）的结果。$\hat{\sigma}^2$ 的值也可通过求S. E. of regression的值的平方得到。

4.3.2 推广到 k 个解释变量时的情况

以上只是两个解释变量时的情形，对于有 k 个解释变量的情况，与两个解释变量的分析类似，根据最小二乘法原理，使得式（4-16）所对应的样本回归函数的残差平方和最小即可。即

$$\min_{\hat{\beta}_0,\hat{\beta}_1,\cdots,\hat{\beta}_k}\sum e_i^2=\sum[Y_i-(\hat{\beta}_0+\hat{\beta}_1X_{1i}+\cdots+\hat{\beta}_kX_{ki})]^2 \tag{4-16}$$

根据极值原理，残差平方和达到最小的必要条件是

$$\frac{\partial(\sum e_i{}^2)}{\partial\hat{\beta}_i}=0\quad i=1,2,\cdots,k \tag{4-17}$$

与一元回归分析类似，对应的二阶导数都大于零，所以，可以取到最小值。于是，便得到方程组

$$\begin{aligned}&\sum[Y_i-(\hat{\beta}_0+\hat{\beta}_1X_{1i}+\cdots+\hat{\beta}_kX_{ki})]=0\\&\sum[Y_i-(\hat{\beta}_0+\hat{\beta}_1X_{1i}+\cdots+\hat{\beta}_kX_{ki})]X_{1i}=0\\&\quad\vdots\\&\sum[Y_i-(\hat{\beta}_0+\hat{\beta}_1X_{1i}+\cdots+\hat{\beta}_kX_{ki})]X_{ki}=0\end{aligned} \tag{4-18}$$

利用高等代数的知识，就可解出方程组（4-18），从而得到待估参数 $\hat{\beta}_i(i=0,1,\cdots,k)$

的值。有一点必须明确的是，要使方程组（4-18）得出解的条件，样本容量必须不少于解释变量的个数，即 $n \geqslant k+1$。

与一元回归模型的参数估计类似，多元回归模型也无须研究者亲自动手来计算参数估计值。事实上，特别是在多元回归模型中，涉及的运算量非常大，仅仅采用人工计算往往无法完成。不过，EViews 能够非常便捷地输出多元回归模型的参数估计值。在第 3 章中，我们已经建立了人均消费水平与人均 GDP 的一元线性回归模型。然而，根据以往的研究可知，居民消费水平具有一定的惯性，即居民当年的消费支出在一定程度上受到上一年已经实现了的消费支出的影响。因此，我们将居民前一年的人均消费作为另外一个解释变量引入原模型，构建多元回归模型如下。

$$Y_i = \beta_0 + \beta_1 X_i + \beta_2 Y_{i-1} + \mu_i \tag{4-19}$$

采用 EViews 估计的实现过程为：在 EViews 主菜单下，点击“Quick/Estimate Equation”，键入“Y X Y(−1) c”，点击“OK”就得到回归方程（4-19）的估计结果，如图 4-1 所示。回归方程（4-19）的最终估计结果为

$$Y_i = 89.40 + 0.129 X_i + 0.739 Y_{i-1}$$

EViews - [Equation: UNTITLED　Workfile: UNTITLED]

File　Edit　Objects　View　Procs　Quick　Options　Window　Help

View | Procs | Objects | Print | Name | Freeze | Estimate | Forecast | Stats | Resids

Dependent Variable: Y
Method: Least Squares
Date: 11/30/09　Time: 11:43
Sample(adjusted): 1979 2007
Included observations: 29 after adjusting endpoints

Variable	Coefficient	Std. Error	t-Statistic	Prob.
X	0.128825	0.022784	5.654063	0.0000
Y(-1)	0.739455	0.065017	11.37322	0.0000
C	89.39999	27.31051	3.273465	0.0030

R-squared	0.998127	Mean dependent var	2243.724
Adjusted R-squared	0.997983	S.D. dependent var	2021.281
S.E. of regression	90.77642	Akaike info criterion	11.95237
Sum squared resid	214249.3	Schwarz criterion	12.09382
Log likelihood	-170.3094	F-statistic	6928.213
Durbin-Watson stat	0.449286	Prob(F-statistic)	0.000000

图 4-1　多元回归的 EViews 输出

4.3.3 多元回归的若干重要结论

在一元回归模型中，我们看到在经典假设下，OLS 估计量是最佳线性无偏估计量。这个性质对于多元回归同样成立。因此，我们知道利用 OLS 估计出的每一个偏回归系数都是线性的和无偏的，即平均而言，它与真实值是一致的。在所有线性无偏估计当中，OLS 估计量具有最小方差性，所以，OLS 估计量比其他线性无偏估计量更“逼近”真实的参数值。这说明，多元回归 OLS 估计量仍然满足高斯—马尔科夫定理。与一元回归分析一样，多元回归模型的 OLS 估计量有着如下性质：

(1) 回归线经过样本均值点，这个性质可以推广到一般情形，即

$$\overline{Y}=\hat{\beta}_0+\beta_1\overline{X}_{1i}+\beta_2\overline{X}_{2i}+\cdots+\beta_k\overline{X}_{ki}$$

(2) Y_i 的估计值的均值等于真实的 Y_i 的均值，即 $E(Y_i)=E(\hat{Y}_i)=\overline{Y}$。

(3) $\sum e_i=\overline{e}=0$。

(4) 残差 e_i 与 X_{ji} 都不相关，即 $\sum e_iX_{ji}=0 \quad j=1,\ 2,\ \cdots,\ k$。

(5) 残差 e_i 与 $\hat{Y}_i$ 不相关，即 $\sum e_i\hat{Y}_i=0$。

以上性质的证明留给有兴趣的读者自己进行。

4.4 多元回归模型的拟合优度

与一元回归分析类似，在多元回归模型中，我们同样关心解释变量 X 对被解释变量 Y 解释的程度，仍然采用判定系数 R^2 进行度量。多元回归模型可以改写为

$$Y_i=\hat{\beta}_0+\hat{\beta}_1X_{1i}+\hat{\beta}_2X_{2i}+\cdots+\hat{\beta}_kX_{ki}+e_i=\hat{Y}_i+e_i \tag{4-20}$$

式中，$\hat{Y}_i$ 是通过拟合的回归线估计出的 Y_i 值，它是真实的 $E(Y_i|X_{1i},\ X_{2i},\ \cdots,\ X_{ki})$ 的一个估计量。若把式（4-20）转换成离差形式后，则式（4-20）又可以改写为

$$y_i=\hat{\beta}_1x_{1i}+\hat{\beta}_2x_{2i}+\cdots+\hat{\beta}_kx_{ki}+e_i=\hat{y}_i+e_i \tag{4-21}$$

将式（4-20）的左右两端平方并求和，得

$$\sum y_i^2=\sum\hat{y}_i^2+\sum e_i^2+2\sum\hat{y}_ie_i \tag{4-22}$$

由于$\sum\hat{y}_ie_i=0$，则式（4-22）变为

$$\sum y_i^2=\sum\hat{y}_i^2+\sum e_i^2 \tag{4-23}$$

用 TSS 代表$\sum y_i^2$，ESS 代表$\sum\hat{y}_i^2$，RSS 代表$\sum e_i^2$，则有

$$R^2=\frac{ESS}{TSS}=1-\frac{RSS}{TSS}=1-\frac{\sum e_i^2}{\sum y_i^2} \tag{4-24}$$

一般来讲，如果在回归模型（4-2）中列入新的解释变量，则所有解释变量对被解释变量的解释程度往往会提高，也就是说，判定系数 R^2 会增大。

因为对于方程

$$\sum e_i^2=\sum(Y_i-\hat{\beta}_0-\hat{\beta}_1X_{1i}-\hat{\beta}_2X_{2i}-\cdots-\hat{\beta}_kX_{ki})^2 \tag{4-25}$$

随着解释变量个数的增加，$\sum e_i^2$ 很有可能会减小，这就很容易给人一种拟合优度提高了的错觉，即若要提高模型的解释程度，只需在回归模型中增加解释变量个数即可。但在实际应用过程中，增加解释变量引起的拟合优度的增大与解释程度无关，不仅如此，这种行为还降低了模型中的自由度，使模型的估计结果显得相对不可靠。因此，在同一个被解释变量由不同个数的解释变量进行回归估计时，模型拟合的优劣不能仅凭判定系数 R^2 的大小来辨别。

为了避免增加解释变量带来的误导，在解释能力的提高和估计结果变差之间的利弊权衡时，可以采用另外一种判定系数，被称为**校正的判定系数**（adjusted coefficient of deter-

mination)，记为 $\overline{R}^2$，即

$$\overline{R}^2 = 1 - \frac{RSS/(n-k-1)}{TSS/(n-1)} \tag{4-26}$$

从式（4-26）可以看出，若新引入的解释变量没有解释能力，那么它对残差平方和的减小就没有多大贡献，反而增加了待估参数的个数，从而使得 $\overline{R}^2$ 减小，使得解释能力下降了。因此，引入校正后的判定系数 $\overline{R}^2$ 克服了未校正的判定系数随解释变量个数增加而增大的弊病。校正的判定系数 $\overline{R}^2$ 与未校正的判定系数 R^2 之间存在如下关系

$$\overline{R}^2 = 1-(1-R^2)\frac{(n-1)}{(n-k-1)} \tag{4-27}$$

通过式（4-27）可实现两者的转换。

在实际运用过程中，对 $\overline{R}^2$ 的大小并没有一个绝对的标准，有时候 $\overline{R}^2$ 不大也未必说明模型不够好。事实上，研究者更应该关心的是解释变量与被解释变量之间逻辑上的因果关系及统计上的显著性。

与一元回归类似，多元回归中也不需要研究者根据公式来计算 R^2 和 $\overline{R}^2$。如图 4-1 所示，R-squared 和 Ajusted R-squared 对应了 R^2 和 $\overline{R}^2$ 的值，这两个值分别为 0.998 1 和 0.998 0，接近于 1，说明多元回归模型（4-19）的拟合优度很好。

通常情况下，在判断新引入解释变量是否有解释能力的时候还可以利用**赤池信息准则**（Akaike information criterion，AIC）和**施瓦茨准则**（Schwartz criterion，SC），其对应的统计量分别为

$$\text{AIC} = \ln\frac{\sum e_i^2}{n} + \frac{2(k+1)}{n}$$

$$\text{SC} = \ln\frac{\sum e_i^2}{n} + \frac{k}{n}\ln n$$

与校正后的判定系数类似，如果新引入的解释变量对残差平方和的减小没有多大贡献，反而增加了解释变量的个数，这就很可能导致 AIC 或者 SC 的值增加。因此，只有当新引入的解释变量使 AIC 或者 SC 的值下降了，才能接受新的解释变量。

4.5　多元线性回归模型的参数检验

4.5.1　参数显著性检验——t 检验

虽然多元回归模型的判定系数 R^2 度量了回归直线的拟合优度，但是 R^2 本身却不能告诉我们估计的偏回归系数是否在统计上是显著的，即使显著不为零，也并不意味着每个解释变量 X_1，X_2，…，X_k，对被解释变量 Y 的影响都是很重要的。如果某个解释变量对被解释变量 Y 的影响不重要，那么就可以从回归模型中把它剔除掉，重新建立更为简单的回归方程，以利于对经济问题的分析和对被解释变量 Y 进行更准确的预测。为此，如同一元回归模型的单个参数检验一样，需要对每个解释变量 $X_i(i=1, 2, \cdots, k)$ 对被解释变量 Y 的影响进行

考察。如果某个解释变量 $X_i(i=1, 2, \cdots, k)$ 对被解释变量 Y 的作用不显著，那就意味着在多元回归模型中，该变量的系数为零的概率较大。因此，必须对 β_i 是否为零进行显著性检验。

与一元线性回归模型参数的显著性检验类似，通过构造 t 统计量来检验参数的显著性。同样，用 $\hat{\sigma}^2$ 代替真实的但不可观察的 σ^2，则多元回归模型的 OLS 估计量 $\hat{\beta}_i(i=1, 2, \cdots, k)$ 服从自由度为［$n-(k+1)$］的 t 分布。即

$$t=\frac{\hat{\beta}_i-\beta_i}{\mathrm{Se}(\hat{\beta}_i)} \sim t(n-k-1) \tag{4-28}$$

注意，此时的自由度为［$n-(k+1)$］，因为在计算 $\sum e_i^2$，继而计算 $\hat{\sigma}^2$ 时，首先需要估计 $\hat{\beta}_0$，$\hat{\beta}_1$，…，$\hat{\beta}_k$，即失去了 $k+1$ 个自由度。

根据变量显著性检验的思路，针对参数 $\beta_i(i=0, 1, \cdots, k)$ 构造的原假设 H_0 和备择假设 H_1 分别为

$$\mathrm{H}_0: \beta_i=0 \qquad \mathrm{H}_1: \beta_i \neq 0 \tag{4-29}$$

计算统计量 $t=\dfrac{\hat{\beta}_i}{\mathrm{Se}(\hat{\beta}_i)}$，式中 $\mathrm{Se}(\hat{\beta}_i)$ 是 $\hat{\beta}_i$ 的标准差。

在给定显著性水平 α 下，在 t 分布表中，查自由度为［$n-(k+1)$］的临界值 $t_{\alpha/2}$。若 $|t|>t_{\alpha/2}$，则拒绝 H_0，接受 H_1，认为 β_i 显著不为零；若 $|t|<t_{\alpha/2}$，则不能拒绝 H_0，认为 β_i 显著为零。对于单侧检验，类似于一元回归分析讲述的方法。

EViews 在给出回归结果的同时也给出了其他 t 统计量的值，不仅如此，它还给出了 t 检验的原假设 H_0 成立的概率，即 Prob 对应的值。通过这个值就可以直接判断参数的显著水平。从图 4-1 可知，三个参数估计值对应的 Prob 值都接近于零，据此，我们可以认为三个参数估计值为零的概率小于 0.01，表明在 1%的显著水平下，显著不为零。

4.5.2 参数的置信区间

与一元回归模型类似，在通过了参数的显著性检验后，我们同样会关心参数估计值的可信程度，即参数估计值与其真值究竟有多接近。这就需要对参数估计值的置信区间加以估计。由式（4-28）很容易推出，在 $1-\alpha$ 的显著水平下，β_i 的置信区间为

$$(\hat{\beta}_i-t_{\alpha/2}\times \mathrm{Se}(\beta_i)<\beta_i<\hat{\beta}_i+t_{\alpha/2}\times \mathrm{Se}(\beta_i)) \tag{4-30}$$

4.5.3 方程显著性检验——F 检验

t 检验是假设个别的偏回归系数为零时，分别进行显著性检验的情况。为了对模型总体的显著性进行检验，需要对各个偏回归系数做出同时为零的原假设。其原假设和备择假设分别为

$$\begin{aligned}&\mathrm{H}_0: \beta_1=\beta_2=\cdots=\beta_k=0\\&\mathrm{H}_1: \beta_i(i=1, \cdots, k)\text{ 不全为零}\end{aligned} \tag{4-31}$$

这种假设被称为联合假设。

通过对这种联合假设进行检验，就可以检验出被解释变量与解释变量之间是否在总体上存在显著的线性关系。如果原假设 H_0 成立，则所有的参数都显著为零，表示被解释变量与所有的解释变量之间不存在线性关系；反之，拒绝原假设 H_0，接受备择假设 H_1，由此可以肯定模型中至少有一个解释变量对被解释变量的影响是显著的。因此，对联合假设的检验，即是对模型的总体显著性的检验。其检验方法称为**方程显著性的 *F* 检验**。

F 检验就是要检验模型（4-2）中的参数是否全为零。F 检验的思想来源于总体离差平方和的分解式 $TSS=ESS+RSS$。由于回归离差平方和 $ESS=\Sigma\hat{y}_i^2$ 是解释变量的联合体对被解释变量的线性作用的结果。因此，可以用 ESS 与 RSS 的比值来衡量解释变量的联合体对被解释变量的解释程度。如果这个比值较高，解释变量的联合体对被解释变量的解释程度高，我们就认为模型存在总体线性关系。反之，模型不具有总体线性关系。

方程显著性的 F 检验的基本步骤如下。

第 1 步：提出原假设 H_0 和备择假设 H_1，分别为

$$H_0: \beta_1=\beta_2=\cdots=\beta_k=0$$

$$H_1: \beta_i(i=1,\cdots,k)\text{ 不全为零}$$

第 2 步：构造 F 统计量

$$F=\frac{\sum\hat{y}_i^2/k}{\sum e_i^2/[n-(k+1)]}=\frac{ESS/k}{RSS/[n-(k+1)]}\sim F[k,n-(k+1)] \tag{4-32}$$

第 3 步：查给定显著水平下，分子的自由度为 k，分母的自由度为 $n-(k+1)$ 所对应的临界值 $F_\alpha[k,n-(k+1)]$。

第 4 步：比较 F 统计量和 $F_\alpha[k,n-(k+1)]$ 的大小并得出结论。若 $F>F_\alpha$，则拒绝 H_0，认为回归方程在总体上显著成立；若 $F<F_\alpha$，则接受 H_0，认为回归方程在总体上不显著。

4.5.4　R^2 和 F 统计量的关系

根据式（4-32）可知 $F=\dfrac{ESS/k}{RSS/[n-(k+1)]}$，结合式（4-24）运算得

$$F=\frac{R^2/k}{(1-R^2)/[n-(k+1)]} \tag{4-33}$$

式（4-33）表明了 F 与 R^2 之间的关系，两者同方向变化，R^2 值越大，F 值也越大。考虑极端情况，当 $R^2=0$ 时，$F=0$；当 R^2 取其极限值 1 时，F 值无穷大。有了这个关系式后，我们便可以运用 R^2 值来计算 F 统计量的值。

EViews 在输出参数估计值的结果时，也输出了 F 统计量的值。如图 4-1，F 统计量的值为 6 928.21，与 t 检验类似，在 F 检验时也没有必要设定临界水平去查表。因为统计量 Prob（F-statistic）给出了 F 检验的原假设 H_0 成立的概率，据此就可以直接判断出模型的整体显著性。从图 4-1 可知，Prob（F-statistic）$=0.000\ 0$，非常接近于零，说明原假设 H_0 成立的可能性几乎为零，即模型整体不显著的概率几乎为零，表明模型在总体上是显著的。

4.6 多元线性回归模型的预测

计量经济学模型的一个重要运用是进行经济预测，一元回归模型是如此，多元回归模型更是如此。与一元回归模型类似，对多元回归模型的预测也分为点预测和区间预测两种。

多元回归模型的点预测是在估计出参数$\hat{\beta}_0$，$\hat{\beta}_1$，…，$\hat{\beta}_k$后，在已知解释变量观测值X_{10}，X_{20}，…，X_{k0}的情况下，计算被解释变量的值$\hat{Y}_0$。值得注意的是，此处的$\hat{Y}_0$只是被解释变量的预测值的估计值，而非预测值。原因在于参数估计值的非确定性和随机干扰项的影响这两方面的因素。因此，为了进行科学的预测，就有必要计算出预测值的置信区间，即包含点预测值$\hat{Y}_0$的置信区间，这就是区间预测。

与一元回归模型类似，记e_0是预测值$\hat{Y}_0$与其真值Y_0之差，即预测误差。可对e_0构造t统计量，即

$$t=\frac{\hat{Y}_0-Y_0}{\mathrm{Se}(e_0)}\sim t[n-(k+1)] \tag{4-34}$$

在给定显著水平α的情况下，可得临界值$t_{\alpha/2}$，则有

$$P\left(-t_{\alpha/2}<\frac{\hat{Y}_0-Y_0}{\mathrm{Se}(e_0)}<t_{\alpha/2}\right)=1-\alpha \tag{4-35}$$

整理得

$$P(\hat{Y}_0-t_{\alpha/2}\times\mathrm{Se}(e_0)<Y_0<\hat{Y}_0+t_{\alpha/2}\times\mathrm{Se}(e_0))=1-\alpha \tag{4-36}$$

因此，在$1-\alpha$的置信水平下，Y_0的预测区间，即置信区间为

$$(\hat{Y}_0-t_{\alpha/2}\times\mathrm{Se}(e_0)<Y_0<\hat{Y}_0+t_{\alpha/2}\times\mathrm{Se}(e_0)) \tag{4-37}$$

式中，$\mathrm{Se}(e_0)$ 的计算涉及较多的高等代数知识，超出本书的范围，在此就不再详述，有兴趣的读者可参考相关书籍。[⊖]

4.7 案例分析

案例 4-1

生产函数是描述生产过程中投入的生产要素的某种组合与其最大的可能产出之间的数学依存关系的表达式，即

$$Y=f(A, K, L, \cdots) \tag{4-38}$$

式中，Y表示产出量，A、K、L等分别表示技术、资本、劳动力等要素的投入量。生产要素的组合对产出的作用和影响，主要是由技术水平决定的，即在一定情况下，技术水平越

⊖ 李子奈，潘文卿．计量经济学［M］．北京：高等教育出版社，2005.

高，一定量的要素投入能获得的产出量越高。因此，可以认为生产函数反映的是生产过程中投入要素与产出量之间的技术关系。生产函数具有多种多样的形式，其中最著名的是 1928 年美国数学家柯布和经济学家道格拉斯提出的柯布 - 道格拉斯生产函数模型，即

$$Y = AK^{\alpha}L^{\beta} \tag{4-39}$$

根据产出弹性的定义可知

$$E_K = \frac{\partial Y}{\partial K} \cdot \frac{K}{Y} = \alpha \quad E_L = \frac{\partial Y}{\partial L} \cdot \frac{L}{Y} = \beta \tag{4-40}$$

即 α 和 β 分别为资本和劳动力的产出弹性，根据产生弹性的经济意义有

$$0 \leqslant \alpha \leqslant 1,\ 0 \leqslant \beta \leqslant 1$$

我们用实际 GDP 代表产出量，固定资本存量代表资本，就业人数代表劳动力，来研究柯布 - 道格拉斯生产函数，相关数据由表 4-1 给出。

表 4-1　我国实际 GDP、固定资本存量和就业人数

年　份	实际 GDP（亿元）	固定资本存量（亿元）	就业人数（万人）
1987	8 533.62	13 736.20	52 783.00
1988	9 498.78	15 263.10	54 334.00
1989	9 893.68	16 254.60	55 329.00
1990	10 296.08	17 233.60	64 749.00
1991	11 233.83	18 519.40	65 491.00
1992	12 813.89	20 315.30	66 152.00
1993	14 565.26	22 775.90	66 808.00
1994	16 474.40	25 778.60	67 455.00
1995	18 012.09	29 205.50	68 065.00
1996	19 847.94	32 925.00	68 950.00
1997	21 758.76	36 676.00	69 820.00
1998	23 349.84	40 763.80	70 637.00
1999	25 204.90	44 996.90	71 394.00
2000	27 361.04	49 593.70	72 085.00
2001	29 565.04	54 856.90	73 025.00
2002	32 387.35	60 981.90	73 740.00
2003	35 832.44	68 761.50	74 432.00
2004	39 563.19	77 873.50	75 200.00
2005	43 977.94	89 617.10	75 825.00
2006	49 145.54	103 049.70	76 400.00

资料来源：实际 GDP 和就业人数的资料来源于：中华人民共和国统计局，《中国统计年鉴——2007》，中国统计出版社，2007；固定资本资本存量的资料来自于：雷辉．我国资本存量测算及投资效率研究［J］．经济学家，2009（6）。

1. 建立模型

在模型（4 39）的基础上，引入随机干扰项便形成了计量经济学模型

$$Y_i = AK_i^{\alpha}L_i^{\beta}e^{\mu_i} \tag{4-41}$$

式中，e 为自然对数的底。为了能进行估计，必须将上述模型转换为线性模型，因此，对式（4-41）两边取对数有

$$\ln Y_i = \ln A + \alpha \ln K_i + \beta \ln L_i + \mu_i \tag{4-42}$$

这样一来，模型就可以估计了。

将数据录入 EViews，在 EViews 主菜单下，点击“Quick/Estimate Equation”，然后在弹出的对话框的方程式一栏中，键入“log（Y）c log（K）log（L）”，每项之间用空格分离，点击“OK”后便得到表 4-2 给出的回归结果。

表 4-2　模型（4-42）的估计结果

Dependent Variable：LOG（Y）
Method：Least Squares
Date：11/30/09　Time：15:37
Sample：1987 2006
Included observations：20

Variable	Coefficient	Std. Error	t-Statistic	Prob.
C	−3.008 205	1.359 114	−2.213 358	0.040 8
LOG(K)	0.806 276	0.024 565	32.821 88	0.000 0
LOG(L)	0.402 699	0.142 082	2.834 267	0.011 4
R-squared	0.997 005	Mean dependent var		9.903 467
Adjusted R-squared	0.996 653	S. D. dependent var		0.547 656
S. E. of regression	0.031 686	Akaike info criterion		−3.928 423
Sum squared resid	0.017 068	Schwarz criterion		−3.779 063
Log likelihood	42.284 23	F-statistic		2 829.504
Durbin-Watson stat	0.652 073	Prob（F-statistic）		0.000 000

根据表 4-2 的结果便可写出回归分析方程

$$\ln Y_i = -3.01 + 0.806 \ln K_i + 0.403 \ln L_i$$

$$(-2.21)\quad(32.82)\qquad(2.83)$$

$$R^2 = 0.9970 \quad \bar{R}^2 = 0.9966 \quad F = 2829.5 \quad D.W. = 0.652$$

式中，括号内数字表示相应参数的 t 统计量的值，R^2 表示判定系数，$\bar{R}^2$ 表示调整后的判定系数，F 表示 F 统计量的值，$D.W.$ 统计量将在第 7 章讲述。根据估计结果，并利用式（4-42）可得到 $A=e^{-3.01}$，在主窗口下，选择“Quick/Generate series”，然后输入“a＝exp(−3.01)”就可得到 $A=0.049$。于是，模型（4-41）的估计方程为

$$Y_i = 0.049 K_i^{0.806} L_i^{0.403} \tag{4-43}$$

2. 模型检验

从回归结果看，$R^2=0.9970$，$\bar{R}^2=0.9966$，接近于 1，表明模型的拟合优度很高。常数项、$\ln K$、$\ln L$ 对应的 Prob 值分别为 0.040 8、0.000 0、0.011 4，都小于 0.05，表明参数估计值都在 5%的显著水平下显著。从 Prob(F-statistic) 为零可知，模型的整体显著性很高。如前所述 $0\leqslant\alpha\leqslant1$，$0\leqslant\beta\leqslant1$，估计出对应的 $\ln K$、$\ln L$ 的系数分别为 0.806 和 0.403，符合

经济意义。其中0.806表示在其他条件不变的情况下，资本投入量每提高1%，产出量就提高0.806%；同理，0.403表示在其他条件不变的情况下，劳动力投入量每提高1%，产出量就提高0.403%。

3. 预测

这里只讲解点预测，对区间预测有兴趣的读者可参考相关书籍。已知2007年固定资本资本存量为117 908.20亿元，就业人数为76 990.00万人。由于涉及对数运算，直接带入计算比较复杂，这里讲解采用EViews来进行点预测。

在工作文件下，点击Procs键（View旁边）/Chang Work Range，在随后弹出的对话框中将原来的工作文件范围由“1987－2006”改为“1987－2007”，然后点开变量K和L，分别在2007处填上对应值。接着回到估计出表4-2结果的界面，点击“Forecast”，就会出现如图4-2的对话框。

图4-2中的YF是用来保存预测值的变量，将预测范围从“1987 2006”改为“1987 2007”，点“OK”，YF自动生成于工作文件中。返回工作文件，打开YF便可得到2007年的点预测值56 283.41。

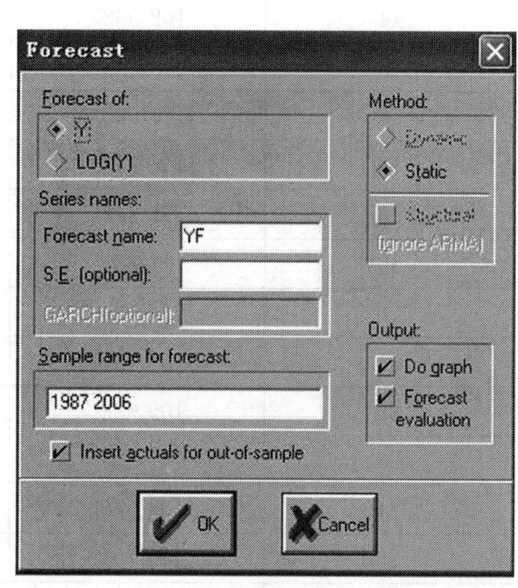

图4-2　点预测的对话框

案例4-2

为了确定又一家新的大众餐饮连锁店的最佳位置，某研究者经过调查，在诸如成本和价格及其他条件相同的情况下，可以用销售额作为确定地理位置属性的变量。如果可以找到影响销售额的因素和对应的函数关系，那么就可以用方程去决定餐饮店的选址位置。有很多因素可以影响餐饮店的总销售额，其中有三个最重要，分别是：附近居住的人口密度、当地居民的一般收入水平以及在周围类似餐饮店的数量。表4-3给出了餐饮店的数据。其中，N表示2km范围内类似餐饮店的数量，P表示3km内居住人口数，I表示附近居民平均收入水平，Y表示餐饮店的总销售额。

表4-3　餐饮店选址数据

观　测　值	Y（美元）	N（家）	P（人）	I（美元）
1	107 919	3	65 044	13 240
2	118 866	5	101 376	22 554
3	98 579	7	124 989	16 916
4	122 015	2	55 249	20 967
5	152 827	3	73 775	19 576
6	91 259	5	48 484	15 039
7	123 550	8	138 809	21 857
8	160 931	2	50 244	26 435

（续）

观 测 值	Y（美元）	N（家）	P（人）	I（美元）
9	98 496	6	104 300	24 024
10	108 052	2	37 852	14 987
11	144 788	3	66 921	30 902
12	164 571	4	166 332	31 573
13	105 564	3	61 951	19 001
14	102 568	5	100 441	20 058
15	103 342	2	39 462	16 194
16	127 030	5	139 900	21 384
17	166 755	6	171 740	18 800
18	125 343	6	149 894	15 289
19	121 886	3	57 386	16 702
20	134 594	6	185 105	19 093
21	152 937	3	114 520	26 502
22	109 622	3	52 933	18 760
23	149 884	5	203 500	33 242
24	98 388	4	39 334	14 988
25	140 791	3	95 120	18 505
26	101 260	3	49 200	16 839
27	139 517	4	113 566	28 915
28	115 236	9	194 125	19 033
29	136 749	7	233 844	19 200
30	105 067	7	83 416	22 833
31	136 872	6	183 953	14 409
32	117 146	3	60 457	20 307
33	163 538	2	65 065	20 111

资料来源：施图德蒙德．应用计量经济学［M］．杜江，李恒，译．北京：机械工业出版社，2011.

1. 建立模型

由于影响销售额的因素有附近的竞争对手数量（N）、居住在周边的人口数量（P）和周边人口的收入水平（I）。于是，建立如下多元回归方程

$$Y_i=\beta_0+\beta_1 N_i+\beta_2 P_i+\beta_3 I_i+\mu_i \tag{4-44}$$

通过此，我们可以预测人口数量越多，销售额越多（$\beta_1>0$）；类似的餐饮店越多，销售额越少（$\beta_2<0$）；周边人口的收入水平越高，销售额越多（$\beta_3>0$），但可能对销售额也不存在影响，原因在于高收入者更愿意到更高档次的场所去消费。

将数据录入 EViews，在 EViews 主菜单下，点击“Quick/Estimate Equation”，然后在弹出的对话框的方程式一栏中，键入“Y c N P I”，每项之间用空格分离，点击“OK”后便得到表 4-4 给出的回归结果。

表 4-4　方程（4-44）估计结果

Dependent Variable：Y
Method：Least Squares
Date：02/04/15　Time：21:47
Sample：1 33
Included observations：33

Variable	Coefficient	Std. Error	t-Statistic	Prob.
C	102 192.4	12 799.83	7.983 891	0.000 0
N	−9 074.674	2 052.674	−4.420 904	0.000 1
P	0.354 668	0.072 681	4.879 810	0.000 0
I	1.287 923	0.543 294	2.370 584	0.024 6

R-squared	0.618 154	Mean dependent var	125 634.6
Adjusted R-squared	0.578 653	S. D. dependent var	22 404.09
S. E. of regression	14 542.78	Akaike info criterion	22.120 79
Sum squared resid	6.13E+09	Schwarz criterion	22.302 18
Log likelihood	−360.993 0	F-statistic	15.648 94
Durbin-Watson stat	1.758 193	Prob（F-statistic）	0.000 003

根据表 4-4，可以写出如下回归方程

$$Y_i = 102\,192 - 9\,075 N_i + 0.355 P_i + 1.288 I_i$$

$$(7.98) \quad (-4.42) \quad (4.88) \quad (2.37)$$

$$R^2 = 0.618 \quad \overline{R}^2 = 0.579 \quad F = 15.65 \quad D.W. = 1.76$$

式中，括号内数字表示相应参数的 t 统计量的值，R^2 表示判定系数，$\overline{R}^2$ 表示调整后的判定系数，F 表示 F 统计量的值。

2. 模型检验

从回归结果看，$R^2=0.618$，变量 N、P、I 对应系数的 Prob 值分别为 0.000 1、0.000 0 和 0.024 6，表明 N 和 P 的系数在 1%水平下显著不为零，I 的系数在 5%水平下显著，并且各系数的符号与预期一致。当周围竞争对手增加 1 个，会使餐饮店销售额下降 9 075 美元；若当地人口数增加 1 人，则可以使销售额提高约 0.355 美元；若人均收入水平提高 1 美元，则可以使销售额增加 1.288 美元。

需要强调的一点是，这三个因素中究竟哪个是最重要的还很难确定。关于这一点将在第 5 章的参数标准化部分从理论上进行讲解，并针对该案例再次进行了分析，找出了对选址具有最重要的、次要的和不太重要的影响因素。

思考与练习

1. 请解释下列名词：多元回归模型　偏回归系数　校正的判定系数　F 检验
2. 多元线性回归模型与一元线性回归模型有哪些异同？
3. 假设模型 A：$Y_t=\alpha_0+\alpha_1 X_{1t}+\alpha_2 X_{2t}+\mu_{1t}$；

   模型 B：$(Y_t-X_{1t})=\beta_0+\beta_1 X_{1t}+\beta_2 X_{2t}+\mu_{2t}$

请问：(1) α_0 和 β_0 的 OLS 估计量是不是一样的，为什么？

(2) α_2 和 β_2 的 OLS 估计量是不是一样的，为什么？

(3) α_1 和 β_1 之间有什么关系？

(4) 两个模型的判断系数 R^2 具有可比性吗？

4. 记消费函数：$Y_i=\alpha_0+\alpha_1 X_i+\mu_{1i}$

储蓄函数：$Z_i=\beta_0+\beta_1 X_i+\mu_{2i}$

式中，Y=消费，Z=储蓄，X=收入，并且 $X=Y+Z$，即收入等于消费加储蓄。

请问：(1) α_1 和 β_1 是不是相等？

(2) 两个模型的 RSS 是不是相等的？

(3) 两个模型的 R^2 是可比的吗？为什么？

5. 当我们说估计出的回归系数在统计上是显著的，是否意味着其显著不为 1？

6. 多元回归模型通过了 F 检验是否意味着模型中任何一个单独的变量均是显著的？为什么？

7. 多元回归模型的解释变量与自由度之间是什么关系？

8. 在多元回归模型中，为什么要引入校正的判定系数？

9. 考虑三个变量的多元回归模型，$Y_i=\beta_0+\beta_1 X_{1i}+\beta_2 X_{2i}+\mu_i$，$X_1$ 和 X_2 的参数之和为 θ_1，即 $\theta_1=\beta_1+\beta_2$。

证明：$\hat{\theta}_1=\hat{\beta}+\hat{\beta}_2$ 是 θ_1 的无偏估计量。

10. 表 4-5 给出了三个变量的回归结果

表　4-5

方差来源	平方和	自由度
ESS	4 532.2	—
RSS	—	
TSS	4 983.6	18

请问：(1) 样本容量是多少？

(2) RSS 是多少？

(3) 求 R^2 和 $\bar{R}^2$。

11. 考虑下列两个模型：

$$Y_i=\beta_1+\beta_2 X_{2i}+\beta_3 X_{3i}+\mu_i$$

$$(Y_i-X_{2i})=\alpha_1+\alpha_2 X_{2i}+\alpha_3 X_{3i}+\mu'_i$$

(1) 证明：$\hat{\alpha}_2=\hat{\beta}_2-1$，$\hat{\alpha}_1=\hat{\beta}_1$，$\hat{\alpha}_3=\hat{\beta}_3$。

(2) 证明：残差的最小二乘估计量相同，即 $\hat{\mu}_i=\hat{\mu}'_i$。

(3) 在何种情况下，后一个模型的拟合优度 R_2^2 会小于前一个模型的拟合优度 R_1^2。

12. 表 4-6 给出了 2012 年我国 31 个省、市、自治区的粮食产量、灌溉面积和化肥施用量的数据。

（1）建立粮食产量的计量经济模型。

（2）利用表 4-6 所示数据估计参数的值并解释各参数的经济意义。

（3）检验灌溉面积和化肥施用量对粮食产量是否有显著影响。

表 4-6　2012 年我国各地区粮食产量与相关因素数据

地　区	粮食产量（万吨）	灌溉面积（千公顷）	化肥使用量（万吨）
北　京	113.80	207.50	13.70
天　津	161.80	337.00	24.50
河　北	3 246.60	4 603.10	329.30
山　西	1 274.10	1 319.10	118.30
内蒙古	2 528.50	3 125.20	189.00
辽　宁	2 070.50	1 698.80	146.90
吉　林	3 343.00	1 851.90	206.70
黑龙江	5 761.50	4 776.50	240.30
上　海	122.40	199.00	11.00
江　苏	3 372.50	3 929.70	331.00
浙　江	769.80	1 471.00	92.20
安　徽	3 289.10	3 585.10	333.50
福　建	659.30	968.50	120.90
江　西	2 084.80	1 907.10	141.30
山　东	4 511.40	5 058.10	476.30
河　南	5 638.60	5 205.60	684.40
湖　北	2 441.80	2 548.90	354.90
湖　南	3 006.50	2 715.80	249.10
广　东	1 396.30	1 874.40	245.40
广　西	1 484.90	1 541.30	249.00
海　南	199.50	256.80	45.50
重　庆	1 138.50	703.00	96.00
四　川	3 315.00	2 662.70	253.00
贵　州	1 079.50	1 214.60	98.20
云　南	1 749.10	1 677.90	210.20
西　藏	94.90	251.00	5.00
陕　西	1 245.10	1 277.20	239.80
甘　肃	1 109.70	1 297.60	92.10
青　海	101.50	251.70	9.30
宁　夏	375.00	491.40	39.40
新　疆	1 273.00	4 029.10	192.70

资料来源：中华人民共和国国家统计局，《中国统计年鉴——2013》，中国统计出版社，2013。

13. 从理论上讲，影响客运总量的因素有人口数、经济发展程度、交通发达程度等。以下用人均 GDP 表示经济发展水平，用全国人口数表示人口因素，用铁路营业里程、公路营业里程、内河道营业里程和民航航线里程来表示交通发达程度。相关数据如表 4-7 所示。

表 4-7　客运总量以及相关影响因素的数据

年　份	客运总量（万人）	人均 GDP（元）	全国人口数（万人）	铁路营业里程（万公里）	公路营业里程（万公里）	内河道营业里程（万公里）	民航航线里程（万公里）
1990	772 682.00	1 644.00	114 333	5.79	102.83	10.92	50.68
1991	806 048.00	1 892.80	115 823	5.78	104.11	10.97	55.91
1992	860 855.00	2 311.10	117 171	5.81	105.67	10.97	83.66
1993	996 634.00	2 998.40	118 517	5.86	108.35	11.02	96.08
1994	1 092 883.00	4 044.00	119 850	5.90	111.78	11.02	104.56
1995	1 172 596.00	5 045.70	121 121	6.24	115.70	11.06	112.90
1996	1 245 356.00	5 845.90	122 389	6.49	118.58	11.08	116.65
1997	1 326 094.00	6 420.20	123 626	6.60	122.64	10.98	142.50
1998	1 378 717.00	6 796.00	124 761	6.64	127.85	11.03	150.58
1999	1 394 413.00	7 158.50	125 786	6.74	135.17	11.65	152.22
2000	1 478 573.00	7 857.70	126 743	6.87	140.27	11.93	150.29
2001	1 534 122.00	8 621.70	127 627	7.01	169.80	12.15	155.36
2002	1 608 150.00	9 398.10	128 453	7.19	176.52	12.16	163.77
2003	1 587 497.00	10 542.00	129 227	7.30	180.98	12.40	174.95
2004	1 767 453.00	12 335.60	129 988	7.44	187.07	12.33	204.94
2005	1 847 018.00	14 053.00	130 756	7.54	334.52	12.33	199.85
2006	2 024 157.64	16 165.00	131 448	7.71	345.70	12.34	211.35
2007	2 227 761.21	20 169.46	132 129	7.80	358.37	12.35	234.30
2008	2 867 891.96	23 707.71	132 802	7.97	373.02	12.28	246.18
2009	2 976 897.83	25 607.53	133 450	8.55	386.08	12.37	234.51
2010	3 269 508.17	30 015.05	134 091	9.12	400.82	12.42	276.51
2011	3 526 318.73	35 197.79	134 735	9.32	410.64	12.46	349.06
2012	3 804 034.90	38 459.47	135 404	9.76	423.75	12.50	328.01

资料来源：中华人民共和国国家统计局，《中国统计年鉴——2013》，中国统计出版社，2013。

（1）建立多元回归模型。

（2）估计模型参数并解释参数的经济意义。

（3）检验参数的显著性和模型的整体显著性。

（4）已知 2013 年我国的人均 GDP 为 41 907.59 元，全国人口数为 136 072 万人，铁路里程数为 10.31 万公里，公里里程数为 435.62 万公里，内河道营业里程为 12.59 万公里，民航航线里程数为 410.60 万公里，请给出 2013 年客运总量的点预测值。

CHAPTER 5

第5章 多元回归分析（二）

5.1 带有虚拟变量的回归模型

5.1.1 虚拟变量

在现实经济中，我们常常会看到或听到很多人为了获得更好的收入而“走南闯北”，也就是说，“走南闯北”会对个人乃至家庭收入产生影响。事实上，在进行一些经济分析的时候常常会发现一些因素对被解释变量有重要影响，然而这些因素却是无法度量的。例如，“走南闯北”、性别、战争、自然灾害、政策的变化、经济环境的突变等都会对经济产生影响，而这些定性的量不能用连续的数值度量。为了在模型中反映出这些因素的影响，提高模型估计的精度，就需要根据这些因素的属性对其进行量化。通常用“1”来表示某种状态，用“0”来表示与其对立的状态，这种只取“0”或“1”的人工变量，通常称为**虚拟变量**或**哑变量**（dummy variable）。例如，我们想表示一些人上大学，另外一些人没上大学的事实，我们就可以设立一个取值为0或1的虚拟变量，对上大学的人，这个变量取值为1，对没上大学的人它的取值为0。

例如，在研究男女收入是否有差异时，可以建立模型

$$Y_i = \beta_0 + \beta_1 X_i + \beta_2 D_i + \mu_i \tag{5-1}$$

式中，Y表示工资收入；X表示工作量；D表示性别，当性别为男性时$D=1$，当性别为女性时$D=0$。像模型（5-1）这样，既含有一般解释变量，又含有虚拟变量的模型称为**虚拟变量模型**。

5.1.2 虚拟变量的引入方式

1. 仅影响截距的情况，也就是说只改变截距的形式

在式（5-1）中，虚拟变量是以加法的方式引入模型当中的，所以女职工的工资为公式

$$Y_i = \beta_0 + \beta_1 X_i + \mu_i \tag{5-2}$$

男职工的工资为公式

$$Y_i = \beta_0 + \beta_1 X_i + \beta_2 + \mu_i = (\beta_0 + \beta_2) + \beta_1 X_i + \mu_i \tag{5-3}$$

如果从图 5-1 给出的几何意义上看式（5-1）（假定 $\beta_2>0$），男职工和女职工的工资函数具有相同的斜率、不同的截距。也就是说，两者的工资变化规律是相同的，但两者的收入水平的起点不同，男职工比女职工高出了 β_2。因此，要检测工资收入水平是否有性别差异，只需检验 β_2 是否显著为 0 即可。若 β_2 显著为零，说明性别不影响男女职工的工资水平；若 β_2 显著不为零，说明性别影响了男女职工的工资水平。

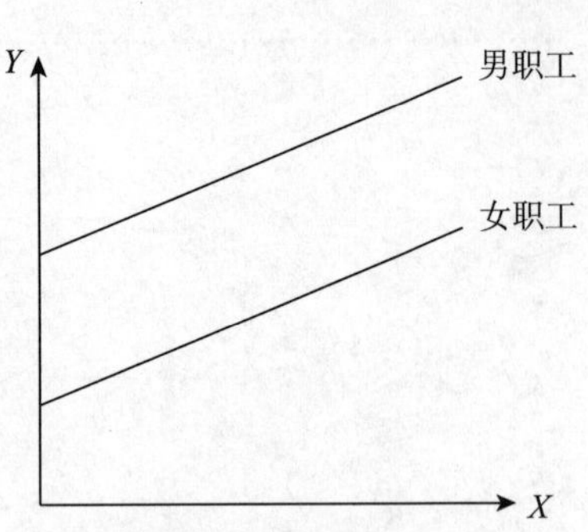

图 5-1　男女职工工资差别示意图

2. 仅影响斜率的情况

有些时候，经济环境的变化对模型的影响不是表现在截距项上，而是表现在斜率上。例如，我们想考察金融危机对我国职工工资的边际水平是否有影响，换句话说，为了考察金融危机前与金融危机后，每多工作一单位时间，工资的收入增加量是否有显著差异，我们可以引入虚拟变量 D，定义为

$$D=\begin{cases}0 & \text{金融危机前}\\ 1 & \text{金融危机后}\end{cases}$$

则工资模型可建立为

$$Y_i=\beta_0+\beta_1 X_i+\beta_2 D_i X_i+\mu_i \tag{5-4}$$

式中，Y 表示工资收入，X 表示工作量，D 为虚拟变量。

于是，在金融危机前工资模型为

$$Y_i=\beta_0+\beta_1 X_i+\mu_i \tag{5-5}$$

而在金融危机后工资模型为

$$Y_i=\beta_0+(\beta_1+\beta_2)X_i+\mu_i \tag{5-6}$$

如图 5-2 所示，从几何意义上看（假定 $\beta_2<0$），金融危机前后，职工工资水平具有相同的截距、不同的斜率。这说明金融危机前后职工工资的起点是相同的，但变化规律不同，金融危机后，职工每多工作一单位时间，工资的增加量减小了 $|\beta_2|$。也就是说，如果金融危机后与金融危机前都多干一单位工作量，那么，相较于金融危机前，收入由 β_1 下降到了 $\beta_1+\beta_2$，减小了 $|\beta_2|$。因此，要检验金融危机对职工的边际工资有没有影响，只需检验 β_2 是否为零即可。若 β_2 显著为零，说明金融危机对边际工资没有影响；若 β_2 显著不为零，说明金融危机对边际工资有影响。

3. 既影响截距又影响斜率的情况

金融危机对工资的影响不仅表现在工资的边际水平上，很可能同时表现在工资的起点上，为了同时将这两种情况反映出来，可将工资收入模型构造为

$$Y_i=\beta_0+\beta_1 X_i+\beta_2 D_i X_i+\beta_3 D_i+\mu_i \tag{5-7}$$

如同前面一样，此时只需检验 β_2 和 β_3 的显著性即可。图 5-3 展示了工资起点和工资边际水平的变化情况（假设 $\beta_2<0$，$\beta_3<0$）。

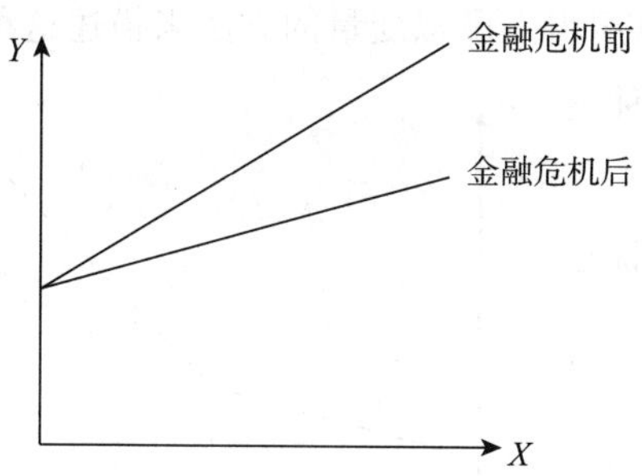

图 5-2　金融危机前后职工边际工资的变化示意图

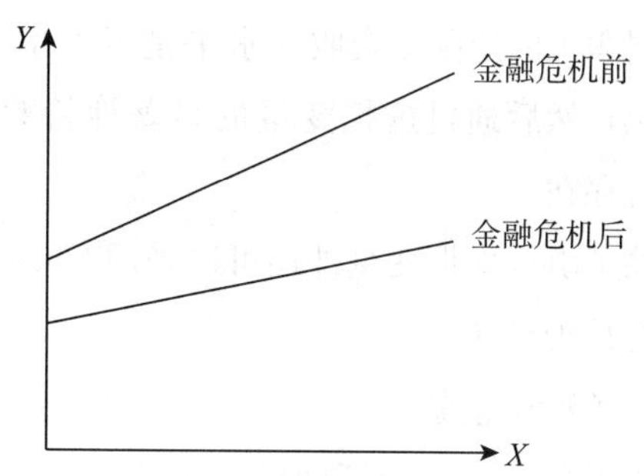

图 5-3　同时考虑截距和斜率情况下工资的变动情况

5.1.3　虚拟变量的引入原则

虚拟变量的引入显得很容易，但在引入的过程中必须非常谨慎。其引入原则为：每一定性变量所需的虚拟变量个数要比定性变量的类别数目少 1，假如定性变量的类别数目为 m，那么只需引入（$m-1$）个虚拟变量。

例如，我们想考察我国东部、中部和西部职工工资水平的差异时，除了已知的工资水平 Y 和工作时间 X 外，只需引入两个虚拟变量即可

$$D_{1i}=\begin{cases}1 & \text{东部}\\ 0 & \text{其他}\end{cases}$$

$$D_{2i}=\begin{cases}1 & \text{中部}\\ 0 & \text{其他}\end{cases}$$

则工资收入模型为

$$Y_i=\beta_0+\beta_1X_i+\alpha_1D_{1i}+\alpha_2D_{2i}+\mu_i \tag{5-8}$$

对模型（5-8），若再引入第三个虚拟变量

$$D_{3i}=\begin{cases}1 & \text{西部}\\ 0 & \text{其他}\end{cases}$$

模型（5-8）变为

$$Y_i=\beta_0+\beta_1X_i+\alpha_1D_{1i}+\alpha_2D_{2i}+\alpha_3D_{3i}+\mu_i \tag{5-9}$$

此时会出现什么情况呢？不难看出，$D_{1i}+D_{2i}+D_{3i}=1$ 恒成立，因为东部、中部、西部必然有一个取值为 1，另外两个取值为 0。这样解释变量之间就不独立了，违背了多元回归的基本假设。这种情况称为完全共线性，将在第 8 章中详细讲述。在完全共线性的情况下，参数估计值无法求出。

5.1.4　模型的结构稳定性：虚拟变量与 Chow 检验

当经济环境发生突变，如政策和体制发生变化时，涉及时间序列数据的回归模型有可能发生结构变化，如图 5-4 所示。例如，1997 年爆发了东南亚金融危机，若想考察 1997 年前

后我国职工的边际工资收入水平是否发生变化，可以用引入虚拟变量的方法来描述这种结构变化，然后通过虚拟变量的显著性检验来验证这种突变是否存在。

除了引入虚拟变量外还可以采用Chow检验来验证这种突变是否存在。

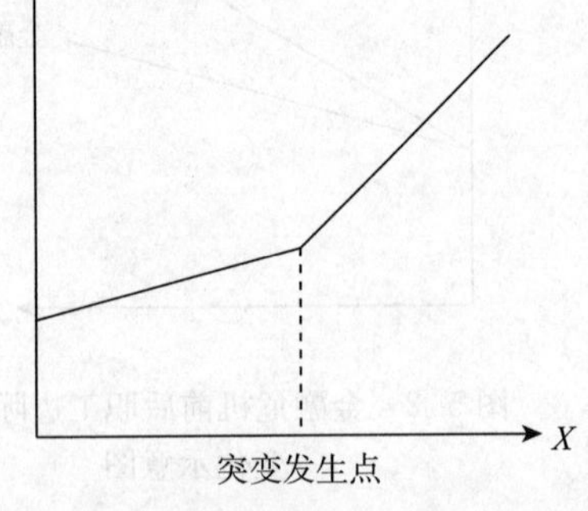

图5-4 发生突变情况下的回归示意图

1. Chow检验

为了分析某一经济问题，可建立以下 k 元线性回归模型：

$$Y_i = b_0 + b_1 X_{1i} + \cdots + b_k X_{ki} + \mu_i \quad (5\text{-}10)$$

假设有两个不同时期的关于 X 和 Y 的两个样本，一个样本有 n_1 个观测值，另一个样本有 n_2 个观测值。利用这两个样本分别对模型（5-10）进行估计，得回归方程为

$$\hat{Y}_{1i} = \hat{\alpha}_0 + \hat{\alpha}_1 X_{1i} + \cdots + \hat{\alpha}_k X_{ki} \quad (5\text{-}11)$$

$$\hat{Y}_{2i} = \hat{\beta}_0 + \hat{\beta}_1 X_{1i} + \cdots + \hat{\beta}_k X_{ki} \quad (5\text{-}12)$$

问题是回归方程（5-11）与方程（5-12）是否显著的不同。如果显著不同，则说明模型所反映的经济结构由于受有关因素的影响而发生了变化；反之，如果这两个回归方程的差别并不显著，说明模型所反映的经济结构在时间上是稳定的。因此，这里的关键就是检验上面两个式子是否显著不同，即检验经济结构是否稳定，使用的检验方法是邹至庄提出的Chow检验。其检验步骤如下。

第1步：合并两个样本，构成观测值个数为 n_1+n_2 的样本，对模型（5-10）进行回归，得到回归方程为

$$\hat{Y}_i = \hat{b}_0 + \hat{b}_1 X_{1i} + \cdots + \hat{b}_k X_{ki} \quad (5\text{-}13)$$

求得残差平方和 $\sum e_i^2$，其自由度为 (n_1+n_2-k-1)，其中 k 为解释变量个数。

第2步：利用上面给定的两个小样本，分别对模型（5-10）进行回归，然后得到两个回归方程（5-11）和方程（5-12）。求得残差平方和分别为 $\sum e_{1i}^2$、$\sum e_{2i}^2$，其对应自由度分别为 $[n_1-(k+1)]$ 和 $[n_2-(k+1)]$。

第3步：利用以上得出的各残差平方和，构造 F 统计量

$$F = \frac{[\sum e_i^2 - (\sum e_{1i}^2 + \sum e_{2i}^2)]/(k+1)}{(\sum e_{1i}^2 + \sum e_{2i}^2)/(n_1+n_2-2k-2)} \sim F[k+1,\ n_1+n_2-2(k+1)] \quad (5\text{-}14)$$

通过 F 统计量来检验模型所反映的经济结构是否已发生突变。

第4步：提出假设。原假设 H_0 为结构没有发生变化，备择假设 H_1 为结构发生了变化，即

$$H_0: \alpha_i = \beta_i \quad i = 1,2,\cdots,k$$

$$H_1: \alpha_i \neq \beta_i \text{ 中至少有一个成立} \quad i = 1,2,\cdots,k$$

第 5 步：查临界值。给定显著水平 α，查分子自由度为 $k+1$，分母自由度为 $n_1+n_2-2(k+1)$ 的 F 分布表，得临界值 F_α。

第 6 步：比较 F 统计量和临界值 F_α。若 $F>F_\alpha$，则拒绝原假设 H_0，接受备择假设 H_1，认为回归模型（5-11）和方程（5-12）之间的差异显著，即两个样本反映的两个经济关系显著不同，即经济结构发生了变化，反之，我们认为经济结构关系比较稳定。

2. 虚拟变量和 Chow 检验的比较

从上面的分析可以看出，在验证模型是否发生突变方面，Chow 检验和引入虚拟变量可谓是殊途同归。但在有些情况下，即便有结构突变，但无法用 Chow 检验进行验证，而引入虚拟变量却可以。

假设模型（5-10）有两个不同时期的关于 X 和 Y 的两个样本，一个样本有 n_1 个观测值，另一个样本有 n_2 个观测值，其中 $n_2<(k+1)$。根据第 4 章的知识可知，当样本容量为 n_2 时，模型（5-10）将不能被估计，Chow 检验也无法进行下去。然而，采用引入虚拟变量的方式则不存在此类问题。还有就是 Chow 检验将样本分为了两部分，减少了样本观测值的数目，使参数估计值的质量下降，此时通过 Chow 检验验证的结构变化的可靠性也会下降。

事实上，在介绍带有虚拟变量的模型时，我们看到，当引入的虚拟变量对应的参数显著不为零时，就意味着结构发生了变化。所以，在检验经济结构是否发生突变方面，引入虚拟变量的方式优于 Chow 检验。

5.2　参数的标准化

5.2.1　参数标准化的问题

在多元回归分析中，我们通过单个参数的显著性检验只知道解释变量对被解释变量是否有显著影响，但因为没有统一的标准，系数之间不具有可比性，所以，并不知道影响被解释变量最大的、次要的、最不重要的解释变量是哪个。因此，我们就不能直接运用参数估计值的绝对量大小顺序来决定众多解释变量中哪一个解释变量对被解释变量的影响程度最大。换句话说，我们除了关注被解释变量对解释变量的反映是否显著外，还要关注反映程度的大小，依次排序，就有必要寻找哪一个解释变量 X_i 是被解释变量的重要影响因素，哪一个是次要影响因素，哪一个是最不重要的影响因素。关于这一点，从事管理的决策者都十分重视。对于多元线性回归模型

$$Y_i=\beta_0+\beta_1X_{1i}+\beta_2X_{2i}+\cdots+\beta_kX_{ki}+\mu_i \tag{5-15}$$

我们不能直接采用 β_i 的大小来反映 X_i 对 Y_i 的影响程度大小。这是因为：一是 X_i 的单位属性不同，二是 β_i 会随着 X_i 的计量单位的不同而不同。考虑模型

$$Y_i=\beta_0+\beta_1X_{1i}+\beta_2X_{2i}+\mu_i \tag{5-16}$$

式中，Y_i 表示运输时间，X_{1i}表示距离，X_{2i}表示货物重量，此时 β_1 的单位是长度，β_2 的单位为重量，两者根本不可比；并且 X_{1i}的单位由米变成千米时，X_{2i}的单位由千克变成吨时，β_1

和 β_2 的值将会发生变化。因此，用 β_1 和 β_2 的值无法直接反映 X_{1i} 和 X_{2i} 对 Y_i 的影响程度大小。

5.2.2 线性模型的参数标准化

为了使得参数估计值能够准确反映解释变量对被解释变量的影响程度大小，需要按照以下规则重新定义解释变量和被解释变量。

$$\begin{cases} Y_i^* = \dfrac{Y_i - \overline{Y}}{\mathrm{Se}_Y} \\ X_{ji}^* = \dfrac{X_{ji} - \overline{X}}{\mathrm{Se}_{X_j}} \end{cases} \quad i = 1,2,\cdots n \quad j = 1,2,\cdots,k$$

式中，

$$\mathrm{Se}_Y = \sqrt{\frac{1}{n-1}\sum_{i=1}^{n}(Y_i - \overline{Y})^2}, \mathrm{Se}_{X_j} = \sqrt{\frac{1}{n-1}\sum_{i=1}^{n}(X_{ji} - \overline{X})^2}, j = 1,2,\cdots,k$$

于是模型（5-15）就可改写为

$$Y_i^* = \beta_1^* X_{1i}^* + \beta_2^* X_{2i}^* + \cdots + \beta_i^* X_{ki}^* + \mu_i^* \tag{5-17}$$

式中，Y_i^* 和 X_{ji}^* 被称为**标准化变量**（standardized variables），β_i^* 被称为**标准化系数**（standardized coefficient）。标准化变量的一个显著特点是均值总是为 0，标准差总是为 1（有兴趣的读者可以自己证明）。无论是量纲不同（如长度和重量），还是单位不同（如同为重量，有的取公斤，有的取克），标准化后的变量都统一为同一基准，表示所有变量在一单位标准差下偏离均值的程度。由于多元回归的样本回归函数要过样本均值点（$\overline{Y}^*$，$\overline{X}_1^*$，$\overline{X}_2^*$，$\cdots$，$\overline{X}_K^*$），因此，有

$$截距项 = \overline{Y}^* - \beta_1^* \overline{X}_1^* - \beta_2^* \overline{X}_2^* - \cdots - \beta_k^* \overline{X}_k^* = 0 \tag{5-18}$$

这就是式（5-17）没有截距项的原因。

在使用 EViews 估计标准化系数时，只需将原来键入的“Y X c”，改写为“（Y—@mean(Y))/(@var(Y)^0.5) (X—@mean(X))/(@var(X)^0.5)”（切记此处没有截距项）即可。

事实上，标准化之前的系数 β_i 与标准化之后的系数 β_i^* 之间具有如下关系式

$$\beta_j^* = \beta_j \frac{\mathrm{Se}_{X_j}}{\mathrm{Se}_Y} \quad j = 1,2,\cdots,k \tag{5-19}$$

式中，Se_{X_j} 为第 j 个解释变量 X_j 的样本标准差，Se_Y 为被解释变量 Y 的样本标准差。通过这个式子就可以实现两者系数的转换。

5.3 非标准线性模型的标准化

非标准线性模型指的是变量之间是非线性的，但被解释变量与参数之间却是线性的，可以用变量直接代换法将非标准线性模型化为标准线性模型。

1. 多项式模型

对于形如

$$Y_i = \beta_0 + \beta_1 X_i + \beta_2 X_i^2 + \cdots + \beta_k X_i^k + \mu_i \tag{5-20}$$

的多项式模型，令 $Z_{1i}=X_i$，$Z_{2i}=X_i^2$，…，$Z_{ki}=X_i^k$，则上式可转化为标准线性模型

$$Y_i = \beta_0 + \beta_1 Z_{1i} + \beta_2 Z_{2i} + \cdots + \beta_k Z_{ki} + \mu_i \tag{5-21}$$

2. 半对数模型和双对数模型

习惯上，我们把形如

$$\ln Y_i = \beta_0 + \beta_1 X_i + \mu_i \tag{5-22}$$

$$Y_i = \beta_0 + \beta_1 \ln X_i + \mu_i \tag{5-23}$$

这两种形式模型称为半对数模型，而把形如

$$\ln Y_i = \beta_0 + \beta_1 \ln X_i + \mu_i \tag{5-24}$$

的模型称为双对数模型。对以上模型只需令 $Y_i^* = \ln Y_i, X_i^* = \ln X_i$，即可将原模型转化为标准线性模型。值得说明的是，式（5-22）的半对数模型可以用来描述奢侈品消费随收入变化的规律，表示收入每增加 1 个单位，奢侈品消费增加 β_1%；式（5-23）的半对数模型可以用来描述必需品消费随收入变化的规律，表示收入每增加 1%，必需品消费增加 β_1 个单位；式（5-24)中的 β_1 表示弹性系数。

3. 双曲线函数模型

对于形如

$$Y_i = \beta_0 + \beta_1 \frac{1}{X_i} + \mu_i \tag{5-25}$$

的模型称为双曲线模型，此时令 $X_i^* = \dfrac{1}{X_i}$，$Y_i^* = Y_i$，即可将原模型转化为标准线性模型。

有些非线性模型通过适当的变换就可以化为标准线性模型。例如，我们可以对柯布 - 道格拉斯生产函数的计量经济模型

$$Q_i = A L_i^{\alpha} K_i^{\beta} e^{\mu_i} \tag{5-26}$$

两边取对数，得到

$$\ln Q_i = \ln A + \alpha \ln L_i + \beta \ln K_i + \mu_i \tag{5-27}$$

然后，令 $Y_i = \ln Q_i$，$X_{1i} = \ln L_i$，$X_{2i} = \ln K_i$，$a = \ln A$，即可将原模型转化为标准线性模型。对于不可线性化的模型可借助泰勒级数展开式进行逐次的线性近似估计。[⊖]

对于非标准线性模型和非线性模型的标准化问题，只需将其转换成标准线性模型，然后按照前述方法进行标准化处理就行了。

5.4 案例分析

案例 5-1

离婚、失业的人更喜欢饮酒吗？运用 DonaldKenkel 和 Joseph Terza（2001 年）的数据

⊖ 邓翔，杜江，张蕊. 计量经济学［M］. 成都：四川大学出版社，2002.

建立虚拟变量模型可以进行验证，具体数据如表 5-1 所示。其中，$DRINKS_i$ 表示第 i 个人过去两周的饮酒量；$EDUC_i$ 表示第 i 人受教育的年限；$DIVSEP_i$ 表示虚拟变量，第 i 个人离婚或者分居则为 1，否则为 0；$UNEMP_i$ 表示虚拟变量，第 i 个人失业则为 1，否则为 0。

表 5-1 离婚、失业模型的数据

OBS	*DRINKS*	*EDUC*	*DIVSEP*	*UNEMP*
1	24.0	13	0	1
2	10.0	14	0	0
3	0.0	14	0	0
4	24.0	7	0	0
5	0.0	12	0	0
6	1.5	13	0	0
7	45.0	15	0	0
8	0.0	12	0	0
9	0.0	16	0	0
10	0.0	10	0	0
11	2.0	16	0	0
12	13.5	9	0	0
13	8.0	12	0	0
14	0.0	14	1	0
15	25.0	13	0	0
16	11.3	12	1	0
17	0.0	17	0	0
18	0.0	16	0	0
19	7.0	14	0	0
20	40.0	16	0	0
21	28.0	14	0	0
22	1.0	15	0	0
23	0.0	10	0	0
24	0.0	10	0	0
25	56.0	16	0	0
26	0.0	16	1	0
27	24.0	12	1	0
28	5.0	13	0	0
29	28.0	7	0	0
30	14.0	12	0	0
31	3.0	18	0	0
32	0.0	7	0	0
33	0.0	18	0	0
34	0.0	11	0	0
35	3.0	12	0	0
36	10.0	16	0	0

（续）

OBS	*DRINKS*	*EDUC*	*DIVSEP*	*UNEMP*
37	42.0	17	0	0
38	1.0	12	0	0
39	14.0	15	1	0
40	9.0	18	0	0
41	0.0	18	0	0
42	15.0	14	0	0
43	12.0	18	0	0
44	6.0	14	1	0
45	6.0	17	0	0
46	0.0	12	0	0
47	0.0	12	0	0
48	0.0	8	0	0
49	2.0	9	1	0
50	0.0	12	0	0
51	10.0	12	0	0
52	58.5	6	0	0
53	14.0	14	0	0
54	0.0	18	0	0
55	0.0	12	0	0
56	5.0	13	0	0
57	0.0	7	0	0
58	14.0	12	0	0
59	36.0	13	0	0
60	0.0	8	0	0
61	2.0	8	1	0
62	70.0	16	0	1
63	12.0	12	0	0
64	3.0	12	0	0
65	30.0	9	1	0
66	10.0	15	0	0
67	12.0	16	0	0
68	84.0	12	0	0
69	71.5	12	0	0
70	49.0	18	0	0
71	4.0	13	0	0
72	3.0	8	0	0
73	1.0	12	0	0
74	33.8	13	0	0
75	21.0	14	0	0
76	12.0	12	0	0

（续）

OBS	DRINKS	EDUC	DIVSEP	UNEMP
77	14.0	18	1	0
78	0.0	17	0	0
79	0.0	7	0	0
80	1.0	12	0	0
81	0.0	12	0	0
82	70.0	15	1	0
83	4.0	16	1	0
84	4.0	14	0	0
85	21.0	14	1	0
86	2.0	16	0	0
87	30.0	10	0	0
88	10.0	13	0	0
89	16.0	9	1	0
90	36.0	13	0	0
91	0.0	11	0	0
92	0.0	12	0	0
93	108.0	12	1	0
94	0.0	12	0	0
95	0.0	12	0	0
96	11.0	13	1	0
97	28.5	0	0	0
98	56.0	13	0	0
99	3.0	12	0	0
100	2.0	12	0	0

资料来源：施图德蒙德．应用计量经济学［M］．杜江，李恒，译．北京：机械工业出版社，2011.

1. 建立模型

教育、离婚和失业均会对饮酒量产生影响。据此，可以建立如下模型

$$DRINKS_i = \alpha + \beta_0 EDUG_i + \beta_1 DIVSEP_i + \beta_2 UNEMP_i + \mu_i$$

2. 模型估计

在工作文件下，点击“Quick/Estimate Equation”，键入“DRINKS EDUC DIVSEP UNEMP C”，点击“OK”就得到表5-2的结果。

表5-2 离婚、失业对饮酒影响的估计结果

Dependent Variable：DRINKS

Method：Least Squares

Date：02/04/15 Time：22:01

Sample：1 100

Included observations：100

（续）

Variable	Coefficient	Std. Error	t-Statistic	Prob.
EDUC	−0.048 139	0.649 605	−0.074 106	0.941 1
DIVSEP	8.211 951	5.664 882	1.449 624	0.150 4
UNEMP	34.458 93	14.876 27	2.316 369	0.022 7
C	13.239 09	8.589 043	1.541 393	0.126 5
R-squared	0.068 720	Mean dependent var		14.626 00
Adjusted R-squared	0.039 617	S. D. dependent var		21.148 20
S. E. of regression	20.725 05	Akaike info criterion		8.939 742
Sum squared resid	41 234.67	Schwarz criterion		9.043 948
Log likelihood	−442.987 1	F-statistic		2.361 291
Durbin-Watson stat	1.858 582	Prob（F-statistic）		0.076 161

根据表5-2，可以写出离婚、失业对饮酒量影响的模型为

$$DRINKS_i = 13.24 - 0.048EDUG_i + 8.21DIVSEP_i + 34.46UNEMP_i$$

$$(1.54)\qquad(-0.074)\qquad(1.45)\qquad(2.32)$$

从上述模型可以看出，*EDUG* 的系数为负，表明受教育程度越高的人饮酒量越少；*DIVSEP* 和 *UNEMP* 的系数为正数，说明离婚和失业人口饮酒量更多。另外，值得注意的是模型中 *EDUG* 和 *DIVSEP* 系数不是很显著，R^2 也较低。

案例5-2

由于我国在20世界90年代初出现了严重的通货膨胀，并为此从1994年施行了紧缩性的政策。因此，为了研究经济发展对进口的影响在不同时期是否存在差异，将数据分为表5-3所示的1978～1994年和1995～2013年两个时期，建立带虚拟变量的模型。如果有虚拟变量的解释变量对应系数显著不为零，就说明这两个时期确实发生了结构突变。

表5-3　1978～2013年我国GDP与进出口额数据

时　间	GDP（亿元）	进出口总额（亿美元）	时　间	GDP（亿元）	进出口总额（亿美元）
1978	3 645.20	206.400 0	1990	18 667.80	1 154.400 0
1979	4 062.60	293.300 0	1991	21 781.50	1 357.000 0
1980	4 545.60	381.400 0	1992	26 923.48	1 655.300 0
1981	4 891.60	440.300 0	1993	35 333.92	1 957.000 0
1982	5 323.40	416.100 0	1994	48 197.86	2 366.200 0
1983	5 962.70	436.200 0	1995	60 793.73	2 808.600 0
1984	7 208.10	535.500 0	1996	71 176.59	2 898.800 0
1985	9 016.00	696.000 0	1997	78 973.03	3 251.600 0
1986	10 275.20	738.500 0	1998	84 402.28	3 239.500 0
1987	12 058.60	826.500 0	1999	89 677.05	3 606.300 0
1988	15 042.80	1 027.900 0	2000	99 214.55	4 742.900 0
1989	16 992.30	1 116.800 0	2001	109 655.17	5 096.500 0

（续）

时　间	GDP（亿元）	进出口总额（亿美元）	时　间	GDP（亿元）	进出口总额（亿美元）
2002	120 332.69	6 207.700 0	2008	314 045.40	25 632.552 3
2003	135 822.76	8 509.880 0	2009	340 902.81	22 075.350 0
2004	159 878.34	11 545.500 0	2010	401 512.80	29 739.983 2
2005	184 937.40	14 219.100 0	2011	473 104.00	36 418.600 0
2006	216 314.40	17 604.400 0	2012	519 470.10	38 671.190 0
2007	265 810.30	21 765.700 0	2013	588 019.00	41 589.934 7

资料来源：中华人民共和国国家统计局，《中国统计年鉴——2013》，中国统计出版社，2013。

1. GDP和进出口额的线图

我们用GDP表示国内生产总值，用IM表示进出口，将数据录入EViews之后，依次选中GDP和IM，点右键"Open/as Group/view/Graph/Scatter/Line&symbol"，便描绘出了GDP和IM的线图，如图5-5所示。

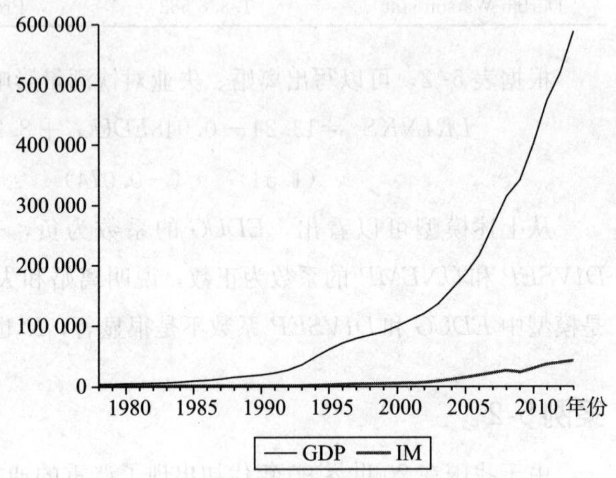

图5-5　国内生产总值和进出口额的线图

2. 建立模型

从图5-5可以看出，GDP在1994年后大幅上升，而进出口额则上升较慢。因此，大致判断GDP和进出口在1995年发生结构变化，于是，采用虚拟变量，建立如下带结构变化的模型

$$IM_t = \beta_0 + \beta_1 GDP_t + \beta_2 DV_t + \beta_3 DV_t GDP_t + \mu_i$$

式中，DV为虚拟变量，当t=1978－1994年时DV取0，1994年后取1。在EViews中，建立虚拟变量DV的方法为，点击"Quick/Generate series"，键入"DV=0"，之后把样本区间从"1978 2013"改为"1978 1994"，点击"OK"，再点击"Quick /Generate series"，键入"DV=1"，然后把样本区间改为"1995 2013"，点击"OK"，此时虚拟变量便生成了。在工作文件下，双击DV便可看到虚拟变量的赋值情况。

在工作文件下，点击"Quick/Estimate Equation"，键入"IM　C GDP DV DV＊GDP"，点击"OK"就得到表5-4的结果。

表5-4　虚拟变量估计结果

Dependent Variable：IM
Method：Least Squares
Date：05/31/15　Time：19:17
Sample：1978 2013
Included observations：36

（续）

Variable	Coefficient	Std. Error	t-Statistic	Prob.
C	194.071 7	494.485 0	0.392 472	0.697 3
GDP	0.049 236	0.025 984	1.894 906	0.067 2
DV	−2 424.705	711.466 3	−3.408 039	0.001 8
DV * GDP	0.030 041	0.026 048	1.153 286	0.257 3
R-squared	0.989 625	Mean dependent var		8 756.358
Adjusted R-squared	0.988 652	S. D. dependent var		12 153.15
S. E. of regression	1 294.615	Akaike info criterion		17.274 25
Sum squared resid	53 632 928	Schwarz criterion		17.450 20
Log likelihood	−306.936 6	F-statistic		1 017.451
Durbin-Watson stat	1.028 297	Prob（F-statistic）		0.000 000

从表 5-4 可以看出，*DV* 变量对应得 Prob 值为 0.001 8，在 1%显著水平下显著不为零，因而表明 GDP 和进出口方程的截距项存在结构变化。而 *DV* * *GDP* 的系数对应的 Prob 值为 0.257 3，在通常的显著水平下显著为零，表明斜率不存在结构变化。因此，剔除不显著的变量 *DV* * *GDP* 后继续估计模型。在工作文件下，点击 “Quick/Estimate Equation”，键入 “IM C GDP DV”，点击 “OK” 就得到表 5-5 的结果。

表 5-5　仅截距变化虚拟变量估计结果

Method：Least Squares
Date：02/04/15　Time：22:47
Sample：1978 2013
Included observations：36

Variable	Coefficient	Std. Error	t-Statistic	Prob.
C	−245.392 1	316.712 6	−0.774 810	0.444 0
GDP	0.079 128	0.001 839	43.031 46	0.000 0
DV	−1 951.417	584.080 2	−3.341 009	0.002 1
R-squared	0.989 194	Mean dependent var		8 756.358
Adjusted R-squared	0.988 539	S. D. dependent var		12 153.15
S. E. of regression	1 301.074	Akaike info criterion		17.259 42
Sum squared resid	55 862 162	Schwarz criterion		17.391 38
Log likelihood	−307.669 6	F-statistic		1 510.404
Durbin-Watson stat	1.026 929	Prob（F-statistic）		0.000 000

若不考虑截距项的显著性，则根据表 5-5 写出模型的估计方程为

$$IM_t = -245.39 + 0.079GDP_t \qquad t \leqslant 1994$$

$$IM_t = -2\,196.81 + 0.079GDP_t \qquad t > 1994$$

显然，存在结构性变化，因为不同时期的截距项存在差异。

案例 5-3

第 4 章案例 4-2 中，我们分析了大众餐饮店的最佳位置选择问题，并根据 t 统计量得出

附近居住的人口密度、当地居民的一般收入水平以及周围类似餐饮店的数量是影响餐饮店位置选择的重要因素，但并没有真正给出哪个因素更为重要。我们需要通过参数标准化，并根据标准化后的估计结果得出哪个因素更为重要的结论。

我们曾用 N 表示 2km 范围内类似餐饮店的数量，P 表示 3km 内居住人口数，I 表示附近居民平均收入水平，Y 表示餐饮店的总销售额，建立了计量经济模型

$$Y_i=\beta_0+\beta_1 N_i+\beta_2 P_i+\beta_3 I_i+\mu_i$$

从各变量的量纲来看，N 的量纲为家（或个），P 的量纲为人，I 的量纲为美元，Y 的量纲为美元。由于，各变量的量纲不同，因此，不能直接利用参数估计值的大小来判断各解释变量对被解释变量的影响程度的大小，需要对模型进行标准化处理。

在 EViews 中，标准化后的变量 $Y_i^*=(Y_i-\bar{Y})/Se_y$ 可以采用赋值表达式“(y-@mean(y))/(@var(y)^0.5)”或“(y-@mean(y))/sqr(@var(y))”，其他标准化后的变量采用同样的方法。

因此，在工作文件窗口下，选择“Quick/Estimate Equation”，键入“(y-@mean(y))/(@var(y)^0.5)　(n-@mean(n))/(@var(n)^0.5)　(p-@mean(p))/(@var(p)^0.5)　(i-@mean(i))/(@var(i)^0.5)”，点击“OK”即可得到标准化后的估计结果，如表 5-6 所示。

表 5-6　标准化系数的估计结果

Dependent Variable：(Y-@MEAN(Y,"1 33"))/(@VAR(Y,"1 33"))^0.5				
Method：Least Squares				
Date：02/04/15　Time：22:58				
Sample：1 33				
Included observations：33				
Variable	Coefficient	Std. Error	t-Statistic	Prob.
(N-@MEAN(N,"1 33"))/(@VAR(N,"1 33"))^0.5	−0.777 404	0.172 892	−4.496 481	0.000 1
(P-@MEAN(P,"1 33"))/(@VAR(P,"1 33"))^0.5	0.884 681	0.178 247	4.963 232	0.000 0
(I-@MEAN(I,"1 33"))/(@VAR(I,"1 33"))^0.5	0.295 586	0.122 593	2.411 109	0.022 2
R-squared	0.618 154	Mean dependent var		−1.35E-16
Adjusted R-squared	0.592 698	S. D. dependent var		1.015 505
S. E. of regression	0.648 098	Akaike info criterion		2.056 958
Sum squared resid	12.600 92	Schwarz criterion		2.193 004
Log likelihood	−30.939 80	Durbin-Watson stat		1.758 193

从表 5-6 可以看出，标准化后的 N 和 P 对应的 Prob 值都小于 0.01，说明 2km 范围内类似餐饮店的数量和 3km 内居住人口数在 1%显著水平下对餐饮店位置选择有显著影响，I 对应的 Prob 值为 0.024 6，表明在 5%显著水平下，附近居民的收入对餐饮店位置选择有显著影响。由于经过了标准化处理，N、P 和 I 在 1 个标准差下偏离均值的程度每变动 1%将分别使 Y 在 1 个标准差下偏离均值的程度变动 −0.78%、0.88%和 0.30%。因此，人口数量 P

对餐饮店位置选择的影响程度最大，类似餐饮店的数量 N 次之，附近居民的收入 I 最小。我们可以认为，餐饮店应该首选在人口稠密，竞争比较小的地方，然后再考虑附近居民的收入水平。

案例 5-4

“三农”问题一直是关系我国民生以及经济增长的一个重大问题。粮食生产收入是农民收入的一项重要来源。如何通过增加粮食生产收入来增加农民收入，从而缓解“三农”问题，是个值得研究的课题。为了寻找增加粮食生产收入的途径，有必要先弄清楚影响粮食生产收入的因素。接下来以稻谷的亩均实际净收益（RNP）为被解释变量，粮食价格指数（GPI）、亩均实际物质与服务费（RMSC）、亩产量（OPM）为解释变量来研究影响粮食生产收入的因素。表 5-7 给出了相关数据。

表 5-7 稻谷生产的每亩相关成本收益指标

年 份	亩均实际净收益（%）	粮食价格指数（%）	亩均实际物质与服务费（元）	亩产量（公斤）
1984	54.87	100.00	46.43	384.00
1985	50.99	104.01	46.75	376.90
1986	56.76	106.18	48.59	386.24
1987	51.22	113.30	51.60	377.15
1988	56.19	124.32	57.04	373.10
1989	59.63	118.34	56.43	391.11
1990	51.00	94.05	59.64	414.10
1991	30.22	97.95	60.35	399.80
1992	31.76	102.76	58.23	403.80
1993	63.40	137.90	57.40	410.10
1994	113.47	176.02	71.55	412.10
1995	93.06	115.36	69.13	408.20
1996	67.04	98.19	68.93	415.80
1997	43.45	86.11	68.73	423.10
1998	34.70	96.39	67.86	421.90
1999	11.84	84.56	69.66	420.60
2000	5.79	91.44	66.05	415.10
2001	15.81	103.75	66.40	427.20
2002	8.28	95.74	68.80	420.40
2003	26.42	116.86	68.09	408.80
2004	80.90	132.90	67.16	450.90
2005	54.59	97.29	66.45	431.00
2006	58.64	103.84	68.92	436.30
2007	64.61	105.68	69.19	450.20

资料来源：彭克强．中国粮食生产收益及其影响因素的协整分析——以 1984—2007 年稻谷、小麦、玉米为例［J］．中国农村经济，2009（6）．

假设变量之间是线性关系，构建模型如下

$$RNP_i = \beta_0 + \beta_1 GPI_i + \beta_2 RMSC_i + \beta_3 OPM_i + \mu_i$$

从各变量的量纲来看，*RNP* 的量纲为元，*GPI* 无量纲，*RMSC* 的量纲为元，*OPM* 的量纲为公斤。由于，各变量的量纲不同，因此不能直接利用参数估计值的大小来判断各解释变量对被解释变量的影响，需要对模型进行标准化处理。因此，在选中变量 *RNP*、*GPI*、*RMSC*、*OPM* 后，点右键“Open/as Group/Quick/Estimate Equation”，改写方程表达式栏中的表达式，键入“(RNP-@mean(RNP))/(@var(RNP)^0.5) (GPI-@mean(GPI))/(@var(GPI)^0.5) (RMSC-@mean(RMSC))/(@var(RMSC)^0.5) (OPM-@mean(OPM))/(@var(OPM)^0.5)”，点击“OK”即可得到如表 5-8 所示的估计结果。

表 5-8　标准化系数的估计结果

Dependent Variable：(RNP-@MEAN (RNP," 1984 2007")) / (@VAR (RNP," 1984 2007") ^0.5)
Method：Least Squares
Date：12/05/09　Time：19:17
Sample：1984 2007
Included observations：24

Variable	Coefficient	Std. Error	t-Statistic	Prob.
(GPI-@MEAN(GPI,"1984 2007"))/(@VAR(GPI,"1984 2007")^0.5)	0.731 362	0.153 882	4.752 734	0.000 1
(RMSC-@MEAN(RMSC,"1984 2007"))/(@VAR(RMSC,"1984 2007")^0.5)	−0.208 748	0.250 629	−0.832 895	0.414 3
(OPM-@MEAN(OPM,"1984 2007"))/(@VAR(OPM,"1984 2007")^0.5)	0.226 846	0.251 427	0.902 236	0.377 2
R-squared	0.518 314	Mean dependent var		5.55E-17
Adjusted R-squared	0.472 440	S. D. dependent var		1.021 508
S. E. of regression	0.741 955	Akaike info criterion		2.357 413
Sum squared resid	11.560 45	Schwarz criterion		2.504 670
Log likelihood	−25.288 96	Durbin-Watson stat		0.598 704

从表 5-8 可以看出，*RMSC* 和 *OPM* 对应的 Prob 值分别为 0.414 3 和 0.377 2，都大于 0.1，说明 *RMSC* 和 *OPM* 对 *RNP* 没有显著影响。*GPI* 对应的 Prob 值为 0.000 1<0.01，说明 *GPI* 在 1%的水平下对 *RNP* 有显著影响。由于经过了标准化处理，此时标准化后 *GPI* 的系数表示当粮食价格指数（GPI）在标准差下偏离均值的程度每变动 1%，将会使稻谷的亩均实际净收益（RNP）在标准差下偏离均值的程度变动 0.731%。

思考与练习

1. 解释下列名词：虚拟变量　标准化系数　Chow 检验
2. 虚拟变量的引入有哪几种情况，它们在模型中分别有什么作用？
3. 虚拟变量的引入原则是什么？假如采用季度数据资料建立模型，为了验证季节之间的差异性，应该引入多少个虚拟变量？

4. 在验证结构性变化方面，Chow 检验和引入虚拟变量有何异同？

5. 为了研究工龄与工资水平的差异，某调查小组在某个社区随机抽取了 85 名居民进行调查（其中男性 39 人，女性 46 人），并得到如下两种回归模型：

$$\hat{W}_i = 1\,030.4 + 315.7T_i$$

$$(3.58)\quad(4.32)$$

$$\hat{W}_i = 896.8 + 274.3T_i + 432.9D_i$$

$$(2.89)\quad(3.34)\quad(4.76)$$

式中，W 表示工资水平，T 表示工作年限，即工龄，虚拟变量

$$D=\begin{cases}1 & 男\\ 0 & 女\end{cases}$$

请问：

(1) 哪个模型更科学一些？为什么？

(2) 如果第 2 个模型确实优于第 1 个模型，而你错误选择了第 1 个模型，那么你忽略了哪些信息？

(3) D 的系数通过了显著性检验，说明了什么？

6. 在何种情况下，需要对模型中的变量进行标准化？

7. 为什么带有截距项的模型在标准化后没有截距项？

8. 设标准化之前的系数为 β_i 与标准化之后的系数为 β_i^*，试证明：

$$\beta_i^* = \beta_i \frac{\mathrm{Se}_{X_i}}{\mathrm{Se}_Y}$$

9. 在研究家庭书刊消费支出时有如下模型：

$$EXP_i = \beta_0 + \beta_1 Income_i + \beta_2 Time_i + \mu_i$$

式中，EXP 表示书刊消费支出，$Income$ 表示家庭月平均收入，$Time$ 表示户主受教育年限。

请问：

(1) 能不能直接运用 β_1 和 β_2 的值来判断，究竟哪个变量对于家庭年书刊消费支出的影响更大？

(2) 如不能直接利用 β_1 和 β_2 的值来判断，那应该如何判断两个解释变量对被解释变量的影响程度大小呢？

10. 现代上市公司的一个显著特点就是所有权与控制权是分离的，上市公司的实际控制人往往掌握着超出其所有权比例的控制权。因此，研究上市公司实际控制人的控制权与所有权的分离程度与公司绩效之间的关系就成为必要。表 5-9 提供了 35 家上市公司的相关数据，其中分离程度指实际控制人的控制权比例除以所有权比例，每股收益代表公司绩效。虚拟变量指实际控制人是否担任董事长或总经理，若实际控制人担任董事长或总经理则取 1，否则取 0。

表 5-9　35 家上市公司的相关数据

证券代码	实际控制人是否担任董事长或总经理	分离程度	每股收益
000009	0	1.17	0.35
000017	0	2.27	0.13
000035	0	4.84	0.79
000038	0	5.09	0.18
000040	0	3.00	0.15
000046	1	1.30	0.87
000062	0	6.26	0.21
000150	0	1.23	0.36
000159	0	1.82	0.29
000506	0	1.28	0.28
000510	0	1.75	0.13
000511	0	2.95	0.23
000513	1	2.30	1.71
000516	0	9.57	0.60
000527	1	1.16	1.33
000533	0	2.25	0.22
000534	1	1.93	0.55
000540	1	1.34	0.31
000541	0	1.66	0.92
000545	1	2.47	0.12
000546	1	1.94	0.11
000547	1	3.04	0.17
000558	1	1.33	1.01
000559	1	1.25	0.38
000560	1	3.16	0.72
000567	0	1.53	0.16
000572	1	1.58	1.06
000584	0	2.50	0.93
000587	0	8.64	0.10
000592	0	1.15	1.29
000602	0	1.57	0.53
000609	0	2.99	0.95
000613	0	20.36	0.38
000615	0	1.79	0.15
000616	1	1.19	0.73

资料来源：国泰安信息技术有限公司开发的《中国民营上市公司数据库》。

要求：

(1) 构建含有虚拟变量的公司绩效模型。

(2) 估计模型，并进行参数显著性检验。

(3) 若虚拟变量的参数是显著的，能得出什么结论？若不显著又能得出什么结论？

11. 从理论上分析，能源消费量与人口数和经济发展水平有关。表 5-10 中给出了相应数据。

表 5-10　我国 1990～2013 年能源消费、GDP 以及人口数的数据

年　份	能源消费（万吨标准煤）	GDP（亿元）	人口数（万人）
1990	98 703.00	18 667.82	114 333
1991	103 783.00	21 781.49	115 823
1992	109 170.00	26 923.47	117 171
1993	115 993.00	35 333.92	118 517
1994	122 737.00	48 197.85	119 850
1995	131 176.00	60 793.72	121 121
1996	138 948.00	71 176.59	122 389
1997	137 798.00	78 973.03	123 626
1998	132 214.00	84 402.27	124 761
1999	133 831.00	89 677.05	125 786
2000	138 552.60	99 214.55	126 743
2001	143 199.20	109 655.20	127 627
2002	151 797.30	120 332.70	128 453
2003	174 990.30	135 822.80	129 227
2004	203 226.70	159 878.30	129 988
2005	224 682.00	183 217.40	130 756
2006	246 270.00	211 923.50	131 448
2007	265 583.00	257 305.60	132 129
2008	291 448.00	314 045.40	132 802
2009	306 647.00	340 902.80	133 450
2010	324 939.00	401 512.80	134 091
2011	348 002.00	473 104.10	134 735
2012	361 732.00	519 470.10	135 404
2013	375 000.00	568 845.20	136 072

资料来源：中华人民共和国国家统计局，《中国统计年鉴——2014》，中国统计出版社，2014。

要求：

（1）构建多元回归模型并估计相应参数。

（2）解释参数的经济意义。

（3）比较人口数和 GDP 哪个变量对能源消费的影响大些。

PART 2

第二篇

放宽假设的计量经济学模型

第6章 异方差性

在以截面数据研究家庭人均年收入与年人均食品支出之间关系的时候，假定两者为线性关系，有如下模型

$$Y_i = \beta_0 + \beta_1 X_i + \mu_i \tag{6-1}$$

式中，Y_i 表示年人均食品支出，X_i 表示人均年收入。在其他条件不变的情况下，收入越高的家庭，对食品支出的选择范围也就越大，表现出随意性较强，稳定性变差，个体之间的差异也越来越大。也就是说，随着收入水平 X_i 的提高，随机干扰项的方差也会发生变动，这便违背了线性回归模型中随机干扰项的波动是稳定的经典假设，普通最小二乘法失效，必须用其他方法对模型进行估计。

6.1 什么是异方差性

6.1.1 异方差的概念

经典线性回归模型的基本假设之一是对于有 k 个因素 $X_1, X_2, \cdots, X_k$ 影响被解释变量 Y 的模型

$$Y_i = \beta_0 + \beta_1 X_{1i} + \cdots + \beta_i X_{ki} + \mu_i \quad i = 1,2,\cdots,n \tag{6-2}$$

随机干扰项 μ_i 具有同方差性，即随机干扰项具有相同的分散程度，这一假设用符号表示为 $E(\mu_i^2)=\sigma^2$。若经典线性回归模型的这一基本假设不能成立，即至少有一个 i，使得 $\mathrm{Var}(\mu_i)=\sigma_i^2\neq\sigma^2$ 时，换句话说，对于不同的样本点，方差不再是一个固定的常数，而有些是互不相同的，则称模型存在**异方差性**（heteroskedasticity）。

6.1.2 异方差的类型

异方差一般可归结为以下三种类型：

（1）单调递增型，即 σ_i^2 随 X 的增大而增大。例如，以截面资料研究居民家庭的储蓄行为，建立储蓄函数

$$Y_i = \beta_0 + \beta_1 X_i + \mu_i \tag{6-3}$$

式中，Y_i 为第 i 个家庭的储蓄额，X_i 为第 i 个家庭的可支配收入。在其他条件不变的情况下，可支配收入的增加往往可以使人们对其储蓄行为有更多的选择，即 μ_i 的方差往往随 X_i 的增加而增加，呈现单调递增型变化。

（2）单调递减型，即 σ_i^2 随 X 的增大而减小。例如，按照边错边改的学习模型，人们在学习过程中，其行为误差随时间而减少。在这种情况下，预期的 μ_i 的方差会减小。

（3）复杂型，即 σ_i^2 与 X 的变化呈复杂形式。例如，以截面数据为样本建立居民消费函数

$$C_i = \beta_0 + \beta_1 X_i + \mu_i \tag{6-4}$$

式中，C_i 为第 i 个家庭的消费额，X_i 为第 i 个家庭的可支配收入。若将居民按照收入的级差（最大值与最小值之差）等距离分成 n 组，取每组平均数为样本观测值。则在一般情况下，居民收入服从正态分布，即中等收入组人数多，两端收入组人数少。因此，根据统计学原理，我们知道人数多的组的平均数的误差小，人数少的组的平均数的误差大。在这种情况下，μ_i 的方差随解释变量的观测值的增大而呈 U 形变化，呈现为复杂型的一种。

6.2 异方差产生的原因与后果

6.2.1 异方差产生的原因

随机干扰项 μ 中包括了测量误差和模型中被省略的一些因素对因变量的影响。异方差产生的原因主要来自于这两个方面。

（1）模型中缺少某些解释变量，从而使得随机干扰项产生某种系统模式，而不是一个常数。回归模型为

$$Y_i = \beta_0 + \beta_1 X_{1i} + \mu_i \tag{6-5}$$

假设模型中缺少了解释变量 X_{2i}、X_{3i}，则随机干扰项 μ_i 里就包含了 X_{2i}、X_{3i} 对 Y_i 的影响，同时，在经济生活中，X_{2i}、X_{3i} 又与 X_{1i} 具有某种联系，这时随机干扰项 μ_i 就往往随着 X_{1i} 的变化而变化。

（2）测量误差。样本数据测量误差也是导致异方差产生的原因之一。随着数据采集技术的改进，随机干扰项的方差可能减小。另外，异常值的出现也可能导致异方差。

经验表明，对采用截面数据做样本的计量经济学问题，由于在不同样本点上解释变量以外的其他因素差异较大，所以往往存在异方差。

6.2.2 异方差产生的后果

计量回归模型一旦出现异方差性，如果仍然采用 OLS 估计模型参数，则会产生下列不良后果。

1. 参数估计量非有效

OLS 估计量仍然是线性无偏的，但不具有有效性（最小方差），即不再是 BLUE 估计。

观察式（3-12）和式（3-14）可知，当出现异方差时，参数估计值的方差将不再是常数，因而也不再是最小的。因此，参数估计值不再有效。

2. t 检验和 F 检验失效

这是因为，用于参数显著性检验的 t 统计量是在同方差假定下服从 t 分布的。如果违背了同方差假定，则其分布不再服从 t 分布，t 检验也就失去意义，这是因为在方差不同的情况下，无法计算出唯一的 t 统计量，导致 t 统计量的值要么偏大，要么偏小。在这种情况下，建立在 t 统计量和 F 分布之上的参数置信区间和显著性检验是不可靠的，一般会低估存在的异方差，高估 t 统计量和 F 统计量，从而夸大参数的显著性。

3. 模型的预测失效

由于随机干扰项 μ_i 的异方差性，参数估计量的方差随着样本观测值的变化而变化，将导致预测区间变大或者变小，预测功能失效。

6.3 异方差性的诊断

6.3.1 图示法

由于异方差是指随机干扰项的方差随着解释变量的变化而变化。因此，如果对异方差性的性质没有任何先验或经验信息，可先在无异方差性的假定下做回归分析，然后对残差的平方做一事后检查，根据 $X-e^2$ 的散点图，看这些残差的平方是否呈现任何系统性的样式，如图 6-1 所示。

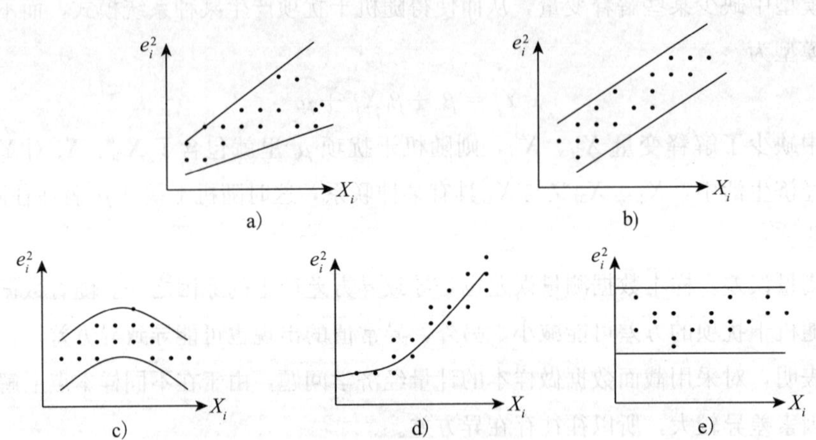

图 6-1 $X-e^2$ 散点图的假想样式

如图 6-1e 中没有发现任何系统性样式，表明数据中也许不存在异方差性，图 6-1a 到图 6-1d 都呈现了一定的样式。其中图 6-1a 表示 e_i^2 随 X_i 的变大呈现加速增长的趋势；图 6-1b表示 e_i^2 和与 X_i 之间存在线性关系；而图 6-1c 和图 6-1d 则表示 e_i^2 和与 X_i 之间存在二次关系。有一点需要说明的是，图示法是一种直观的方法，但却是一种非正式的方法，因为它不能严格地告诉我们数据中是否存在异方差性。

6.3.2 Goldfeld-Quant 检验法

Goldfeld-Quant 检验法由 S. M. Goldfeld 和 R. E. Quandt 在 1965 年提出。该检验法适用的情况是：样本容量较大，即观测值的数目一般不低于参数个数的两倍；除了同方差假定之外，古典线性回归模型的其他假定是被满足的；异方差的类型是单调型。

该检验法的思路是：由于同方差的方差之比等于 1，递增型异方差的方差之比大于 1，而递减型异方差的方差之比小于 1。因此，可以将样本分为两个部分，再对这两个部分的子样本分别进行回归，然后用两个部分子样本残差平方和之比构造一个 F 统计量进行异方差检验。

Goldfeld-Quant 检验法的具体步骤是：

第 1 步：将 n 对观察值（X_i,Y_i）按解释变量 X_i 的大小顺序由小到大排列。

第 2 步：将其中间的 c（一般情况下是样本观察值的 1/4）个观察值除去，将余下的 $n-c$ 个观测值划分为容量相等的前后两个子样本。

第 3 步：用两个子样本都为 $(n-c)/2$ 的观测值，将两个子样本分别进行回归。

第 4 步：分别计算两个子样本回归方程的残差平方和 $\sum e_{1i}^2$ 和 $\sum e_{2i}^2$，其中 $\sum e_{1i}^2$ 代表 X 值较小的子样本的残差平方和，$\sum e_{2i}^2$ 代表 X 值较大的子样本的残差平方和。这两个残差平方和各有 $[(n-c)/2-(k+1)]$ 个自由度，其中 k 是模型中解释变量的个数。

第 5 步：提出原假设 H_0 和备择假设 H_1。

H_0：μ_i 是同方差的，即两个子样本的随机干扰项方差相等。

H_1：μ_i 是异方差的，即两个子样本的随机干扰项方差不相等。

第 6 步：构造 F 统计量。

$$F=\frac{\sum e_{2i}^2\Big/\left[\frac{n-c}{2}-(k+1)\right]}{\sum e_{1i}^2\Big/\left[\frac{n-c}{2}-(k+1)\right]}=\frac{\sum e_{2i}^2}{\sum e_{1i}^2}\sim F\left[\frac{n-c}{2}-(k+1),\frac{n-c}{2}-(k+1)\right] \tag{6-6}$$

如果 F 值趋近于 1，则两个子样本的随机干扰项的方差相同，有可能不能拒绝原假设；如果 F 值大于 1，表明两个方差不同，有可能拒绝原假设，接受备择假设。

第 7 步：查临界值 F_α。给定显著性水平 α，查 F 分布表，可得对应于自由度 $[(n-c)/2-(k+1),(n-c)/2-(k+1)]$ 的临界值 F_α。

第 8 步：进行 F 检验，得出结论。若 $F\geqslant F_\alpha$，则拒绝原假设 H_0，即存在异方差性；若 $F\leqslant F_\alpha$，则不能拒绝原假设 H_0，即不存在异方差性。显而易见，F 值越大，异方差性越强。

对于单调递减的情况，只需将式（6-6）的分子与分母对调即可。需要注意的是，这种方法无法识别复杂型的异方差性。

6.3.3 Park 检验法

Park 检验法（Park test）的思路是：把图示法进行量化，给出 e_i^2 关于 X_i 的具体函数形式，然后检验这种结构是否显著，从而判定模型是否存在异方差及给出异方差的函数形式。

Park 检验法的具体步骤是：

第 1 步：建立被解释变量 Y 对所有解释变量 X 的回归方程，然后计算残差。

第 2 步：建立辅助模型 $e_i^2=\sigma^2 x_i^\beta e^{\mu_i}$，或改写成对数形式

$$\ln(e_i^2)=\ln\sigma^2+\beta\ln x_i+\mu_i \tag{6-7}$$

式中，$\ln\sigma^2$ 与 β 是未知参数。这就是 Park 检验常用的函数形式。

第 3 步：可将式（6-7）改写为 $\ln(e_i^2)=\alpha+\beta\ln x_i+\mu_i$，然后对这个模型应用 OLS 法，得出参数 α 和 β 的估计值。

第 4 步：对参数 β 进行 t 检验。如果 β 不显著，则说明 e_i^2 实际上与 X_i 无关，即不存在异方差性，反之，则表明存在异方差性。

6.3.4 Glesjer 检验法

Glesjer 检验法（Glesjer test）的思路是：通过建立 e_i 与 X_i 的关系，对新模型进行估计。与 Park 检验法相比较，在 Park 检验法中 e_i^2 与 X_i 之间的关系是给定的，而 Glesjer 检验法则是同时拟合若干种函数，将其中显著成立的函数关系作为异方差结构的函数形式。

Glesjer 检验法的具体步骤是：

第 1 步：直接估计可能存在异方差的模型（6-2），然后计算残差 e_i。

第 2 步：将 e_i^2 作为被解释变量，将模型（6-2）中易引起异方差的某一解释变量 X_j 作为解释变量，建立回归方程

$$|e_i|=f(X_{ji})+v_i \tag{6-8}$$

常用的回归方程的函数形式为

$$|e_i|=\alpha+\beta X_{ji}+v_i \qquad |e_i|=\alpha+\beta\frac{1}{\sqrt{X_{ji}}}+v_i$$

$$|e_i|=\alpha+\beta\sqrt{X_{ji}}+v_i \qquad |e_i|=\sqrt{\alpha+\beta X_{ji}}+v_i$$

$$|e_i|=\alpha+\beta\frac{1}{X_{ji}}+v_i \qquad |e_i|=\sqrt{\alpha+\beta X_{ji}^2}+v_i$$

第 3 步：选择第 2 步给出的不同的函数形式，并对方程进行估计，然后进行参数的显著性检验和模型的显著性检验，如果存在某一种函数形式，使得方程显著成立，则说明原模型存在异方差性。

6.3.5 White 检验法

前面提到的 Goldfeld-Quant 检验法要求按照被认为是引起异方差性的解释变量的大小顺序，将观测值重新排序；而 Parker 检验法和 Glejser 检验法则有一定的局限性，只能试验几种常见的 e_i^2 与 X_i 或 e_i 与 X_i 的回归形式。而 White 所提出的检验法则不同于这几种检验法，并不要求排序，也不依赖于几种常见的回归形式，而且更易于付诸实施。本节以二元回归模

型为例，讲解 White 检验的基本思想，假定回归模型为

$$Y_t = \beta_0 + \beta_1 X_{1t} + \beta_2 X_{2t} + \mu_t \tag{6-9}$$

White 检验法的具体步骤是：

第 1 步：用最小二乘法估计模型（6-9），得到残差平方 e_i^2。

第 2 步：建立辅助回归方程

$$e_i^2 = \alpha_0 + \alpha_1 X_{1i} + \alpha_2 X_{2i} + \alpha_3 X_{1i}^2 + \alpha_4 X_{2i}^2 + \alpha_5 X_{1i} X_{2i} + u_i \tag{6-10}$$

辅助回归是为了检验 e_i^2 与解释变量可能组合的显著性，因此，辅助回归方程中还可引入解释变量的更高次方。而在某些情况下，尤其在多元回归模型中，由于辅助回归方程中可能有太多解释变量，从而使自由度减少。在这种情况下，有时可去掉交叉项。

第 3 步：计算统计量 nR^2，其中 n 为辅助回归方程的有效样本容量，R^2 为辅助回归的判定系数。可以证明，在同方差假设下，nR^2 渐近服从自由度等于辅助回归中不包括截距项的解释变量个数 k [模型（6-10）的 k 为 5] 的 χ^2 分布，即

$$nR^2 \sim \chi^2(k)$$

第 4 步：进行检验。如果得到的统计量 nR^2 超过给定显著性水平下的 χ^2 临界值，则认为原线性回归模型（6-9）中存在异方差性；如果 nR^2 不超过 χ^2，则认为原模型中不存在异方差性，也就是说，在辅助回归中，

$$\alpha_1 = \alpha_2 = \alpha_3 = \alpha_4 = \alpha_5 = 0$$

White 检验法可通过 EViews 直接实现。在估计出方程结果后，在方程窗口下，点击“View/Residual Tests”，会出现如图 6-2 的界面。

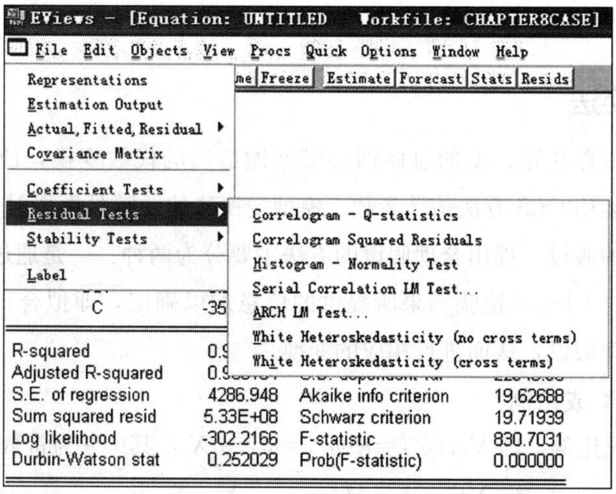

图 6-2　White 检验示意图

图 6-2 中，White Heteroskedasticity (no cross terms) 和 White Heteroskedasticity (cross terms)，前者指不含交叉项的情况，后者指含有交叉项的情况，点击其中一个就可以实现 White 检验，White 检验的输出结果将在第 6.5 节的案例分析中详细讲解。

6.4 如何消除异方差

6.4.1 加权最小二乘法

加权最小二乘法的基本思想是：对原模型进行加权，使其成为一个不存在异方差性的新模型，然后采用普通最小二乘法进行估计。而加权的基本思路是：对较小的 σ_i^2 赋予较大的权重，对较大的 σ_i^2 赋予较小的权重。加权最小二乘法适用于随机干扰项的方差 σ_i^2 已知的情况。

以一元回归分析为例，加权最小二乘法的具体步骤是：假定回归模型

$$Y_i=\beta_0+\beta_1X_i+\mu_i \tag{6-11}$$

的异方差已知，$\mathrm{Var}(\mu_i)=E(\mu_i^2)=\sigma_i^2$，将模型（6-11）两边同除以 σ_i，则有

$$\frac{Y_i}{\sigma_i}=\beta_0\left(\frac{1}{\sigma_i}\right)+\beta_1\left(\frac{X_i}{\sigma_i}\right)+\left(\frac{\mu_i}{\sigma_i}\right) \tag{6-12}$$

令

$$Y_i^*=\beta_0^*+\beta_1X_i^*+\mu_i^* \tag{6-13}$$

这时

$$\mathrm{Var}(\mu_i^*)=E(\mu_i^*)^2=E\left(\frac{\mu_i}{\sigma_i}\right)^2=\frac{E(\mu_i^2)}{\sigma_i^2}=\frac{\sigma_i^2}{\sigma_i^2}=1 \tag{6-14}$$

因此，变换后的随机干扰项是同方差，恒等于1，可以用OLS法进行回归。由于随机干扰项的方差 σ_i^2 通常是未知的，因此，在实际运用中，常常采用残差的绝对值的倒数 $1/|e_i|$ 作为权重进行加权最小二乘法。

6.4.2 模型变换法

模型变换法是对存在异方差的总体回归模型做适当的代数变换，使之成为满足同方差假定的模型，然后运用OLS方法估计参数。模型变换法的关键是事先对异方差 $\sigma_i^2=\sigma^2f(X_i)$ 的形式有一个合理的假设。提出合理假设的方法主要分为两种：一是通过对具体经济问题的经验分析；二是通过Glejser检验结果所提供的信息加以确定，即拟合 $|e_i|=\alpha+\beta f(X_i)$ 等函数形式，做出合理假设，从而进行相应的变换。

1. 假设 σ_i^2 与 X_i 成比例

如果 σ_i^2 与 X_i 成比例，即 $\mathrm{Var}(\mu_i)=E(\mu_i^2)=\sigma_i^2=\sigma^2X_i$，其中 σ 为常数，可做变换得

$$\frac{Y_i}{\sqrt{X_i}}=\beta_0\frac{1}{\sqrt{X_i}}+\beta_1\frac{X_i}{\sqrt{X_i}}+\frac{\mu_i}{\sqrt{X_i}} \tag{6-15}$$

变换后的随机干扰项为 $\frac{\mu_i}{\sqrt{X_i}}$，此时

$$\mathrm{Var}\left(\frac{\mu_i}{\sqrt{X_i}}\right)=\frac{\mathrm{Var}(\mu_i)}{X_i}=\frac{1}{X_i}\sigma^2\cdot X_i=\sigma^2 \tag{6-16}$$

由此得到，变换后的模型（6-15）的随机干扰项已经是同方差，可以用OLS法进行估计了。

2. 假设 σ_i^2 与 X_i^2 成比例

如果 σ_i^2 与 X_i^2 成比例，$\text{Var}(\mu_i)=E(\mu_i^2)=\sigma_i^2=\sigma^2X_i^2$，式中 σ^2 为常数，则可进行变换

$$\frac{Y_i}{X_i}=\beta_0\left(\frac{1}{X_i}\right)+\beta_1\left(\frac{X_i}{X_i}\right)+\frac{\mu_i}{X_i} \tag{6-17}$$

令 $Y_i^*=\frac{Y_i}{X_i}$，$X_i^*=\frac{1}{X_i}$，$\mu_i^*=\frac{\mu_i}{X_i}$，则有

$$\text{Var}(\mu_i)=\frac{\text{Var}(\mu_i)}{(X_i)^2}=\sigma^2 \tag{6-18}$$

于是，变换后的模型（6-17）的随机干扰项是同方差，可以用OLS法进行估计。

请注意，无论 σ_i^2 与 X_i 之间是何种函数形式，都可以把方差转换成一个常数，然后用OLS法进行估计。

6.4.3 对数变换法

对数变化法的基本思想是，对数变换可以使解释变量的尺度缩小，从而缩小变量差异的倍数。而且，对数变换后，用OLS法得到的残差 e_i^2 表示一种相对误差，而相对误差一般比绝对误差有较小的数值差异。

对数变换法的具体步骤是：将原模型

$$Y_i=\beta_0+\beta_1X_i+\mu_i \tag{6-19}$$

中的变量 X 与 Y 都取对数，采用双对数模型，则有

$$\ln Y_i=\beta'_0+\beta'_1\ln X_i+\mu'_i \tag{6-20}$$

要注意的是，变换后的模型中，参数的意义发生了变化，这里的 β'_0 表示的是 X_i 对 Y_i 的弹性，也可以把其中的一个变量取对数，采用左（右）半对数模型。

事实上，由于随机干扰项的方差 σ_i^2 通常是未知的。因此，在实际运用中，特别是在涉及截面数据的模型中，人们很少去检验模型是否具有异方差性，而是直接采用加权最小二乘法进行估计。如果模型存在异方差性，则采用加权最小二乘法；如果模型不存在异方差性，则采用加权最小二乘法与普通法得到的估计结果是相同的。

6.5 案例分析

案例6-1

现在来看一个完整的异方差性实例。这个例子是研究美国各州汽油消耗量的截面模型，可能的解释变量包括：与各州规模大小相关的变量（比如公路里程数、机动车注册数和人口数量）、与各州规模大小无关的变量（比如汽油价格和最高限速）。数据如表6-1所示。其中，PCON表示第 i 个州的汽油消耗量（单位：100万BTU。BTU为英国热量单位）；PRICE表示第 i 个州的汽油价格（单位：美分/加仑）；EEG表示第 i 个州的机动车注册数（单位：千辆）。

表 6-1 汽油消耗量数据表

STATE	PCON	PRICE	REG	STATE	PCON	PRICE	REG
Alabama	580	2.11	4 545	Montana	161	2.17	1 009
Alaska	284	2.13	673	Nebraska	231	2.21	1 703
Arizona	537	2.23	3 972	Nevada	242	2.38	1 349
Arkansas	377	2.10	1 940	New Hampshire	198	2.08	1 174
California	3 837	2.47	32 487	New Jersey	1 233	1.99	6 262
Colorado	463	2.19	1 808	New Mexico	250	2.19	1 548
Connecticut	463	2.17	3 059	New York	1 776	2.23	11 863
Delaware	148	2.07	737	North Carolina	947	2.14	6 148
Florida	1 940	2.21	15 691	North Dakota	121	2.19	695
Georgia	1 058	2.09	8 063	Ohio	1 340	2.19	10 634
Hawaii	270	2.47	948	Oklahoma	545	2.08	3 725
Idaho	139	2.14	1 374	Oregon	370	2.28	2 897
Illinois	1313	2.22	9 458	Pennsylvania	1 466	2.14	9 864
Indiana	901	2.19	4 955	Rhode Island	102	2.12	812
Iowa	393	2.13	3 398	South Carolina	517	2.06	3 339
Kansas	434	2.17	2 368	South Dakota	113	2.20	854
Kentucky	664	2.14	3 428	Tennessee	782	2.11	4 980
Louisiana	1 610	2.10	3 819	Texas	5 628	2.07	17 470
Maine	262	2.16	1 075	Utah	276	2.12	2 210
Maryland	561	2.15	4 322	Vermont	86	2.13	508
Massachusetts	734	2.08	5 420	Virginia	965	2.10	6 591
Michigan	1 010	2.24	8 247	Washington	793	2.28	5 598
Minnesota	694	2.11	4 647	West Virginia	255	2.20	1 352
Mississippi	484	2.11	1 978	Wisconsin	597	2.26	4 725
Missouri	737	2.09	4 589	Wyoming	162	2.08	646

资料来源：2008 Statistical Abstract（U. S. Department of Commerce）.

1. 建立模型

根据上述分析，建立如下回归模型

$$PCON_i = \beta_0 + \beta_1 REG_i + \beta_2 PRICE_i + \mu_i \tag{6-21}$$

按照第 1 章讲述的数据录入方法，将数据录入 EViews，在工作文件窗口中按先后顺序，选中 PCON、REG、PRICE，点右键“Open/as Equation”，点击“OK”；或在主菜单下，选择“Quick/Estimate equation”，键入“PCON REG PRICE c”，点击“OK”，便得到如表 6-2 的结果。

表 6-2 汽油消耗量的回归结果

Dependent Variable：PCON
Method：Least Squares
Date：02/01/15 Time：16:31
Sample：1 50
Included observations：50

（续）

Variable	Coefficient	Std. Error	t-Statistic	Prob.
PRICE	−1 885.111	750.913 3	−2.510 425	0.015 6
REG	0.158 060	0.012 748	12.398 74	0.000 0
C	4 101.288	1 609.684	2.547 884	0.014 2
R-squared	0.767 937	Mean dependent var		780.980 0
Adjusted R-squared	0.758 062	S. D. dependent var		952.806 3
S. E. of regression	468.658 8	Akaike info criterion		15.195 75
Sum squared resid	10 323 130	Schwarz criterion		15.310 47
Log likelihood	−376.893 8	F-statistic		77.765 57
Durbin-Watson stat	2.091 289	Prob (F-statistic)		0.000 000

2. 异方差性的检验

（1）图示法。点击“Quick/Generate Series”，键入“e2＝resid^2”（这里的e2表示残差的平方），如此便生成了残差平方的序列。在工作文件窗口下，选中e2和REG，点右键“Open/as Group/Graph/Scatter/ Simple Scatter”，可得e2和REG的散点图。在散点图上，可以选中e2，拖动到理想的位置；同样，选中REG，也可以拖动，但要放在纵轴之上的话，可选中REG后按鼠标左键两次，选择Top，然后拖动。选中图，按鼠标左键两次，取消“Put graph in box”的选项，就会得到如图6-3所示的散点图。按照同样的方法可以做出e2和PRICE的散点图。

从图6-3可以看出，散点图的点主要分布在左下角，大致可以看出，残差平方e_i^2随REG增大似乎呈现变大的趋势。用同样的方法，可以发现随PRICE的增大，e_i^2也随之增大。因此，我们可以认为模型很可能存在异方差性。但这只是一种直观的判断，模型是否真的存在异方差性，还需用其他方法进一步检验。

（2）Goldfeld-Quant检验。首先，对解释变量进行排序。在工作文件下，点击“Procs（View旁边那个键）/Sort Series”，将出现如图6-4的对话框。

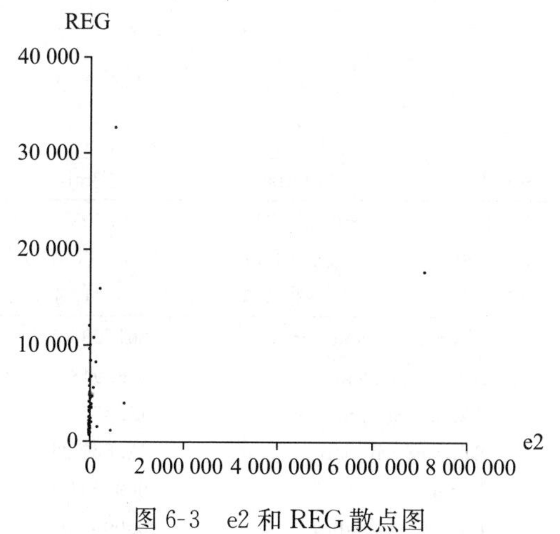

图6-3　e2和REG散点图

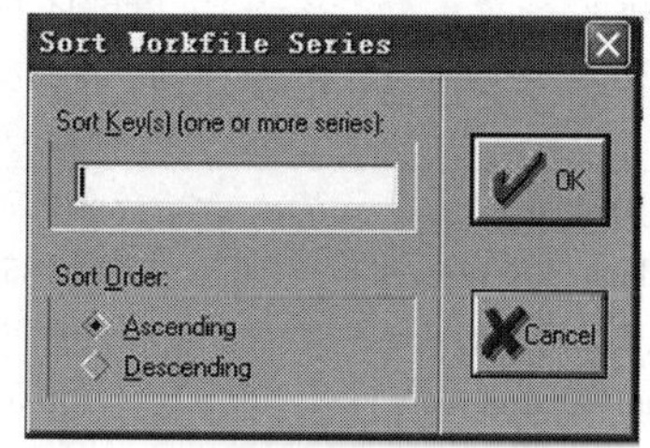

图6-4 排序对话框

图 6-4 中，Ascending 表示升序排列，Descending 表示降序排列。在空白处键入需要排序的变量名就可以实现排序。本例中，需要对解释变量进行排序，因此，在空白处键入“price”，并按升序排列，点击“OK”后就实现了对应解释变量的排序。

其次，构造子样本区间，建立子回归模型。在本例中样本容量为 50，删去中间 1/4 的观察值，大约 12 个，余下部分分为两个子样本区间：1～19 和 32～50，其样本容量都是 18，即 $n_1=n_2=18$。在输出表 6-2 结果的界面下，点击“Estimate”，将 Sample 里面的“1 50”改为“1 19”，点击“OK”就得到如表 6-3 的结果。

表 6-3 第一个子样本的回归结果

Dependent Variable：PCON
Method：Least Squares
Date：02/01/15 Time：16:24
Sample：1 19
Included observations：19

Variable	Coefficient	Std. Error	t-Statistic	Prob.
PRICE	−19.792 30	4 039.207	−0.004 900	0.996 2
REG	0.293 458	0.031 200	9.405 762	0.000 0
C	−354.014 9	8 467.918	−0.041 807	0.967 2
R-squared	0.854 414	Mean dependent var		885.789 5
Adjusted R-squared	0.836 216	S. D. dependent var		1 214.625
S. E. of regression	491.561 8	Akaike info criterion		15.376 99
Sum squared resid	3 866 128.	Schwarz criterion		15.526 11
Log likelihood	−143.081 4	F-statistic		46.950 35
Durbin-Watson stat	1.727 791	Prob（F-statistic）		0.000 000

再次点击“Estimate”，将 Sample 里面的“1 19”改为“32 50”，点击“OK”就得到如表 6-4 的结果。

表 6-4 第二个子样本的回归结果

Dependent Variable：PCON
Method：Least Squares
Date：02/01/15 Time：16:27
Sample：32 50
Included observations：19

Variable	Coefficient	Std. Error	t-Statistic	Prob.
PRICE	−211.680 2	312.973 1	−0.676 353	0.508 5
REG	0.118 486	0.003 635	32.591 71	0.000 0
C	584.951 7	697.563 0	0.838 565	0.414 1
R-squared	0.987 055	Mean dependent var		861.000 0
Adjusted R-squared	0.985 437	S. D. dependent var		908.948 5
S. E. of regression	109.690 3	Akaike info criterion		12.377 14
Sum squared resid	192 511.5	Schwarz criterion		12.526 26
Log likelihood	−114.582 8	F-statistic		609.994 0
Durbin-Watson stat	1.775 019	Prob（F-statistic）		0.000 000

最后，计算 F 统计量。从表 6-3 和表 6-4 中的 sum squared residual 便可获得两个子样本的残差平方和的值。从表 6-3 可知，$\sum e_{1i}^2=3\ 866\ 128$，从表 6-4 可知，$\sum e_{2i}^2=192\ 511.5$。因此，Goldfeld-Quant 检验的 F 统计量为

$$F=\frac{\sum e_{2i}^2}{\sum e_{1i}^2}=\frac{3\ 866\ 128}{192\ 511.5}=20.08$$

在 5%的显著水平下，查分子和分母自由度均为 17 的 F 分布表得 $F_{0.05}\approx 2.48$。由于 $F>F_{0.05}$，所以拒绝原假设，认为模型存在异方差性。

同理，可以对变量 *REG* 影响异方差的主要因素，进行 Goldfeld-Quant 异方差检验。

3. White 检验

在输出表 6-2 结果的界面下，点击"View/Residual Tests"，选择"White Heteroskedasticity (no cross terms)"或者"White Heteroskedasticity (cross terms)"，本例选（no cross terms）。输出结果如表 6-5 所示。

表 6-5 White 检验的输出结果

White Heteroskedasticity Test：			
F-statistic	3.046 967	Probability	0.026 364
Obs * R-squared	10.655 99	Probability	0.030 715

Test Equation：
Dependent Variable：RESID^2
Method：Least Squares
Date：02/01/15 Time：17：11
Sample：1 50
Included observations：50

Variable	Coefficient	Std. Error	t-Statistic	Prob.
C	49 872 897	52 734 891	0.945 729	0.349 3
PRICE	−43 293 519	47 708 083	−0.907 467	0.369 0
PRICE^2	9 279 774.	10 772 219	0.861 454	0.393 6
REG	122.154 1	64.116 97	1.905 176	0.063 2
REG^2	−0.001 877	0.002 518	−0.745 219	0.460 0

R-squared	0.213 120	Mean dependent var	206 462.6
Adjusted R-squared	0.143 175	S. D. dependent var	1 007 321.
S. E. of regression	932 425.0	Akaike info criterion	30.423 60
Sum squared resid	3.91E+13	Schwarz criterion	30.614 81
Log likelihood	−755.590 1	F-statistic	3.046 967
Durbin-Watson stat	1.938 759	Prob (F-statistic)	0.026 364

从表 6-5 可知，卡方统计量 Obs * R-squared 对应的 Prob 值为 0.030 715，因此，可以在 5%的显著水平下，拒绝原假设，认为模型存在异方差性。变量 *REG* 对应的 Prob 值为 0.063 2，在 10%显著水平下不为零；变量 *PRICE* 对应的 Prob 值为 0.369，未通过显著性检验。由此，可以认为 *REG* 为引起异方差的主要原因。

4. 异方差性的修正

（1）加权最小二乘法。我们采用最常用的权重，由表 6-5 已经看出引起异方差的主要原

因是变量 *REG* 的水平值，因此可以认为随机干扰项的方差与 *REG* 成比例，由此根据式（6-15）取权重为 1/*REG*^0.5（或 1/*SQR*(*REG*)），并运用加权最小二乘法对原模型进行估计。在输出表 6-2 结果的界面下首先点击“Estimate”，然后再点击 Option 按钮，就会出现一个对话框，在该对话框下勾选“Weighted LS/TSLS”，并在权重 Weight 对应的空白处键入 $1/\sqrt{REG}$，如图 6-5 所示。接着点击“OK”，然后在出现如图 2-4 的对话框中再点击“OK”，就会得到如表 6-6 所示的加权最小二乘法估计的结果。

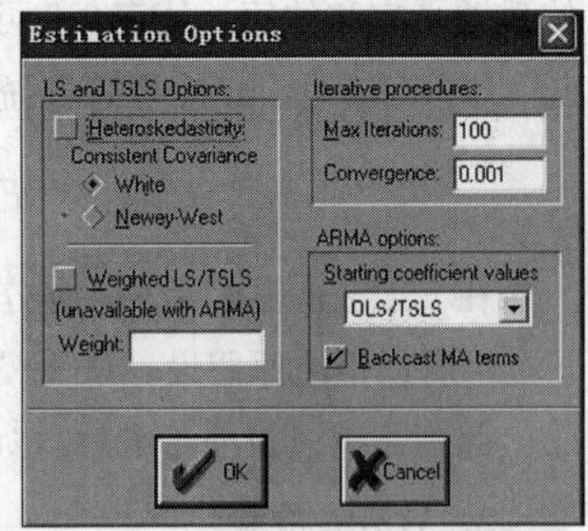

图 6-5　加权最小二乘法对话框

表 6-6　加权最小二乘法的估计结果

Dependent Variable：PCON
Method：Least Squares
Date：02/01/15　Time：16:47
Sample：1 50
Included observations：50，
Weighting series：1/REG^0.5

Variable	Coefficient	Std. Error	t-Statistic	Prob.
PRICE	−171.758 7	312.686 4	−0.549 300	0.585 4
REG	0.153 445	0.012 055	12.728 88	0.000 0
C	413.434 7	676.931 4	0.610 748	0.544 3
Weighted Statistics				
R-squared	0.510 491	Mean dependent var		508.048 8
Adjusted R-squared	0.489 661	S. D. dependent var		312.827 0
S. E. of regression	223.477 3	Akaike info criterion		13.714 62
Sum squared resid	2 347 279.	Schwarz criterion		13.829 34
Log likelihood	−339.865 5	F-statistic		81.054 48
Durbin-Watson stat	1.995 529	Prob（F-statistic）		0.000 000
Unweighted Statistics				
R-squared	0.741 620	Mean dependent var		780.980 0
Adjusted R-squared	0.730 625	S. D. dependent var		952.806 3
S. E. of regression	494.519 5	Sum squared resid		11 493 829
Durbin-Watson stat	1.899 045			

最终得到加权最小二乘法的估计方程为

$$PCON = 413.43 - 171.76PRICE + 0.15REG$$

在这里需要强调的是，以上只是 EViews 软件下如何检验和消除异方差的实现方法，针对具体的问题需要具体分析。

（2）对数变换法。在输出表 6-2 结果的界面下，点击“Estimate”，将“PCON REG PRICE c”改为“log(PCON) log(REG) log(PRICE) C”，点击“OK”，便得到如表 6-7 的回归结果。

表 6-7 对数变换后的估计结果

Dependent Variable: LOG (PCON)				
Method: Least Squares				
Date: 02/01/15 Time: 16: 50				
Sample: 1 50				
Included observations: 50				
Variable	Coefficient	Std. Error	t-Statistic	Prob.
LOG(PRICE)	−0.893 531	1.030 378	−0.867 187	0.390 2
LOG(REG)	0.901 782	0.044 352	20.332 26	0.000 0
C	−0.323 200	0.841 429	−0.384 109	0.702 6
R-squared	0.898 148	Mean dependent var		6.215 882
Adjusted R-squared	0.893 814	S. D. dependent var		0.926 873
S. E. of regression	0.302 033	Akaike info criterion		0.501 566
Sum squared resid	4.287 535	Schwarz criterion		0.616 287
Log likelihood	−9.539 152	F-statistic		207.226 3
Durbin-Watson stat	1.862 184	Prob (F-statistic)		0.000 000

对表 6-7 的结果进行 White 检验，发现此时模型已不存在异方差性。可见对变量取对数确实可以消除异方差性，这就是一些学术论文当中对变量取对数的原因。值得一提的是 log(REG) 与 log(PRICE) 前面的系数表示的是弹性而非边际。

案例 6-2

第 4 章中我们估计了餐厅选址的多元线性回归模型如下

$$Y_i = 102\ 192 - 9\ 075N_i + 0.355P_i + 1.288I_i$$

$$(-4.42) \quad (4.88) \quad (2.37)$$

$$R^2 = 0.618 \quad R^2 = 0.579 \quad F = 15.65 \quad D.W. = 1.76$$

但是，当时并没有对残差是否存在异方差进行检验，因而模型很可能不够准确，为此，我们这里进一步检验该模型是否存在异方差。为了检验是否存在异方差，这里采用 White 检验。

在输出表 4-4 结果的界面下，点击“View/Residual Tests”，选择“White Heteroskedasticity (no cross terms)”或者“White Heteroskedasticity (cross terms)”，因为本例没有交叉项，所以选择前者，输出结果如表 6-8 所示。

表 6-8 White 异方差检验

White Heteroskedasticity Test:			
F-statistic	0.354 554	Probability	0.945 186
Obs * R-squared	4.020 563	Probability	0.910 054
Test Equation:			
Dependent Variable: RESID^2			
Method: Least Squares			
Date: 02/04/15 Time: 23:09			
Sample: 1 33			
Included observations: 33			

（续）

Variable	Coefficient	Std. Error	t-Statistic	Prob.
C	−6.19E+08	1.55E+09	−0.398 577	0.693 9
N	−1.66E+08	3.58E+08	−0.462 486	0.648 1
N^2	6 739 620.	38 619 515	0.174 513	0.863 0
N＊P	36.852 82	2 315.801	0.015 914	0.987 4
N＊I	1 837.680	13 938.23	0.131 845	0.896 3
P	539.804 1	11 447.16	0.047 156	0.962 8
P^2	−0.001 989	0.042 365	−0.046 941	0.963 0
P＊I	0.072 190	0.375 959	0.192 015	0.849 4
I	106 868.5	126 276.1	0.846 308	0.406 1
I^2	−2.656 811	2.624 182	−1.012 434	0.321 9
R-squared	0.121 835	Mean dependent var		1.86E+08
Adjusted R-squared	−0.221 794	S.D. dependent var		2.84E+08
S.E. of regression	3.14E+08	Akaike info criterion		42.210 49
Sum squared resid	2.26E+18	Schwarz criterion		42.663 98
Log likelihood	−686.473 1	F-statistic		0.354 554
Durbin-Watson stat	2.002 392	Prob (F-statistic)		0.945 186

从表6-8可知，卡方统计量Obs＊R-squared对应的Prob值为0.910 1，说明该模型不存在异方差，因而不需要调整。

思考与练习

1. 解释下列名词：异方差性　Gold-Quandt 检验　White 检验　加权最小二乘法

2. 当存在异方差性时，t 检验和 F 检验是不是有效的，为什么？

3. 异方差性产生的原因有哪些？试举例说明。

4. 异方差性主要针对哪种数据类型？

5. 为什么对变量进行对数变化可消除异方差性？

6. Gold-Quandt 检验的思想是什么？请简述该检验的过程。

7. 利用图示法能准确给出模型是否存在异方差的结论吗？为什么？

8. White 检验的思想是什么？相对于其他的检验方法，该检验的优点在何处？请阐述White 检验的过程。

9. 假定消费模型

$$Y_i = \alpha_0 + \alpha_1 X_{1i} + \alpha_2 X_{2i} + \mu_i$$

式中，Y 为消费支出，X_1 代表个人收入，X_2 代表消费者的流动资产，已知

$$E(\mu_i) = 0$$

$$\mathrm{Var}(\mu_i) = \sigma^2 X_{1i}^2 \text{（其中 } \sigma^2 \text{ 为常数）}$$

请问：(1) 请对模型做适当变换以消除异方差，写出证明过程。

(2) 如果随机干扰项的方差表现为 $\mathrm{Var}(\mu_i)=\sigma_i^2$，那要对模型做何种变换才能消除异

方差，写出证明过程。

10. 已知模型

$$Y_i = \beta_0 + \beta_1 X_{1i} + \beta_2 X_{2i} + \mu_i$$

式中，Y_i 为某公司在第 i 个地区的销售额，X_{1i} 为该地区的总收入，X_{2i} 为该公司在该地区投入的广告费用（i=0，1，2，…，50）。

（1）由于不同地区人口规模 P_i 可能影响着该公司在该地区的销售，因此有理由怀疑随机误差项 μ_i 具有异方差性。假设 σ_i 依赖于总体 P_i 的容量，请逐步描述应该如何对此进行检验。需说明：①原假设和备择假设；②要进行的回归；③要计算的检验统计值及它的分布（包括自由度）；④接受或拒绝原假设的标准。

（2）假设 $\sigma_i=\sigma P_i$，逐步描述如何求得最佳线性无偏估计量并给出理论依据。

11. 利用统计年鉴中我国31个省市人均GDP(X)与人均消费水平(Y)的截面数据来研究不同省市的消费情况。样本数据列于表6-9中。假设线性模型为 $Y_i=\beta_0+\beta_1 X_i+\mu_i$，原始数据是否存在异方差？如果存在异方差，应如何处理？

表6-9 我国31个省市2012年人均GDP与人均消费水平的数据

地区	X	Y	地区	X	Y
北京	24 045.86	87 475	湖北	14 495.97	38 572
天津	20 024.24	93 173	湖南	14 608.95	33 480
河北	12 531.12	36 584	广东	22 396.35	54 095
山西	12 211.53	33 628	广西	14 243.98	27 952
内蒙古	17 717.10	63 886	海南	14 456.55	32 377
辽宁	16 593.60	56 649	重庆	16 573.14	38 914
吉林	14 613.53	43 415	四川	15 049.54	29 608
黑龙江	12 983.55	35 711	贵州	12 585.70	19 710
上海	26 253.47	85 373	云南	13 883.93	22 195
江苏	18 825.28	68 347	西藏	11 184.33	22 936
浙江	21 545.18	63 374	陕西	15 332.84	38 564
安徽	15 011.66	28 792	甘肃	12 847.05	21 978
福建	18 593.21	52 763	青海	12 346.29	33 181
江西	12 775.65	28 800	宁夏	14 067.15	36 394
山东	15 778.24	51 768	新疆	13 891.72	33 796
河南	13 732.96	31 499			

资料来源：中华人民共和国国家统计局，《中国统计年鉴——2013》，中国统计出版社，2013。

12. 表6-10给出了2007年我国各地区工业企业的资产总计(Y)、流动资产周转次数(X_1)和产品销售率(X_2)的数据。要求：

（1）试根据资料用OLS法建立一个回归模型。

（2）选用适当的方法检验模型中是否存在异方差。

（3）如果存在异方差，采用适当的方法加以修正。

表 6-10　2012 年我国北方地区工业企业的相关数据

地　区	Y（万亿）	X_1（次）	X_2（%）	Y（万亿）	X_1（次）	X_2（%）
北　京	28 613.16	1.50	99.04	26 877.66	2.71	97.08
天　津	19 986.14	2.26	98.89	17 784.25	3.80	98.45
河　北	33 567.18	3.27	97.79	71 343.84	2.33	98.07
山　西	25 342.08	1.71	97.34	11 759.56	2.83	95.49
内蒙古	21 754.23	2.29	97.10	2 023.16	2.15	103.00
辽　宁	34 779.77	3.09	97.79	11 113.36	2.45	97.84
吉　林	13 896.98	3.53	98.28	30 362.89	2.38	97.40
黑龙江	13 223.14	2.31	97.52	8 302.29	1.89	94.30
上　海	31 160.89	1.93	98.94	13 076.97	1.83	95.21
江　苏	84 550.41	2.62	98.82	506.86	0.60	101.96
浙　江	55 654.17	1.81	97.45	20 591.16	1.90	96.34
安　徽	22 797.65	2.95	97.74	9 146.01	2.21	93.14
福　建	21 385.98	2.58	97.83	4 041.92	1.58	92.99
江　西	11 967.66	4.12	99.27	4 860.19	1.73	97.77
山　东	71 107.66	3.58	98.61	11 669.17	2.11	97.55
河　南	35 174.81	3.35	98.32			

资料来源：中华人民共和国国家统计局，《中国统计年鉴——2013》，中国统计出版社，2013。

CHAPTER 7

第7章 序列相关性

在农产品的供给中，时常会出现一种所谓的**蛛网现象**（cobweb phenomenon）。供给对价格的反应要滞后一期，因为供给要经过一定的时间才可能实现（农作物生产期）。假设供给函数具有如下形式

$$Q_t = \beta_0 + \beta_1 P_{t-1} + \mu_t \quad (7\text{-}1)$$

式中，Q_t 表示第 t 期的供给量，P_{t-1} 表示第 $t-1$ 期的价格。假设 t 期生产了过多的农产品造成 t 期末的价格 P_t 低于 P_{t-1}，而农民对价格下降反应过度，决定在 $t+1$ 期生产较少的该种农产品。然而在 $t+1$ 期生产产量又过少，不足以维持 t 期末的价格，造成 $t+1$ 期末的价格上涨。t 期的过多生产与 $t+1$ 期的过少生产都体现在随机干扰项中，由于 t 期的过多生产造成了 $t+1$ 期的过少生产，若出现这种情况，则随机干扰项不再是相互独立的，这便违背了普通最小二乘法的经典假设，不能用普通最小二乘法进行直接估计，必须发展新的估计方法。

7.1 什么是序列相关性

线性回归模型的经典假设之一是模型的随机干扰项相互独立。当模型的随机干扰项不满足该假设时，称为存在**序列相关性**（serial correlation）。

对于模型

$$Y_i = \beta_0 + \beta_1 X_{1i} + \beta_2 X_{2i} + \cdots + \beta_k X_{ki} + \mu_i \quad i = 1, 2, \cdots, n \quad (7\text{-}2)$$

如果其他假设仍然满足，随机干扰项序列不相互独立，即

$$\mathrm{Cov}(\mu_i, \mu_j) = E(\mu_i \mu_j) \neq 0 \quad (i \neq j)$$

如果仅存在

$$E(\mu_i \mu_{i+1}) \neq 0 \quad i = 1, 2, \cdots, n-1$$

则称模型存在**1阶序列相关或自相关**（autocorrelation），这是最常见的序列相关性问题。自相关通常可以表示成下面的形式

$$\mu_i = \rho \mu_{i-1} + \varepsilon_i \quad -1 \leqslant \rho \leqslant 1, \rho \neq 0 \quad (7\text{-}3)$$

式中，ρ 代表**自协方差系数**（coefficient of autocovariance），也叫 **1 阶相关系数**（first order coefficient of autocorrelation），ε_i 为满足下式的标准 OLS 假定的随机干扰项，即

$$E(\varepsilon_i)=0, \mathrm{Var}(\varepsilon_i)=\sigma^2, \mathrm{Cov}(\varepsilon_i,\varepsilon_{i-s})=0 \quad s\neq 0$$

在计量经济分析中，自相关现象是经常存在的，因为在构建计量经济学模型的时候会使得一些因素进入随机干扰项，而这些因素往往是有时间趋势的，从而使得随机干扰项在时间上具有某种关联性。因此，序列相关性主要出现在以时间序列数据为样本的计量经济学模型中，本章以 t 来代替不同样本点的下标。

7.2　序列相关性会产生什么后果

7.2.1　序列相关性产生的原因

1. 经济现象所固有的惯性

大多数时间序列数据都具有一种显著的特征——具有惯性。诸如国内生产总值、就业、货币供给等时间序列都呈现周期性波动。当经济复苏时，经济序列由谷底向上移动，在上移的过程中，序列在某一时点的值会大于其前期值。因此，连续的观察值之间很可能是相互依赖的。又如金融危机对经济的冲击往往要持续若干个时期，并将在若干个时期内影响其他经济变量，使得这些变量在时间上具有某种关联性。

2. 模型设定偏误

模型设定偏误包含了两种情况：一种是漏掉了重要的解释变量，另一种是错误地选择了回归模型的形式。在前一种情况下，如果漏掉的解释变量是自相关的，那么必然会在随机干扰项中反映出来。在后一种情况下，回归模型采用的数学模型与所研究问题的真实关系不一致，也会使得随机干扰项表现出相关性。例如，在研究产量与边际成本之间的关系时，真实的边际成本回归模型应该是

$$Y_t=\beta_0+\beta_1X_{1t}+\beta_2X_{1t}^2+\mu_t \tag{7-4}$$

式中，Y_t 表示边际成本，X_{1t}表示产出量。然而，在实际建立模型的过程中，如果错误地将模型设定为

$$Y_t=\beta_0+\beta_1X_{1t}+\mu_t^* \tag{7-5}$$

那么，随机干扰项就为 $\mu_t=\beta_2X_{1t}^2+\mu_t^*$，此时的随机干扰项包含了产出的平方对它的系统性影响，将导致序列相关性。

3. 数据处理的影响

我们在进行实证分析的时候，采用的公开数据大都不是原始数据，它们是通过已知数据采用内插或修匀得到的数据，这样新生成的数据和原始数据之间就可能存在内在的联系，产生序列相关性。

7.2.2　序列相关性的后果

当计量经济学模型出现序列相关性时，如果仍然采用 OLS 法估计模型中的参数，那么

将会产生一系列不良后果。

1. 参数估计量非有效

在存在序列相关性的情况下，虽然参数估计值仍然是无偏的、一致的，但不再具有最小方差性，参数估计值非有效。

2. 变量的显著性检验失去意义

变量显著性检验中的 t 统计量是在参数方差正确估计的基础上得到的，而只有当随机干扰项具有同方差性和相互独立性时，才能估计出正确的参数方差 $\mathrm{Var}(\hat{\beta}_t)$，否则会出现 $\mathrm{Var}(\hat{\beta}_t)$ 偏大或者偏小，那么 t 检验以及其他检验都将失去意义。

3. 模型预测失效

模型的区间预测是在参数估计量的方差正确估计的基础上得出的。当方差估计有偏差的情况下，模型的区间预测是不准确的，也是没有意义的。

7.3　序列相关性的诊断

序列相关性的实质在于随机干扰项 μ_t 序列存在前后的相关性。然而，实际的 μ_t 是无从观察得知的，由于残差 e_t 可以被视为是 μ_t 的估计值，因此我们仍然可以依据 OLS 法中得到的 e_t 来诊断序列相关性是否存在。

7.3.1　图示法

图示法的思路是通过观察 e_t 的变化规律来判断随机干扰项是否存在前后相关性。根据给定的样本数据，运用 OLS 法对模型（7-2）进行回归后，求出残差 $e_t, t=1,2,\cdots,n$。然后可采取以下两种方式描图。

1. 绘制 e_t，e_{t-1} 的散点图

如图 7-1 所示，做出（e_1，e_2），（e_2，e_3），…，（e_{n-1}，e_n）的散点图。如图 7-1a 所示，当大多数点落在第Ⅰ、Ⅲ象限时，e_t，e_{t-1} 就是正相关，表明随机干扰项存在正的序列相关性。

如图 7-1b 所示，当大多数点落在第Ⅱ、Ⅳ象限时，e_t，e_{t-1} 就是负相关，表明随机干扰项存在负的序列相关性。

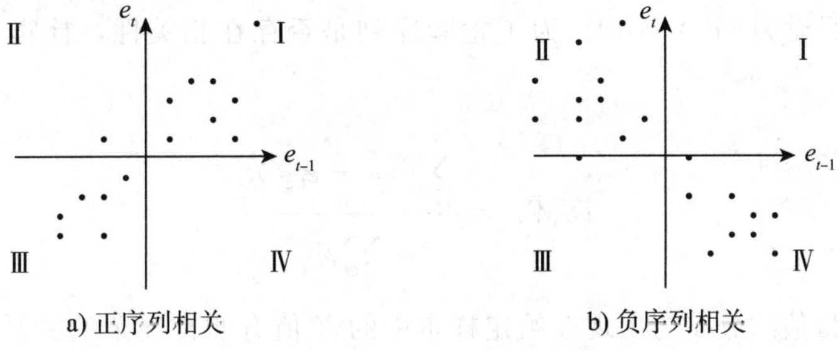

a) 正序列相关　　b) 负序列相关

图 7-1　e_t，e_{t-1} 的散点图

2. 按照时间顺序绘制残差 e_t 的图形

做出 $e_t(t=1, 2, \cdots, n)$ 随时间 t 变化的图形。倘若 e_t 随时间的变化表现出有规律的变化形式，如锯齿形或者波浪形，则 e_t 就存在序列相关性。如若 e_t 并不随时间发生规律性的变化，那么随机项 μ_t 则是非序列相关的。

如图 7-2a 所示，e_t 随着 t 的变化而交替地变大变小，则说明 e_t 之间存在负的序列相关性。

如图 7-2b 所示，e_t 并不随 t 的变化而频繁地交替变化，在一段时期呈现 e_{t-1} 与 e_t 同时变大的趋势，而在另一段时期呈现同时变小的趋势，呈现周期性变化的形态，表明 e_t 之间存在正的序列相关性。

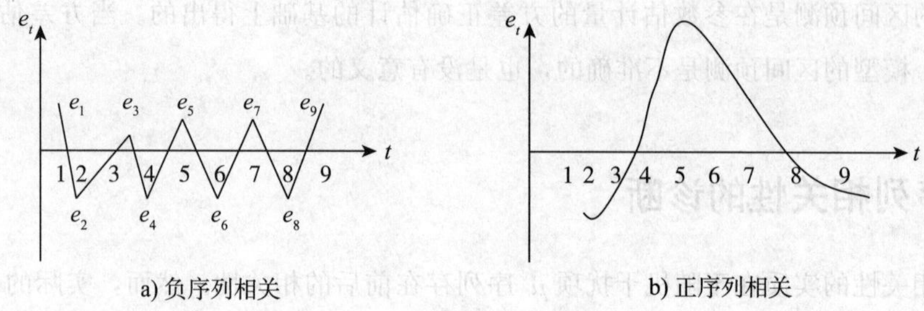

图 7-2　e_t 随时间 t 变化的图形

7.3.2　杜宾 - 沃森检验

杜宾 - 沃森检验是杜宾（J. Durbin）和沃森（G. S. Watson）在 1951 年提出的检验序列相关性的方法，也是较为常用的检验序列相关性的方法。该方法的前提条件是：

（1）变量 X 是非随机变量，也就是说，在重复取样中是固定的。

（2）随机干扰项 μ_i 存在 1 阶序列相关性，即 $\mu_t=\rho\mu_{t-1}+\varepsilon_t\quad(-1\leqslant\rho\leqslant1)$，$\rho$ 为自相关系数。

（3）在回归方程中，并没有把被解释变量的滞后值作为解释变量。换言之，该检验对形如模型（7-6）包含被解释变量的滞后期的模型不适用

$$Y_t=\beta_0+\beta_1X_t+\beta_2Y_{t-1}+\mu_t \tag{7-6}$$

（4）模型中含有截距项。杜宾 - 沃森检验的思想就是通过构造统计量检验自相关系数 ρ 是否为零。原假设为 H_0：$\rho=0$。为了检验序列是否存在相关性，杜宾和沃森构造了统计量

$$D.W.=\frac{\sum_{t=2}^{n}(e_t-e_{t-1})^2}{\sum_{t=1}^{n}e_t^2} \tag{7-7}$$

$D.W.$ 统计量值的分布与出现在给定样本中的 X 值有非常复杂的关系，因而很难导出它的准确的分布。然而，杜宾和沃森却成功地导出了临界值的上限 d_U 和下限 d_L。这些临界

值只与观测值的个数 n 和解释变量的个数 k 有关，而与解释变量的取值无关。因此，只需按照式（7-7）计算出 $D.W.$ 统计量的值，再根据观测值的个数 n，查自由度为 k（k 为含常数项的解释变量的个数）的 $D.W.$ 分布表，得出临界值 d_U 和 d_L，再结合图 7-3 就可以判断出模型是否存在1阶自相关。事实上，EViews 在给出回归结果的时候给出了 $D.W.$ 统计量的值，如图 2-4 所示，EViews 的输出结果为 0.116，在 5%的显著水平下，查 $D.W.$ 分布表得临界值的上限和下限分别为 1.49 和 1.35，因为 0<0.116<1.35，因此可以判定存在正的序列相关性。

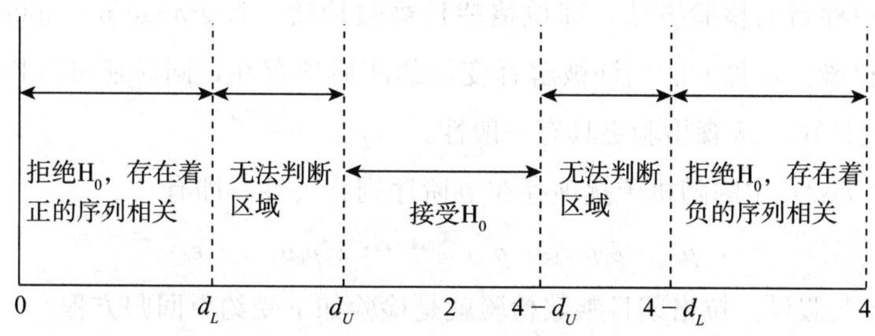

图 7-3　杜宾 - 沃森检验示意图

如图（7-3）所示，可通过如下规则判断是否存在序列自相关。

若 $0<D.W.<d_L$，则拒绝 H_0，认为随机干扰项存在正的1阶序列相关性。

若 $d_L\leqslant D.W.\leqslant d_U$，则无法判断。

若 $d_U<D.W.<4-d_U$，则不能拒绝 H_0，认为随机干扰项不存在1阶序列相关性。

若 $4-d_U\leqslant D.W.\leqslant 4-d_L$，则无法判断。

若 $4-d_L<D.W.<4$，则拒绝 H_0，认为随机干扰项存在负的1阶序列相关性。

将 $D.W.$ 统计量展开，有

$$D.W.=\frac{\sum_{t=2}^{n}(e_t-e_{t-1})^2}{\sum_{t=1}^{n}e_t^2}=\frac{\sum e_t^2+\sum e_{t-1}^2-2\sum e_te_{t-1}}{\sum e_t^2} \tag{7-8}$$

当 n 充分大时，$\sum e_t^2\approx\sum e_{t-1}^2$，所以

$$D.W.\approx 2-2\frac{\sum e_te_{t-1}}{\sum e_t^2}$$

又因为残差项 e_t 与 e_{t-1} 之间的相关系数 ρ 为

$$\rho=\frac{\sum(e_t-\bar{e}_t)(e_{t-1}-\bar{e}_{t-1})}{\sqrt{\sum e_t^2}\sqrt{\sum e_{t-1}^2}}=\frac{\sum e_te_{t-1}}{\sqrt{\sum e_t^2}\sqrt{\sum e_{t-1}^2}} \tag{7-9}$$

当 n 充分大时，$\sum e_t^2\approx\sum e_{t-1}^2$，此时 $\hat{\rho}=\frac{\sum e_te_{t-1}}{\sum e_t^2}$，即为 ρ 的较好估计量，所以

$$D.W.\approx 2-2\hat{\rho} \tag{7-10}$$

由式（7-9）可知：

$\hat{\rho}=-1$ 时，$D.W.=4$　存在负的1阶序列相关性

$\hat{\rho}=0$ 时，$D.W.=2$ 不存在1阶序列相关性

$\hat{\rho}=1$ 时，$D.W.=0$ 存在正的1阶序列相关性

从以上分析中可以看出，杜宾-沃森检验具有明显的缺陷：一是它只适用于检验1阶序列相关性是否存在，对更高阶的序列相关性无法进行检测；二是存在无法判断的区域。

7.3.3 拉格朗日乘数检验

为了克服杜宾-沃森检验的缺陷，统计学家布劳舒（Breusch）和戈弗雷（Godfrey）于1978年提出了一种新的检验方法，即**拉格朗日乘数检验**（Lagrange multiplier test，LM检验），又称BG检验。这种方法允许被解释变量的滞后项存在，同时还可以检验高阶序列相关性，因此它比杜宾-沃森检验更具有一般性。

怀疑模型（7-2）中的随机干扰项存在 p 阶序列相关性，即有

$$\mu_t=\rho_1\mu_{t-1}+\rho_2\mu_{t-2}+\cdots+\rho_p\mu_{t-p}+\varepsilon_t \tag{7-11}$$

式中，ε_t 符合经典假设。拉格朗日乘数检验就是检验如下受约束回归方程

$$Y_t=\beta_0+\beta_1X_{1t}+\cdots+\beta_kX_{kt}+\rho_1\mu_{t-1}+\rho_2\mu_{t-2}+\cdots+\rho_p\mu_{t-p}+\varepsilon_t \tag{7-12}$$

其约束条件为拉格朗日乘数检验的原假设 H_0，即为

$$H_0:\rho_1=\rho_2=\cdots=\rho_p=0$$

备择假设 H_1 为

$$H_1:\rho_i(i=1,2,\cdots,p)\text{ 中至少有一个不为零}$$

若 H_0 为真，则LM统计量在大样本下渐近服从自由度为 p 的 χ^2 分布

$$LM=nR^2\sim\chi^2(p)$$

式中，n、R^2 分别是辅助回归方程（7-13）的样本容量和判定系数

$$e_t=\beta_0+\beta_1X_{1t}+\cdots+\beta_kX_{kt}+\rho_1e_{t-1}+\rho_2e_{t-2}+\cdots+\rho_pe_{t-p}+\varepsilon_t \tag{7-13}$$

式中，e_t 是对模型（7-2）直接进行普通最小二乘回归得到的残差项。

给定显著水平 α，查自由度为 α 的序列相关阶数 p 的 χ^2 分布的临界值 $\chi^2_\alpha(p)$。若 $LM>\chi^2_\alpha(p)$，则拒绝 H_0，认为模型存在序列相关性；反之，不存在序列相关性。在实际运用时，通常是从1阶开始逐次向更高阶检验。

在EViews中可以直接进行LM检验。如图2-5所示，在得出估计结果后，点击“View/Residual Tests/Serial Correlation LM test”便得到如图7-4的对话框。

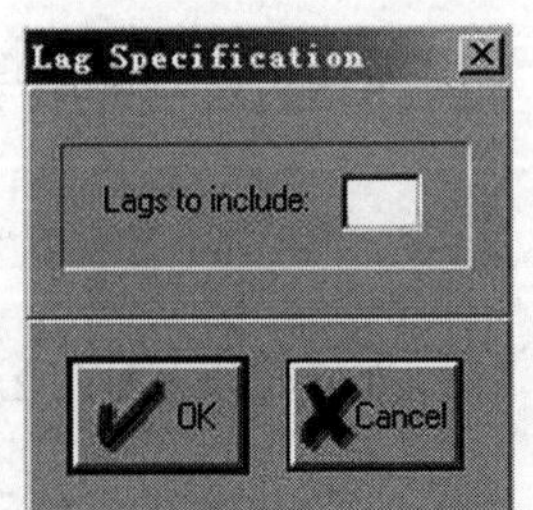

图7-4 LM检验的滞后期

“Lags to include”表示随机干扰项的滞后期，即怀疑存在序列相关性的阶数。在进行检验的时候依次从1阶开始，逐个向高阶进行。在图7-4的空白部分填入“1”后，得到如表7-1所示的LM检验结果。

表 7-1　LM 检验输出结果（一）

Breusch-Godfrey Serial Correlation LM Test:				
F-statistic	272.829 7		Probability	0.000 000
Obs * R-squared	27.298 47		Probability	0.000 000
Test Equation:				
Dependent Variable: RESID				
Method: Least Squares				
Date: 12/06/09　Time: 14:15				
Presample missing value lagged residuals set to zero.				
Variable	Coefficient	Std. Error	t-Statistic	Prob.
X	−0.009 111	0.002 430	−3.749 631	0.000 9
C	29.548 40	17.099 81	1.727 995	0.095 4
RESID(−1)	1.072 528	0.064 933	16.517 56	0.000 0
R-squared	0.909 949		Mean dependent var	−1.55E−13
Adjusted R-squared	0.903 278		S. D. dependent var	213.156 1
S. E. of regression	66.291 76		Akaike info criterion	11.320 65
Sum squared resid	118 654.1		Schwarz criterion	11.460 77
Log likelihood	−166.809 7		F-statistic	136.414 8
Durbin-Watson stat	0.854 289		Prob(F-statistic)	0.000 000

表 7-1 中的 Obs * R-squared 指的就是 LM 统计量，其对应的 Probability 就是 LM 检验的原假设成立的概率。由于 Probability 值为 0.000 0，说明不存在 1 阶序列相关性的可能性几乎为零，即存在 1 阶序列相关性。改变滞后阶数，在图 7-4 的空白处依次填入“2”、“3”……直到对应的滞后期不显著为止。例如，当输入“3”时 LM 检验的结果显示在表 7-2 中。

表 7-2　LM 检验输出结果（二）

Breusch-Godfrey Serial Correlation LM Test:				
F-statistic	112.080 2		Probability	0.000 000
Obs * R-squared	27.923 82		Probability	0.000 004
Test Equation:				
Dependent Variable: RESID				
Method: Least Squares				
Date: 12/06/09　Time: 15:27				
Presample missing value lagged residuals set to zero.				
Variable	Coefficient	Std. Error	t-Statistic	Prob.
X	−0.003 080	0.003 296	−0.934 360	0.359 1
C	7.927 060	17.987 74	0.440 692	0.663 2
RESID(−1)	1.460 170	0.198 438	7.358 332	0.000 0
RESID(−2)	−0.366 560	0.349 436	−1.049 006	0.304 2
RESID(−3)	−0.154 763	0.239 459	−0.646 301	0.524 0
R-squared	0.930 794		Mean dependent var	−1.55E−13
Adjusted R-squared	0.919 721		S. D. dependent var	213.156 1
S. E. of regression	60.394 66		Akaike info criterion	11.190 69
Sum squared resid	91 187.86		Schwarz criterion	11.424 22
Log likelihood	−162.860 4		F-statistic	84.060 18
Durbin-Watson stat	1.686 369		Prob(F-statistic)	0.000 000

在表 7-2 中，尽管在怀疑存在 3 阶序列相关性的情况下，Obs * R-squared 对应的 Probability 值非常接近于零，也不能简单地据此判断存在 3 阶序列相关性，因为这个统计量只是显示存在序列相关性，即 RESID(−1)、RESID(−2)、RESID(−3) 中至少有一个系数显著不为零。而表 7-2 中，RESID(−3) 对应的 Prob 值为 0.524 0，在 10%的显著水平下，显著为零，因此，可以判断不存在 3 阶序列相关性。细心的读者也许已经发现，此处的 RESID(−2) 对应的 Prob 值为 0.304 2，在 10%的显著水平下，也显著为零，是否可以认为不存在 2 阶序列相关性？不能这么简单地认为。当滞后期数为 2 阶时，RESID(−1)、RESID(−2) 的系数都是显著的，也就是说存在 2 阶序列相关性。以上提到的 RESID(−2) 的系数不显著可能是因为引入 3 阶滞后期后引发多重共线性造成的。多重共线性的问题将在第 8 章讲述。

7.4　如何消除序列相关性

7.4.1　广义差分法

我们已经知道，当检测出模型存在序列相关性后，就不能直接采用普通最小二乘法进行回归，必须发展新的估计方法。本节介绍一种在消除序列相关性方面最常用的方法——**广义差分法**（generalized difference method）。广义差分法的思想是将原模型转化为对应的差分形式，消除序列相关性，然后用普通最小二乘法对变换后的模型进行估计，间接得到原模型的参数估计值。

多元回归模型与一元回归模型的广义差分法原理相同，因此，以一元回归模型为例进行介绍。对于一元回归模型

$$Y_t = \beta_0 + \beta_1 X_t + \mu_t \tag{7-14}$$

如果模型（7-14）存在 1 阶序列相关性

$$\mu_t = \rho\mu_{t-1} + \varepsilon_t,\ -1 \leqslant \rho \leqslant 1,\ \rho \neq 0$$

式中，ε_t 满足经典假设。模型（7-13）取滞后 1 期后，两边乘以 ρ 作变换 $Y_t - \rho Y_{t-1}$，即有

$$\begin{aligned} Y_t - \rho Y_{t-1} &= \beta_0 + \beta_1 X_t + \mu_t - \rho(\beta_0 + \beta_1 X_{t-1} + \mu_{t-1}) \\ &= \beta_0(1-\rho) + \beta_1(X_t - \rho X_{t-1}) + \mu_t - \rho\mu_{t-1} \\ &= \beta_0(1-\rho) + \beta_1(X_t - \rho X_{t-1}) + \varepsilon_t \end{aligned} \tag{7-15}$$

令 $Y_t^* = Y_t - \rho Y_{t-1}$，$X_t^* = X_t - \rho X_{t-1}$，$\beta_0^* = \beta_0(1-\rho)$，$\beta_1^* = \beta_1$，则模型（7-15）可转化为

$$\begin{aligned} Y_t^* &= \beta_0(1-\rho) + \beta_1 X_t^* + \varepsilon_t \\ &= \beta_0^* + \beta_1^* X_t^* + \varepsilon_t \end{aligned} \tag{7-16}$$

由于 ε_t 满足经典假设，所以，模型（7-16）不再具有序列相关性。如果 ρ 已知，则 Y_t^*、X_t^* 已知，就可以直接采用普通最小二乘法估计出参数 $\hat{\beta}_0$、$\hat{\beta}_1$，于是得到

$$\hat{\beta}_0 = \frac{\hat{\beta}_0^*}{1-\rho},\ \hat{\beta}_1 = \hat{\beta}_1^*$$

如果模型（7-13）存在 p 阶序列相关性

$$\mu_t = \rho_1\mu_{t-1} + \rho_2\mu_{t-2} + \cdots + \rho_p\mu_{t-p} + \varepsilon_t$$

同样可以采用广义差分法来消除，对模型（7-14）依次取 $1-p$ 期滞后，然后在第 i 个滞后期上乘以 $\rho_i(i=1, 2, \cdots, p)$，再相减有

$$\begin{aligned} & Y_t - \rho_1 Y_{t-1} - \cdots - \rho_p Y_{t-p} \\ & = \beta_0(1-\rho_1-\cdots-\rho_p) + \beta_1(X_t - \rho_1 X_{t-1} - \cdots - \rho_p X_{t-p}) + \varepsilon_t \end{aligned} \tag{7-17}$$

令 $Y_t^* = Y_t - \rho_1 Y_{t-1} - \cdots - \rho_p Y_{t-p}$，$X_t^* = X_t - \rho_1 X_{t-1} - \cdots - \rho_p X_{t-p}$，上式可化为

$$Y_t^* = \beta_0(1-\rho_1-\cdots-\rho_p) + \beta_1 X_t^* + \varepsilon_t \tag{7-18}$$

由于 ε_t 满足经典假设，所以，模型（7-18）不再具有序列相关性，可以采用普通最小二乘法进行回归了。

如果含有 k 个解释变量多元回归模型（7-2）存在 p 阶序列相关性，也可做类似变换，变换结果为

$$Y_t^* = \beta_0(1-\rho_1-\cdots-\rho_p) + \beta_1 X_{1t}^* + \beta_2 X_{2t}^* + \cdots + \beta_k X_{kt}^* + \varepsilon_t \tag{7-19}$$

式中，$Y_t^* = Y_t - \rho_1 Y_{t-1} - \cdots - \rho_p Y_{t-p}$，$X_{it}^* = X_{it} - \rho_1 X_{i(t-1)} - \cdots - \rho_p X_{i(t-p)}$ $(i=1, 2, \cdots, k)$

7.4.2　自相关系数 ρ 的估计

广义差分法得以实施的关键是计算出自相关系数 ρ 的值，因此，必须采用一些适当的方法对自回归系数 ρ 进行估计，通常适用的方法主要有经验法、*D.W.* 估计、柯克兰特 - 奥卡特迭代法、杜宾两步法等。

1. 经验法

ρ 的取值是介于（−1,1）之间的，因此研究者经常通过事前信息或是经验值来估计 ρ 值，在计量经济学中，广泛采用的是 $\rho=1$，也就是说随机干扰项之间是完全序列正相关的，这对经济时间序列来说一般是正确的，模型（7-15）就可转换为 1 阶差分模型

$$Y_t - Y_{t-1} = \beta_1(X_t - X_{t-1}) + \varepsilon_t$$

对其采用普通最小二乘法回归即可。

2. 采用 *D.W.* 统计量估计

在大样本情况下，我们在用杜宾 - 沃森检验法检验序列相关性时，已经得到了 *D.W.* 统计量与自相关系数 ρ 之间的关系 $D.W. \approx 2(1-\rho)$。于是，在序列相关性确定存在的情况下，ρ 的估计值

$$\hat{\rho} = 1 - \frac{D.W.}{2} \tag{7-20}$$

由于大多数软件都可以计算出 *D.W.* 统计量，因此在大样本的前提下，根据式（7-20），ρ 的估计值就不难得出了。正如杜宾 - 沃森检验只能检验 1 阶序列相关性一样，这种方法也只能处理只存在 1 阶序列相关性的情况。

3. 柯克兰特 - 奥卡特迭代法

柯克兰特 - 奥卡特迭代法（Cochrane-Orcutt）其实就是进行一系列的迭代，每一次迭代

都能得到比前一次更好的 ρ 的估计值。为了叙述方便，我们采用一元回归模型来阐明这种方法，多元回归模型下的迭代法与一元回归的原理相同。

假设给定模型

$$Y_t = \beta_0 + \beta_1 X_t + \mu_t \tag{7-21}$$

式中，

$$\mu_t = \rho_1 \mu_{t-1} + \rho_2 \mu_{t-2} + \cdots + \rho_p \mu_{t-p} + \varepsilon_t, \quad t = 1+p, 2+p, \cdots, n \tag{7-22}$$

则柯克兰特－奥卡特迭代法的步骤为：

第 1 步：对模型（7-21）采用 OLS 回归，得到 μ_t 的估计值 e_t，$e_t = Y_t - \hat{\beta}_0 - \hat{\beta}_1 X_t$。

第 2 步：将 e_t 代入式（7-22），即 $e_t = \rho_1 e_{t-1} + \rho_2 e_{t-2} + \cdots + \rho_p e_{t-p} + \varepsilon_t$，再次运用 OLS 求得 ρ_1，ρ_2，…，ρ_p 的估计值 $\hat{\rho}_1$，$\hat{\rho}_2$，…，$\hat{\rho}_p$，这时，得到了自相关系数的第 1 次估计值。

第 3 步：利用 $\hat{\rho}_1$，$\hat{\rho}_2$，…，$\hat{\rho}_p$ 对式（7-21）进行广义差分变换得广义差分模型

$$Y_t^* = \beta_0^* + \beta_1^* X_t^* + \varepsilon_t \tag{7-23}$$

式中，

$$Y_t^* = Y_t - \hat{\rho}_1 Y_{t-1} - \cdots - \hat{\rho}_p Y_{t-p},\ X_t^* = X_t - \hat{\rho}_1 X_{t-1} - \cdots - \hat{\rho}_p X_{t-p},$$
$$\varepsilon_t = \mu_t - \hat{\rho}_1 \mu_{t-1} - \cdots - \hat{\rho}_p \mu_{t-p},\ \beta_0^* = \beta_0(1 - \hat{\rho}_1 - \cdots - \hat{\rho}_p),\ \beta_1 = \beta_1^*$$

对模型（7-23）应用 OLS 估计得到参数 β_0^*、β_1^*，计算出模型（7-21）的参数估计值 $\hat{\beta}_0$、$\hat{\beta}_1$，在模型（7-20）中利用 $\hat{\beta}_0$、$\hat{\beta}_1$ 计算 μ_t 的新的估计值，然后将 μ_t 的新的估计值代入第 2 步，得到自相关系数的第 2 次估计值。比较先后估计出的两组自相关系数，如果两者之差的绝对值小于事先给定的某个精度时，迭代终止，否则，继续第 3 步，重复迭代过程。

4. 杜宾两步法

与柯克兰特－奥卡特迭代法相似，杜宾两步法也是先估计自相关系数 ρ，再对差分模型进行估计。为了叙述方便，我们仍然采用一元回归模型来阐明这种方法，多元回归模型与此原理相同。

第 1 步：将原模型（7-17）变换成差分模型

$$\begin{aligned} Y_t =& \rho_1 Y_{t-1} + \rho_2 Y_{t-2} + \cdots + \rho_p Y_{t-p} + \beta_0(1 - \rho_1 - \rho_2 - \cdots - \rho_p) \\ &+ \beta_1 X_t - \beta_1 \rho_1 X_{t-1} - \beta_1 \rho_2 X_{t-2} - \cdots - \beta_1 \rho_p X_{t-p} + \varepsilon_t \end{aligned} \tag{7-24}$$

采用 OLS 法估计以上方程，得到 ρ_1，ρ_2，…，ρ_p 的估计值 $\hat{\rho}_1$，$\hat{\rho}_2$，…，$\hat{\rho}_p$。

第 2 步：在得到 $\hat{\rho}_1$，$\hat{\rho}_2$，…，$\hat{\rho}_p$ 后利用自相关系数已知下的广义差分法即可求出相应的参数估计值。

在实际运用过程中，我们没有必要按照上面的步骤去计算自相关系数的估计值，因为在 EViews 中可以采用很简单的方法实现基于柯克兰特－奥卡特迭代法的广义差分法。当确认了模型中存在序列相关性，就可通过广义差分法予以消除。式（7-17）可以改写为

$$Y_t = \beta_0 + \beta_1 X_t + \rho_1(Y_{t-1} - \beta_0 - \beta_1 X_{t-1}) + \cdots + \rho_p(Y_{t-p} - \beta_0 - \beta_1 X_{t-p}) + \varepsilon_t \tag{7-25}$$

即

$$Y_t = \beta_0 + \beta_1 X_t + \rho_1 \mu_{t-1} + \cdots + \rho_p \mu_{t-p} + \varepsilon_t \tag{7-26}$$

其在 EViews 中的实现方法为：若存在 p 阶序列相关性，就将 AR(1)，AR(2)，…，AR(p) 加在解释变量中。其中 AR(p) 表示随机干扰项的 p 阶序列相关性，即 μ_{t-p}。EViews 在估计中自动完成 ρ_1，ρ_2，…，ρ_p 的迭代，并显示了迭代的次数。在确定应该引入几阶序列相关性时，主要的判断依据是 $D.W.$ 统计量和 AR(p) 的参数的显著性。假定引入了 p 阶序列相关性，只有在通过了杜宾 - 沃森检验的同时，AR(p) 的参数是显著的，我们才能认为存在 p 阶序列相关性。因此，在检验出存在序列相关性的情况下，逐次引入 AR(1)，AR(2)，…，直到杜宾 - 沃森检验和相应的参数显著性检验同时通过为止。

本章的第 7.3 节中，已经分别通过杜宾 - 沃森检验和拉格朗日乘数检验得出图 2-5 对应的案例中存在序列相关性，现在通过 EViews 来实现前述消除序列相关性的方法。首先回到图 2-5，点击图中的“Estimate”，将会出现如图 7-5 的界面。将空白处的“Y X c”改为“Y X c AR(1)”点击“OK”，就得到如表 7-3 的估计结果。

表 7-3　广义差分法的估计结果（一）

Dependent Variable：Y
Method：Least Squares
Date：12/09/09　Time：09:54
Sample (adjusted)：1979 2007
Included observations：29 after adjusting endpoints
Convergence achieved after 10 iterations

Variable	Coefficient	Std. Error	t-Statistic	Prob.
X	0.324 999	0.019 465	16.696 70	0.000 0
C	2 049.190	3 675.817	0.557 479	0.582 0
AR (1)	0.980 430	0.039 614	24.749 35	0.000 0
R-squared	0.999 242	Mean dependent var	2 243.724	
Adjusted R-squared	0.999 184	S. D. dependent var	2 021.281	
S. E. of regression	57.754 29	Akaike info criterion	11.047 97	
Sum squared resid	86 724.50	Schwarz criterion	11.189 41	
Log likelihood	−157.195 6	F-statistic	17 134.98	
Durbin-Watson stat	0.616 815	Prob (F-statistic)	0.000 000	
Inverted AR Roots	.98			

从表 7-3 可以看出，AR(1) 的对应的 Prob 值为 0.000 0，说明 AR(1) 的系数是显著不为零的，然而，得到的 $D.W.$ 统计量为 0.617，查解释变量个数为 2 且观察值个数为 29 的 $D.W.$ 分布表得到临界值的上限和下限分别为 1.48 和 1.34，由于 0.617<1.34，说明仍旧存在序列相关性。其中 Convergence achieved after 10 iterations 指经过 10 次迭代才得到满意的结果。

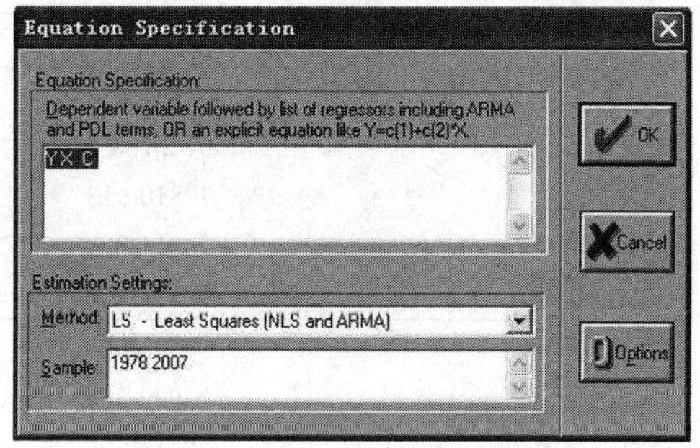

图 7-5　方程表达式对话框

因此，还需要继续引入 AR(2)，在图 7-5 的空白处的键入“Y X c AR(1)　AR(2)”点击“OK”，得到如表 7-4 的结果。

表 7-4　广义差分法的估计结果（二）

Dependent Variable：Y
Method：Least Squares
Date：12/09/09　Time：10:05
Sample（adjusted）：1980 2007
Included observations：28 after adjusting endpoints
Convergence achieved after 9 iterations

Variable	Coefficient	Std. Error	t-Statistic	Prob.
X	0.360 032	0.023 263	15.476 48	0.000 0
C	369.064 0	254.260 6	1.451 519	0.159 6
AR(1)	1.722 660	0.161 467	10.668 79	0.000 0
AR(2)	−0.781 195	0.174 117	−4.486 609	0.000 2
R-squared	0.999 638	Mean dependent var		2 316.429
Adjusted R-squared	0.999 592	S.D. dependent var		2 019.387
S.E. of regression	40.774 44	Akaike info criterion		10.385 55
Sum squared resid	39 901.32	Schwarz criterion		10.575 87
Log likelihood	−141.397 7	F-statistic		22 067.26
Durbin-Watson stat	1.838 284	Prob（F-statistic）		0.000 000
Inverted AR Roots	.86+.20i	.86 −.20i		

得到新的 *D.W.* 统计量为 1.84，查表得不存在 1 阶序列相关性。AR(1) 和 AR(2) 的系数都通过了显著性检验，说明存在 2 阶序列相关性。此时，我们再引入 3 阶序列相关性，看看会出现什么情况。在图 7-5 的空白处键入“Y X c AR(1)　AR(2)　AR(3)”点击“OK”，得到表 7-5 的结果。

表 7-5　广义差分法的估计结果（三）

Dependent Variable：Y
Method：Least Squares
Date：12/09/09　Time：10:57
Sample（adjusted）：1981 2007
Included observations：27 after adjusting endpoints
Convergence achieved after 9 iterations

Variable	Coefficient	Std. Error	t-Statistic	Prob.
X	0.350 232	0.029 765	11.766 53	0.000 0
C	510.785 9	486.563 7	1.049 782	0.305 2
AR(1)	1.810 913	0.211 415	8.565 662	0.000 0
AR(2)	−1.014 932	0.403 946	−2.512 542	0.019 8
AR(3)	0.158 968	0.253 599	0.626 847	0.537 2
R-squared	0.999 630	Mean dependent var		2 393.407
Adjusted R-squared	0.999 563	S.D. dependent var		2 015.556
S.E. of regression	42.139 06	Akaike info criterion		10.485 40

（续）

Sum squared resid	39 065.40	Schwarz criterion	10.725 37
Log likelihood	−136.552 9	F-statistic	14 865.27
Durbin-Watson stat	1.884 609	Prob（F-statistic）	0.000 000
Inverted AR Roots	.78−.10i	.78+.10i	.26

从表 7-5 可以看出，$D.W.$ 统计量为 1.884，查表发现此时也不存在 1 阶序列相关性，然而 AR(3) 对应的 Prob 值为 0.537 2，说明 AR(3) 的系数不显著，由此判断不存在 3 阶序列相关性，这与拉格朗日乘数检验的结果是一致的，因此，估计结果就应该以表 7-4 为准。

7.5 案例分析

案例 7-1

在宏观经济学中，进出口的自发支出乘数为

$$K=\frac{1}{1-b(1-t)+m}$$

式中，m 为边际进口率。在其他参数已知的条件下，要计算自发支出乘数，就必须估计出边际进口率。我们采用 1978～2008 年的进口总额数据和国内生产总值数据来估算边际进口率。相关数据由表 7-6 给出。

表 7-6　中国 1978～2008 年进口总额与国内生产总值　（单位：亿元）

年　份	国内生产总值	进 口 总 额	年　份	国内生产总值	进 口 总 额
1978	3 645.21	187.40	1994	48 197.85	9 960.10
1979	4 062.57	242.90	1995	60 793.72	11 048.10
1980	4 545.62	298.80	1996	71 176.59	11 557.40
1981	4 891.56	367.70	1997	78 973.03	11 806.50
1982	5 323.35	357.50	1998	84 402.27	11 626.10
1983	5 962.65	421.80	1999	89 677.05	13 736.40
1984	7 208.05	620.50	2000	99 214.55	18 638.80
1985	9 016.03	1 257.80	2001	109 655.17	20 159.20
1986	10 275.17	1 498.30	2002	120 332.68	24 430.30
1987	12 058.61	1 614.20	2003	135 822.75	34 195.60
1988	15 042.82	2 055.10	2004	159 878.33	46 435.80
1989	16 992.31	2 199.90	2005	183 217.40	54 273.70
1990	18 667.82	2 574.30	2006	211 923.50	63 376.86
1991	21 781.49	3 398.70	2007	257 305.60	73 284.56
1992	26 923.47	4 443.30	2008	300 670.00	79 526.50
1993	35 333.92	5 986.20			

资料来源：国泰安信息技术有限公司开发的《中国宏观经济数据库》。

1. 建立模型

我们用 GDP 代表国内生产总值，用 IM 代表进口总额，建立一元回归模型

$$IM_t = \beta_0 + \beta_1 GDP_t + \mu_t \tag{7-27}$$

因为 $\beta_1 = d(IM)/d(GDP)$，d 表示微分，所以 β_1 便是边际进口率。将数据录入 EViews，在工作文件下，点击“Quick/Estimate Equation”，键入“IM GDP c”，点击“OK”得到如表 7-7 的回归结果。

表 7-7 进口总额与国内生产总值的回归结果

Dependent Variable：IM
Method：Least Squares
Date：12/09/09 Time：12:54
Sample：1978 2008
Included observations：31

Variable	Coefficient	Std. Error	t-Statistic	Prob.
GDP	0.280 675	0.009 738	28.821 92	0.000 0
C	−3 533.739	1 037.356	−3.406 487	0.001 9

R-squared	0.966 267	Mean dependent var	16 502.59
Adjusted R-squared	0.965 104	S.D. dependent var	22 948.90
S.E. of regression	4 286.948	Akaike info criterion	19.626 88
Sum squared resid	5.33E+08	Schwarz criterion	19.719 39
Log likelihood	−302.216 6	F-statistic	830.703 1
Durbin-Watson stat	0.252 029	Prob (F-statistic)	0.000 000

2. 进行序列相关性检验

（1）图示法。

方法一：$e_t - t$ 的关系图。我们采用 EViews 画出残差项 e_t 与时间 t 以及 e_t 与 e_{t-1} 的关系图。在估计出结果后，返回工作文件打开“resid”（残差的数据就存储在这里），点击“View/Line Graph”，就出现了残差项 e_t 与时间 t 的关系图，如图 7-6a 所示，它们有些时间段内是同时上升的，而另一些时间段内是同时下降的，表明残差项存在正的序列相关性。

方法二：$e_t - e_{t-1}$ 的关系图。在工作文件下，点击“Quick/Generate Equation”，在空白处键入“e1=resid”点击“OK”，再点击“Quick/Generate Equation”，在空白处键入“e2=resid(−1)”，点击“OK”。其中 $e1$ 表示残差 e_t，$e2$ 表示滞后 1 期的残差 e_{t-1}。回到工作文件，选中 $e1$ 和 $e2$，点右键“Open/as Group/View/Gragh/Scatter/Simple Scatter”，便得到 e_t 与 e_{t-1} 的关系图，如图 7-6b 所示，明显看出残差项存在正的序列相关性。

无论从方法一和方法二，都得出残差项存在正的序列相关性，表明随机干扰项存在正的序列相关性。

（2）杜宾－沃森检验。从杜宾－沃森检验来看，在 5％的显著水平下，$n=31$，$k=2$，查表得临界值的上限和下限分别为 1.50 和 1.36，而 $D.W.$ 统计量为 $0.252<1.36$，故存在正的 1 阶序列相关性。

（3）拉格朗日乘数检验。为了验证是否存在更高阶的序列相关性，接下来采用拉格朗日乘数检验来做进一步检测。回到报告出表 7-7 的界面，点击“View/Residual Tests/Serial

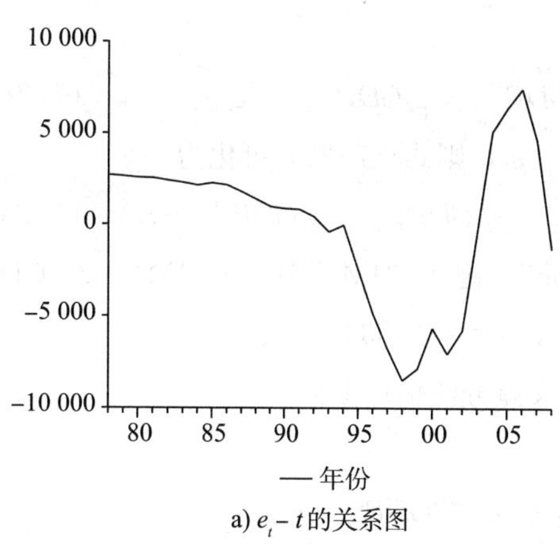

a) $e_t - t$ 的关系图

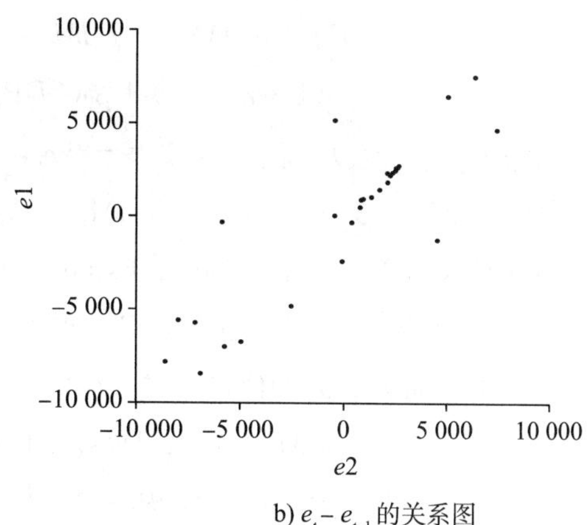

b) $e_t - e_{t-1}$ 的关系图

图 7-6　残差相关图

Correlation LM test”，将滞后期填写为 2，便得到如表 7-8 的结果。

表 7-8　拉格朗日乘数检验的结果

Breusch-Godfrey Serial Correlation LM Test：			
F-statistic	95.858 66	Probability	0.000 000
Obs * R-squared	27.173 14	Probability	0.000 001

Test Equation：
Dependent Variable：RESID
Method：Least Squares
Date：12/09/09　Time：14:04
Presample missing value lagged residuals set to zero.

Variable	Coefficient	Std. Error	t-Statistic	Prob.
GDP	−0.006 364	0.003 606	−1.764 783	0.088 9
C	298.865 9	378.578 6	0.789 442	0.436 7
RESID(−1)	1.601 113	0.156 965	10.200 44	0.000 0
RESID(−2)	−0.822 477	0.159 833	−5.145 847	0.000 0

R-squared	0.876 553	Mean dependent var	3.92E−12
Adjusted R-squared	0.862 837	S. D. dependent var	4 214.893
S. E. of regression	1 561.010	Akaike info criterion	17.663 97
Sum squared resid	65 792 296	Schwarz criterion	17.849 00
Log likelihood	−269.791 5	F-statistic	63.905 77
Durbin-Watson stat	2.083 091	Prob（F-statistic）	0.000 000

从表 7-8 可以得知，卡方统计量 Obs * R-squared 对应的 Prob 值为 0.000 001，非常接近于零，说明存在序列相关性。RESID(−1）和 RESID(−2）都显著成立，说明存在 2 阶序列相关性。可以验证，当把拉格朗日乘数检验的滞后期置为 3 时，RESID(−3）的系数不显著，因而不存在 3 阶序列相关性。

3. 运用广义差分法消除序列相关性

（1）采用杜宾两步法消除序列相关性。

第 1 步：变换式（7-27）为

$$IM_t - \rho_1 IM_{t-1} - \rho_2 IM_{t-2} = \beta_0(1-\rho_1-\rho_2) + \beta_1(GDP_t - \rho_1 GDP_{t-1} - \rho_2 GDP_{t-2}) + \varepsilon_t \quad (7\text{-}28)$$

令 $\beta_0^* = \beta_0(1-\rho_1-\rho_2)$，$\beta_1^* = \beta_1$，$\beta_2^* = -\beta_1\rho_1$，$\beta_3^* = -\beta_1\rho_2$，则式（7-25）可化为

$$IM_t = \beta_0^* + \rho_1 IM_{t-1} + \rho_2 IM_{t-2} + \beta_1^* GDP_t + \beta_2^* GDP_{t-1} + \beta_3^* GDP_{t-2} + \varepsilon_t \quad (7\text{-}29)$$

在工作文件下，点击“Quick/Estimate Equation”，键入“IM IM(−1) IM(−2) GDP GDP(−1) GDP(−2) c”点击“OK”，得 $\hat{\rho}_1 = 1.547$，$\hat{\rho}_2 = -0.632$。

第 2 步：将 $\hat{\rho}_1$、$\hat{\rho}_2$ 的值带入式（7-29）运用广义差分法估计参数。

$$IM_t - 1.547IM_{t-1} + 0.632IM_{t-2} = \beta_0^* + \beta_1(GDP_t - 1.547GDP_{t-1} + 0.632GDP_{t-2}) + \varepsilon_t \quad (7\text{-}30)$$

令 $IM_t^* = IM_t - 1.547IM_{t-1} + 0.632IM_{t-2}$，$GDP_t^* = GDP_t - 1.547GDP_{t-1} + 0.632GDP_{t-2}$，则有

$$IM_t^* = \beta_0^* + \beta_1 GDP_t^* + \varepsilon_t \quad (7\text{-}31)$$

估计式（7-31）得

$$IM_t^* = -119.26 + 0.245GDP_t^* \quad (7\text{-}32)$$

$$(0.767) \quad (0.000\,0)$$

$$R^2 = 0.768 \quad \bar{R}^2 = 0.759 \quad D.W. = 1.63$$

式中，括号内为参数的显著水平，即 EViews 输出的 Prob 值。在 5%的显著水平下，查变量个数为 2，样本观察值个数为 29 的 $D.W.$ 分布表得临界值的上限和下限分别为 1.48 和 1.34，由于 $D.W. > 1.48$，说明此时已不存在序列相关性。为了得到原始模型（7-27）的估计结果，需要计算出 β_0 的估计值 $\hat{\beta}_0$，通过结算得到，$\hat{\beta}_0 = \hat{\beta}_0/(1-\rho_1-\rho_2) = -1\,403.06$，于是，原模型为

$$IM_t = -3\,533.739 + 0.245GDP_t \quad (7\text{-}33)$$

与表 7-7 的结果相比，常数项和 GDP 前面的参数都发生了改变。需要说明的是此时的 GDP 前的参数与表 7-7 的结果在理论上应该是一致的，这里出现偏差的可能原因一是由于在计算 $\hat{\rho}_1$、$\hat{\rho}_2$ 的时候进行了四舍五入，二是差分过程中减少了模型的自由度。

（2）采用柯克兰特 - 奥卡特迭代法消除序列相关性。在得到表 7-7 的回归结果后，点击“Estimate”，键入“IM GDP c AR(1) AR(2)”，便得到如表 7-9 的结果。

表 7-9 广义差分法的估计结果

Dependent Variable：IM
Method：Least Squares
Date：12/09/09 Time：16:57
Sample (adjusted)：1980 2008
Included observations：29 after adjusting endpoints
Convergence achieved after 7 iterations

Variable	Coefficient	Std. Error	t-Statistic	Prob.
GDP	0.256 960	0.017 981	14.290 91	0.000 0

（续）

Variable	Coefficient	Std. Error	t-Statistic	Prob.
C	−2 605.870	1 815.845	−1.435 073	0.163 7
AR(1)	1.641 521	0.165 746	9.903 858	0.000 0
AR(2)	−0.863 223	0.167 388	−5.157 020	0.000 0
R-squared	0.996 202	Mean dependent var		17 625.86
Adjusted R-squared	0.995 746	S. D. dependent var		23 324.12
S. E. of regression	1 521.276	Akaike info criterion		17.619 93
Sum squared resid	57 857 026	Schwarz criterion		17.808 52
Log likelihood	−251.489 0	F-statistic		2 185.639
Durbin-Watson stat	2.073 466	Prob（F-statistic）		0.000 000
Inverted AR Roots	.82−.44i	.82+.44i		

从表 7-9 可知，AR(1) 和 AR(2) 的系数都通过了显著性检验，*D.W.* 统计量的值为 2.073，大于 5%显著水平下的临界值上限 1.65，说明模型已不存在序列相关性。值得注意的是此处的 GDP 的系数与表 7-7 中的估计结果在理论上也应该是一致的，出现偏差的可能原因，一是在迭代过程中的四舍五入，二是在差分过程中减少了模型的自由度，与前者相比少了 1 个。

案例 7-2

根据奥肯定律，GDP 每增长 2%，可以使失业率降低约 1%。为了研究我国 GDP 与失业率的关系，我们采用 2003～2012 年季度数据建立计量模型进行分析。数据如表 7-10 所示。

表 7-10　GDP 同比与失业率数据

年　份	GDP 同比	失　业　率	年　份	GDP 同比	失　业　率
2003 年 03 月	4.1	10.8	2008 年 03 月	4.0	11.3
2003 年 06 月	4.2	8.6	2008 年 06 月	4.0	10.7
2003 年 09 月	4.2	10.9	2008 年 09 月	4.0	9.8
2003 年 12 月	4.3	9.7	2008 年 12 月	4.2	6.6
2004 年 03 月	4.3	10.4	2009 年 03 月	4.3	6.6
2004 年 06 月	4.3	11.4	2009 年 06 月	4.3	8.4
2004 年 09 月	4.2	9.7	2009 年 09 月	4.3	9.6
2004 年 12 月	4.2	8.9	2009 年 12 月	4.3	12.2
2005 年 03 月	4.2	11.2	2010 年 03 月	4.2	12.1
2005 年 06 月	4.2	10.8	2010 年 06 月	4.2	10.3
2005 年 09 月	4.2	11.3	2010 年 09 月	4.1	9.7
2005 年 12 月	4.2	11.9	2010 年 12 月	4.1	9.5
2006 年 03 月	4.2	12.4	2011 年 03 月	4.1	9.8
2006 年 06 月	4.2	13.8	2011 年 06 月	4.1	9.6
2006 年 09 月	4.1	12.2	2011 年 09 月	4.1	9.3
2006 年 12 月	4.1	12.4	2011 年 12 月	4.1	8.7
2007 年 03 月	4.1	14.0	2012 年 03 月	4.1	7.9
2007 年 06 月	4.1	15.0	2012 年 06 月	4.1	7.4
2007 年 09 月	4.0	14.2	2012 年 09 月	4.1	7.3
2007 年 12 月	4.0	13.6	2012 年 12 月	4.1	7.9

资料来源：中华人民共和国国家统计局，《中国统计年鉴——2013》，中国统计出版社，2013。

1. 建立模型

我们用 *GDP* 代表国内生产总值同比数据，用 *UNEM* 代表城镇失业率，建立如下回归模型

$$UNEM_t = \beta_0 + \beta_1 GDP_t + \mu_t \tag{7-34}$$

按照前文的方法估计该方程，如表 7-11 所示。

表 7-11　模型（7-33）估计结果

Dependent Variable：UNEM
Method：Least Squares
Date：02/07/15　Time：18:57
Sample：2003:1 2012:4
Included observations：40

Variable	Coefficient	Std. Error	t-Statistic	Prob.
GDP	−4.231 563	3.585 511	−1.180 184	0.245 3
C	28.029 65	14.901 45	1.881 001	0.067 7
R-squared	0.035 358	Mean dependent var		10.447 50
Adjusted R-squared	0.009 972	S. D. dependent var		2.098 105
S. E. of regression	2.087 617	Akaike info criterion		4.358 631
Sum squared resid	165.609 6	Schwarz criterion		4.443 075
Log likelihood	−85.172 61	F-statistic		1.392 835
Durbin-Watson stat	0.383 838	Prob（F-statistic）		0.245 262

2. 进行序列相关性检验

（1）图示法。按照图示法的检验思想，在这里只描绘出了 $e_t - e_{t-1}$ 的关系图，如图 7-7 所示。直观上看，很明显残差存在正的序列自相关。

从图 7-7 可以看出残差 e_t 存在明显的正相关。

（2）杜宾 - 沃森检验。从杜宾 - 沃森检验来看，在 5%的显著水平下，$n=40$，$k=2$，查表得临界值的上限和下限分别为 1.54 和 1.44，而 *D.W.* 统计量为 0.38<1.44，故存在正的 1 阶序列相关性。

（3）拉格朗日乘数检验。接下来，采用拉格朗日乘数检验来验证是否存在更高阶的序列相关性。回到报告出表 7-11 的界面，点击“View/Residual Tests/Serial Correlation LM test”，将滞后期填写为 2，便得到如表 7-12 的结果。

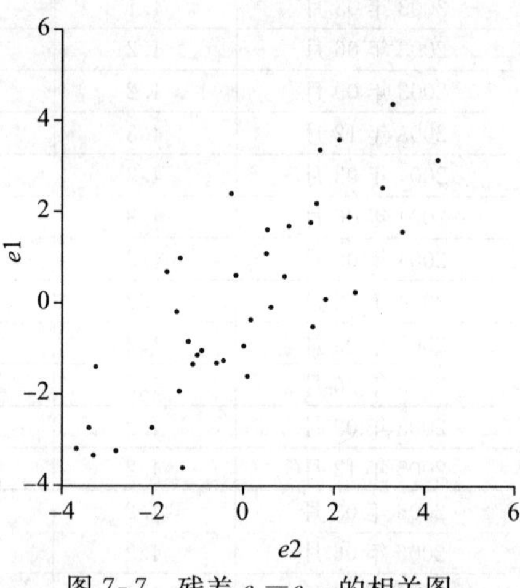

图 7-7　残差 $e_t - e_{t-1}$ 的相关图

表 7-12　拉格朗日乘数检验的结果

Breusch-Godfrey Serial Correlation LM Test：			
F-statistic	40.621 89	Probability	0.000 000
Obs * R-squared	27.717 90	Probability	0.000 001

（续）

Test Equation:
Dependent Variable: RESID
Method: Least Squares
Date: 02/07/15 Time: 19:25
Presample missing value lagged residuals set to zero.

Variable	Coefficient	Std. Error	t-Statistic	Prob.
GDP	4.798 890	2.339 789	2.050 992	0.047 6
C	−19.998 59	9.733 379	−2.054 640	0.047 2
RESID(−1)	0.897 203	0.158 366	5.665 359	0.000 0
RESID(−2)	−0.020 548	0.179 124	−0.114 713	0.909 3
R-squared	0.692 947	Mean dependent var		4.24E−15
Adjusted R-squared	0.667 360	S. D. dependent var		2.060 679
S. E. of regression	1.188 496	Akaike info criterion		3.277 894
Sum squared resid	50.850 84	Schwarz criterion		3.446 782
Log likelihood	−61.557 88	F-statistic		27.081 26
Durbin-Watson stat	2.084 487	Prob (F-statistic)		0.000 000

从表7-12可以可得知，卡方统计量Obs * R-squared对应的Prob值几乎接近于零，说明存在序列相关性。在5%显著水平下，RESID(−1)的系数显著的不为零，而RESID(−2)的系数显著为零，因而表明存在一阶序列正相关。

3. 采用柯克兰特-奥卡特迭代法消除序列相关性

在得到表7-11的回归结果后，点击“Estimate”，键入“UNEM GDP C AR(1)”，便得到如表7-13的结果。

表7-13 广义差分法的估计结果（一）

Dependent Variable: UNEM
Method: Least Squares
Date: 02/07/15 Time: 20:07
Sample (adjusted): 2003:2 2012:4
Included observations: 39 after adjusting endpoints
Convergence achieved after 32 iterations

Variable	Coefficient	Std. Error	t-Statistic	Prob.
GDP	−3.954 952	4.256 938	−0.929 060	0.359 0
C	26.528 72	17.847 13	1.486 442	0.145 9
AR(1)	0.824 002	0.112 029	7.355 260	0.000 0
R-squared	0.659 169	Mean dependent var		10.438 46
Adjusted R-squared	0.640 234	S. D. dependent var		2.124 743
S. E. of regression	1.274 431	Akaike info criterion		3.396 681
Sum squared resid	58.470 30	Schwarz criterion		3.524 647
Log likelihood	−63.235 27	F-statistic		34.812 14
Durbin-Watson stat	1.669 835	Prob (F-statistic)		0.000 000
Inverted AR Roots	.82			

从表7-13可知，AR(1)的系数对应的P值几乎为零，表明在5%的显著水平下显著的

不为零。*D.W.* 统计量的值为 1.669 8，小于 5%显著水平下的临界值上限 1.54，说明模型仍然存在序列相关性，因此我们要考虑 2 阶序列相关模型。在表 7-13 界面下，点击 “Estimate”，键入 “UNEM GDP C AR(1) AR(2)”，便得到如表 7-14 的结果。

表 7-14 广义差分法的估计结果（二）

Dependent Variable：UNEM
Method：Least Squares
Date：02/07/15 Time：19:36
Sample (adjusted)：2003:3 2012:4
Included observations：38 after adjusting endpoints
Convergence achieved after 17 iterations

Variable	Coefficient	Std. Error	t-Statistic	Prob.
GDP	−2.834 994	4.439 677	−0.638 559	0.527 4
C	22.248 44	18.443 62	1.206 294	0.236 0
AR(1)	0.959 727	0.167 158	5.741 428	0.000 0
AR(2)	−0.176 447	0.170 624	−1.034 128	0.308 4
R-squared	0.681 598	Mean dependent var		10.486 84
Adjusted R-squared	0.653 504	S.D. dependent var		2.131 383
S.E. of regression	1.254 615	Akaike info criterion		3.390 836
Sum squared resid	53.518 03	Schwarz criterion		3.563 213
Log likelihood	−60.425 88	F-statistic		24.261 13
Durbin-Watson stat	1.762 410	Prob (F-statistic)		0.000 000
Inverted AR Roots	.71	.25		

从表 7-14 可知，在 5%的显著水平下 AR(1) 是显著的，但 AR(2) 不显著。*D.W.* 统计量的值为 1.76，大于 5%显著水平下的临界值上限 1.54，说明模型已不存在序列相关性。

综合序列相关性的各种检验结果，我们认为存在 1 阶序列自相关。在 EViews 中，由于采用柯克兰特－奥卡特迭代法的同时也在做广义差分法的处理，所以，最终得到消除序列相关后的回归方程为

$$UNEM = 26.529 - 3.955GDP$$

思考与练习

1. 请解释以下名词：序列相关性 自相关系数 杜宾－沃森检验 拉格朗日乘数检验
2. 什么是序列相关性？试举例说明经济现象中存在序列相关性的情况。
3. 序列相关性会导致什么后果？
4. 在消除 1 阶序列相关性时作 1 阶差分变换是否要求自相关系数必须为 1？
5. 根据 *D.W.* 统计量能否完全判断出序列相关性的情况？
6. 请简述柯克兰特－奥卡特迭代法的步骤。

7. 以下是采用某地区27年的年度数据估计出了如下工业就业的回归方程：

$$\ln Y_t = -2.87 + 0.43\ln X_{1t} - 0.32\ln X_{2t} + 0.57\ln X_{3t}$$

$$(-0.45)\quad (3.4)\quad (-2.8)\quad (4.3)$$

$$\overline{R}^2 = 0.923,\ D.W. = 1.203$$

式中，Y 表示工业总产值，X 表示就业人数。

请问：

（1）此时能不能利用 $D.W.$ 统计量来判别是否存在序列相关性？

（2）如果此时 $D.W.$ 统计量不能判断序列相关性，那么该采用何种方法？

（3）假设检验出模型存在2阶序列相关性，那么可以采用哪种方法予以消除？

8. 证明：对于形如 $\mu_t=\rho\mu_{t-1}+\varepsilon_t$ 的1阶序列相关的随机干扰项 μ_t 的方差和协方差为

$$\mathrm{Var}(\mu_t) = \frac{\sigma_\varepsilon^2}{1-\rho^2},\quad \mathrm{Cov}(\mu_t, \mu_{t-s}) = \rho^s \frac{\sigma_\varepsilon^2}{1-\rho^2}$$

9. 在研究广告效应时，有如下模型：

模型A：$Y_t=\beta_0+\beta_1 X_1+\mu_t$

模型B：$Y_t=\beta_0+\beta_1 X_t+\beta_2 X_t^2+\mu_t$

式中，Y 是广告保留的映像数，X 为广告支出，根据研究时期内38年的数据进行估计，得到模型的结果为：

模型A：

$$\hat{Y}_t=0.384+0.033X_t$$
$$R^2=0.769\quad D.W.=0.542$$

模型B：

$$Y_t=0.389+0.015X_t+0.027X_t^2$$
$$R^2=0.889\quad D.W.=1.88$$

请问：

（1）模型A中存在序列相关性吗？模型B呢？

（2）如何解释序列相关性的存在呢？

（3）如何区分序列相关性的存在是由模型设定错误引起的，还是由于数据本身具备的呢？

10. 中国1985～2013年投资总额 X 与工业总产值 Y 的统计资料如表7-15所示，试问：

（1）当设定模型为 $\ln Y_t=\beta_0+\beta_1\ln X_t+\mu_t$ 时，是否存在序列相关？

（2）若按1阶自相关假设 $\mu_t=\rho\mu_{t-1}+\varepsilon_t$，试用杜宾两步法估计原模型。

（3）采用差分形式 $X_t^*=X_t-X_{t-1}$ 和 $Y_t^*=Y_t-Y_{t-1}$ 作为新数据，估计模型

$$Y_t^* = \alpha_0 + \alpha_1 X_t^* + v_t$$

该模型是否还存在序列相关？

表 7-15　我国 1985～2013 年投资总额和工业增加值数据　（单位：亿元）

年　份	固定资产	工业增加值	年　份	固定资产	工业增加值
1985	2 543.19	3 448.70	2000	32 917.73	40 033.59
1986	3 120.60	3 967.00	2001	37 213.49	43 580.62
1987	3 791.70	4 585.80	2002	43 499.91	47 431.31
1988	4 753.80	5 777.20	2003	55 566.61	54 945.53
1989	4 410.40	6 484.00	2004	70 477.42	65 210.03
1990	4 517.00	6 858.00	2005	88 773.61	77 230.78
1991	5 594.50	8 087.10	2006	109 998.20	91 310.94
1992	8 080.10	10 284.50	2007	137 323.90	110 534.90
1993	13 072.30	14 187.97	2008	172 828.40	130 260.20
1994	17 042.10	19 480.71	2009	224 598.80	135 240.00
1995	20 019.26	24 950.61	2010	−278 122.00	160 722.20
1996	22 913.55	29 447.61	2011	251 683.80	188 470.20
1997	24 941.11	32 921.39	2012	311 485.10	199 670.70
1998	28 406.17	34 018.43	2013	374 694.70	210 689.40
1999	29 854.71	35 861.48			

资料来源：中华人民共和国国家统计局，《中国统计年鉴——2014》，中国统计出版社，2014。

11. 表 7-16 给出的是 1990～2013 年中国社会消费品零售总额 Y、国内生产总值 GDP、消费者价格指数 CPI 的相关数据。

试回答以下问题：

（1）建立估计中国社会消费品零售总额的计量经济模型。

（2）利用表 7-16 中所给的样本数据估计模型参数。

（3）检验消费者价格指数对中国社会消费品零售总额是否有显著影响。

（4）分析你所估计的计量经济模型的经济意义与作用。

（5）采用 *D.W.* 统计量和 *LM* 检验测试模型是否存在序列相关性。

（6）若模型存在序列相关性，试采用广义差分法消除之。

表 7-16　1990～2013 年我国社会消费品零售总额、GDP 以及 CPI 数据

年　份	Y（亿元）	GDP（亿元）	CPI（上期＝100）
1990	8 300.10	18 667.80	103.10
1991	9 415.60	21 781.50	103.40
1992	10 993.70	26 923.50	106.40
1993	14 270.40	35 333.90	114.70
1994	18 622.90	48 197.90	124.10
1995	23 613.80	60 793.70	117.10
1996	28 360.20	71 176.60	108.30
1997	31 252.90	78 973.00	102.80
1998	33 378.10	84 402.30	99.20
1999	35 647.90	89 677.10	98.60

（续）

年　份	Y（亿元）	GDP（亿元）	CPI（上期=100）
2000	39 105.70	99 214.60	100.40
2001	43 055.40	109 655.20	100.70
2002	48 135.90	120 332.70	99.20
2003	52 516.30	135 822.80	101.20
2004	59 501.00	159 878.30	103.90
2005	67 176.60	183 217.40	101.80
2006	76 410.00	211 923.50	101.50
2007	89 210.00	249 529.90	104.80
2008	108 487.70	300 669.90	105.90
2009	132 678.40	340 319.95	99.30
2010	156 998.40	399 759.54	103.30
2011	183 918.60	468 562.38	105.40
2012	210 307.00	518 214.75	102.60
2013	237 809.90	566 130.18	102.60

资料来源：中华人民共和国国家统计局，《中国统计年鉴——2014》，中国统计出版社，2014。

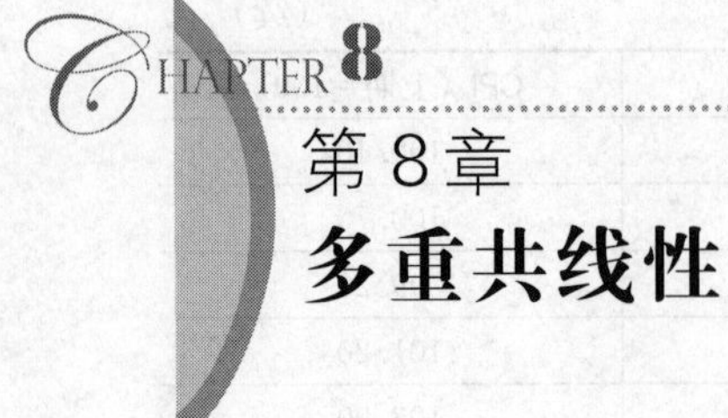

第8章 多重共线性

假设在研究居民平均消费水平时，构建了如下回归模型

$$Y_i = \beta_0 + \beta_1 X_{1i} + \beta_2 X_{2i} + \mu_i \tag{8-1}$$

式中，Y_i 表示居民平均消费水平，X_{1i}表示人均 GDP，X_{2i}表示人均工资。我们知道人均工资很可能受人均 GDP 的影响，所以，在这个模型中，解释变量 X_{1i} 和 X_{2i} 不再相互独立，这违背了多元回归模型中解释变量之间互不相关的基本假设，不能直接采用普通最小二乘法进行估计，必须对线性相关的这种现象进行处理和校正，采用合适的估计方法。

8.1 什么是多重共线性

对于多元线性回归模型

$$Y_i = \beta_0 + \beta_1 X_{1i} + \beta_2 X_{2i} + \cdots + \beta_k X_{ki} + \mu_i \quad i = 1,2,\cdots,n \tag{8-2}$$

其基本假设之一是解释变量 X_1，X_2，…，X_k 是相互独立的，即不存在线性相关关系。如果某两个或多个解释变量之间出现了较强的近似相关性，并且是线性相关性，则称为**多重共线性**（multicollinearity）。

如果存在

$$c_1 X_{1i} + c_2 X_{2i} + \cdots + c_k X_{ki} = 0 \quad i = 1,\ 2,\ \cdots,\ n \tag{8-3}$$

式中，c_i 不全为0，则称为解释变量的**完全多重共线性**（perfect multicollinearity），也就是解释变量之间存在严格的线性关系，表明至少有一个变量可由其他变量线性表示。

如果存在

$$c_1 X_{1i} + c_2 X_{2i} + \cdots + c_k X_{ki} + v_i = 0 \quad i = 1,2,\cdots,n \tag{8-4}$$

式中，c_i 不全为 0，v_i 为随机误差项，则称为**解释变量的近似共线性**（approximate multicollinearity）或**交互相关**（intercorrelated）。

8.2 多重共线性会产生什么后果

8.2.1 多重共线性产生的原因

一般地，产生多重共线性的原因主要有以下三个方面。

1. 经济变量之间存在内在联系，这是产生多重共线性的根本原因

例如，在生产函数中，资本投入与劳动力投入往往出现高度相关的情况，大企业的资金规模和劳动力投入量都很大，小企业则资金规模和劳动力规模都很小。在这里，资金规模和劳动力投入量之间存在内在联系，因此，模型存在多重共线性。事实上，多重共线性多半是由经济变量之间的内在联系引起的。

2. 经济变量在时间上具有相关的共同趋势

例如，以时间序列作为样本的经济模型中，在经济繁荣时期，各基本经济变量（收入、消费、投资、价格）都趋于增长；而在衰退时期，又同时趋于下降。所以，各基本经济变量之间有着相关的共同联系，模型也就存在多重共线性。因此，根据一般经验，采用时间序列数据样本的多元线性回归模型往往存在多重共线性。

3. 解释变量中含有滞后变量

在经济计量模型中，往往需要引入滞后经济变量来反映真实的经济关系。例如，在消费函数中，消费不仅依赖于本期收入，而且还依赖于上期收入，即有

$$C_t = \alpha + \beta Y_t + \gamma Y_{t-1} + \mu_t$$

式中，C 表示消费，Y 代表收入，显然，上期收入与当期收入之间有较强的线性相关性。由于变量前后期之值存在相互关联性，而滞后变量又作为单独的新解释变量包含在模型中，因此，滞后变量模型几乎都存在多重共线性。

另外，样本资料的限制也是产生多重共线性的一个原因。由于完全符合理论模型所要求的样本数据较难收集，因此，特定样本可能存在某种程度的多重共线性。

8.2.2 多重共线性参数估计量

1. 参数的估计

以二元线性回归方程为例，

$$y_i = \beta_1 x_{1i} + \beta_2 x_{2i} + \mu_i \tag{8-5}$$

式中，$y_i = Y_i - \overline{Y}$，$x_{1i} = X_{1i} - \overline{X}_1$，$x_{2i} = X_{2i} - \overline{X}_2$。当 X_1、X_2 完全线性相关时，设 $X_{1i} = \lambda X_{2i}$，常数 $\lambda \neq 0$，则 $x_{1i} = \lambda x_{2i}$，β_1 的最小二乘估计量为

$$\begin{aligned}\hat{\beta}_1 &= \frac{\sum x_{2i}^2 \sum x_{1i} y_i - \sum x_{1i} x_{2i} \sum x_{2i} y_i}{\sum x_{1i}^2 \sum x_{2i}^2 - (\sum x_{1i} x_{2i})^2} \\ &= \frac{\lambda \sum x_{2i}^2 \sum x_{2i} y_i - \lambda \sum x_{2i}^2 \sum x_{2i} y_i}{\lambda^2 (\sum x_{2i}^2)^2 - \lambda^2 (\sum x_{2i}^2)^2} = \frac{0}{0}\end{aligned} \tag{8-6}$$

同理可得：$\hat{\beta}_2 = \frac{0}{0}$

因此，OLS 无法估计出 β_1，β_2 的值，回归分析无法进行，这是 X_1、X_2 完全线性相关时的极端情形。若 X_1、X_2 不完全相关，则可设 $X_{1i} = \lambda X_{2i} + v_i$，式中 v_i 为随机项，满足 $E(v_i) = 0$，$\sum X_{2i} v_i = 0$，代入 $\hat{\beta}_1$ 估计表达得：

$$\hat{\beta}_1=\frac{\sum x_{2i}y_i(\lambda^2\sum x_{2i}^2+\sum v_i^2)-(\lambda\sum x_{2i}y_i+\sum y_iv_i)(\lambda\sum x_{2i}^2)}{\sum x_{2i}^2(\lambda^2\sum x_{2i}^2+\sum v_i^2)-(\lambda\sum x_{2i}^2)^2} \tag{8-7}$$

由于$\sum v_i^2\neq0$，因而$\hat{\beta}_1$是可以估计的。所以，多重共线性是一个程度问题。

2. 参数的方差

由模型（4-9）可知β_1估计值的方差为

$$\mathrm{Var}(\hat{\beta}_1)=\frac{\sum x_{2i}^2}{\sum x_{1i}^2\sum x_{2i}^2-(\sum x_{1i}x_{2i})^2}\sigma_u^2 \tag{8-8}$$

将$x_{1i}=\lambda x_{2i}$代入上式，则

$$\mathrm{Var}(\hat{\beta}_1)=\frac{\sigma_u^2\sum x_{2i}^2}{\lambda^2(\sum x_{2i}^2)^2-\lambda^2(\sum x_{2i}^2)^2}=\infty \tag{8-9}$$

同理可推得，在$x_{1i}=\lambda x_{2i}$时，即当X_1、X_2完全相关时，β_2估计值的方差为无穷大。

可见，在X_1、X_2完全线性相关的极端条件下，普通最小二乘法估计无法估计出参数值，因为估计值的方差为无穷大。并且，X_1、X_2的相关性越强，$\sum x_{1i}^2\sum x_{2i}^2-(\sum x_{1i}x_{2i})^2$越趋近于0，即$\hat{\beta}_1$、$\hat{\beta}_2$的方差越大，对$\hat{\beta}_1$、$\hat{\beta}_2$的估计也越不准确。

8.2.3　多重共线性的后果

1. 难以区分解释变量的单独影响

在解释变量存在近似共线性时，用普通最小二乘法可以得出参数估计量，但回归系数方差和标准差较大，参数估计的误差增大，无法正确区分各个解释变量对被解释变量的单独影响。

2. 参数估计值不稳定，模型缺乏稳定性

因为最小二乘估计量及其标准差对数据的细微变化都很敏感，如果样本值略有变化，估计量就会产生较大改变。具体表现为完全共线性下参数估计值不存在，近似共线性下参数估计值方差变大。

3. 参数估计量的回归系数符号有误，经济含义不合理

例如，根据某经济现实或经济理论，回归系数符号本来应该是正的，结果却是负的。

4. 变量的显著性检验失去意义

当解释变量之间存在多重共线性时，用普通最小二乘法估计的回归系数的标准差与方差变大，使t统计量的拒绝域变小，置信区间变宽，导致某些系数不显著，做出参数为0的错误推断，从而剔除重要的解释变量。

8.3　多重共线性的诊断

多重共线性是较为普遍存在的现象，从上节分析可知，较高程度的多重共线性会对最小

二乘估计产生严重后果，因此，在运用最小二乘法进行多元线性回归时，不但要检验解释变量间是否存在多重共线性，还要检验多重共线性的严重程度。

8.3.1　不显著系数法

不显著系数法是利用多元线性回归模型的拟合结果进行检验，这种方法适用于以下三种情况。

1. R^2 很大，t 较小

如果拟合优度 R^2 的值很大（一般来说在 0.8 以上），然而模型中的全部或部分参数值估计值经检验却不显著，那么解释变量间有可能存在较严重的多重共线性。

2. 理论性强，检验值弱

如果从经济理论或常识来看某个解释变量对被解释变量有重要影响，但是从线性回归模型的拟合结果来看，该解释变量的参数估计值经检验却不显著，那么可能是解释变量间存在多重共线性所导致的。

3. 新引入变量后，方差增大

在多元线性回归模型中新引入一个变量后，发现模型中原有参数估计量的方差明显增大，则说明解释变量间可能存在多重共线性。

8.3.2　判定系数检验法

一般来讲，在模型中引入一个新的解释变量后，解释能力会增强，也就是说判定系数 R^2 会变大。如果引入变量后，判定系数 R^2 与没有引入之前的判定系数 R^2 的差异不大的话，表明新引入的这个变量所起的作用很小，意味着它的作用被模型中的其他变量所替代了。因此，可以通过判定系数 R^2 来检验是否存在多重共线性，同时也可以具体检验出是哪个变量引起了多重共线性。

这种检验可以分为两种情形，一是包含被解释变量的情形；二是不包含被解释变量的情形。

1. 包含被解释变量的情形

对于模型（8-2），依次删除变量 X_1，X_2，…，X_k，形成 k 个具有 $k-1$ 个解释变量的模型

$$
\begin{aligned}
Y_{1i} &= \beta_{10} + \beta_{12} X_{2i} + \beta_{13} X_{3i} + \cdots + \beta_{1k} X_{ki} + \mu_{1i} \\
Y_{2i} &= \beta_{20} + \beta_{21} X_{1i} + \beta_{23} X_{3i} + \cdots + \beta_{2k} X_{ki} + \mu_{2i} \\
&\vdots \\
Y_{ki} &= \beta_{k0} + \beta_{k1} X_{1i} + \beta_{k2} X_{2i} + \cdots + \beta_{k(k-1)} X_{(k-1)i} + \mu_{ki}
\end{aligned}
$$

对这 k 个模型分别进行回归，得到 k 个判定系数，分别命名为 R_1^2，R_2^2，…，R_k^2，在这 k 个判定系数中选择最大的，与模型（8-2）的判定系数最接近的那个判定系数，则其对应的被

删除的解释变量对模型的贡献最小，是引起多重共线性最大的解释变量。这是因为，将这个解释变量重新引入模型，就形成了模型（8-2），而判定系数的改进很小，意味着它的作用被其他的解释变量替代了。

2. 不包含被解释变量的情形

对于模型（8-2），将每个解释变量对其他解释变量进行回归，得到 k 个回归方程

$$X_{1i}=\beta_{10}+\beta_{12}X_{2i}+\beta_{13}X_{3i}+\cdots+\beta_{1k}X_{ki}+\mu_{1i}$$

$$X_{2i}=\beta_{20}+\beta_{21}X_{1i}+\beta_{23}X_{3i}+\cdots+\beta_{2k}X_{ki}+\mu_{2i}$$

$$\vdots$$

$$X_{ki}=\beta_{k0}+\beta_{k1}X_{1i}+\beta_{k2}X_{2i}+\cdots+\beta_{k(k-1)}X_{(k-1)i}+\mu_{ki}$$

然后分别观察各个回归方程的判定系数 $R_j^2(j=1,2,\cdots,k)$，如果最大的一个接近于1，就说明其他的解释变量对这个解释变量的解释程度很高，则可近似地认为，该解释变量可以被其他解释变量线性表示，即存在所谓的近似共线性，而这个变量就是引起共线性的变量。但这只是一种较为主观的判定方法，通常情况下可用式（8-10）给出的 F 统计量来判定是否存在多重共线性。

$$F_j=\frac{R_j^2/(k-1)}{(1-R_j^2)/(n-k)}\sim F(k-1,n-k) \tag{8-10}$$

给定显著水平 α，查第一个自由度为 $k-1$，第二个自由度为 $n-k$ 的临界值 F_α，计算 F 统计量的值与此进行比较。若 $F_j>F_\alpha$，说明存在解释变量 X_j 可由其他的解释变量线性表示，即存在多重共线性；反之，不存在多重共线性。细心的读者可能会发现，此处的 F 检验与多元回归部分的 F 检验实质是一样的，原假设为所有的系数都为零。事实上若 F_j 是 k 个 F 统计量中最大的，那么 F_j 所对应的 X_j 便是引发多重共线性最严重的解释变量。

8.3.3 相关系数法

计算并检查解释变量中两两变量间的简单相关系数 r_{ij}，若 r_{ij} 的绝对值接近1，则可以认为 X_i 和 X_j 之间存在较强的多重共线性。但需要特别注意的是，如果相关系数很大，则一定存在多重共线性，如果相关系数很小，则不一定没有多重共线性。

8.3.4 容许度与方差膨胀因子判别法

用于检验多重共线性的统计量有**容许度**（tolerance）与**方差膨胀因子**（variance inflation factor，VIF）。

容许度是检验共线性的常用统计量。对于自变量的容许度，定义为

$$TOL_j=1-R_j^2 \tag{8-11}$$

式中，R_j^2 是用其他自变量解释第 j 个变量的多元相关系数，即以 X_j 为被解释变量，以其他解释变量为解释变量作（辅助）回归中的 R^2。当 $TOL_j=1$ 时，X_j 与其他解释变量线性无关；当 $0<TOL_j<1$ 时，X_j 与其他解释变量存在线性相关；当 $TOL_j=0$，X_j 与其他解释变

量完全共线。

另一个检验多重共线性的统计量是方差膨胀因子。对于多元线性回归模型，$\hat{\beta}_j$ 的方差可以表示成

$$\begin{aligned}\mathrm{Var}(\hat{\beta}_j) &= \frac{\sigma^2}{\sum(X_j-\overline{X}_j)^2}\times\frac{1}{1-R_j^2}\\ &= \frac{1}{\sum(X_j-\overline{X}_j)^2}\times VIF\end{aligned} \tag{8-12}$$

式中，β_j 是解释变量 X_j 的（偏）回归系数，R_j^2 是用其他解释变量解释第 j 个变量的多元相关系数，VIF 即为方差膨胀因子，定义为

$$VIF = 1/(1-R_j^2) \tag{8-13}$$

一般认为，当 $VIF<5$ 时，方程存在轻度的多重共线性；当 $5\leqslant VIF<10$ 时，方程存在较严重的多重共线性；当 $VIF\geqslant 10$ 时（此时 $R_j^2>0.9$），回归方程存在严重的多重共线性。但是需要注意的是，由于 $\mathrm{Var}(\hat{\beta}_j)$ 取决于 σ^2、$\sum(X_j-\overline{X}_j)$ 和 VIF 的大小，而一个高的 VIF 可以被一个低的 σ^2 或一个高的 $\sum(X_j-\overline{X}_j)^2$ 抵消。也就是说，一个高的 VIF 度量出来的高多重共线性不一定就是高标准差的原因。

8.4 如何消除多重共线性

8.4.1 先验信息法

先验信息法是指根据经济理论或者其他已有的研究成果事前确定回归模型参数间的某种关系，避免相互影响的解释变量出现在同一个模型之中，然后进行最小二乘估计，如此便消除了多重共线性。

例如，在估计柯布－道格拉斯生产函数的时候，建立如下模型

$$Y = AL^{\alpha}K^{\beta}e^{u} \tag{8-14}$$

式中 Y、L、K 分别表示产出、劳动力和资本。由先验信息可知劳动投入量 L 与资金投入量 K 之间通常是高度相关的，如果按照经济理论“生产规模报酬不变”的假定，即 $\alpha+\beta=1$，代入上式，则

$$\begin{aligned}Y &= AL^{\alpha}K^{\beta}e^{u} = AL^{1-\beta}K^{\beta}e^{u} = AL\left(\frac{K}{L}\right)^{\beta}e^{u}\\ \frac{Y}{L} &= A\left(\frac{K}{L}\right)^{\beta}e^{u}\end{aligned} \tag{8-15}$$

两边取对数

$$\ln\frac{Y}{L} = \ln A+\beta\ln\frac{K}{L}+u \tag{8-16}$$

此时上式变为一元线性回归模型，不存在多重共线性问题。

8.4.2　改变变量的定义形式

在进行回归模型多重共线性处理时，有时需要根据所分析的具体经济问题及模型的形式对解释变量进行重新调整，一般有如下几种方法。

1. 用相对数变量替代绝对数变量

如设需求函数为

$$Y=\beta_0+\beta_1 X+\beta_2 P+\beta_3 P_1+\mu \tag{8-17}$$

式中，Y、X、P、P_1 分别代表需求量、收入、商品价格与替代商品价格，由于商品价格与替代商品价格往往是同方向变动的，该需求函数模型可能存在多重共线性。此时，考虑用两种商品价格之比作解释变量，代替原模型中商品价格与替代商品价格两个解释变量，则模型为如下形式

$$Y=\beta_0+\beta_1 X+\beta_2\left(\frac{P}{P_1}\right)+\mu \tag{8-18}$$

这样，原模型中两种商品价格变量之间的多重共线性得以避免。

2. 删去模型中次要的或可替代的解释变量

如果回归模型解释变量间存在较严重的多重共线性，根据经济理论、实践经验、相关系数检验、统计分析等方法鉴别变量是否重要及是否可替代，删去那些对被解释变量影响不大，或被认为是不太重要的变量，就可减轻多重共线性。

3. 差分法

对回归模型中所有变量做差分变换也是消除多重共线性的一种有效方法。例如，对于时间序列数据、线性模型，就可将原模型变换为差分模型

$$\Delta Y_i=\beta_1\Delta X_{1i}+\beta_2\Delta X_{2i}+\cdots+\beta_k\Delta X_{ki}+\Delta\mu_i \tag{8-19}$$

式中，$\Delta Y_i=Y_i-Y_{i-1}$，$\Delta X_{ji}=X_{ji}-X_{j(i-1)}$（$j=1,2,\cdots,k$）。这里的解释变量不再是原来的解释变量而是解释变量的一阶差分，即使原模型中存在严重的多重共线性，采用变换后的一阶差分模型一般也可以解决此类问题，从而有效地消除原模型中的多重共线性。因为根据一般经验，增量之间的线性关系远比总量之间的线性关系弱得多。

8.4.3　增大样本容量法

以两个解释变量 X_1、X_2 的线性回归模型为例，最小二乘估计量 $\hat{\beta}_j$（$j=1,2$）的方差为

$$\begin{aligned}\operatorname{Var}(\hat{\beta}_j)&=\frac{\sigma^2}{\sum(X_j-\overline{X}_j)^2}\times\frac{1}{1-R_j^2}\\&=\frac{\sigma^2}{\sum x_j^2\times(1-R_j^2)}\end{aligned} \tag{8-20}$$

在 σ^2，R_j^2 给定的情况下，若增大 X_1，X_2 的样本容量，则 $\sum x_j^2$ 将增大，$\hat{\beta}_j$ 的方差和标准差将会减小。方差的大小与样本容量成反比，样本越大，方差越小。因此，增大样本容量可以减小参数估计值的方差，提高参数估计值的精度。但值得注意的是，这种方法只适用于多重

共线性是由测量误差或完全是由样本过小引起的情况，如果解释变量相互之间是存在多重共线性的，则 $R_j^2(j=1, 2)$（事实上，R_j^2 就是 X_1 与 X_2 之间相关系数 r_{12} 的平方）越接近于 1，这时增大样本容量对减轻多重共线性没有帮助。

8.4.4　逐步回归法

逐步回归法又称 Frisch 综合分析法，其基本思想是先将被解释变量对每个解释变量做简单回归方程，称为基本回归方程。再对每一个基本回归方程进行统计检验，并根据经济理论分析选出最优基本方程，然后再将其他解释变量逐一引入，建立一系列回归方程，根据每个新加的解释变量的标准差和复相关系数来考察其对每个回归系数的影响，一般根据如下标准进行分类判别：

（1）如果新引进的解释变量使 R^2 得到提高，而其他参数回归系数在统计上和经济理论上仍然合理，则认为这个新引入的变量对回归模型是有利的，可以作为解释变量予以保留。

（2）如果新引进的解释变量对 R^2 改进不明显，对其他回归系数也没有多大影响，则不必保留在回归模型中。

（3）如果新引进的解释变量不仅改变了 R^2，而且对其他回归系数的数值或符号具有明显影响，则可认为引进新变量后，回归模型解释变量间存在严重多重共线性。这个新引进的变量如果从理论上分析是十分重要的，则不能简单舍弃，而是应研究改善模型的形式，寻找更符合实际的模型，重新进行估计。如果通过检验证明存在明显线性相关的两个解释变量中的一个可以被另一个解释，则可略去其中对被解释变量影响较小的那个变量，模型中保留影响较大的那个变量。

8.5　案例分析

案例 8-1

农民工就业问题关系到民生问题，只有农民工就业问题得到妥善解决，“三农”问题才能得到缓解，经济增长才能突破瓶颈。有研究表明劳动力市场分割会对就业产生负面影响。以下将建立模型分析劳动力城乡分割、行业分割、地区分割和单位分割对农民工就业的影响。表 8-1 给出了农民工就业与劳动力市场分割程度的数据。

表 8-1　农民工就业与劳动力市场分割程度数据

年　份	*FWL*	*CSX*	*HYS*	*DQS*	*DWS*
1985	6 713	3.06	1.66	5.4	94.19
1986	7 522	2.97	1.56	3.97	78.21
1987	8 130	2.89	1.50	3.11	61.77
1988	8 611	2.84	1.46	2.73	47.37
1989	8 498	2.80	1.50	2.16	35.33

（续）

年　份	FWL	CSX	HYS	DQS	DWS
1990	8 673	2.79	1.51	1.79	29.21
1991	8 906	2.73	1.48	2.04	71.04
1992	9 765	2.67	1.41	2.38	50.36
1993	10 998	2.62	1.29	1.49	26.72
1994	11 964	2.56	1.19	1.09	15.70
1995	12 707	2.51	1.09	1.63	11.10
1996	13 028	2.37	1.02	1.24	8.91
1997	13 556	2.25	1.00	1.25	7.47
1998	13 806	2.13	0.99	1.42	5.31
1999	13 985	2.03	1.00	1.66	4.92
2000	15 165	1.94	1.00	1.16	4.33
2001	15 778	1.85	1.00	1.09	3.92
2002	16 536	1.77	1.00	0.92	3.51
2003	17 712	1.69	0.96	0.87	3.32
2004	19 099	1.62	0.88	1.08	3.34
2005	20 412	1.55	0.81	1.00	3.37

资料来源：陈宪，黄健柏．劳动力市场分割对农民工就业影响的实证分析［J］．开发研究，2009(3)．

表 8-1 中 FWL 表示农民工就业数量；CXS 表示劳动力城乡分割程度，CXS=(乡村人口数/城镇人口数＋乡村就业人数/城镇就业人数)/2；HYS 表示行业分割程度，HYS＝第一产业就业人数/(第二产业就业人数＋第三产业就业人数)；DQS 表示地区分割程度，由于北京市作为我国的政治、经济文化中心，在执行中央政府的各项劳动力政策和吸收外来劳动力方面具有典型性，故采用北京市外来人口的多少反映地区分割程度的大小，即 DQS＝2005 年北京市外来人口数/当年北京市外来人口数；DWS 表示单位分割程度，DWS=(当年国有单位就业人数/当年城镇集体单位就业人数＋当年城镇集体单位就业人数/当年私营企业就业人数＋当年国有单位就业人数/当年私营企业就业人数)/3。

为了分析各分割程度因素对农民工就业的影响，建立了如下多元线性回归模型：

$$FWL_i = \beta_0 + \beta_1 CSX_i + \beta_2 HYS_i + \beta_3 DQS_i + \beta_4 DWS_i + \mu_i$$

选择各个变量，点右键“Open/as Group/Quick/Estimate Eqution”，键入“FWL CSX HYS DQS DWS c”，点击“OK”后得到回归结果如下。

表 8-2　回归结果

Dependent Variable：FWL

Method：Least Squares

Date：12/05/09　Time：22：37

Sample：1985 2005

Included observations：21

Variable	Coefficient	Std. Error	t-Statistic	Prob.
HYS	−5 393.200	2 231.373	−2.416 988	0.028 0

（续）

Variable	Coefficient	Std. Error	t-Statistic	Prob.
DWS	18.731 84	18.682 90	1.002 620	0.331 0
DQS	−188.584 0	329.718 9	−0.571 954	0.575 3
CSX	−5 908.668	890.257 1	−6.637 036	0.000 0
C	32 769.12	1 434.350	22.845 97	0.000 0
R-squared	0.977 118	Mean dependent var		12 455.43
Adjusted R-squared	0.971 398	S. D. dependent var		3 992.791
S. E. of regression	675.270 8	Akaike info criterion		16.072 36
Sum squared resid	7 295 850.	Schwarz criterion		16.321 06
Log likelihood	−163.759 8	F-statistic		170.810 4
Durbin-Watson stat	0.587 795	Prob(F-statistic)		0.000 000

从表 8-2 可以看出，判定系数 R^2 为 0.977，调整后的判定系数 $\bar{R}^2$ 为 0.971，拟合优度很高，然而 *DWS* 和 *DQS* 对应的 Prob 值分别为 0.331 和 0.575 3，都大于 0.1，说明这两个变量对应的 t 统计量较小，表现为 R^2 很大，t 很小，可能存在多重共线性。选中四个解释变量，点击右键“Open/as Group/View/Correlations”，便得到解释变量之间的相关系数。

表 8-3　各解释变量之间的相关系数

	CSX	*DQS*	*DWS*	*HYS*
CSX	1	0.752	0.827	0.934
DQS	0.752	1	0.912	0.809
DWS	0.827	0.912	1	0.910
HYS	0.934	0.809	0.910	1

从表 8-3 可以看出各解释变量之间的相关系数最小的是 0.752，都很接近于 1，可以认为模型存在多重共线性。为了进一步检测模型是否具有多重共线性，可做如下辅助回归

$$CSX_i = \beta_0 + \beta_1 HYS_i + \beta_2 DQS_i + \beta_3 DWS_i + u_i \tag{8-21}$$

$$HYS_i = \beta_0 + \beta_1 CSX_i + \beta_2 DQS_i + \beta_3 DWS_i + u_i \tag{8-22}$$

$$DQS_i = \beta_0 + \beta_1 CSX_i + \beta_2 HYS_i + \beta_3 DWS_i + u_i \tag{8-23}$$

$$DWS_i = \beta_0 + \beta_1 CSX_i + \beta_2 HYS_i + \beta_3 DQS_i + u_i \tag{8-24}$$

从表 8-4 知，辅助回归方程（8-21）至方程（8-24）都通过了 1%显著水平下的 F 检验。这说明四个解释变量中的每个变量都可由另外三个变量线性表示，即存在多重共线性。在得到辅助回归方程的判定系数的情况下，还可以通过容许度和方差膨胀因子来进行判别，直接将判定系数代入式（8-11）和式（8-13）即可，这里就不详述了。

表 8-4　辅助回归的相关结果

回归方程	R^2	Prob（F-statistic）	*F* 值是否显著（1%的显著水平）
(1)	0.878	0.000 0	是
(2)	0.935	0.000 0	是
(3)	0.837	0.000 0	是
(4)	0.922	0.000 0	是

以下采用逐步回归法排除多重共线性。

分别做 FWL 与 CSX 、HYS、DQS、DWS 间的回归，得回归方程如下

$$FWL_i = 31\,549.98 - 8\,077.87CSX_i \tag{8-25}$$
$$(0.000\,0) \qquad (0.000\,0)$$
$$R^2 = 0.967 \quad F = 559.43 \quad D.W. = 0.474$$

$$FWL_i = 29\,663.31 - 14\,277.58HYS_i \tag{8-26}$$
$$(0.000\,0) \qquad (0.000\,0)$$
$$R^2 = 0.905 \quad F = 181.25 \quad D.W. = 0.173$$

$$FWL_i = 17\,493.79 - 2\,679.98DQS_i \tag{8-27}$$
$$(0.000\,0) \qquad (0.000\,1)$$
$$R^2 = 0.580 \quad F = 26.26 \quad D.W. = 0.255$$

$$FWL_i = 15\,590.09 - 115.61DWS_i \tag{8-28}$$
$$(0.000\,0) \quad (0.000\,0)$$
$$R^2 = 0.698 \quad F = 43.85 \quad D.W. = 0.460$$

可见，农民工就业受城乡分割程度的影响最大，因此选择模型（8-25）作为初始回归模型，将其他解释变量逐个引入，寻找最优回归方程（见表8-5）。

表 8-5 逐步回归法

c	CSX	HYS	DQS	DWS	R^2
31 549.98	−8 077.87				0.967
0.000 0	0.000 0				
31 537.84	−6 103.68	−3 861.87			0.976
0.000 0	0.000 0	0.022 4			
31 654.77	−6 100.14	−4 046.63	51.79		0.976
0.000 0	0.000 0	0.036 5	0.821 8		
32 507.57	−5 982.00	−5 151.73		10.96	0.977
0.000 0	0.000 0	0.028 2		0.396 3	

第 1 步：在初始模型中引入 HYS，模型拟合优度提高，参数符号合理，变量也通过了显著性检验。因此，在模型中保留 HYS。

第 2 步：在引入 HYS 的基础上，继续引入 DQS，模型的拟合优度没有发生改善，变量也没能通过显著性检验，参数的经济意义也不合理。因此，在模型中不应保留 DQS。

第 3 步：去掉 DQS，引入 DWS，模型的拟合优度出现微小的改观，但是变量没能通过显著性检验，参数的经济意义也合理。因此，在模型中不应保留 DWS。

第 2 步和第 3 步表明，变量 DQS 和 DWS 是多余的。因此，最优的农民工就业模型为

$$FWL_i = 31\,537.84 - 6\,103.68CSX_i - 3\,861.87HYS_i$$

这个结果说明农民工就业难的障碍主要是城乡分割造成的，另外，行业分工也是农民工就业难的原因。

案例 8-2

从理论上说，某种商品的需求量通常是消费者实际收入、该商品实际价格以及竞争商品和互补商品实际价格的函数，我们用鸡肉消费量的例子来验证这一理论，数据如表 8-6 所示。

表 8-6 美国 1960～1982 年对鸡肉的需求数据

时　间	人均鸡肉消费（磅）	人均实际可支配收入（美元）	鸡肉实际零售价格（美元/磅）	猪肉实际零售价格（美元/磅）	牛肉实际零售价格（美元/磅）
1960	27.8	397.5	42.2	50.7	78.3
1961	29.9	413.3	38.1	52.0	79.2
1962	29.8	439.2	40.3	54.0	79.2
1963	30.8	459.7	39.5	55.3	79.2
1964	31.2	492.9	37.3	54.7	77.4
1965	33.3	528.6	38.1	63.7	80.2
1966	35.6	560.3	39.3	69.8	80.4
1967	36.4	624.6	37.8	65.9	83.9
1968	36.7	666.4	38.4	64.5	85.5
1969	38.4	717.8	40.1	70.0	93.7
1970	40.4	768.2	38.6	73.2	106.1
1971	40.3	843.3	39.8	67.8	104.8
1972	41.8	911.6	39.7	79.1	114.0
1973	40.4	931.1	52.1	95.4	124.1
1974	40.7	1 021.5	48.9	94.2	127.6
1975	40.1	1 165.9	58.3	123.5	142.9
1976	42.7	1 349.6	57.9	129.9	143.6
1977	44.1	1 449.4	56.5	117.6	139.2
1978	46.7	1 575.5	63.7	130.9	165.5
1979	50.6	1 759.1	61.6	129.8	203.3
1980	50.1	1 994.2	58.9	128.0	219.6
1981	51.7	2 258.1	66.4	141.0	221.6
1982	52.9	2 478.7	70.4	168.2	232.6

资料来源：施图德蒙德．应用计量经济学［M］．杜江，李恒，译．北京：机械工业出版社，2011.

1. 建立模型

可以建立多元回归模型

$$Y_t = \alpha + \beta_1 X_{1t} + \beta_2 X_{2t} + \beta_3 X_{3t} + \beta_4 X_{4t} + \mu_t \tag{8-29}$$

我们用 Y 表示人均鸡肉消费、X_1 表示人均实际可支配收入、X_2 表示鸡肉实际零售价格、X_3 表示猪肉实际零售价格、X_4 表示牛肉实际零售价格。

2. 多重共线检验

在工作文件窗口下，依次选择变量 Y、X_1、X_2、X_3 和 X_4，点右键“Opcn/as Eqution”，出现对话框后直接点击“OK”，就会得到如表 8-7 所示的估计结果。

表 8-7 鸡肉需求模型估计结果

Dependent Variable：Y

Method：Least Squares

Date：02/07/15 Time：21：34

Sample：1960 1982

Included observations：23

Variable	Coefficient	Std. Error	t-Statistic	Prob.
X_1	0.005 011	0.004 893	1.024 083	0.319 4
X_2	−0.611 174	0.162 849	−3.753 010	0.001 5
X_3	0.198 409	0.063 721	3.113 734	0.006 0
X_4	0.069 503	0.050 987	1.363 144	0.189 6
C	37.232 36	3.717 695	10.014 90	0.000 0
R-squared	0.942 580	Mean dependent var		39.669 57
Adjusted R-squared	0.929 821	S. D. dependent var		7.372 950
S. E. of regression	1.953 198	Akaike info criterion		4.366 473
Sum squared resid	68.669 69	Schwarz criterion		4.613 320
Log likelihood	−45.214 44	F-statistic		73.870 52
Durbin-Watson stat	1.065 034	Prob(F-statistic)		0.000 000

从表 8-7 可以看出，尽管判定系数 R^2 大约为 0.943，调整后的判定系数 $\bar{R}^2$ 约为 0.930，拟合优度很高，但 X_1 和 X_2 对应的 P 值分别为 0.319 4 和 0.189 6，都大于 0.1，说明这两个变量在 10%的显著水平下均不显著。因此，R^2 很大、t 值却很小，由此，由这种现象就可以推断可能有多重共线性的问题。

通过相关系数也可以判断是否存在多重共线性。在工作文件窗口下，选中 X_1、X_2、X_3 和 X_4 这四个解释变量，点击右键“Open/as Group/View/Correlations”，就得到了解释变量之间的相关系数。表 8-8 给出了各变量间的相关系数。

表 8-8 方程（8-29）解释变量相关系数

	X_1	X_2	X_3	X_4
X_1	1.00	0.93	0.96	0.99
X_2	0.93	1.00	0.97	0.93
X_3	0.96	0.97	1.00	0.94
X_4	0.99	0.93	0.94	1.00

从表 8-8 可以看出，解释变量之间的相关系数都很高，X_1 与 X_2 的相关系数为 0.93，X_1 与 X_3 的相关系数为 0.96，X_1 与 X_4 的相关系数为 0.99。X_2、X_3、X_4 相互之间的相关系数也很高。因此，可以认为解释变量之间存在多重共线性。为了进一步检测模型是否具有多重共线性，应用判定系数检验法，可做辅助回归，对每个解释变量与其他解释变量进行回归。

$$X_{1t} = -309.642 - 8.566X_{2t} + 6.809X_{3t} + 9.164X_{4t} \quad (8\text{-}30)$$

$$R^2 = 0.981 \quad F = 327.44$$

$$X_{2t} = 16.57 - 0.008X_{1t} + 0.300X_{3t} + 0.099X_{4t} \quad (8-31)$$

$$R^2 = 0.947 \quad F = 113.37$$

$$X_{3t} = -17.30 + 0.040X_{1t} + 1.960X_{2t} - 0.224X_{4t} \quad (8-32)$$

$$R^2 = 0.966 \quad F = 177.66$$

$$X_{4t} = 20.36 + 0.084X_{1t} + 1.008X_{2t} - 0.350X_{3t} \quad (8-33)$$

$$R^2 = 0.974 \quad F = 245.49$$

式（8-30）到式（8-33）的 R^2 都超过了0.9，并且 F 检验表明所有模型在统计意义下都是显著的，因此，式（8-29）中每个解释变量与其他解释变量高度共线。

3. 消除多重共线性

运用第8.4.2节中"删去模型中次要的或可替代的解释变量"方法来消除多重共线性。分别从式（8-29）中删除 X_1、X_2、X_3、X_4，然后重新估计，得到以下四个公式

$$Y = 35.68 - 0.654X_{2t} + 0.233X_{3t} + 0.115X_{4t} \quad (8-34)$$

$$R^2 = 0.939 \qquad F = 97.89$$

$$Y = 27.103 + 0.010X_{1t} + 0.015X_{3t} + 0.009X_{4t} \quad (8-35)$$

$$R^2 = 0.898 \qquad F = 55.55$$

$$Y = 33.799 + 0.013X_{1t} - 0.222X_{2t} + 0.025X_{4t} \quad (8-36)$$

$$R^2 = 0.912 \qquad F = 65.35$$

$$Y = 38.65 + 0.011X_{1t} - 0.541X_{2t} + 0.174X_{3t} \quad (8-37)$$

$$R^2 = 0.937 \qquad F = 93.65$$

比较上述四个公式，式（8-34）的判定系数 R^2 最大，为0.937，而原方程（8-29）的 R^2 为0.943，因此 X_1 对 Y 的解释能力只贡献了0.006，换句话说，仅仅贡献了0.6%，可以认为若把解释变量 X_1 删除后对式（8-29）的影响不大。接着，在方程（8-34）剔除 X_1 的基础上，继续把 X_2、X_3、X_4 分别从方程（8-34）删除重新回归，结果发现判定系数 R^2 下降幅度均很大，因此，最终的模型为

$$Y = 35.68 - 0.654X_{2t} + 0.233X_{3t} + 0.115X_{4t}$$
$$(10.49) \quad (-4.15) \quad (4.28) \quad (4.74)$$

模型的结果说明鸡肉的需求量主要取决于价格，鸡肉自身的价格越高，需求量就越少，猪肉和牛肉的价格越高，作为替代品的鸡肉的需求量就越高，这些都符合经济理论。

思考与练习

1. 请解释下列名词：多重共线性　完全共线性　近似共线性　容许度　方差膨胀因子　判断系数法　逐步回归法

2. 一元回归模型存在多重共线性吗？为什么？

3. 多元回归模型存在完全共线性时，参数能被估计吗？为什么？那么近似共线性的情

况呢？

4. 多重共线性产生的原因是什么？试举例说明。

5. 多重共线性会产生什么后果？有哪些方法可以用于修正多重共线性？

6. 为了研究服装消费量的影响因素，有如下模型：

$$Y_i = \beta_0 + \beta_1 X_{1i} + \beta_2 X_{2i} + \beta_3 X_{3i} + \beta_4 X_{4i} + \mu_i$$

式中，Y 为服装消费量，X_1 为可支配收入，X_2 为流动资产，X_3 为服装价格指数，X_4 为一般价格指数。利用 35 期的相关数据进行估计之后得到如下回归结果：

$$\hat{Y}_i = -12.74 + 0.146X_{1i} + 0.058X_{2i} - 0.207X_{3i} + 0.792X_{4i}$$
$$(-1.67) \quad (3.89) \quad (0.47) \quad (-0.81) \quad (4.66)$$
$$R^2 = 0.968 \quad F = 879.75$$

请问：

(1) 根据经济理论或者常识来推断，估计出的回归系数的符号应该是什么？你的推断结果与估计结果是不是一致的？

(2) 在 10%显著水平下，请进行变量的显著水平检验和模型的整体显著性检验。

(3) 如果检验出有的变量不显著，能认为是多重共线性造成的吗？请说明理由。

7. 表 8-9 列出的是 1990～2000 年某市的地方预算内财政收入（Y）与国内生产总值（X_1）、国内商品零售价格指数（X_2）的数据。完成以下要求：

(1) 建立多元回归模型并用最小二乘法估计。

(2) 检验 X_1 与 X_2 之间是否存在严重的多重共线性。

(3) 如果存在多重共线性，如何解决多重共线性的影响？给出解决这一问题的回归方程。

表 8-9 某市 1990～2000 年的地方预算内财政收入与国内生产总值数据

年份	Y（亿元）	X_1（亿元）	X_2（1978=100）	年份	Y（亿元）	X_1（亿元）	X_2（1978=100）
1990	21.703 7	18 667.8	281.7	1996	131.749 0	71 176.6	552.6
1991	27.329 1	21 781.5	307.6	1997	144.770 9	78 973.0	603.9
1992	42.959 9	26 923.5	351.4	1998	164.906 7	84 402.3	651.2
1993	67.250 7	35 333.9	400.4	1999	184.790 8	89 677.1	700.9
1994	74.399 2	48 197.9	452.8	2000	225.021 2	99 214.6	759.9
1995	88.017 4	60 793.7	502.3				

8. 表 8-10 列出的是某地区 1995～2004 年食品需求量 Y、可支配收入 X_1、食品类价格指数 X_2、物价总指数 X_3 和流动资产拥有量 X_4 的数据资料。

表 8-10 某地区 1995～2004 年食品需求以及相关数据

年份	食品需求量（亿元）	可支配收入（亿元）	食品类价格指数（1995 年=100）	物价总指数（1995 年=100）	流动资产拥有量（亿元）
1995	84	829	92	94	171
1996	96	880	93	96	213

（续）

年　份	食品需求量（亿元）	可支配收入（亿元）	食品类价格指数（1995年=100）	物价总指数（1995年=100）	流动资产拥有量（亿元）
1997	104	999	96	97	251
1998	114	1 053	94	97	290
1999	122	1 177	100	100	340
2000	142	1 310	101	101	400
2001	158	1 482	105	104	440
2002	179	1 618	112	109	490
2003	193	1 742	112	111	510
2004	208	1 847	112	111	530

要求：

（1）检验变量间的多重共线性。

（2）利用逐步回归法，建立适当的回归方程。

9. 表8-11是某地区1990～2007年居民消费水平Y、人均GDP X_1、城乡居民平均可支配收入X_2、消费者价格指数X_3和城乡居民家庭平均恩格尔系数X_4的数据资料。

表8-11　某地区居民消费水平相关数据

年　份	居民消费水平（元）	人均GDP（元）	城乡居民平均可支配收入（元）	消费者价格指数（上一年=100）	恩格尔系数（%）
1990	833	1 644.0	1 098.30	103.1	56.50
1991	932	1 892.8	1 204.60	103.4	55.70
1992	1 116	2 311.1	1 405.30	106.4	55.30
1993	1 393	2 998.4	1 749.50	114.7	54.20
1994	1 833	4 044.0	2 358.60	124.1	54.45
1995	2 355	5 045.7	2 930.40	117.1	54.35
1996	2 789	5 845.9	3 382.50	108.3	52.55
1997	3 002	6 420.2	7 250.40	102.8	50.85
1998	3 159	6 796.0	3 793.60	99.2	49.05
1999	3 346	7 158.5	4 032.20	98.6	47.35
2000	3 632	7 857.7	4 266.70	100.4	44.25
2001	3 869	8 621.7	4 613.00	100.7	42.95
2002	4 106	9 398.1	4 087.45	99.2	41.95
2003	4 411	10 542.0	5 547.20	101.2	41.35
2004	4 925	12 335.6	6 179.00	103.9	43.95
2005	5 463	14 053.0	6 875.45	101.8	41.10
2006	6 138	16 165.0	7 673.30	101.5	39.40
2007	7 081	18 934.0	8 963.10	104.8	39.70

（1）检验变量间是否存在多重共线性。

（2）利用逐步回归法，建立适当的回归方程。

PART 3

第三篇 联立方程模型的理论及其应用

第9章 联立方程模型和识别

前面几章讲述的单方程模型只能描述变量之间的单向因果关系，也就是说，某一被解释变量的变化是由若干解释变量的变化引起的，而被解释变量的变化不会对解释变量产生作用。但是在现实的经济系统中，经济现象是错综复杂的，这种只有单向因果关系的经济现象却很少，很多经济现象都表现为解释变量和被解释变量之间是相互影响的。例如，在宏观经济学中，我们知道在经济处于萧条的状态下，政府采取积极的财政政策，通过增加投资可以提高国民收入水平，根据消费理论，国民收入水平的提高可以促进消费支出的增加，而消费支出的增加又会促进国民收入的增加，表现为消费与收入之间呈现一种双向的互动关系。因此，就需要建立含有多个方程的方程组模型，被称为联立方程模型，描述相互影响的经济现象或经济系统，充分反映变量间相互依赖相互交错的因果关系，揭示经济系统中各部分、各因素之间的数量关系和系统的数量特征，对经济系统进行预测、分析和评价。同时，要探讨参数能否估计出来，也就是探讨联立方程模型中的每个参数是否有解，如果参数存在解，用什么方法进行估计。

9.1 联立方程模型的概念

9.1.1 联立方程模型的实例

为了说明联立方程模型，我们以一个熟知的经典宏观经济模型——凯恩斯宏观经济模型为例，这个模型可以通过下面几个方程构成的方程组来描述。

$$Y_t = C_t + I_t + G_t \tag{9-1}$$

$$C_t = \alpha_0 + \alpha_1 Y_t + \mu_{1t} \tag{9-2}$$

$$I_t = \beta_0 + \beta_1 Y_t + \beta_2 Y_{t-1} + \mu_{2t} \tag{9-3}$$

式中，Y_t、C_t、I_t、G_t 分别表示第 t 期的国内生产总值、居民消费支出、民间投资支出和政府支出，μ_{1t} 和 μ_{2t} 为随机干扰项，α_0、α_1、β_0、β_1 和 β_2 为对应变量的参数。这个联立方程组就是一个简单的描述宏观经济的联立方程计量经济学模型。

在上面的方程组中，方程（9-1）为收入方程，方程（9-2）为消费方程，方程（9-3）

为投资方程。在这个由3个方程组成的模型中，政府支出是由系统外部给定的，并对系统内部其他变量产生直接或间接影响，而国内生产总值、居民消费支出和民间投资支出是相互影响并互为因果的。事实上，国民收入的变化，分别通过方程（9-2）和方程（9-3）直接影响居民消费和民间投资支出，而居民消费支出和民间投资支出的变化通过方程（9-1）对国民收入产生直接影响；民间投资支出的变化通过直接影响国民收入，间接地影响了居民消费；同样，居民消费支出的变化通过直接影响国民收入，又间接地影响了民间投资。可见，国民收入 Y_t 已经不是确定性变量，而是一个随机变量（因为 C_t 和 I_t 受随机干扰项的影响，是随机变量，C_t 和 I_t 又影响 Y_t，所以 Y_t 也是随机变量）。

另外，方程（9-2）中随机干扰项 μ_{1t} 通过影响居民消费 C_t，然后 C_t 又通过方程（9-1）影响国民收入 Y_t。显然，这种现象违背了单方程模型中随机干扰项 μ_{1t} 与 Y_t 不相关的假设。如果采用先前学过的普通最小二乘法直接对方程（9-2）的参数 α_0 和 α_1 进行估计，就会得到参数 α_0 和 α_1 的估计量是有偏估计量。

9.1.2　联立方程模型中的变量

在单方程模型中，我们将变量区分为解释变量和被解释变量，解释变量是原因，被解释变量是结果。联立方程模型反映变量之间的双向因果关系，虽然对联立方程模型中的每个随机方程而言，仍然有解释变量和被解释变量的区分，但在整个模型中，变量不能再通过解释变量和被解释变量进行区分。同一个变量，在模型中的一个方程中是解释变量，而在另外一个方程中有可能是一个被解释变量。因此，在联立方程模型中，根据每个变量的内在含义与作用，将变量分为内生变量和前定变量两类，而前定变量包含外生变量和前定内生变量。

1. 内生变量

内生变量是指由联立方程组模型构成的经济系统中本身决定的变量。内生变量可以受模型中其他变量的影响，也可以影响其他的内生变量。也就是说，内生变量既可以是模型的被解释变量，也可以是模型的解释变量。一般情况下，内生变量 Y_t 受模型中的随机干扰项的影响，满足

$$\mathrm{Cov}(Y_t, \mu_t) \neq 0$$

因此，内生变量为随机变量。

通常，联立方程组模型中每个方程左边的变量都是内生变量。例如，在前面讲到的宏观经济的联立方程计量经济学模型中，方程（9-1）中的国民收入 Y_t、方程（9-2）的居民消费支出 C_t 和方程（9-3）的民间投资 I_t 都为内生变量。

2. 外生变量

外生变量是由联立方程组模型构成的经济系统外决定的变量，直接或间接影响模型中的其他所有内生变量，但不受系统中其他变量的影响。显然，外生变量 X_t 不受随机干扰项的影响，满足

$$\mathrm{Cov}(X_t, \mu_t) = 0$$

需要注意的是，在许多情况下，外生变量是人为假定的，它和我们所要考察的系统有关。对于某个变量，在一个联立方程模型中可能是外生变量，而在另一个联立方程模型中却有可能是内生变量。外生变量一般是经济变量、政策变量、虚拟变量，可以取当期和滞后期。例如，在宏观经济的联立方程模型的方程（9-1）中，G_t 为外生变量。

3. 前定内生变量

具有滞后期的内生变量称为前定内生变量，它可以反映经济系统的连续性和动态特征。外生变量和前定内生变量统称为前定变量。一般在联立方程模型中，前定变量是解释变量，它影响模型中的其他（当期）内生变量，但不受它们影响，因此，只能在当期的方程中作为解释变量，且与其中的随机干扰项独立。也就是说，前定变量中的外生变量 X_t 和前定内生变量 Y_t 满足

$$\mathrm{Cov}(X_{t-s}, \mu_t) = 0 \quad s = 0, 1, 2, \cdots$$

$$\mathrm{Cov}(Y_{t-s}, \mu_t) = 0 \quad s = 1, 2, \cdots$$

例如，宏观经济的联立方程模型中，方程（9-3）中的国民收入 Y_{t-1} 就是前定内生变量。

9.1.3 联立方程模型中的方程

联立方程模型中的方程，基本上包含四类。

1. 行为方程

行为方程是反映经济活动主体，如政府、企业、团体、居民的经济行为方式的函数关系式。例如，在宏观经济的联立方程模型中，投资方程（9-3）就是行为方程，反映了投资者的决策行为。

2. 技术方程

技术方程是指基于客观经济技术关系而建立的函数关系式。例如，柯布－道格拉斯生产函数，简称 C-D 函数，就是技术方程，反映了投入与产出之间的经济技术关系。

3. 制度方程

制度方程是指与法律、法令、规章制度有直接关系的经济变量方程式。例如，税收方程中的税率是由税收制度决定的，为制度方程。

4. 定义方程

定义方程分为两种，一种是根据经济理论定义的恒等式。例如，宏观经济的联立方程模型中，收入方程（9-1）就是根据支出法定义的恒等式，是一个定义方程。另一种是表示综合或局部均衡条件的均衡方程式。例如，在一个某种商品的供给需求系统中，均衡条件是商品的需求量等于商品的供给量，这个均衡式就是一个定义方程。

行为方程和技术方程通常都是随机性方程，其参数未知，需要进行估计。制度方程和定义方程都是确定性方程，不包含随机干扰项，也不包含待估计的参数，也就是说，参数已知，不需估计。制度方程和定义方程都对联立方程模型中的内生变量产生了重要作用。

9.2　结构式模型与简化式模型

根据计量经济分析的不同需求，联立方程模型也可以采用不同形式的模型。联立方程模型可为结构式模型和简化式模型两种形式。

假定：在联立方程模型中，$Y_i(i=1, 2, \cdots, m)$ 表示内生变量，共有 m 个，$X_i(i=1, 2, \cdots, k)$ 表示前定变量，共有 k 个，$\mu_i(i=1, 2, \cdots, m)$ 表示第 i 个方程中的随机干扰项。

9.2.1　结构式模型

结构式模型是指直接描述经济变量之间影响关系的模型。结构式模型中的方程称为结构式方程，结构式方程中变量的参数称为结构式参数。结构式模型的一般形式如下

$$\begin{aligned}
&\beta_{11}Y_{1t}+\beta_{12}Y_{2t}+\cdots+\beta_{1m}Y_{mt}+\gamma_{10}X_{0t}+\gamma_{11}X_{1t}+\cdots+\gamma_{1k}X_{kt}=\mu_{1t}\\
&\beta_{21}Y_{1t}+\beta_{22}Y_{2t}+\cdots+\beta_{2m}Y_{mt}+\gamma_{20}X_{0t}+\gamma_{21}X_{1t}+\cdots+\gamma_{2k}X_{kt}=\mu_{2t}\\
&\qquad\vdots\\
&\beta_{m1}Y_{1t}+\beta_{m2}Y_{2t}+\cdots+\beta_{mm}Y_{mt}+\gamma_{m0}X_{0t}+\gamma_{m1}X_{1t}+\cdots+\gamma_{mk}X_{kt}=\mu_{mt}
\end{aligned}\tag{9-4}$$

在结构式联立方程模型（9-4）中

（1）有 m 个方程和 m 个内生变量，分别为 Y_1，Y_2，…，Y_m。

（2）包括常数项，有 $k+1$ 个前定变量，分别为 X_0，X_1，X_2，…，X_k；如果模型中有常数项，则可以把这个常数项看成一个外生的虚拟变量 X_0，其观测值始终为1。

（3）结构性干扰项为：μ_{1t}，μ_{2t}，…，μ_{mt}。

（4）$\beta_{ij}(i, j=1, 2, \cdots, m)$ 表示内生变量的结构参数，是联立方程模型的第 i 个结构方程中的对应的第 j 个内生变量的参数。

（5）$\gamma_{ij}(i=1, 2, \cdots, m; j=0, 1, \cdots, k)$ 表示前定变量的结构参数，是联立方程模型的第 i 个结构方程中的对应的第 j 个前定变量的参数。

（6）$t(t=1, 2, \cdots, n)$ 表示第 t 期的样本观测值。

需要注意的是，结构参数只反映了联立方程模型中每个解释变量对被解释变量的直接影响，而没有包含解释变量对被解释变量的间接影响。前定变量对内生变量的总影响由直接影响和间接影响两部分组成的结论将会在简约式模型中得到证实。

例如，方程（9-1）至方程（9-3）构成的联立方程模型就是一个结构式模型。

9.2.2　简约式模型

简约式模型是指模型的内生变量都用模型的前定变量和随机干扰项表示的模型。在简约式模型中，内生变量直接作为被解释变量，并且每个方程只有一个内生变量，前定变量作为解释变量。

在一定条件下（内生变量对应的结构参数矩阵是满秩矩阵），我们可以根据结构式模型

求出简约式模型。简约式模型的具体形式为

$$
\begin{aligned}
Y_{1t} &= \pi_{10} X_{0t} + \pi_{11} X_{1t} + \cdots + \pi_{1k} X_{kt} + \nu_{1t} \\
Y_{2t} &= \pi_{20} X_{0t} + \pi_{21} X_{1t} + \cdots + \pi_{2k} X_{kt} + \nu_{2t} \\
&\vdots \\
Y_{mt} &= \pi_{m0} X_{0t} + \pi_{m1} X_{1t} + \cdots + \pi_{mk} X_{kt} + \nu_{mt}
\end{aligned}
\tag{9-5}
$$

方程（9-5）为结构式模型（9-4）所对应的简约式模型，简约式模型中的方程称为简约式方程，简约式模型中的参数称为简约式参数。

例如，方程（9-1）至方程（9-3）构成的结构式模型的简约式模型为

$$
\begin{aligned}
Y_t &= \pi_{10} + \pi_{11} Y_{t-1} + \pi_{12} G_t + \nu_{1t} \\
C_t &= \pi_{20} + \pi_{21} Y_{t-1} + \pi_{22} G_t + \nu_{2t} \\
I_t &= \pi_{30} + \pi_{31} Y_{t-1} + \pi_{32} G_t + \nu_{3t}
\end{aligned}
\tag{9-6}
$$

式中，

$$
\pi_{10} = \frac{\alpha_0 + \beta_0}{1 - \alpha_1 - \beta_1} \qquad \pi_{11} = \frac{\beta_2}{1 - \alpha_1 - \beta_1} \qquad \pi_{12} = \frac{1}{1 - \alpha_1 - \beta_1}
$$

$$
\pi_{20} = \frac{\alpha_0 - \alpha_0\beta_1 + \alpha_1\beta_2}{1 - \alpha_1 - \beta_1} \qquad \pi_{21} = \frac{\alpha_1\beta_2}{1 - \alpha_1 - \beta_1} \qquad \pi_{22} = \frac{\alpha_1}{1 - \alpha_1 - \beta_1}
$$

$$
\pi_{30} = \frac{\beta_0 - \alpha_1\beta_0 + \alpha_0\beta_1}{1 - \alpha_1 - \beta_1} \qquad \pi_{31} = \frac{\beta_2 - \alpha_1\beta_2}{1 - \alpha_1 - \beta_1} \qquad \pi_{32} = \frac{\beta_1}{1 - \alpha_1 - \beta_1}
$$

以上 9 个简约式参数建立了和结构式参数之间的关系。一方面，在估计出简约式参数后，利用简约式参数与结构式参数之间的关系，就有可能得到结构式参数。另一方面，简约式参数反映了前定变量对内生变量总的影响，是直接影响和间接影响之和，这点尤为重要。例如

$$
\pi_{31} = \frac{\beta_2 - \alpha_1\beta_2}{1 - \alpha_1 - \beta_1} = \beta_2 + \frac{\beta_1\beta_2}{1 - \alpha_1 - \beta_1}
$$

它反映了前定内生变量 Y_{t-1} 对 I_t 的影响，由两部分构成，前一项 β_2 是结构方程中 Y_{t-1} 对 I_t 的直接影响；后一项 $\frac{\beta_1\beta_2}{1-\alpha_1-\beta_1}$ 是 Y_{t-1} 对 I_t 的间接影响，首先，Y_{t-1} 影响 I_t，而后 I_t 通过方程（9-1）影响 Y_t，进而 Y_t 通过方程（9-2）影响了 C_t，当然 Y_t 通过方程（9-3）也又影响了 I_t，因此，后一项反映的是 Y_{t-1} 对 I_t 的间接影响。

9.3 模型识别以及识别方法

9.3.1 模型识别的定义

我们已经知道，结构式模型和简约式模型是联立方程组模型的两种基本形式。尽管结构式模型能够直接反映经济变量的解释和被解释关系，我们需要最终得到结构参数估计值，但是，结构式模型中的解释变量和随机干扰项不是独立的，这导致直接用结构式模型来进行参

数估计就会产生有偏性和非一致性。简约式模型中的前定变量和随机干扰项是独立的，运用普通最小二乘法得到的参数估计量具有无偏性和一致性。

一般情况下，我们可以先对简约式模型进行估计，然后通过结构式参数和简约式参数之间的关系来推导出结构式模型的参数估计值。之所以对模型识别，是因为从两个以上的结构方程构成的结构模型中，会得到相同的简约式方程。也就是说，我们面临的一个问题是，能否用简约式参数推导出结构式参数。我们称这个问题为联立方程组模型的识别问题。因此，模型识别的本质是对于给定的结构式模型，判断有无可能求出有意义的结构式参数值。

如果联立方程模型中某个结构式方程的参数估计值，在已知简约式模型参数估计值的条件下，可以通过两种模型参数关系体系求解出来，则称该方程是可识别的，反之，则称方程不可识别。

对于某一可以识别的结构式方程，如果方程中的参数有唯一一组估计值，则称该方程恰好识别；如果方程中的参数有有限组估计值，则称该方程过度识别。

对于一个可以识别的模型，如果模型中所有的随机方程都是恰好识别的，则称该模型恰好识别；如果模型中存在过度识别的随机方程，则称该模型过度识别。

9.3.2　模型识别的方法

在第 9.3.1 节中，我们已经看到，从理论上讲，可以采用模型的简约式来识别结构式联立方程模型中某个随机方程的识别问题。但是，对于一个具体的结构方程，为了确定是不可识别、可识别还是过度识别，采用简约式参数和结构式参数之间的关系进行处理过于烦琐，甚至当结构式模型中的方程，特别是随机方程的数量很多时，采用简约式参数和结构式参数之间的关系进行处理几乎成为不可能。因此，需要新的更好、更快捷的有效识别方法。这些新的方法主要有阶条件和秩条件的识别方法。

1. 模型识别的阶条件

假定：联立方程模型的结构式模型为方程（9-4），m 为模型中的内生变量个数，k 为模型中的前定变量个数，m_i、k_i 分别表示 i 个结构方程（随机方程）中包含的内生变量和前定变量个数。

当第 i 个结构方程是可识别时，则满足

$$k-k_i \geqslant m_i-1 \tag{9-7}$$

进一步讲，如果 $k-k_i=m_i-1$，则第 i 个结构方程是可识别的；如果 $k-k_i>m_i-1$，则第 i 个结构方程是过度识别的。

不难看出，第 i 个结构方程是可识别的等价条件是满足

$$(m+k)-(m_i+k_i) \geqslant m-1 \tag{9-8}$$

方程（9-8）的左端表示没有包含在第 i 个结构方程中的变量个数，右端为整个模型中的变量总数减去 1。因此，方程（9-8）显示：第 i 个结构方程是可识别时，该方程所不包含的变量数不小于模型中的内生变量数减 1。当相等时，方程恰好识别，大于时为过度识别。

在结构式模型中，内生变量的个数和包含的方程个数相等，因此，我们需要对 m 个方程进行识别，当其全部满足识别的阶条件时，模型才满足识别的阶条件。

模型识别的阶条件只是模型识别的必要条件，并不能保证模型可以识别，如果要保证模型可以识别就要用到模型识别的充要条件——模型识别的秩条件。

例如，考察方程（9-1）至方程（9-3）构成的联立方程模型

$$
\begin{aligned}
Y_t &= C_t + I_t + G_t \\
C_t &= \alpha_0 + \alpha_1 Y_t + \mu_{1t} \\
I_t &= \beta_0 + \beta_1 Y_t + \beta_2 Y_{t-1} + \mu_{2t}
\end{aligned} \tag{9-9}
$$

在模型（9-9）中，内生变量有国民收入 Y_t、居民消费支出 C_t 和民间投资 I_t，共计 3 个；前定变量有政府支出 G_t，前定内生变量 Y_{t-1}，共计 2 个。

表 9-1 给出了阶条件的模型识别结果，居民消费支出方程是过度识别，民间投资支出方程恰好识别。

表 9-1 阶条件的模型识别结果

随机方程	模型中的变量数		方程中的变量数		阶条件	结论
	m	k	m_i	k_i	$k-k_i \geqslant m_i-1$	
居民消费	3	2	2	0	2>1	过度识别
民间投资	3	2	2	1	1=1	恰好识别

2. 模型识别的秩条件

模型识别的阶条件只是模型识别的必要条件，并不能保证模型可以识别，而模型识别的秩条件是模型识别的充分必要条件。秩条件的模型识别过程如下：

首先，求出第 i 个方程的识别矩阵，其求法如下：写出结构式模型对应的结构参数矩阵 $\boldsymbol{B\Gamma}$（常数项引入虚拟变量）；删去第 i 个结构方程对应系数所在行（第 i 行）；删去第 i 个结构方程对应系数所在行中非零系数所在的列。

然后，把剩余的元素按照原次序构成一个新的矩阵，这个矩阵被称为识别矩阵，记为 $\boldsymbol{A}_i$。于是，识别的秩条件为

$$\text{rank}(\boldsymbol{A}_i) = m-1 \tag{9-10}$$

其中，$\text{rank}(\boldsymbol{A}_i)$ 表示识别矩阵 $\boldsymbol{A}_i$ 的秩。

模型识别的秩条件就是识别的充分必要条件。如果秩条件成立，则第 i 个结构方程是可识别的；如果秩条件不成立，则第 i 个结构方程是不可识别的。

综合模型识别的阶条件和秩条件，我们对模型进行识别的基本步骤是：

第 1 步：看识别矩阵是否满足识别的秩条件。如果不满足，则模型不可以识别，如果满足，则模型可以识别，可以继续判断是否过度识别，进行第 2 步。

第 2 步：看在各方程中，模型识别的阶条件是否取等号，如果取等号，则方程为恰好识别，如果不取等号，则方程为过度识别。

例如，模型（9-9）的结构参数矩阵为

$$\begin{array}{cccccc} & Y_t & C_t & I_t & G_t & Y_{t-1} \end{array}$$

$$\begin{bmatrix} 0 & 1 & -1 & -1 & -1 & 0 \\ -\alpha_0 & -\alpha_1 & 1 & 0 & 0 & 0 \\ -\beta_0 & -\beta_1 & 0 & 1 & 0 & -\beta_2 \end{bmatrix}$$

则为了识别居民消费支出是否可识别，划去第 2 行和第 2 行非零系数对应的列，即前 3 列，就得到识别矩阵

$$\begin{bmatrix} -1 & -1 & 0 \\ 1 & 0 & -\beta_2 \end{bmatrix}$$

而这个矩阵的秩为 2，正好等于内生变量的个数减去 1，因此，居民消费支出方程是可识别的。用同样的方法，可以得到民间投资支出方程是恰好识别的。

9.3.3　模型识别方法在构造联立方程模型中的应用

建立联立方程模型的目的就是要分析和解决现实的经济问题，需要获得每一个结构参数值。因此，在建立模型的初期就必须考虑模型的识别问题，要使得联立方程模型中的每个结构方程都是可识别的，这样，才能保证模型是可识别的。

我们从模型是可识别的阶条件 $(m+k)-(m_i+k_i)\geqslant m-1$ 可以看出，如果一个结构方程中包含了模型中的所有变量，这个方程就是不可识别的，导致模型也是不可识别的。这表明如果对方程加以约束，使某些变量不包含在这个方程中，才是方程可识别的必要条件。因此，可以依据经济学的原理，在方程中保留合乎经济原理的变量，剔除不符合经济原理的变量，使方程满足阶条件。

从本质上讲，在建立联立方程模型时，要遵循如下原则：

在构造某个结构方程时，要确保该方程包含前面每一个方程中都不包含的至少一个变量，这个变量可以是内生变量，也可以是外生变量，同时也要确保前面每一个方程中都包含至少 1 个该方程所没有包含的变量，使得其满足方程识别时的阶条件。

9.4　案例分析

假设联立方程模型为

$$C_t = \alpha_0 + \alpha_1 Y_t + \mu_{1t} \tag{9-11}$$

$$I_t = \beta_0 + \beta_1 Y_t + \beta_2 Y_{t-1} + \mu_{2t} \tag{9-12}$$

$$IM_t = \gamma_0 + \gamma_1 Y_t + \mu_{3t} \tag{9-13}$$

$$Y_t - C_t + I_t + G_t + EX_t - IM_t \tag{9-14}$$

式中，含有 4 个内生变量，Y_t、C_t、I_t、IM_t 分别表示收入、消费、投资、进口；含有 3 个

前定变量，G_t、Y_{t-1}和EX_t分别指政府支出、上年收入和出口。

1. 阶条件

阶条件识别结果为消费方程、投资方程和进口方程都是过度识别的（见表9-2）。

表9-2 阶条件的模型识别结果

随机方程	模型中的变量数		方程中的变量数		阶条件	结论
	m	k	m_i	k_i	$k-k_i\geqslant m_i-1$	
消费	4	3	2	0	3>2	过度识别
投资	4	3	2	1	2>1	过度识别
进口	4	3	2	0	3>1	过度识别

2. 秩条件

将方程（9-11）至方程（9-14）写成以下形式

$$-\alpha_0+C_t+0I_t-\alpha_1Y_t-0IM_t-0EX_t-0G_t-0Y_{t-1}=\mu_{1t} \tag{9-15}$$

$$-\beta_0-0C_t+I_t-\beta_1Y_t-0IM_t-0EX_t-0G_t-\beta_2Y_{t-1}=\mu_{2t} \tag{9-16}$$

$$-\gamma_0-0C_t-0I_t-\gamma_1Y_t+IM_t-0EX_t-0G_t-0Y_{t-1}=\mu_{3t} \tag{9-17}$$

$$0-C_t-I_t+Y_t+IM_t-EX_t-G_t-0Y_{t-1}=0 \tag{9-18}$$

写出联立方程的结构参数矩阵

$$\boldsymbol{B\Gamma}=\begin{bmatrix}-\alpha_0 & 1 & 0 & -\alpha_1 & 0 & 0 & 0 & 0\\ -\beta_0 & 0 & 1 & -\beta_1 & 0 & 0 & 0 & -\beta_2\\ -\gamma_0 & 0 & 0 & -\gamma_1 & 1 & 0 & 0 & 0\\ 0 & -1 & -1 & 1 & 1 & -1 & -1 & 0\end{bmatrix} \tag{9-19}$$

下面利用秩条件判断模型的识别性。

（1）分析消费方程的识别问题。划去式（9-19）的第1行，并划去该行中非零系数所在列，形成识别矩阵$\boldsymbol{A}_1$。

$$\boldsymbol{A}_1=\begin{bmatrix}1 & 0 & 0 & 0 & -\beta_2\\ 0 & 1 & 0 & 0 & 0\\ -1 & 1 & -1 & -1 & 0\end{bmatrix} \tag{9-20}$$

$\text{rank}(\boldsymbol{A}_1)=3$，等于内生变量的个数减1，说明消费方程是可识别的。从阶条件没有取等号来看，消费方程为过度识别的。

（2）分析投资方程的识别问题。划去式（9-19）的第2行，并划去该行中非零系数所在列，形成识别矩阵$\boldsymbol{A}_2$。

$$\boldsymbol{A}_2=\begin{bmatrix}1 & 0 & 0 & 0\\ 0 & 1 & 0 & 0\\ -1 & 1 & -1 & -1\end{bmatrix} \tag{9-21}$$

$\text{rank}(\boldsymbol{A}_2)=3$，等于内生变量的个数减1，说明投资方程是可识别的。从阶条件没有取等号来看，投资方程为过度识别的。

(3) 分析进口方程的识别问题。划去式 (9-19) 的第 3 行，并划去该行中非零系数所在列，形成识别矩阵 $\boldsymbol{A}_3$。

$$\boldsymbol{A}_3=\begin{bmatrix}1 & 0 & 0 & 0 & 0\\ 0 & 1 & 0 & 0 & -\beta_2\\ -1 & -1 & -1 & -1 & 0\end{bmatrix} \tag{9-22}$$

$\mathrm{rank}(\boldsymbol{A}_3)=3$，等于内生变量的个数减 1，说明进口方程是可识别的。从阶条件没有取等号来看，进口方程为过度识别的。

最后一个方程为确定性方程，不存在识别问题。综上所述，该联立方程模型是过度识别的。

思考与练习

1. 请解释以下名词：联立方程模型　外生变量　内生变量　前定变量　不可识别　恰好识别　过度识别　结构式模型　简约式模型

2. 联立方程模型中的方程可以分为几类？其含义各是什么？

3. 联立方程计量经济学模型中的变量可以分为几类？其含义各是什么？

4. 请简述采用秩条件识别结构方程的步骤。

5. 什么是识别问题？

6. 在进行联立方程识别的时候是否可以认为只要方程符合阶条件就一定可以识别？秩条件呢？

7. 怎么才能判别一个可识别的方程是恰好识别还是过度识别的呢？

8. 请简述单方程计量经济学模型与联立方程计量经济学模型的区别。

9. 为什么不能直接采用最小二乘法对联立方程模型的参数进行估计呢？

10. 考虑以下模型

$$M_t=\alpha_0+\alpha_1 Y_t+\alpha_2 P_t+\mu_{1t}$$
$$Y_t=\beta_0+\beta_1 M_t+\mu_{2t}$$

式中，M 为货币供应量，Y 为 GDP，P 为价格总指数。

要求：

(1) 请指出该模型的合理性。

(2) 请指出模型中的内生变量、外生变量和前定变量。

(3) 以上两个方程是可识别的吗？是过度识别，还是恰好识别？

11. 以下为克莱因于 1950 年建立的用于分析美国在两次世界大战之间的经济发展的宏观经济模型，其中包括 3 个随机方程、3 个恒等方程，具体如下：

$$C_t=\alpha_0+\alpha_1 P_t+\alpha_2 P_{t-1}+\alpha_3(W_{1t}+W_{2t})+\mu_{1t}$$
$$I_t=\beta_0+\beta_1 P_t+\beta_2 P_{t-1}+\beta_3 K_{t-1}+\mu_{2t}$$

$$W_{1t}=\gamma_0+\gamma_1(Y_t+T_t-W_{2t})+\gamma_2(Y_{t-1}+T_{t-1}-W_{2t-1})+\gamma_3 t+\mu_{3t}$$
$$Y_t=C_t+I_t+G_t-T_t$$
$$P_t=Y_t-W_{1t}-W_{2t}$$
$$K_t=I_t+K_{t-1}$$

式中，C_t 为私人消费；I_t 为净投资；W_{1t}为私营部门投资；Y_t 为税后收入；P_t 为利润；K_t 为资本存量；W_{2t}为公共部门投资；T_t 为税收；t 为日历年时间，代表技术进步、劳动生产率提高等因素；G_t 为政府支出。

(1) 模型中包含哪些外生变量和哪些内生变量？

(2) 判断模型中方程的识别性。

CHAPTER 10

第10章 联立方程模型的参数估计方法

在联立方程组模型中，随机干扰项与内生变量之间存在相互依赖性，所以，普通最小二乘法（OLS）法不适宜用来估计联立方程组模型中的方程，使用OLS法所得到的结果不仅是有偏的，而且是非一致的。因此，必须用其他的方法对模型中的参数进行估计。为了估计联立方程模型中的结构参数，可以采用单方程估计法和系统估计法。

1. 单方程估计法

单方程估计法可以对每一个方程单独进行估计，不考虑模型中其他方程对该方程的约束。因为这种方法没有利用模型中其余方程对被估计方程所产生的约束等有关的信息，所以又称有限信息估计法。

单方程估计法有：

（1）普通最小二乘法（ordinary least squares，OLS）；

（2）间接最小二乘法（indirect least squares，ILS）；

（3）工具变量法（instrumental variables，IV）；

（4）二阶段最小二乘法（two stage least squares，2SLS）；

（5）有限信息最大似然法（limited information maximum likelihood，LIML）。

2. 系统估计法

系统估计法是对整个模型中所有结构方程的参数同时进行估计，因而同时决定所有参数的估计值。由于这种方法利用了模型中的全部方程的信息，所以也称方程组法，或完全信息法。

系统估计法有：

（1）三阶段最小二乘法（three stage least squares，3SLS）；

（2）完全信息最大似然法（full information maximum likelihood，FIML）。

10.1 普通最小二乘法与递归模型

尽管普通OLS法不适宜用来估计联立方程模型中方程的参数，但是，当联立方程模型是递归模型时，或者也称作三角形模型或者因果性模型时，OLS 法也适用于联立方程模型的参数估计。

为了说明对递归模型的参数估计，我们以下面的联立方程模型为例。

$$\begin{aligned} Y_{1t} &= \beta_{10} + \gamma_{11}X_{1t} + \gamma_{12}X_{2t} + \mu_{1t} \\ Y_{2t} &= \beta_{20} + \beta_{21}Y_{1t} + \gamma_{21}X_{1t} + \gamma_{22}X_{2t} + \mu_{2t} \\ Y_{3t} &= \beta_{30} + \beta_{31}Y_{1t} + \beta_{32}Y_{2t} + \gamma_{31}X_{1t} + \gamma_{32}X_{2t} + \mu_{3t} \end{aligned} \tag{10-1}$$

式中，X、Y 分别为外生变量和内生变量。每个结构式方程中的随机干扰项相互独立，也就是说，满足

$$\mathrm{Cov}(\mu_{1t}, \mu_{2t}) = \mathrm{Cov}(\mu_{1t}, \mu_{3t}) = \mathrm{Cov}(\mu_{2t}, \mu_{3t}) = 0$$

首先，考虑模型（10-1）中的第 1 个方程。因为方程的右边仅含有外生变量 X_1、X_2 和随机干扰项 μ_1，且我们假定外生变量与随机干扰项不相关，所以，该方程满足经典 OLS 法的基本假定，可以直接用 OLS 法对方程进行估计。

再考虑第 2 个方程。它不仅含有非随机的外生变量 X_1 和 X_2，还含有内生变量 Y_1 作为解释变量。由于 $\mathrm{Cov}(\mu_{1t}, \mu_{2t})=0$，所以 $\mathrm{Cov}(Y_{1t}, \mu_{2t})=0$，表明随机干扰项 μ_2 与作为解释变量的内生变量 Y_1 是不相关的。因为方程中的随机干扰项 μ_2 与解释变量 X_1、X_2 和 Y_1 不相关，所以 OLS 法同样适用于第 2 个方程。

类似地，由 $\mathrm{Cov}(\mu_{1t}, \mu_{3t})=\mathrm{Cov}(\mu_{2t}, \mu_{3t})=0$ 可得 $\mathrm{Cov}(Y_{1t}, \mu_{3t})=\mathrm{Cov}(Y_{2t}, \mu_{3t})=0$，显示随机干扰项 μ_3 与 Y_1 和 Y_2 都不相关。于是，我们也可以对第 3 个方程使用 OLS 法进行估计。

在递归模型中，不存在内生变量之间的相互依赖性。比如，Y_1 影响 Y_2，但 Y_2 不影响 Y_1。类似地，Y_1 和 Y_2 影响 Y_3，而反过来并不受 Y_3 影响。换言之，每个方程都展现一种单向的因果依赖性，因此递归性模型也称为因果性模型。因此，OLS 法可以分别应用于每一个方程。

10.2 工具变量法

工具变量法（IV 法）是一种单方程估计方法，每次只适用于模型中的一个结构方程。

10.2.1 工具变量的思想

农产品市场均衡模型

$$\begin{aligned} Q_t^d &= \alpha_0 + \alpha_1 P_t + \mu_t \quad (\text{需求}) \\ Q_t^s &= \beta_0 + \beta_1 P_t + v_t \quad (\text{供给}) \\ Q_t^d &= Q_t^s \quad (\text{均衡}) \end{aligned} \tag{10-2}$$

令 $Q_t \equiv Q_t^d = Q_t^s$，可得

$$Q_t = \alpha_0 + \alpha_1 P_t + \mu_t$$

$$Q_t = \beta_0 + \beta_1 P_t + v_t \tag{10-3}$$

显然，这两个方程中的被解释变量与解释变量完全一样。如果直接回归 $Q_t \xrightarrow{\text{OLS}} P_t$，那么估计的究竟是需求函数还是供给函数呢？二者都不是！如图 10-1 所示。

如果把线性方程组（10-3）中的（P_t，Q_t）看成未知数（内生变量），而把（μ_t，v_t）看作已知，则可以求解（P_t，Q_t）为（μ_t，v_t）的函数

$$\begin{aligned} P_t &= P_t(\mu_t, v_t) = \frac{\beta_0 - \alpha_0}{\alpha_1 - \beta_1} + \frac{v_t - \mu_t}{\alpha_1 - \beta_1} \\ Q_t &= Q_t(\mu_t, v_t) = \frac{\alpha_1\beta_0 - \alpha_0\beta_1}{\alpha_1 - \beta_1} + \frac{\alpha_1 v_t - \beta_1\mu_t}{\alpha_1 - \beta_1} \end{aligned} \tag{10-4}$$

显然，由于 P_t 为（μ_t，v_t）的函数，故 $\text{Cov}(P_t, \mu_t) \neq 0$，$\text{Cov}(P_t, v_t) \neq 0$。因此，OLS 估计值 $\hat{\alpha}_1$，$\hat{\beta}_1$ 不是 α_1，β_1 的一致估计量。我们称这种偏差为“联立方程偏差”（simultaneity bias）或“内生性偏差”（endogenety bias）。在这个例子中，我们无法从价格变化的信息中得知，究竟这种变化是由需求还是由供给引起的。

既然 OLS 的不一致性是由于“内生变量”（endogenous variables）与扰动项相关而引起的，如果我们能够将内生变量分为两部分，即一部分与扰动项相关，而另一部分与扰动项无关，那么就有希望用与扰动项不相关的那一部分得到一致估计。对内生变量的这种分离可以借助于对内生变量的深入认识来完成，而更常见的是借助于“工具变量”来完成。

假设在图 10-1 中，存在某个因素（变量）使得供给曲线经常移动，而需求曲线基本不动。此时，就可以估计需求曲线，如图 10-2 所示。这个使得供给曲线移动的变量就是工具变量。假设影响方程组（10-2）中供给方程扰动项的因素可以分解为两部分，即可观测的气温 X_t 与不可观测的其他因素，则

$$Q_t^s = \beta_0 + \beta_1 P_t + \beta_2 X_t + v_t \tag{10-5}$$

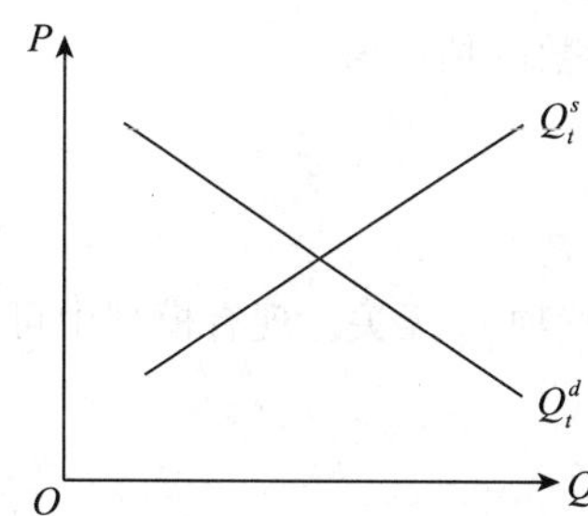

图 10-1　需求与供给决定市场均衡

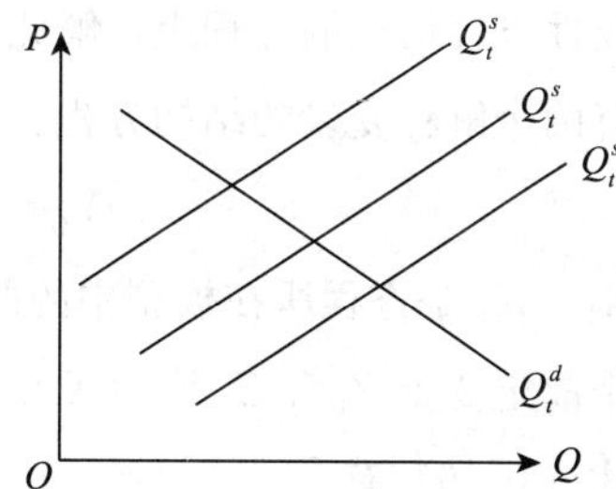

图 10-2　稳定的需求与变动的供给

假定气温 X_t 是一个前定变量，与两个扰动项都不相关，即 $\text{Cov}(X_t, \mu_t)=0$，$\text{Cov}(X_t, v_t)=0$。由于气温 X_t 的变化使得供给函数 Q_t^s 沿着需求函数 Q_t^d 移动，这使得我们可以估计需求函数 Q_t^d。在这种情况下，我们称 X_t 为“工具变量”（instrumental variables，IV）。

工具变量法（IV 法）的基本思想是，当被估计方程的某个解释变量与扰动项相关时，在方程系统中选择一个与此解释变量高度相关而与相应的扰动项不相关的前定变量作为工

具，以达到消除该解释变量与扰动项之间的相关性的目的。工具变量法是一种单方程估计方法，每次只适用于模型中的一个结构方程，IV 估计量不具备无偏性，但具有一致性。

在回归方程中，一个有效的工具变量应满足以下两个条件：

（1）相关性：工具变量与内生解释变量相关，即 $\text{Cov}(X_t, P_t) \neq 0$。

（2）外生性：工具变量与扰动项不相关，即 $\text{Cov}(X_t, \mu_t) = 0$。

工具变量的外生性有时也称为“排他性约束”，因为外生性意味着，工具变量影响被解释变量的唯一渠道是通过与其相关的内生解释变量，排除了所有其他的可能影响渠道。

显然，在式（10-5）提及的例中，气温 X_t 满足相关性和外生性这两个条件。从联立方程组可以解出 $P_t = P_t(X_t, \mu_t, v_t)$，故 $\text{Cov}(X_t, P_t) \neq 0$，因此，满足相关性的条件；又因为气温 X_t 是前定变量，故 $\text{Cov}(X_t, \mu_t) = 0$，满足外生性的条件。

10.2.2 工具变量法的步骤

第 1 步：选择适当的工具变量。在联立方程模型中，所选择的工具变量应满足下列条件：

（1）它必须与方程中所考虑的内生解释变量高度相关，与随机项不相关。

（2）它必须同结构方程中的其他前定变量相关性很小，以避免产生多重共线性。

人们自然会想到模型中的前定变量一般都能满足上述条件。所以，每一个前定变量都可以作为内生解释变量的备选工具变量。这里应该指出，选择工具变量的个数必须与所估计的结构方程中作为解释变量的内生变量的个数相等；如果结构方程中含有前定变量，则可选择这些前定变量本身作为自己的工具变量，这样做的目的是使每一个结构参数都能求得估计值。

第 2 步：分别用工具变量去乘结构方程，并对所有样本观测值求和，得到与未知参数一样多的线性方程构成的方程组，解此方程组便得到结构参数的估计值。

设有两个解释变量的结构方程

$$Y_t = \beta_0 + \beta_1 X_{1t} + \beta_2 X_{2t} + \mu_t \tag{10-6}$$

式中，X_1、X_2 是方程所在模型中的两个内生变量，与干扰项 μ_t 无关。现有模型中可以找到另外两个前定变量 Z_{1t} 和 Z_{2t} 作为 X_1、X_2 的工具变量。

由式（10-6）有

$$\beta_0 = \overline{Y} - \beta_1 \overline{X}_1 - \beta_2 \overline{X}_2 - \overline{\mu} \tag{10-7}$$

选择 Z_{1t} 和 Z_{2t} 作为工具变量，分别去乘式（10-6）并求和

$$\begin{aligned} \sum Y_t Z_{1t} &= \beta_0 \sum Z_{1t} + \beta_1 \sum X_{1t} Z_{1t} + \beta_2 \sum X_{2t} Z_{1t} + \sum \mu_t Z_{1t} \\ \sum Y_t Z_{2t} &= \beta_0 \sum Z_{2t} + \beta_1 \sum X_{1t} Z_{2t} + \beta_2 \sum X_{2t} Z_{2t} + \sum \mu_t Z_{2t} \end{aligned} \tag{10-8}$$

由于 $E(\mu_t) = 0$，所以 $\overline{\mu} \approx 0$，式（10-7）改写为

$$\hat{\beta}_0 = \overline{Y} - \hat{\beta}_1 \overline{X}_1 - \hat{\beta}_2 \overline{X}_2 \tag{10-9}$$

又由于 $\mathrm{Cov}(Z_{1t}, \mu_t)=0$，$\mathrm{Cov}(Z_{2t}, \mu_t)=0$，所以 $\sum\mu_t Z_{1t}\approx 0$，$\sum\mu_t Z_{2t}\approx 0$，则式（10-8）可以写成

$$\begin{aligned}\sum Y_t Z_{1t} &= \hat{\beta}_0\sum Z_{1t}+\hat{\beta}_1\sum X_{1t}Z_{1t}+\hat{\beta}_2\sum X_{2t}Z_{1t}\\ \sum Y_t Z_{2t} &= \hat{\beta}_0\sum Z_{2t}+\hat{\beta}_1\sum X_{1t}Z_{2t}+\hat{\beta}_2\sum X_{2t}Z_{2t}\end{aligned} \tag{10-10}$$

将式（10-9）带入式（10-10），整理后得到

$$\begin{aligned}\sum y_t z_{1t} &= \hat{\beta}_1\sum x_{1t}z_{1t}+\hat{\beta}_2\sum x_{2t}z_{1t}\\ \sum y_t z_{2t} &= \hat{\beta}_1\sum x_{1t}z_{2t}+\hat{\beta}_2\sum x_{2t}z_{2t}\end{aligned} \tag{10-11}$$

解式（10-11）可得

$$\begin{aligned}\hat{\beta}_1 &= \frac{\sum y_t z_{1t}\sum x_{2t}z_{1t}-\sum y_t z_{2t}\sum x_{2t}z_{1t}}{\sum x_{1t}z_{1t}\sum x_{2t}z_{2t}-\sum x_{1t}z_{2t}\sum x_{2t}z_{1t}}\\ \hat{\beta}_2 &= \frac{\sum y_t z_{2t}\sum x_{1t}z_{1t}-\sum y_t z_{1t}\sum x_{1t}z_{2t}}{\sum x_{1t}z_{1t}\sum x_{2t}z_{2t}-\sum x_{1t}z_{2t}\sum x_{2t}z_{1t}}\end{aligned} \tag{10-12}$$

式中，$x=X-\overline{X}$，$y=Y-\overline{Y}$，$z=Z-\overline{Z}$。

10.2.3 工具变量法的有效性

下面讨论工具变量法的有效性。设结构模型中第 1 个方程具有如下形式

$$Y_1=\beta_{12}Y_2+\beta_{13}Y_3+\cdots+\beta_{1m_1}Y_{m_1}+\gamma_{11}X_1+\gamma_{12}X_2+\cdots\gamma_{1k_1}X_{k_1}+\mu_1 \tag{10-13}$$

模型（10-13）共有（m_1-1）个内生解释变量和 k_1 个前定变量。

1. 模型（10-13）恰好识别

当模型识别的阶条件，恰好识别时，有

$$k-k_1=m_1-1$$

或

$$k-k_1=m-(m-m_1)-1=m_1-1 \tag{10-14}$$

式（10-14）表示，式（10-13）中所不包含的前定变量 X_{k_1+1}，X_{k_2+2}，…，X_k（这些变量被其他方程包含）的个数恰好等于该式中作为解释变量的内生变量 Y_2，Y_3，…，Y_{m_1} 的个数，用这些前定变量作为工具变量（同时用 X_2，X_3，…，X_{k_1} 作为自己的工具变量）分别去乘式（10-13）两边得正规方程组，由此，可求得结构参数唯一的工具变量法估计值。

2. 方程（10-13）过度识别

若模型是过度识别，则有

$$k-k_1>m_1-1 \tag{10-15}$$

这说明在模型中有 X_{k_1+1}，…，X_k，即 $k-k_1$ 个前定变量可选作工具变量。由于 $k-k_1$ 大于 m_1-1，所以，从 $k-k_1$ 个前定变量中选择 m_1-1 个作为工具变量，就产生了选择的任意性。因为估计变量与所选择的工具变量有关，所以就使得估计量不具有唯一性，而且失去了未被选用的前定变量所提供的信息。因此，工具变量法对过度识别方程来说不是一种有效的估计方法。

除此之外，工具变量的局限性如下。

(1) 从模型中选择前定变量需要满足工具变量的条件，由于模型中内生变量之间的交错影响，同一内生变量可能与几个前定变量相关，要选择合适的前定变量作为某一个内生变量的工具变量是比较困难的，并且当引入的前定变量多于一个时又要满足彼此不相关，有时这很难保证。

(2) 由于干扰项 μ 不可观测，这很难确定工具变量与 μ 无关。

(3) 找到既与某个内生变量相关，又与干扰项无关的前定变量，从实际经济意义上看，是困难的。

由于联立方程模型中大多为过度识别方程。实际上直接用工具变量法对结构参数进行估计是不多见的，但工具变量法有助于理解其他较好的经济计量方法，譬如两阶段最小二乘法。

10.3　间接最小二乘法

对于一个恰好识别的结构式方程，从结构式方程中导出相应的简约式方程来利用 OLS 法估计出简约式模型参数的估计值，间接地求出结构式参数的方法，称为间接最小二乘法 (ILS)。

间接最小二乘法的步骤包括以下几步。

第 1 步：模型识别。看联立方程组模型是否可以识别，如果是恰好识别，则进行下一步，否则，如果是过度识别，则采用其他的估计方法，如采用下节将要讲到的二阶段最小二乘法。

第 2 步：先从结构式模型推导出简约式模型，每个方程中被解释变量为唯一的内生变量，并且仅仅是外生变量和随机变量的函数，从而建立起结构式参数与简约式参数之间的参数关系式体系。

第 3 步：利用样本观测值数据，应用 OLS 法，对简约式方程进行估计，估计出简约式参数的估计值。

第 4 步：将简约式参数估计值代入第 2 步求出的参数关系式，求出结构模型中的结构式参数的估计值。

间接最小二乘法的 EViews 实现比较容易，只需直接用普通最小二乘法估计出每个简化式模型的参数，然后通过参数关系式体系计算出相应的结构式参数即可。

10.4　二阶段最小二乘法

间接最小二乘法只适用于恰好识别的结构式方程。对于过度识别的结构式方程，我们可以用二阶段最小二乘法 (2SLS) 对系统参数进行估计。二阶段最小二乘法是一种单一方程估计方法，每次只适用于对联立方程组模型中的一个方程进行估计，并能获得较为理想的结构参数估计值。

10.4.1　二阶段最小二乘法的基本假设条件

假定：联立方程模型的结构式模型为

$$
\begin{aligned}
Y_{1t} &= \beta_{12}Y_{2t} + \beta_{13}Y_{3t} + \cdots + \beta_{1m}Y_{mt} + \gamma_{10}X_{0t} + \gamma_{11}X_{1t} + \cdots + \gamma_{1k}X_{kt} + \mu_{1t} \\
Y_{2t} &= \beta_{21}Y_{1t} + \beta_{23}Y_{3t} + \cdots + \beta_{2m}Y_{mt} + \gamma_{20}X_{0t} + \gamma_{21}X_{1t} + \cdots + \gamma_{2k}X_{kt} + \mu_{2t} \\
&\vdots \\
Y_{mt} &= \beta_{m1}Y_{1t} + \beta_{m2}Y_{2t} + \cdots + \beta_{m(m-1)}Y_{(m-1)t} + \gamma_{m0}X_{0t} + \gamma_{m1}X_{1t} + \cdots + \gamma_{mk}X_{kt} + \mu_{mt}
\end{aligned}
\tag{10-16}
$$

二阶段最小二乘法的基本假设条件包括：

（1）结构方程中的随机干扰项满足均值为零、协方差为常数和序列不相关的条件。

（2）结构方程中的所有前定变量和随机干扰项不相关。

（3）前定变量不存在渐进的多重共线性。

（4）样本容量必须大于方程中出现的前定变量个数。

（5）结构式方程是可识别的。

10.4.2　二阶段最小二乘法的思路和步骤

为了说明二阶段最小二乘法的思路和步骤，我们假定要估计的结构方程（可取模型（10-16）中的第一个方程为例）为

$$Y_{1t} = \beta_{12}Y_{2t} + \beta_{13}Y_{3t} + \cdots + \beta_{1m}Y_{mt} + \gamma_{10}X_{0t} + \gamma_{11}X_{1t} + \cdots\gamma_{1k}X_{kt} + \mu_{1t} \tag{10-17}$$

方程（10-17）的解释变量中含有模型的内生变量 Y_{2t}，…，Y_{mt}，含有模型的前定变量 X_{0t}，X_{1t}，…，X_{kt}。根据随机干扰项 μ_{1t} 满足零均值、常数协方差和序列不相关的条件，则 Y_{2t}，…，Y_{mt} 相应的简约式方程为

$$
\begin{aligned}
Y_{2t} &= \pi_{20}X_{0t} + \pi_{21}X_{1t} + \pi_{22}X_{2t} + \cdots + \pi_{2k}X_{kt} + v_{2t} \\
&\vdots \\
Y_{mt} &= \pi_{m0}X_{0t} + \pi_{m1}X_{1t} + \pi_{m2}X_{2t} + \cdots + \pi_{mk}X_{kt} + v_{mt}
\end{aligned}
\tag{10-18}
$$

首先，我们对简约式（10-18）中的每一个方程应用普通最小二乘法进行估计，求得（10-18）的估计方程为

$$\hat{Y}_{it} = \hat{\pi}_{i0}X_{0t} + \hat{\pi}_{i1}X_{1t} + \hat{\pi}_{i2}X_{2t} + \cdots + \hat{\pi}_{ik}X_{kt} \quad i = 2,\cdots,m$$

式中，$\hat{\pi}_{ij}$ 是 $\pi_{ij}(i=2,\cdots,m;j=0,1,\cdots,k)$ 是简约式模型中的简约式参数的估计量。于是有

$$Y_i = \hat{Y}_i + e_i \quad i = 2,\cdots,m$$

然后，将 $Y_i = Y_i + e_i$ 代换结构式方程（10-17）右边的内生变量，得到新的方程：

$$Y_{1t} = \beta_{12}\hat{Y}_{2t} + \cdots + \beta_{1m}\hat{Y}_{mt} + \gamma_{10}X_{1t} + \gamma_{11}X_{1t} + \cdots + \gamma_{1k}X_{kt} + \mu_{1t}^{*} \tag{10-19}$$

式中，$\mu_{1t}^{*}=\mu_{1t}+\beta_{12}e_{2}+\cdots+\beta_{1m}e_{m}$。显然，$\mu_{1t}^{*}$仍然满足零均值、常数协方差和序列不相关的条件。因此，对变换后的方程（10-19）可以直接采用普通最小二乘法进行估计，估计出结构式参数的估计量$\hat{\beta}_{12}$，…，$\hat{\beta}_{1m}$；$\hat{\gamma}_{10}$，$\hat{\gamma}_{11}$，…，$\hat{\gamma}_{1k}$。

通过以上说明的思路，我们可以得到二阶段最小二乘法的一般步骤。

第1步：对简约型方程应用普通最小二乘法，求出内生变量Y_i的估计量$\hat{Y}_i$，进而有

$$Y_i=\hat{Y}_i+e_i \quad i=2,\cdots,m$$

第2步：被估计的结构式方程右边的内生变量Y_i，用$\hat{Y}_i+e_i$代入。然后，第2次应用普通最小二乘法，对被估计的结构式方程进行估计，估计出结构式参数的估计值。

实际上，在应用二阶段最小二乘法时，第一阶段对简约型方程应用普通最小二乘法只需求出我们所需要的$\hat{Y}_i$，并不需要求出e_i。第二阶段只需要用$\hat{Y}_i$代替所估计方程右边的Y_i，这样就可以直接应用普通最小二乘法，不过这里的随机干扰项是μ_{1t}^{*}，而不是原来的μ_{1t}。

在实际使用过程中，在判断出模型是可识别的以后，通常直接采用二阶段最小二乘法，因为如果模型是恰好识别的，二阶段最小二乘法和间接最小二乘法是一致的，这样便能避免烦琐的参数关系体系的计算。

二阶段最小二乘法在EViews中有两种实现方法。

第1种方法：选中被解释变量和解释变量后，点右键“Open/as Group/Quick/Estimate Equation”，在“Method”的下拉菜单中选择“TSL”，将出现如图10-3的对话框。

在图10-3的对话框中有两个窗口，在第一窗口中填入需要估计的方程，在第二个窗口中填写该方程组中所有的前定变量，EViews要求将常数项看作前定变量。输入相应变量后就得到第一个方程的估计结果，然后重复以上过程估计后续方程即可。

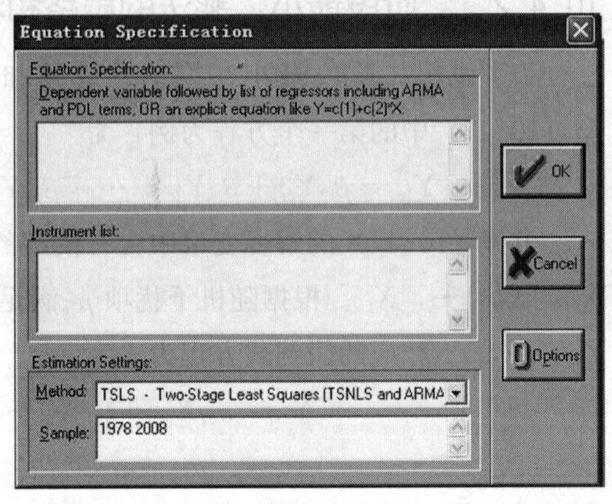

图10-3　二阶段最小二乘法的对话框

第2种方法：将数据导入EViews后，在工作文件下，点击“Objects/New object”，选择“System”将会弹出如图10-4的窗口。

在窗口中输入所有的随机方程（不输入确定性方程），每个方程占一行，其中结构参数用$c(1)$，$c(2)$，…表示，并在最后一行开头写上“INST”，然后写上所有的前定变量，包括常数项，其中INST表示工具变量。点击“System”窗口上的“Estimate”，将会弹出系统估计方法的窗口，如图10-5所示。

选中其中的“Two-Stage Least Squares”，即二阶段最小二乘法，点击“OK”便可得到估计结果。两种方法的区别是，方法2能够一次性估计出全部的随机方程的参数，而方法1只能逐个估计。

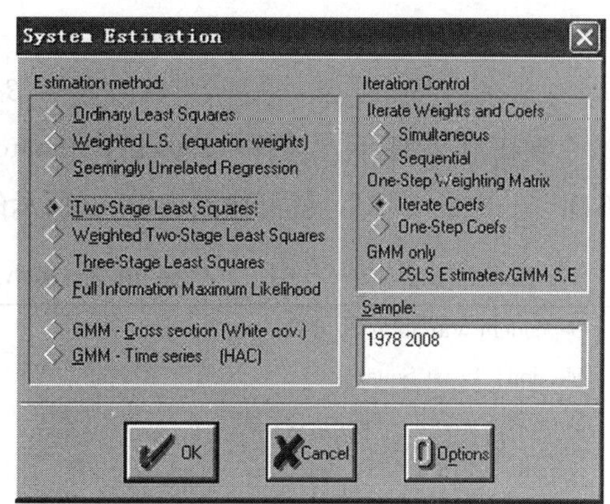

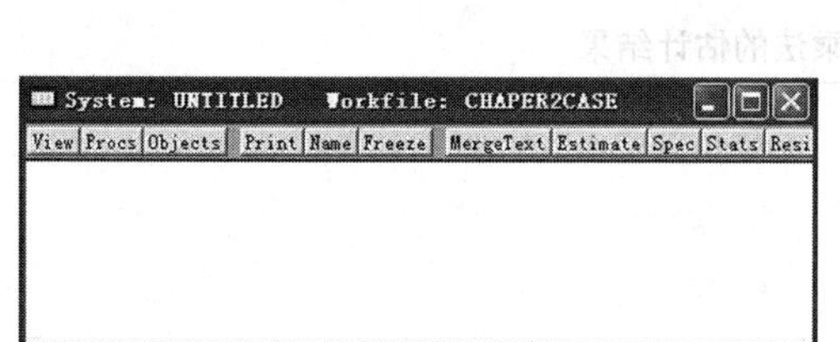

图 10-4　System 窗口

图 10-5　系统估计对话框

10.5　案例分析

案例 10-1

1978～2008 年中国国内生产总值（GDP_t）、宏观消费（$CONS_t$）、资本形成总额（$CAPI_t$）的数据如表 10-1 表示。

表 10-1　国内生产总值、消费和资本形成总额　　（单位：亿元）

年份	国内生产总值 (GDP_t)	宏观消费 ($CONS_t$)	资本形成总额 ($CAPI_t$)	年份	国内生产总值 (GDP_t)	宏观消费 ($CONS_t$)	资本形成总额 ($CAPI_t$)
1978	3 605.6	2 239.1	1 377.9	1994	50 217.4	29 242.2	20 341.1
1979	4 092.6	2 633.7	1 478.9	1995	63 216.9	36 748.2	25 470.1
1980	4 592.9	3 007.9	1 599.7	1996	74 163.6	43 919.5	28 784.9
1981	5 008.8	3 361.5	1 630.2	1997	81 658.5	48 140.6	29 968.0
1982	5 590.0	3 714.8	1 784.2	1998	86 531.6	51 588.2	31 314.2
1983	6 216.2	4 126.4	2 039.0	1999	91 125.0	55 636.9	32 951.5
1984	7 362.7	4 846.3	2 515.1	2000	98 749.0	61 516.0	34 842.8
1985	9 076.7	5 986.3	3 457.5	2001	108 972.4	66 878.3	39 769.4
1986	10 508.5	6 821.8	3 941.9	2002	120 350.3	71 691.2	45 565.0
1987	12 277.4	7 804.6	4 462.0	2003	136 398.8	77 449.5	55 963.0
1988	15 388.6	9 839.5	5 700.2	2004	160 280.4	87 032.9	69 168.4
1989	17 311.3	11 164.2	6 332.7	2005	188 692.1	97 822.7	80 646.3
1990	19 347.8	12 090.5	6 747.0	2006	221 651.3	110 595.3	94 402.0
1991	22 577.4	14 091.9	7 868.0	2007	263 093.8	128 793.8	110 919.4
1992	27 565.2	17 203.3	10 086.3	2008	306 859.8	149 112.6	133 612.3
1993	36 938.1	21 899.9	15 717.7				

资料来源：中华人民共和国国家统计局国民经济综合统计司，《新中国六十年统计资料汇编》，中国统计出版社，2009。

1. 建立宏观消费模型

$$CONS_t = \beta_0 + \beta_1 GDP_t + \mu_t \tag{10-20}$$

在工作文件下，选择“Quick/Estimate Equation”，在方程对话框中键入“CONS C GDP”，点击“OK”，就可得到表 10-2 所示的估计结果。

表 10-2　最小二乘法的估计结果

Dependent Variable：CONS

Method：Least Squares

Date：01/31/15　Time：12：04

Sample：1978 2008

Included observations：31

Variable	Coefficient	Std. Error	t-Statistic	Prob.
C	3 757.232	1 039.965	3.612 846	0.001 1
GDP	0.500 361	0.009 557	52.356 19	0.000 0

R-squared	0.989 531	Mean dependent var	40 225.79
Adjusted R-squared	0.989 170	S. D. dependent var	41 316.51
S. E. of regression	4 299.629	Akaike info criterion	19.632 79
Sum squared resid	5.36E+08	Schwarz criterion	19.725 30
Log likelihood	−302.308 2	F-statistic	2 741.171
Durbin-Watson stat	0.112 140	Prob(F-statistic)	0.000 000

于是，得到模型（10-20）的估计方程为

$$\widehat{CONS}_t = 3\ 757.232 + 0.500\ 4GDP_t$$
$$(3.6)\qquad\qquad (52.4)$$
$$R^2 = 0.989\ 5 \qquad D.W. = 0.11$$

在模型（10-20）中，宏观消费 $CONS_t$ 是随机变量。因为 $CONS_t$ 是国内生产总值 GDP_t 的一部分，所以 GDP_t 也应该是随机变量，这就违反了模型中解释变量非随机的假定。而且 GDP_t 也必然与 μ_t 高度相关，估计结果还显示模型存在严重的自相关，所以应该选择一个工具变量设法替代变量 GDP_t。

资本形成总额 $CAPI_t$ 是 GDP_t 的一部分，与 GDP_t 高度相关。经计算，如图 10-6 所示，以上模型的残差与 $CAPI_t$ 的相关系数为−0.058，这在一定程度上说明了 $CAPI_t$ 与 μ_t 不相关。基于此，我们选择 $CAPI_t$ 做 GDP_t 的工具变量。

为了应用工具变量法，从 EViews 主菜单中点击“Quick/Estimate Equation”，从而打开“Equation Specification”（模型设定）对话框，然后在“Method”下拉式菜单中选择“TSLS”（两阶段最小二乘法）估计方法，点击“OK”键，从而打开如图 10-7 对话框。

然后，在“Equation Specification”（模型设定）选择区输入“CONS C GDP”，在“Instrument List”（工具变量）选择区输入“CAPI C,”表明用 $CAPI_t$（资本形成额）和 C（截距项）作工具变量（不写 C 也可以，EViews 程序会自动加入）。点击“OK”键，得到结果如表 10-3 所示的结果。

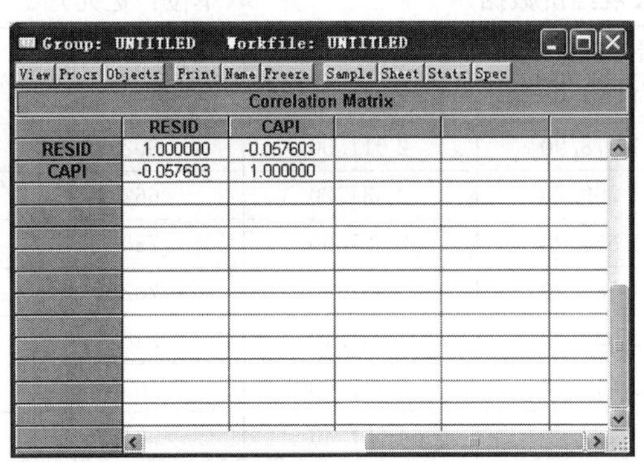

图　10-6

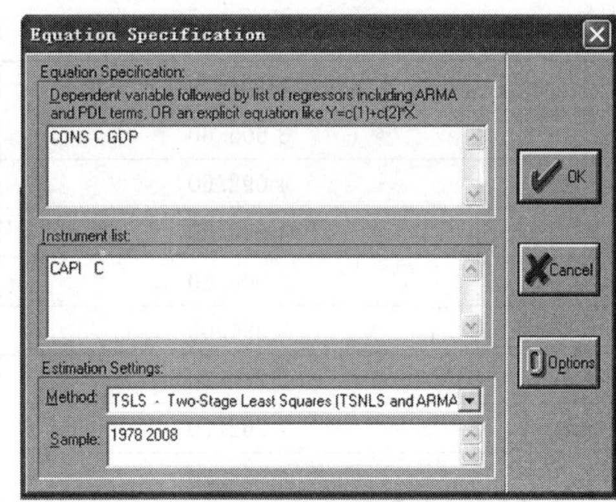

图　10-7

表 10-3　工具变量法的估计结果

Dependent Variable: CONS
Method: Two-Stage Least Squares
Date: 01/31/15　Time: 12: 12
Sample: 1978 2008
Included observations: 31
Instrument list: CAPI　C

Variable	Coefficient	Std. Error	t-Statistic	Prob.
C	3 973.796	1 042.763	3.810 832	0.000 7
GDP	0.497 389	0.009 595	51.840 50	0.000 0
R-squared	0.989 496	Mean dependent var		40 225.79
Adjusted R-squared	0.989 134	S. D. dependent var		41 316.51
S. E. of regression	4 306.789	Sum squared resid		5.38E+08
F-statistic	2 687.437	Durbin-Watson stat		0.107 315
Prob(F-statistic)	0.000 000			

由此，得到采用工具变量估计出的回归方程为

$$\widehat{CONS}_t = 3\,973.796 + 0.497\,4GDP_t$$
$$(3.81)\qquad(51.84)$$
$$R^2 = 0.989\,5\quad D.W. = 0.11$$

案例 10-2

下面基于凯恩斯的宏观调控原理，建立了一个包含 3 个方程的宏观经济模型。通过消费者、企业、政府的经济活动，分析总收入的变动对消费和投资的影响。该模型包含 3 个内生变量，即支出法计算的国内生产总值 Y、居民消费总额 C、投资总额 I（包括固定资本形成总额和存货增加），1 个前定变量即政府消费 G（为了使得恒等式成立，这个数据是按照 $Y-C-I$ 计算出来的，与真实数据存在细微的差别）。

表 10-4　中国宏观经济数据　（单位：亿元）

年　份	支出法计算的国内生产总值	居民消费	投资额	政府消费
1978	3 605.60	1 377.90	1 759.10	468.60
1979	4 092.60	1 478.90	2 011.50	602.20
1980	4 592.90	1 599.70	2 331.20	662.00
1981	5 008.80	1 630.20	2 627.90	750.70
1982	5 590.00	1 784.20	2 902.90	902.90
1983	6 216.20	2 039.00	3 231.10	946.10
1984	7 362.70	2 515.10	3 742.00	1 105.60
1985	9 076.70	3 457.50	4 687.40	931.80
1986	10 508.50	3 941.90	5 302.10	1 264.50
1987	12 277.40	4 462.00	6 126.10	1 689.30
1988	15 388.60	5 700.20	7 868.10	1 820.30
1989	17 311.30	6 332.70	8 812.60	2 166.00
1990	19 347.80	6 747.00	9 450.90	3 149.90
1991	22 577.40	7 868.00	10 730.60	3 978.80
1992	27 565.20	10 086.30	13 000.10	4 478.80
1993	36 938.10	15 717.70	16 412.10	4 808.30
1994	50 217.40	20 341.10	21 844.20	8 032.10
1995	63 216.90	25 470.10	28 369.70	9 377.10
1996	74 163.60	28 784.90	33 955.90	11 422.80
1997	81 658.50	29 968.00	36 921.50	14 769.00
1998	86 531.60	31 314.20	39 229.30	15 988.10
1999	91 125.00	32 951.50	41 920.40	16 253.10
2000	98 749.00	34 842.80	45 854.60	18 051.60
2001	108 972.40	39 769.40	49 213.20	19 989.80
2002	120 350.30	45 565.00	52 571.30	22 214.00
2003	136 398.80	55 963.00	56 834.40	23 601.40
2004	160 280.40	69 168.40	63 833.50	27 278.50
2005	188 692.10	80 646.30	71 217.50	36 828.30
2006	221 651.30	94 402.00	80 476.90	46 772.40
2007	263 093.80	110 919.50	93 602.90	58 571.40
2008	306 859.80	133 612.40	108 392.20	64 855.20

资料来源：国泰安信息技术有限公司开发的《中国宏观经济数据库》。

完备的结构式模型设定如下

$$C_t = \alpha_0 + \alpha_1 Y_t + \mu_{1t} \tag{10-21}$$

$$I_t = \beta_0 + \beta_1 Y_t + \mu_{2t} \tag{10-22}$$

$$Y_t = C_t + I_t + G_t \tag{10-23}$$

容易判断，消费方程（10-21）和投资方程（10-22）都是恰好识别的，因此，模型是恰好识别的，可以用间接最小二乘法来估计参数。

1. 恰好识别模型的间接最小二乘估计

首先，根据间接最小二乘法将结构式模型转化为简约式模型，转化后的模型为

$$Y_t = \pi_{10} + \pi_{11} G_t + \mu_{1t} \tag{10-24}$$

$$C_t = \pi_{20} + \pi_{21} G_t + \mu_{2t} \tag{10-25}$$

$$I_t = \pi_{30} + \pi_{31} G_t + \mu_{3t} \tag{10-26}$$

相应的参数关系体系为

$$\pi_{10} = \frac{\alpha_0 + \beta_0}{1 - \alpha_1 - \beta_1} \quad \pi_{11} = \frac{1}{1 - \alpha_1 - \beta_1} \quad \pi_{20} = \alpha_0 + \alpha_1 \frac{\alpha_0 + \beta_0}{1 - \alpha_1 - \beta_1}$$

$$\pi_{21} = \frac{\alpha_1}{1 - \alpha_1 - \beta_1} \quad \pi_{30} = \beta_0 + \beta_1 \frac{\alpha_0 + \beta_0}{1 - \alpha_1 - \beta_1} \quad \pi_{31} = \frac{\beta_1}{1 - \alpha_1 - \beta_1}$$

然后，利用普通最小二乘法估计简化式模型的参数。其 EViews 实现方法为，将数据导入 EViews，在工作文件下点击“Quick/Estimate Equation”，键入“GDP GOV c”，点击“OK”即可得到方程（10-23）的回归结果，重复以上过程分别键入“COM GOV c”、“INV GOV c”便可得到方程（10-24）和方程（10-25）简化式方程的回归结果。其中，Y 表示 GDP，G 表示 GOV，I 表示 INV，C 表示 COM。由此得到简化式模型的估计式为

$$\hat{Y}_t = 8\,496.417 + 4.711 G_t$$

$$\hat{C}_t = 1\,809.969 + 2.016 G_t$$

$$\hat{I}_t = 6\,686.448 + 1.694 G_t$$

由此得到简化式参数的估计量为

$$\pi_{10} = 8\,496.417 \quad \pi_{11} = 4.711 \quad \pi_{20} = 1\,809.969$$

$$\pi_{21} = 2.016 \quad \pi_{30} = 6\,686.448 \quad \pi_{31} = 1.694$$

由参数关系体系计算出结构式模型的参数为

$$\alpha_0 = -858.466 \quad \alpha_1 = 0.428 \quad \beta_0 = 2\,659.706 \quad \beta_1 = 0.360$$

从而结构式模型的估计式为

$$C_t = -858.466 + 0.428 Y_t$$

$$I_t = 2\,659.706 + 0.360 Y_t$$

$$Y_t = C_t + I_t + G_t$$

在实际的宏观经济中，消费和投资都具有一定的惯性，因此，当期的消费和投资都要受到上一期消费和投资的影响，所以，需要在方程（10-21）和方程（10-22）中引入 C_{t-1} 和 I_{t-1}。此时的联立方程模型为

$$C_t = \alpha_0 + \alpha_1 Y_t + \alpha_2 C_{t-1} + \mu_{1t} \tag{10-27}$$

$$I_t = \beta_0 + \beta_1 Y_t + \beta_2 I_{t-1} + \mu_{2t} \tag{10-28}$$

$$Y_t = C_t + I_t + G_t \tag{10-29}$$

容易判别，此时的消费方程和投资方程都是过度识别，因此，模型是过度识别，不能采用间

接最小二乘法进行估计，需要运用二阶段最小二乘法进行估计。

2. 二阶段最小二乘法

第1种方法：在将数据导入 EViews 后，在工作文件下点击“Quick/Estimate Equation”，在“Method”处选择“TSLS”，在弹出的对话框的第一个窗口中键入“COM GDP COM(−1) c”，在第二个窗口中键入“COM(−1) INV(−1) GOV C”，点击“OK”就得到消费方程的估计结果，如表 10-5 所示。

表 10-5　二阶段最小二乘法的估计结果（一）

Dependent Variable：COM
Method：Two-Stage Least Squares
Date：12/11/09　Time：17:39
Sample(adjusted)：1979 2008
Included observations：30 after adjusting endpoints
Instrument list：COM(−1) INV(−1) GOV C

Variable	Coefficient	Std. Error	t-Statistic	Prob.
GDP	−0.343 498	0.168 119	−2.043 184	0.050 9
COM(−1)	2.131 166	0.464 490	4.588 188	0.000 1
C	945.438 9	879.142 5	1.075 410	0.291 7
R-squared	0.995 132	Mean dependent var		30 302.63
Adjusted R-squared	0.994 771	S. D. dependent var		35 362.26
S. E. of regression	2 557.136	Sum squared resid		1.77E+08
F-statistic	2 766.343	Durbin-Watson stat		0.855 717
Prob(F-statistic)	0.000 000			

基于表 10-5 写出消费方程的 TSLS 估计式为

$$C_t = 945.439 - 0.343Y_t + 2.131C_{t-1}$$

接着，按照以上方法，估计投资函数，得到结果为如表 10-6 所示。

表 10-6　二阶段最小二乘法的估计结果（二）

Dependent Variable：INV
Method：Two-Stage Least Squares
Date：12/11/09　Time：17:48
Sample(adjusted)：1979 2008
Included observations：30 after adjusting endpoints
Instrument list：COM(−1) INV(−1) GOV C

Variable	Coefficient	Std. Error	t-Statistic	Prob.
GDP	0.097 752	0.015 982	6.116 402	0.000 0
INV(−1)	0.826 211	0.049 364	16.737 11	0.000 0
C	936.055 9	312.627 6	2.994 157	0.005 8
R-squared	0.998 784	Mean dependent var		30 782.47
Adjusted R-squared	0.998 694	S. D. dependent var		30 079.75
S. E. of regression	1 086.922	Sum squared resid		31 897 768
F-statistic	11 087.09	Durbin-Watson stat		0.583 762
Prob(F-statistic)	0.000 000			

基于表 10-5 写出投资方程的 TSLS 估计式为

$$I_t = 936.056 + 0.098Y_t + 0.826I_{t-1}$$

因此，联立方程模型的估计式为

$$C_t = 945.439 - 0.343Y_t + 2.131C_{t-1}$$

$$I_t = 936.056 + 0.098Y_t + 0.826I_{t-1}$$

$$Y_t = C_t + I_t + G_t$$

第 2 种方法：在将数据导入 EViews 后，点击"Objects/New object"，选择"System"，在弹出的窗口中键入以下内容

COM= C(1) + C(2) * GDP + C(3) * COM(− 1)

INV= C(4) + C(5) * GDP + C(6) * INV(− 1)

INST　COM(− 1)　INV(− 1)　GOV　C

其中，前面两行是随机方程，最后一行是联立方程组中的所有前定变量，包括常数项。点击"System"窗口中的"Estimate"，在弹出的对话框中选择"TSLS"，点击"OK"便可得到估计结果，如表 10-7 所示。

表 10-7　二阶段最小二乘法的估计结果（三）

System：UNTITLED
Estimation Method：Two-Stage Least Squares
Date：12/11/09　Time：18：03
Sample：1979 2008
Included observations：30
Total system(balanced) observations 60
Instruments：COM(−1) INV(−1) GOV C

	Coefficient	Std. Error	t-Statistic	Prob.
C(1)	945.438 9	879.142 5	1.075 410	0.287 0
C(2)	−0.343 498	0.168 119	−2.043 184	0.045 9
C(3)	2.131 166	0.464 490	4.588 188	0.000 0
C(4)	936.055 9	312.627 6	2.994 157	0.004 1
C(5)	0.097 752	0.015 982	6.116 402	0.000 0
C(6)	0.826 211	0.049 364	16.737 11	0.000 0
Determinant covariance	residual	5.27E+12		

Equation：COM=C(1)+C(2) * GDP+C(3) * COM(−1)
Observations：30

R-squared	0.995 132	Mean dependent var	30 302.63
Adjusted R-squared	0.994 771	S. D. dependent var	35 362.26
S. E. of regression	2 557.136	Sum squared resid	1.77E+08
Durbin-Watson stat	0.855 717		

Equation：INV=C(4)+C(5) * GDP+C(6) * INV(−1)
Observations：30

R-squared	0.998 784	Mean dependent var	30 782.47

（续）

Adjusted R-squared	0.998 694	S.D. dependent var	30 079.75
S.E. of regression	1 086.922	Sum squared resid	31 897 768
Durbin-Watson stat	0.583 762		

根据表10-7写出联立方程模型的估计式为

$$C_t = 945.439 - 0.343Y_t + 2.131C_{t-1}$$

$$I_t = 936.056 + 0.098Y_t + 0.826I_{t-1}$$

$$Y_t = C_t + I_t + G_t$$

可见，两种不同的实现方法，得出的结果是一致的。

思考与练习

1. 请解释以下名词：递归模型　间接最小二乘法　二阶段最小二乘法

2. 普通最小二乘法是不是一定不能用于估计联立方程组模型？为什么？

3. 如果一个方程是恰好识别的，那么间接最小二乘法和二阶段最小二乘法能否给出相同的估计结果？为什么？

4. 有没有衡量整个联立方程组模型的拟合优度 R^2？

5. 联立方程组模型有哪些估计方法？它们各自的适用条件是什么？

6. 为什么间接最小二乘法只适用于恰好识别的结构式模型？

7. 请简述间接最小二乘法的步骤。

8. 请简述工具变量法的思想和步骤。

9. 请简述二阶段最小二乘法的步骤。

10. 考虑如下宏观经济模型

$$C_t = \alpha_0 + \alpha_1 Y_t + \alpha_2 C_{t-1} + \mu_{1t}$$

$$I_t = \beta_0 + \beta_1 Y_t + \beta_2 Y_{t-1} + \mu_{2t}$$

$$Y_t = C_t + I_t$$

式中，Y、C、I 分别表示国内生产总值、居民消费总额和投资总额。α_0 和 β_0 为常数项，α_1、α_2、β_1 和 β_2 为相关的参数，μ_{1t} 和 μ_{2t} 为随机干扰项，试利用间接最小二乘法来估计模型的参数。

11. 商品的市场局部均衡模型如下

$$D_t = \alpha_0 + \alpha_1 P_t + \alpha_2 Y_t + \alpha_3 Y_{t-1} + \mu_{1t}$$

$$S_t = \beta_0 + \beta_1 P_t + \beta_2 P_{t-1} + \mu_{2t}$$

$$D_t = S_t$$

式中，D 表示需求，S 表示供给，Y 表示消费者收入，P 表示市场价格，试利用二阶段最小二乘法来估计模型的参数。

12. 考虑以下模型

$$R_t = \beta_0 + \beta_1 M_t + \beta_2 Y_t + \beta_3 Y_{t-1} + \mu_{1t}$$

$$Y_t = \alpha_0 + \alpha_1 R_t + \mu_{2t}$$

式中，M_t（货币供给）是外生的，R_t 是利率，Y_t 是 GDP。

（1）判明方程组是否识别。

（2）利用表 10-8 的数据，估计可识别方程的参数。

表 10-8　美国的宏观经济数据

年　份	国内生产总值 Y_1（10亿美元）	M_2 货币供给 Y_2（10亿美元）	私人国内总投资 X_1（10亿美元）	联邦政府支出 X_2（10亿美元）	6个月国库券利率 X_3（%）
1970	1 010.7	628.1	150.3	208.5	6.562
1971	1 097.2	717.2	175.5	224.3	4.511
1972	1 207.0	805.2	205.6	249.3	4.466
1973	1 349.6	861.0	243.1	270.3	7.178
1974	1 458.6	908.6	245.8	305.6	7.926
1975	1 585.6	1 023.3	226.0	364.2	6.122
1976	1 768.4	1 163.7	286.4	392.7	5.266
1977	1 974.1	1 286.6	358.3	426.4	5.510
1978	2 232.7	1 388.7	434.0	469.3	7.572
1979	2 488.6	1 496.7	480.2	520.3	10.017
1980	2 708.0	1 629.5	467.6	613.1	11.374
1981	3 030.6	1 792.9	558.0	697.8	13.776
1982	3 149.6	1 951.9	503.4	770.9	11.084
1983	3 405.0	2 186.1	546.7	840.0	8.750
1984	3 777.2	2 374.3	718.9	892.7	9.800
1985	4 038.7	2 569.4	714.5	969.6	7.660
1986	4 268.6	2 811.1	717.6	1 028.2	6.030
1987	4 539.9	2 910.8	749.3	1 065.6	6.050
1988	4 900.0	3 071.1	793.6	1 109.0	6.920
1989	5 250.8	3 227.3	832.3	1 181.6	8.040
1990	5 522.2	3 339.0	799.5	1 273.6	7.470
1991	5 677.5	3 439.8	721.1	1 332.7	5.490

资料来源：Economic Report of the President，1993.

13. 表 10-9 给出了 1981～2013 年我国宏观经济统计数据资料，试根据这些数据判断模型的识别性，再用 2SLS 法估计下列宏观经济模型

$$C_t = \alpha_0 + \alpha_1 Y_t + \mu_{1t}$$

$$I_t = \beta_0 + \beta_1 Y_t + \beta_2 Y_{t-1} + \mu_{2t}$$

$$Y_t = C_t + I_t + G_t + X_t$$

式中，C_t、Y_t、I_t、G_t、X_t 分别表示消费、收入（支出法 GDP）、投资、政府支出（财政支出）和净出口，Y_{t-1} 表示滞后一期的收入。

表 10-9　我国 1981～2013 年的宏观经济数据　　（单位：亿元）

年　份	Y_t	C_t	I_t	G_t	X_t
1981	5 008.8	2 627.9	961.00	1 138.41	−0.1
1982	5 590.0	2 902.9	1 200.40	1 229.98	56.3
1983	6 216.2	3 231.1	1 369.06	1 409.52	16.5
1984	7 362.7	3 742.0	1 832.87	1 701.02	−40.0
1985	9 076.7	4 687.4	2 543.19	2 004.25	−448.9
1986	10 508.5	5 302.1	3 120.60	2 204.91	−416.2
1987	12 277.4	6 126.1	3 791.69	2 262.18	−144.2
1988	15 388.6	7 868.1	4 753.80	2 491.21	−288.4
1989	17 311.3	8 812.6	4 410.40	2 823.78	−243.9
1990	19 347.8	9 450.9	4 517.00	3 083.59	411.5
1991	22 577.4	10 730.6	5 594.50	3 386.62	428.4
1992	27 565.2	13 000.1	8 080.10	3 742.20	233.0
1993	36 938.1	16 412.1	13 072.30	4 642.30	−701.4
1994	50 217.4	21 844.2	17 042.10	5 792.62	461.7
1995	63 216.9	28 369.7	20 019.30	6 823.72	1 403.7
1996	74 163.6	33 955.9	22 913.50	7 937.55	1 019.0
1997	81 658.5	36 921.5	24 941.10	9 233.56	3 354.2
1998	86 531.6	39 229.3	28 406.20	10 798.18	3 597.5
1999	91 125.0	41 920.4	29 854.70	13 187.67	2 423.4
2000	98 749.0	45 854.6	32 917.70	15 886.50	1 995.6
2001	109 028.0	49 435.9	37 213.50	18 902.58	1 865.2
2002	120 475.6	53 056.6	43 499.90	22 053.15	2 517.6
2003	136 613.4	57 649.8	55 566.60	24 649.95	2 092.3
2004	160 956.6	65 218.5	70 477.40	28 486.89	2 667.5
2005	187 423.5	72 958.7	88 773.60	33 930.28	8 374.4
2006	222 712.5	82 575.5	109 998.20	40 422.73	14 220.3
2007	266 599.2	96 332.5	137 323.90	49 781.35	20 263.5
2008	315 974.6	111 670.4	172 828.40	62 592.66	20 868.4
2009	348 775.1	123 584.6	224 598.80	76 299.93	13 411.3
2010	402 816.5	140 758.6	278 121.90	89 874.16	12 323.5
2011	472 619.2	168 956.6	311 485.10	109 247.79	10 079.2
2012	529 399.2	190 584.6	374 694.70	125 952.97	14 567.1
2013	586 673.0	212 187.5	446 294.10	140 212.10	16 137.8

资料来源：中华人民共和国国家统计局，《中国统计年鉴——2014》，中国统计出版社，2014。

第四篇

时间序列计量经济学模型及其应用

第11章 时间序列的平稳性及其检验

时间序列分析模型能够描述我们所研究的观测样本的随机特性，这种模型并不借助于回归模型中所用的因果关系，而是借助于随机过程的随机性。也就是说，时间序列分析模型并不需要过多的经济学知识，只是注重刻画某一时间序列产生过程的随机特征。事实上，时间序列分析是根据有限长度的时间序列观测数据，建立能够比较精确地反映时间序列中所包含的动态依存的数据模型，用于预测变量的时间路径。

11.1 时间序列数据的平稳性

11.1.1 平稳随机过程

一般称依赖于参数时间 t 的随机变量 Y 的集合 $\{Y_t\}$ 为随机过程。例如，假设样本观察值 Y_1，Y_2，…，Y_t 是来自无穷随机变量序列…Y_{-2}，Y_{-1}，Y_0，Y_1，Y_2，…，Y_t，…的一部分，则这个无穷随机序列就称为随机过程。例如，我们在回归分析模型中经常提到的随机干扰项 $\{\mu_t\}$ 就是一个随机过程。

如果随机过程 Y_t，对于任意的 t、s，满足

$$E(Y_t) = E(Y_{t-s}) = \text{常数} \tag{11-1}$$

$$\mathrm{Var}(Y_t) = \mathrm{Var}(Y_{t-s}) = \sigma_y^2 = \text{常数} \tag{11-2}$$

$$\mathrm{Cov}(Y_t, Y_{t-s}) = E[(Y_t - E(Y_t))(Y_{t-s} - E(Y_{t-s}))] = \gamma_s \tag{11-3}$$

则称随机过程 Y_t 为平稳随机过程。

也就是说，如果一个随机过程的均值和方差在时间过程上都是常数，并且在任何两时期的协方差值仅依赖于两个时期的时间间隔，而不依赖于计算这个协方差的实际时间，就称它为平稳的随机过程。

特别地，如果随机过程 Y_t 对于任意的 t、s，满足

$$E(Y_t) = E(Y_{t-s}) = 0 \tag{11-4}$$

$$\mathrm{Var}(Y_t) = \mathrm{Var}(Y_{t-s}) = \sigma^2 \tag{11-5}$$

$$\mathrm{Cov}(Y_t, Y_{t-s}) = E[(Y_t - \mu)(Y_{t-s} - \mu)] = 0 \tag{11-6}$$

则称随机过程 Y_t 为白噪声过程，是一个平稳的随机过程。

事实上，我们在回归分析中经常提到的随机干扰项 μ_t 随机过程就是一个白噪声过程。

11.1.2　随机游走过程

如果一个随机过程 Y_t 满足方程

$$Y_{t+1}=Y_t+\mu_{t+1} \tag{11-7}$$

式中，Y_t 为第 t 时刻的观测值，$Y_0=0$；μ_{t+1} 为期望值为零且方差为 σ^2、相互独立的随机干扰项，那么称这个随机过程为随机游走过程。事实上，在不确定条件下，若忽略交易费用和印花税等成本，则类似于赌博这样的财富积累过程可以看作一个随机游走过程。

因为随机游走过程

$$Y_t=\sum_{i=1}^{t}\mu_i \tag{11-8}$$

所以，有

$$E(Y_t)=E\left(\sum_{i=1}^{t}\mu_i\right)=0 \tag{11-9}$$

$$\mathrm{Var}(Y_t)=E[Y_t-E(Y_t)]^2=E\left(\sum_{i=1}^{t}\mu_i\right)^2=t\sigma^2 \tag{11-10}$$

$$\mathrm{Var}(Y_{t-s})=E[Y_{t-s}-E(Y_{t-s})]^2=E\left(\sum_{i=1}^{t-s}\mu_i\right)^2=(t-s)\sigma^2 \tag{11-11}$$

因此，我们可以发现，Y_t 的均值为零，但方差随时间变化而不断扩大且小于无穷大。很明显，从金融学的角度讲，这种财富积累过程是不理性的。

更一般地，具有确定性趋势（漂移项）的随机游走过程为

$$Y_{t+1}=\alpha_0+Y_t+\mu_{t+1} \tag{11-12}$$

如果 $Y_0=0$，则

$$E(Y_t)=E\left[\sum_{i=1}^{t}(\alpha_0+\mu_i)\right]=t\alpha_0 \tag{11-13}$$

$$\mathrm{Var}(Y_t)=E[Y_t-E(Y_t)]^2=E\left(\sum_{i=1}^{t}\mu_i\right)^2=t\sigma^2 \tag{11-14}$$

从式（11-13）可以看出，如果 $\alpha_0>0$，Y_t 的均值会随着时间不断增大；如果 $\alpha_0<0$，Y_t 的均值会随着时间不断减小。

不难看出，无论是不带漂移的随机游走过程，还是带有漂移的随机游走过程，其方差都是时间的函数，随着时间不断扩大而增大，表明 Y_t 的方差与时间的起点有关，不满足平稳随机过程的条件。给定任意初始值 Y_0，只是均值加 Y_0 而已，方差的结论都是一样的。

需要指出的是，随机游走过程的协方差和方差的自相关系数也是与时间相关的[⊖]。

⊖ 恩德斯．应用计量经济学：时间序列分析［M］．杜江，谢志超，译．2 版．北京：高等教育出版社，2006：151-154.

11.1.3 平稳时间序列和非平稳时间序列

如果某一时间序列符合平稳随机过程的条件，则称该时间序列为平稳时间序列，否则为非平稳时间序列。

广义地讲，如果时间序列数据的均值和方差为常数，且两个时期的协方差只与时间的间隔有关，而与时间的起点无关，则这个时间序列是平稳时间序列，是围绕均值变化的序列。换言之，无论度量的时间点如何，平稳时间序列的均值、方差和协方差都为常数。

随机游走过程式（11-7）和式（11-12）产生的序列就不是平稳时间序列，而是非平稳的时间序列，因为至少它们的方差不满足是常数的条件。

11.2 时间序列数据的平稳性检验

11.2.1 为什么要进行平稳性检验

假定回归方程为

$$Y_t = \alpha_0 + \alpha_1 X_t + \mu_t \tag{11-15}$$

在古典回归分析模型中，变量 Y 和变量 X 都假设满足序列是平稳的条件，也就是说，它们的期望值为零且方差恒定。但是，在非平稳变量存在的情况下，将一个随机游走变量（即非平稳数据）对另一个随机游走变量进行回归，尽管拟合程度很好，影响也很显著，但有可能导致荒谬的结果。有时候时间序列的高度相关仅仅是因为二者同时随时间有向上或向下变动的趋势，并没有真正的联系，这种情况就称为**伪回归**（Spurious Regression）。

为了说明“伪回归”的现象，根据 Granger 和 Newbold(1974) 的思考方法，构造两个独立的随机游走序列 Y_t 和 X_t，也就是说

$$Y_t = Y_{t-1} + \mu_{yt} \tag{11-16}$$

$$X_t = X_{t-1} + \mu_{xt} \tag{11-17}$$

式中，μ_{yt} 和 μ_{xt} 是相互独立的白噪声过程。在随机变量 Y_t 和 X_t 的数据生成过程中，可以假设 $Y_0=0$ 和 $X_0=0$。因此，方程（11-15）的截距项 $\alpha_0=0$ 时，就可以改写为

$$\mu_t = Y_t - \alpha_1 X_t = \sum_{i=1}^{t} \mu_{yi} - \alpha_1 \sum_{i=1}^{t} \mu_{xi} \tag{11-18}$$

容易得到，式（11-18）的随机干扰项 μ_t 的方差为

$$\mathrm{Var}(\mu_t) = \mathrm{Var}\left(\sum_{i=1}^{t} \mu_{yi} - \alpha_1 \sum_{i=1}^{t} \mu_{xi}\right) = t\sigma_y^2 + t\alpha_1^2\sigma_x^2$$

很显然，随着 t 的增加，随机干扰项的方差会趋于无穷大，这与古典假设中随机干扰项为同方差的假设相矛盾，破坏了回归分析的假设条件。因此，任何的 t 检验、F 检验和判定系数 R^2 都是不可信的，甚至回归得出的结果也是毫无意义的。

因此，在进行模型回归之前要先检验时间序列的平稳性，以避免出现“伪回归”的问题。

11.2.2 平稳性检验的 ADF 检验方法

对于自回归模型

$$Y_t = \alpha_0 + \alpha_1 Y_{t-1} + \mu_t \tag{11-19}$$

如果 $\alpha_1=1$，那么，时间序列 Y_t 存在一个单位根，把 Y_t 称为单位根过程或单整过程。

显然，当 $\alpha_1=1$ 时，由随机过程 Y_t 生成的时间序列是一个随机游走过程，是一个非平稳时间序列。因此，检验时间序列 Y_t 是否平稳就意味着要检验 $\alpha_1=1$ 是否成立，如果 $\alpha_1=1$ 成立，则 Y_t 为非平稳序列，否则，为平稳序列。

在方程（11-19）的两边都减去 Y_{t-1} 后，就会变为方程

$$\Delta Y_t = \alpha_0 + \rho Y_{t-1} + \mu_t \tag{11-20}$$

式中，$\rho=\alpha_1-1$。于是，检验 $\alpha_1=1$ 是否成立就等价于检验 $\rho=0$ 是否成立，如果 $\rho=0$ 在统计意义下成立，则表明时间序列 Y_t 是非平稳的。由于是检验 $\alpha_1=1$ 是否成立，所以，把这种检验也称为单位根检验。

序列平稳性的检验方法一般采用 ADF 单位根检验方法，这种方法是在 DF(Dickey-Fuller) 单位根检验方法的基础上扩展而来的。ADF 单位根检验模型如下

$$\Delta Y_t = \rho Y_{t-1} + \sum_{i=1}^{p} \beta_i \Delta Y_{t-i} + \mu_t \tag{11-21}$$

$$\Delta Y_t = \alpha + \rho Y_{t-1} + \sum_{i=1}^{p} \beta_i \Delta Y_{t-i} + \mu_t \tag{11-22}$$

$$\Delta Y_t = \alpha + \rho Y_{t-1} + \gamma t + \sum_{i=1}^{p} \beta_i \Delta Y_{t-i} + \mu_t \tag{11-23}$$

式中，Y_t 为时间序列；α 为常数项；t 为时间趋势项；Y_{t-i} 为 Y_t 的 i 阶滞后项；p 为滞后阶数，采用赤池信息准则（AIC）或施瓦茨信息准则（SC）确定。

ADF 单位根检验的假设为

原假设：H_0：$\rho=0$，存在单位根

备择假设：H_1：$\rho<0$，不存在单位根

如果得到的 ADF 统计量小于给定显著水平下所对应的 ADF 临界值，则拒绝原假设，表明不存在单位根，时间序列是平稳的；否则，存在单位根，时间序列是非平稳的。在实际进行单位根检验时，往往是从最复杂的方程（11-23）开始的，图 11-1 描述了单位根检验的步骤。

有一点需要说明的是，图 11-1 的检验过程中，在判断是否 $\rho=0$ 的时候用的是 ADF 统计量而非 t 统计量，因为即使在大样本下统计量也是有偏误的，t 检验是无法使用的。与此类似，在检验是否 $\gamma=0$ 和是否 $\alpha=0$ 时也不能直接采用 t 检验。为此，Dickey 和 Fuller(1981) 构造了三个 F 统计量（ϕ_1，ϕ_2，ϕ_3）来检验系统的联合假设。在方程（11-22）中，采用 ϕ_1 对联合假设 $\alpha=\rho=0$ 进行检验，在方程（11-23）中，采用 ϕ_2 对联合假设 $\alpha=\rho=\gamma=0$ 进行检验；采用 ϕ_3 对联合假设 $\rho=\gamma=0$ 进行检验。根据 F 统计量的一般计算方法，构造 ϕ_1，ϕ_2，ϕ_3 为

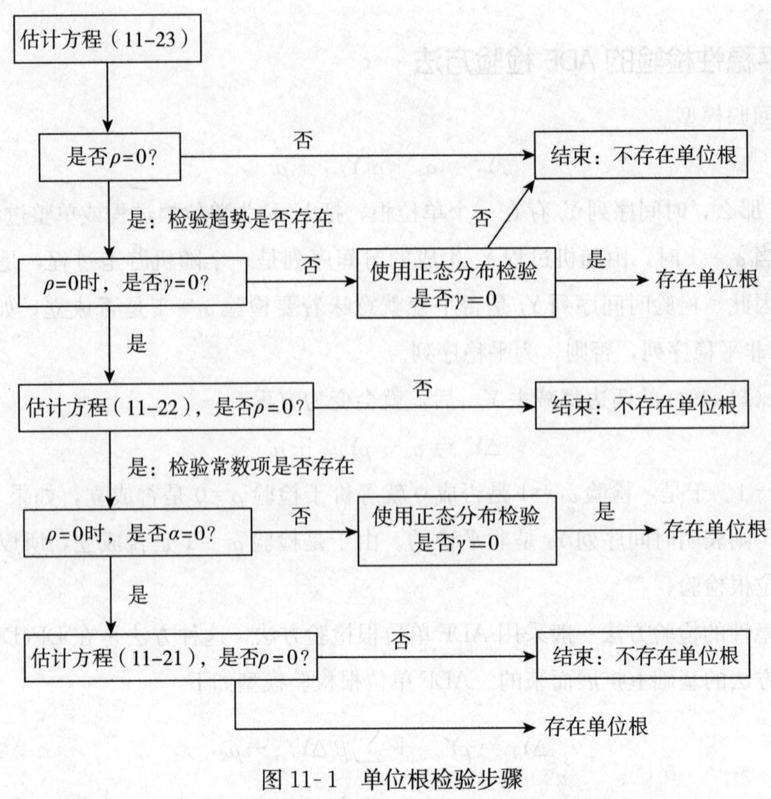

图 11-1　单位根检验步骤

$$\phi_i = \frac{[RSS(\text{约束}) - RSS(\text{无约束})]/r}{RSS(\text{约束})/[n-(k+1)]}$$

式中，RSS（约束）和 RSS（无约束）分别表示有约束和无约束的残差平方和，r 为约束条件个数，n 为样本观测值个数，k 为无约束模型中解释变量个数。通常我们将方程（11-23）看作无约束模型，而将方程（11-21）和方程（11-22）看作受约束模型。例如，我们将方程（11-23）看作无约束模型，将方程（11-21）看作受约束模型，此时的约束条件便是联合假设 $\alpha=\rho=\gamma=0$，约束条件的个数便是 3 个，即 $\alpha=0$，$\rho=0$，$\gamma=0$。在计算出 ϕ_1、ϕ_2、ϕ_3 后，在显著水平 α 下，查 ϕ 的经验分布表，得临界值 $\phi_{i\alpha}$。若 $\phi_i > \phi_{i\alpha}$，则拒绝联合假设；反之，则接受联合假设，承认约束条件。具体检验过程，将在下一节的单位根检验实例中介绍。

如果时间序列 Y_t 的 1 阶差分序列是平稳序列，则称时间序列 Y_t 是 1 阶单整序列，也称为I（1）序列。如果时间序列 Y_t 经过 d 次差分后形成的序列为平稳序列，则称原始序列为 d 阶单整的，记为 I（d）序列。

11.3　案例分析

案例 11-1

在本节，我们用 EViews3.1 对表 2-1 居民消费水平这个时间序列进行 ADF 单位根检验。

在工作文件窗口下，双击变量 Y，进入序列窗口，单击“View/Unit Root Test”，将出现如图11-2的对话框。

在图11-2中，Test Type表示检验类型，其中Augmented Dickey-Fuller是指ADF单位根检验，Philips-Perron指PP检验；Test for unit root in表示对什么序列进行检验，其中Level指对原始序列进行检验，1st difference指对一阶差分序列进行检验，2nd difference指对二阶差分序列进行检验；Include in test equation表示对检验包含项的设置，其中Intercept表示有截距项方程，对应方程（11-22），Trend and intercept表示既有截距项又有时间趋势项，对应方程（11-23），none表示既没有截距项又没有时间趋势项，对应方程（11-21）；Lagged differences表示滞后期，实际操作的时候从0阶开始逐个实验，并通过AIC和SC统计量来判定最佳滞后期，同时也可通过引入滞后期后相应滞后期的系数是否显著来判别。值得注意的是，虽然α、ρ、γ的显著性不服从标准的t分布，不能直接采用t统计量来判别，但是方程（11-21）至方程（11-23）中的ΔY_{t-i}的所有系数都趋近于t分布，因此，可以用t检验来判断滞后期系数的显著性。

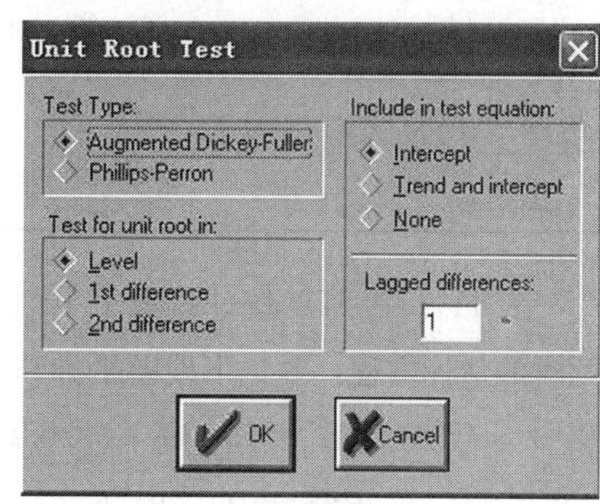

图11-2　单位根检验对话框

按照图11-1给出的检验类型选择步骤，从最复杂的方程（11-23）开始。在图11-2中，Augmented Dickey-Fuller、检验序列选择Level、检验方程选择Trend and intercept，经AIC和SC统计量以及滞后期系数的显著性，判定出最佳滞后期为2，其输出结果如表11-1所示。

表11-1　ADF检验的结果（一）

ADF Test Statistic	1.078 527	1%	Critical Value *	−4.338 2
		5%	Critical Value	−3.586 7
		10%	Critical Value	−3.227 9

* MacKinnon critical values for rejection of hypothesis of a unit root.

Augmented Dickey-Fuller Test Equation

Dependent Variable：D（Y）

Method：Least Squares

Date：12/11/09　Time：21:25

Sample(adjusted)：1981 2007

Included observations：27 after adjusting endpoints

Variable	Coefficient	Std. Error	t-Statistic	Prob.
Y(−1)	0.036 996	0.034 303	1.078 527	0.292 5
D(Y(−1))	1.300 728	0.208 880	6.227 143	0.000 0
D(Y(−2))	−0.634 472	0.227 157	−2.793 096	0.010 6
C	0.435 194	58.847 30	0.007 395	0.994 2
@TREND(1978)	0.763 181	7.519 891	0.101 488	0.920 1

（续）

Variable	Coefficient	Std. Error	t-Statistic	Prob.
R-squared	0.883 794	Mean dependent var		253.444 4
Adjusted R-squared	0.862 666	S.D. dependent var		230.332 4
S.E. of regression	85.357 97	Akaike info criterion		11.897 16
Sum squared resid	160 291.6	Schwarz criterion		12.137 13
Log likelihood	−155.611 7	F-statistic		41.829 88
Durbin-Watson stat	1.765 836	Prob(F-statistic)		0.000 000

表 11-1 中 ADF 统计量大于 10%显著水平下的临界值−3.227 9，不能拒绝 $\rho=0$。写出此时的估计方程，并记下残差平方和 RSS。

$$\Delta Y_t = 0.435 + 0.763t + 0.037Y_{t-1} + 1.301\Delta Y_{t-1} - 0.634\Delta Y_{t-2} \qquad (11\text{-}24)$$

$$RSS = 160\ 291.6$$

选择图 11-2 中的 Augmented Dickey-Fuller、Level、intercept，将滞后期设置为 2，将得到方程（11-22）的估计结果，如表 11-2 所示。

表 11-2 ADF 检验的结果（二）

ADF Test Statistic	2.502 548	1%	Critical Value *	−3.695 9
		5%	Critical Value	−2.975 0
		10%	Critical Value	−2.626 5

* MacKinnon critical values for rejection of hypothesis of a unit root.

Augmented Dickey-Fuller Test Equation

Dependent Variable：D(Y)

Method：Least Squares

Date：12/11/09 Time：21:39

Sample(adjusted)：1981 2007

Included observations：27 after adjusting endpoints

Variable	Coefficient	Std. Error	t-Statistic	Prob.
Y(−1)	0.040 056	0.016 006	2.502 548	0.019 9
D(Y(−1))	1.302 408	0.203 694	6.393 941	0.000 0
D(Y(−2))	−0.634 675	0.222 207	−2.856 230	0.008 9
C	5.769 147	25.895 61	0.222 785	0.825 7
R-squared	0.883 740	Mean dependent var		253.444 4
Adjusted R-squared	0.868 576	S.D. dependent var		230.332 4
S.E. of regression	83.501 28	Akaike info criterion		11.823 55
Sum squared resid	160 366.7	Schwarz criterion		12.015 53
Log likelihood	−155.618 0	F-statistic		58.277 44
Durbin-Watson stat	1.769 629	Prob(F-statistic)		0.000 000

表 11-2 中 ADF 统计量大于 10%显著水平下的临界值，不能拒绝 $\rho=0$。写出此时的估计方程，并记下残差平方和 RSS。

$$\Delta Y_t = 5.769 + 0.040Y_{t-1} + 1.302\Delta Y_{t-1} - 0.635\Delta Y_{t-2} \qquad (11\text{-}25)$$

$$RSS = 160\ 366.7$$

选择图 11-2 中的 Augmented Dickey-Fuller、Level、none，将滞后期设置为 2，将得到

方程（11-21）的估计结果，如表 11-3 所示。

表 11-3　ADF 检验的结果（三）

ADF Test Statistic	2.656 924	1%	Critical Value *	−2.652 2
		5%	Critical Value	−1.954 0
		10%	Critical Value	−1.622 3

* MacKinnon critical values for rejection of hypothesis of a unit root.

Augmented Dickey-Fuller Test Equation
Dependent Variable：D(Y)
Method：Least Squares
Date：12/11/09　Time：22:27
Sample(adjusted)：1981 2007
Included observations：27 after adjusting endpoints

Variable	Coefficient	Std. Error	t-Statistic	Prob.
Y(−1)	0.040 788	0.015 352	2.656 924	0.013 8
D(Y(−1))	1.306 875	0.198 651	6.578 746	0.000 0
D(Y(−2))	−0.629 564	0.216 599	−2.906 582	0.007 7

R-squared	0.883 489	Mean dependent var	253.444 4
Adjusted R-squared	0.873 780	S.D. dependent var	230.332 4
S.E. of regression	81.831 31	Akaike info criterion	11.751 64
Sum squared resid	160 712.7	Schwarz criterion	11.895 62
Log likelihood	−155.647 1	Durbin-Watson stat	1.772 010

表 11-3 中 ADF 统计量大于 10%显著水平下的临界值，不能拒绝 $\rho=0$。写出此时的估计方程，并记下残差平方和 RSS。

$$\begin{aligned}\Delta Y_t &= 0.041Y_{t-1}+1.307\Delta Y_{t-1}-0.630\Delta Y_{t-2}\\ RSS &= 160\ 712.7\end{aligned}\tag{11-26}$$

现在我们来计算 ϕ_1、ϕ_2、ϕ_3，我们将方程（11-24）看作无约束方程，将方程（11-26）看作受约束方程，约束条件即联合假设为 $\alpha=\rho=\gamma=0$。在 27 个观察值、4 个解释变量的情况下，无约束模型的自由度为 22。因此，

$$\phi_2=\frac{(160\ 712.7-160\ 291.6)/3}{160\ 712.7/22}=0.019$$

查 ϕ 的经验分布表，得 $\phi_{2,0.05}$ 大约为 5.68>0.019，不能拒绝联合假设，认为序列存在单位根，但不存在时间趋势项和常数项。

同理，我们可以对变量 Y 的一阶差分和二阶差分进行 ADF 检验，结果发现 Y 的一阶差分仍旧是非平稳的，而 Y 的二阶差分是平稳的，因此，我们说变量 Y 的序列是二阶单整的。

案例 11-2

居民消费价格指数（CPI），是一个反映居民家庭一般所购买的消费商品和服务价格水平变动情况的宏观经济指标。它是度量一组代表性消费商品及服务项目的价格水平随时间而变动的相对数，是用来反映居民家庭购买消费商品及服务的价格水平的变动情况。我们对

我国 2007～2010 年的 CPI 数据（见表 11-4）进行单位根检验。

表 11-4 中国 2007～2010 年的 CPI 数据

时 间	CPI	时 间	CPI	时 间	CPI	时 间	CPI
2007 年 01 月	2.20	2008 年 01 月	7.10	2009 年 01 月	1.00	2010 年 01 月	1.50
2007 年 02 月	2.70	2008 年 02 月	8.70	2009 年 02 月	−1.60	2010 年 02 月	2.70
2007 年 03 月	3.30	2008 年 03 月	8.30	2009 年 03 月	−1.20	2010 年 03 月	2.40
2007 年 04 月	3.00	2008 年 04 月	8.50	2009 年 04 月	−1.50	2010 年 04 月	2.80
2007 年 05 月	3.40	2008 年 05 月	7.70	2009 年 05 月	−1.40	2010 年 05 月	3.10
2007 年 06 月	4.40	2008 年 06 月	7.10	2009 年 06 月	−1.70	2010 年 06 月	2.90
2007 年 07 月	5.60	2008 年 07 月	6.30	2009 年 07 月	−1.80	2010 年 07 月	3.30
2007 年 08 月	6.50	2008 年 08 月	4.90	2009 年 08 月	−1.20	2010 年 08 月	3.50
2007 年 09 月	6.20	2008 年 09 月	4.60	2009 年 09 月	−0.80	2010 年 09 月	3.60
2007 年 10 月	6.50	2008 年 10 月	4.00	2009 年 10 月	−0.50	2010 年 10 月	4.40
2007 年 11 月	6.90	2008 年 11 月	2.40	2009 年 11 月	0.60	2010 年 11 月	5.10
2007 年 12 月	6.50	2008 年 12 月	1.20	2009 年 12 月	1.90	2010 年 12 月	4.60

资料来源：中华人民共和国统计局：http：//www.stats.gov.cn/。

首先对 CPI 原始序列进行单位根检验。分别选择图 11-2 中的“trend and intercept”“intercept”和“none”选项，估计结果如表 11-5 至表 11-7 所示。

表 11-5 CPI 单位根检验（trend and intercept）

ADF Test Statistic	−2.513 616	1%	Critical Value*	−4.180 911
		5%	Critical Value	−3.515 523
		10%	Critical Value	−3.188 259

*MacKinnon critical values for rejection of hypothesis of a unit root.

表 11-6 CPI 单位根检验（intercept）

ADF Test Statistic	−2.326 873	1%	Critical Value*	−3.588 509
		5%	Critical Value	−2.929 734
		10%	Critical Value	−2.603 064

*MacKinnon critical values for rejection of hypothesis of a unit root.

表 11-7 CPI 单位根检验（none）

ADF Test Statistic	−1.420 311	1%	Critical Value*	−2.618 579
		5%	Critical Value	−1.948 495
		10%	Critical Value	−1.612 135

*MacKinnon critical values for rejection of hypothesis of a unit root.

从表 11-5、表 11-6、表 11-7 可以看出，在 CPI 原始序列情况下，trend and intercept、intercept 和 none 这三种情况的 ADF 统计量均大于显著水平为 1%、5%、10%的临界值。不能拒绝存在单位根的原假设，表明 CPI 数据是非平稳的。

因此，继续对一阶差分后的单位根进行检验，在图 11-2 中选择“1st difference”。然后分别选择“trend and intercept”“intercept”和“none”选项，估计结果如表 11-8 至表 11-10 所示。

表 11-8　ΔCPI 单位根检验（trend and intercept）

ADF Test Statistic	−3.853 125	1%	Critical Value *	−4.226 815
		5%	Critical Value	−3.536 601
		10%	Critical Value	−3.200 320

* MacKinnon critical values for rejection of hypothesis of a unit root.

表 11-9　ΔCPI 单位根检验（intercept）

ADF Test Statistic	−3.708 301	1%	Critical Value *	−3.621 023
		5%	Critical Value	−2.943 427
		10%	Critical Value	−2.610 263

* MacKinnon critical values for rejection of hypothesis of a unit root.

表 11-10　ΔCPI 单位根检验（none）

ADF Test Statistic	−3.780 428	1%	Critical Value *	−2.628 961
		5%	Critical Value	−1.950 117
		10%	Critical Value	−1.611 339

* MacKinnon critical values for rejection of hypothesis of a unit root.

从表 11-8 可以看出，1 阶差分后的 CPI 数据在 trend and intercept 情况下的 ADF 统计量大于 5%的临界值，因此在 5%显著水平下拒绝存在单位根的原假设，表明 1 阶差分后的 CPI 在 5%显著水平下是平稳的。同理，从表 11-9 和表 11-10 可以看出差分后的 CPI 在 1%显著水平下是平稳的。因为 1 阶差分后 CPI 序列平稳，所以 CPI 为 1 阶单整序列。

思考与练习

1. 请解释下列名词　平稳随机过程　随机游走过程　单位根　伪回归　ADF 检验
2. 对一个随机游走过程来说，其方差与时间存在何种关系？
3. 如果一个时间序列是 3 阶单整的，那么需要进行多少次差分变换才能使其平稳？
4. 试阐述单位根检验的步骤。
5. 在进行单位根检验的时候，如何确定滞后期？
6. 表 11-11 给出的是 1978～2013 年我国 GDP（支出法）的时间序列数据。根据本章所学内容，完成如下要求：

（1）用 ADF 法对我国 GDP（支出法）时间序列进行单位根检验。

（2）对我国 GDP（支出法）时间序列进行单整性分析。

表 11-11 我国 1978～2013 年的 GDP 数据

年 份	GDP（亿元）	年 份	GDP（亿元）	年 份	GDP（亿元）
1978	3 605.60	1990	19 347.80	2002	120 475.60
1979	4 092.60	1991	22 577.40	2003	136 613.40
1980	4 592.90	1992	25 807.00	2004	160 956.60
1981	5 008.80	1993	29 036.60	2005	187 423.50
1982	5 590.00	1994	32 266.20	2006	222 712.50
1983	6 216.20	1995	35 495.80	2007	266 599.20
1984	7 362.70	1996	38 725.40	2008	315 974.60
1985	9 076.70	1997	41 955.00	2009	348 775.10
1986	10 508.50	1998	45 184.60	2010	402 816.50
1987	12 277.40	1999	48 414.20	2011	472 619.20
1988	15 388.60	2000	51 643.80	2012	529 399.20
1989	17 311.30	2001	109 028.00	2013	586 673.00

资料来源：中华人民共和国国家统计局，《中国统计年鉴——2014》，中国统计出版社，2014。

7. 表 11-12 给出的是 1980～2012 年我国货物进出口总额的时间序列数据。检验其是否平稳，并确定其单整阶数。

表 11-12 我国 1978～2012 年我国货物进出口总额的数据

年 份	进出口额（亿元）	年 份	进出口额（亿元）	年 份	进出口额（亿元）	年 份	进出口额（亿元）
1978	355	1987	3 084.20	1996	24 133.80	2005	116 921.80
1979	454.6	1988	3 821.80	1997	26 967.20	2006	140 974.00
1980	570	1989	4 155.90	1998	26 849.70	2007	166 863.70
1981	735.3	1990	5 560.10	1999	29 896.20	2008	179 921.47
1982	771.3	1991	7 225.80	2000	39 273.20	2009	150 648.06
1983	860.1	1992	9 119.60	2001	42 183.60	2010	201 722.15
1984	1 201.00	1993	11 271.00	2002	51 378.20	2011	236 401.99
1985	2 066.70	1994	20 381.90	2003	70 483.50	2012	244 160.21
1986	2 580.40	1995	23 499.90	2004	95 539.10		

资料来源：中华人民共和国国家统计局，《中国统计年鉴——2013》，中国统计出版社，2013。

8. 表 11-13 给出的是 1978～2012 年农村居民消费水平和城镇居民消费水平的时间序列数据。

要求：

（1）做出农村居民消费水平和城镇居民消费水平的散点图，并直观地考察这两个时间序列是否是平稳的。

（2）用单位根检验分别检验这两个时间序列是否是平稳的。

表 11-13　我国 1978～2012 年农村居民消费水平和城镇居民消费水平的数据

年　份	农村居民消费水平	城镇居民消费水平	年　份	农村居民消费水平	城镇居民消费水平
1978	138	405	1996	1 626	5 532
1979	159	425	1997	1 722	5 823
1980	178	489	1998	1 730	6 109
1981	201	521	1999	1 766	6 405
1982	223	536	2000	1 860	6 850
1983	250	558	2001	1 969	7 113
1984	287	618	2002	2 062	7 387
1985	349	765	2003	2 103	7 901
1986	378	872	2004	2 301	8 679
1987	421	998	2005	2 560	9 410
1988	509	1 311	2006	2 847	10 423
1989	549	1 466	2007	3 265	1 855
1990	560	1 596	2008	3 901	13 653
1991	602	1 840	2009	4 163	14 904
1992	688	2 262	2010	4 700	16 546
1993	805	2 924	2011	5 870	19 108
1994	1 038	3 852	2012	6 515	21 120
1995	1 313	4 931			

资料来源：中华人民共和国国家统计局，《中国统计年鉴——2013》，中国统计出版社，2013。

第12章 单变量时间序列模型

很多经济现象都具有长期的动态特征，周期性地发生变化，也有的因随机冲击而发生变异。本章主要讲述三种广泛应用的单变量时间序列模型：自回归模型（autoregressive model，简称AR模型）、移动平均模型（moving average model，简称MA模型）和自回归移动平均模型（autoregressive moving average model，简称ARMA模型）。这三种模型因其设定的不同而有所不同，并且在捕捉不同类型的自相关行为时具有不同的优势。

本章假设时间序列平稳且模型设定正确，从描述各类模型的自相关函数开始，分别对AR、MA和ARMA模型进行阐述，以帮助我们在实际运用中选择恰当的模型设定形式。

12.1 自回归模型

如果时间序列 $y_t(t=1, 2, \cdots)$ 是独立的，不存在任何依赖关系，即事物后一时刻的行为与前一时刻的行为毫无关系。这样的信息所揭示的统计规律就是事物独立地随机变动，系统无记忆能力。反之，如果信息之间有一定的依存性，这就使得我们能够利用已经收集的样本观测值的过去信息预测变量的未来值。存在这种依赖性的简单例子就是自回归（AR）模型，在AR模型中，序列的当期值与它自身的过去值和当期随机冲击有关。

12.1.1 AR(1) 过程

对于时间序列 $y_t(t=1, 2, \cdots)$，如果 t 时刻的行为 y_t 主要与其前一时刻 y_{t-1} 的行为有关，而与其前一时刻以前的行为 $y_{t-i}(i\geqslant 2)$ 没有直接关系，也就是说 y_t 只与 y_{t-1} 有关，用记忆性来说，就是最短的记忆，呈现1阶动态性，则描述这种关系的数学模型就是1阶自回归（AR）模型，简称AR(1)。在AR(1) 过程中，序列的当期值与它自身的上一期的值和当期随机冲击相关，也有可能存在一个固定的漂移 a_0。因此，1阶自回归AR(1) 过程可以表述为

$$y_t = a_0 + a_1 y_{t-1} + \mu_t \tag{12-1}$$

$$\mu_t \sim N(0, \sigma^2)$$

对于式（12-1）AR(1) 过程，向后滞后1期就可写成

$$y_t = a_0(1+a_1)+a_1^2 y_{t-2}+a_1\mu_{t-1}+\mu_t \tag{12-2}$$

然后，反复向后替代等式右边的滞后项 y，就可以得到

$$y_t = a_0(1+a_1+a_1^2+a_1^3+\cdots)+\mu_t+a_1\mu_{t-1}+a_1^2\mu_{t-2}+a_1^3\mu_{t-3}+\cdots \tag{12-3}$$

通过对式（12-3）求均值和方差就可得到 AR(1) 过程 y_t 的期望值和方差。

AR(1) 过程的均值为

$$\begin{aligned} E(y_t) &= E[a_0(1+a_1+a_1^2+a_1^3+\cdots)+\mu_t+a_1\mu_{t-1}+a_1^2\mu_{t-2}+a_1^3\mu_{t-3}+\cdots] \\ &= \frac{a_0}{1-a_1} \end{aligned} \tag{12-4}$$

方差为：

$$\begin{aligned} \gamma_0 &= \mathrm{Var}(y_t) = E[y_t - E(y_t)]^2 = E[\mu_t+a_1\mu_{t-1}+a_1^2\mu_{t-2}+a_1^3\mu_{t-3}+\cdots]^2 \\ &= \frac{\sigma^2}{1-a_1^2} \end{aligned} \tag{12-5}$$

事实上，$\gamma_0=\mathrm{Var}(y_{t-s})$，读者可自己证明。为了便于求得自协方差，根据自协方差的性质，因为式（12-1）的 AR(1) 过程的自协方差与漂移项无关，所以，省略 a_0，采用表达式

$$y_t = a_1 y_{t-1}+\mu_t \tag{12-6}$$

然后，等式两边同时乘以 $y_{t-s}(s=1, 2, \cdots)$，并取期望值，有

$$\begin{aligned} \gamma_s &= \mathrm{Cov}(y_t, y_{t-s}) = E(y_t y_{t-s}) = a_1 E(y_{t-1}y_{t-s})+E(\mu_t y_{t-s}) = a_1\gamma_{s-1} \\ &= a_1^s\gamma_0 = a_1^s\frac{\sigma^2}{1-a_1^2} \end{aligned} \tag{12-7}$$

因此，通过式（12-5）和式（12-7），可以得到自相关系数 ρ_s 为

$$\rho_s = \frac{\mathrm{Cov}(y_t, y_{t-s})}{\sqrt{\mathrm{Var}(y_t)}\ \sqrt{\mathrm{Var}(y_{t-s})}} = \frac{\gamma_s}{\gamma_0} = a_1^s \tag{12-8}$$

图 12-1 刻画的是 AR(1) 过程的总体自相关函数的特征。

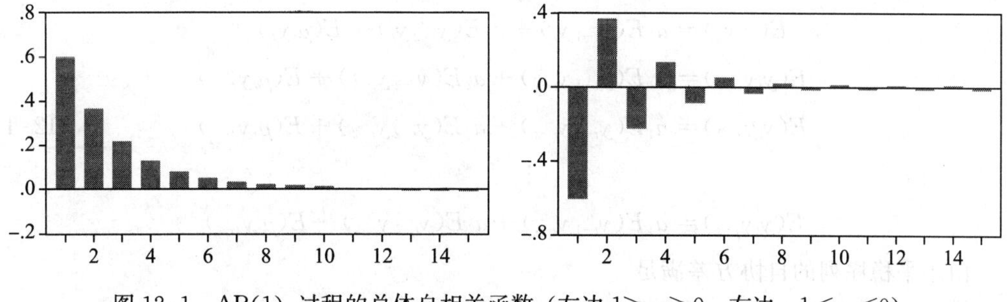

图 12-1　AR(1) 过程的总体自相关函数（左边 $1>a_1>0$，右边 $-1<a_1<0$）

可以看出，1 阶自回归过程 AR(1) 的自相关系数呈现逐渐衰减的特征。只要时间间隔趋近于无穷大，自相关系数取极限时，它的值才会趋近于 0。若 a_1 为正数，自相关系数呈现正向单侧直接衰减；若 a_1 为负数，自相关系数呈现上下震荡衰减。a_1 的绝对值越小，衰减到零的速度越快。在商业和经济中，一般有 $a_1>0$。但是不论怎样，自相关系数都是逐渐衰减的，呈现拖尾的特征。

然而，AR(1) 过程的偏自相关函数呈现突然截尾，其偏自相关系数 ρ_s 为

$$\rho_s=\begin{cases}a_1 & s=1\\0 & s>1\end{cases}\tag{12-9}$$

其原因是显而易见的，这是因为偏自相关系数是总体自回归模型对应的系数。如果真实过程为 AR(1) 过程，那么，第 1 个偏自相关系数就是自回归系数，在其以后的滞后项系数都是 0。如图 12-2 所示，偏自相关系数在出现了一个峰值之后，其余都为 0。偏自相关系数的正负取决于对应系数的符号。

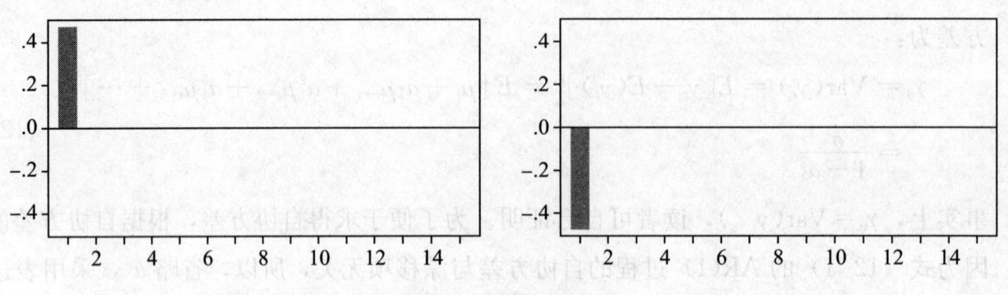

图 12-2　AR(1) 过程的总体偏自相关函数（左边 $1>a_1>0$，右边 $-1<a_1<0$）

12.1.2　AR(2) 过程

自回归 AR(2) 过程反映的是当期的值受到了自身的上期和再上一期的影响。同时也受到了当期随机干扰项的冲击，也可能存在一个漂移 a_0。

AR(2) 过程的表现形式为

$$y_t=a_0+a_1y_{t-1}+a_2y_{t-2}+\mu_t\tag{12-10}$$

由于截距 a_0 对自相关系数和偏自相关系数没有影响，所以，为方便论述，省略 a_0。此时不难得到，$E(y_t)=0$。在式 (12-10) 的两边乘以 $y_{t-s}(s=0, 1, \cdots)$，并取期望值，得到

$$\begin{aligned}E(y_ty_t)&=a_1E(y_{t-1}y_t)+a_2E(y_{t-2}y_t)+E(\mu_ty_t)\\E(y_ty_{t-1})&=a_1E(y_{t-1}y_{t-1})+a_2E(y_{t-2}y_{t-1})+E(\mu_ty_{t-1})\\E(y_ty_{t-2})&=a_1E(y_{t-1}y_{t-2})+a_2E(y_{t-2}y_{t-2})+E(\mu_ty_{t-2})\\&\vdots\\E(y_ty_{t-s})&=a_1E(y_{t-1}y_{t-s})+a_2E(y_{t-2}y_{t-s})+E(\mu_ty_{t-s})\end{aligned}\tag{12-11}$$

由于平稳序列的自协方差满足

$$\gamma_s=E(y_ty_{t-s})=E(y_{t-s}y_t)=E(y_{t-k}y_{t-k-s})$$

因此，由式 (12-11) 整理得到

$$\gamma_0=a_1\gamma_1+a_2\gamma_2+\sigma^2\tag{12-12}$$

$$\gamma_1=a_1\gamma_0+a_2\gamma_1\tag{12-13}$$

$$\gamma_2=a_1\gamma_1+a_2\gamma_0\tag{12-14}$$

$$\vdots$$

$$\gamma_s = a_1\gamma_{s-1} + a_2\gamma_{s-2} \tag{12-15}$$

将式（12-13）、式（12-14）和式（12-15）都除以 γ_0，得到

$$\rho_1 = a_1\rho_0 + a_2\rho_1 \tag{12-16}$$

$$\rho_2 = a_1\rho_1 + a_2\rho_0 \tag{12-17}$$

$$\vdots$$

$$\rho_s = a_1\rho_{s-1} + a_2\rho_{s-2} \tag{12-18}$$

因为 $\rho_0 = 1$，于是，由式（12-16）就可求得 $\rho_1 = a_1/(1-a_2)$。由此，通过 ρ_0 和 ρ_1 就可得到式（12-17）的 ρ_2。事实上，根据式（12-18）经过递推，可以得到所有的 $\rho_s(s\geqslant 2)$。

由于偏自相关系数反映的是其他滞后项固定不变时，对应的 y_{t-s} 对 y_t 的影响，因此，偏自相关系数只有滞后项 y_{t-1} 和 y_{t-2} 对应的系数，之后的滞后项系数看作零。

对于平稳时间序列 y_t，AR(2) 过程的自相关系数仍然呈现衰减的形态，具有拖尾的特征，而偏自相关系数在出现了两个峰值后截尾。

12.1.3 AR(p) 过程

更为一般的是 p 阶自回归过程 AR(p)，其形式为

$$y_t = a_0 + a_1 y_{t-1} + a_2 y_{t-2} + \cdots + a_p y_{t-p} + \mu_t$$

$$\mu_t \sim N(0,\ \sigma^2)$$

与 AR(1) 和 AR(2) 过程类似，在式（12-27）的两边都乘以 $y_{t-s}(s=0,1,2,\cdots)$，并取期望值，就可以得到滞后 s 期的自协方差为

$$\gamma_0 = a_1\gamma_1 + a_2\gamma_2 + \cdots + a_p\gamma_p + \sigma^2 \tag{12-19}$$

$$\gamma_s = a_1\gamma_{s-1} + a_2\gamma_{s-2} + \cdots + a_p\gamma_{s-p} \tag{12-20}$$

从而，式（12-20）两边同除以 γ_0，得到自相关系数为

$$\rho_s = a_1\rho_{s-1} + a_2\rho_{s-2} + \cdots + a_p\rho_{s-p} \tag{12-21}$$

很明显，无论 s 有多大，ρ_s 都依赖于滞后 1 阶到 p 阶的自相关系数。如同 AR(1) 过程，随着时间间隔的增大而逐渐衰减，因此，呈现拖尾的特征。若 AR(p) 是稳定的，则 ρ_s 递减并趋于零。AR(p) 过程中，当 $s>\rho$ 时，偏自相关系数为零，呈现结尾的特征，原因与 AR(1) 过程的偏自相关函数在时间间隔为 1 时突然截尾一样。

尽管从定性的角度来看，AR(p) 过程与 AR(1) 过程的自相关函数（逐渐衰减）一致，然而，它还依赖于自回归的阶数和参数值，其图形变化呈现出更丰富的形态，它可能呈现单调衰减，也可能呈现出 AR(1) 所不具备的震荡衰减模式。图 12-3 给出了 AR(2) 过程的两种不同特征的自相关函数图形。当两个特征根为实根时，表现为图 12-3a 的形式，当两个特征根为共轭复根时为图 12-3b 的形式。关于 AR(p) 过程的平稳性和稳定性条件，参见有关书籍[⊖]。

⊖ 李子奈，潘文卿．计量经济学［M］．北京：高等教育出版社，2005.

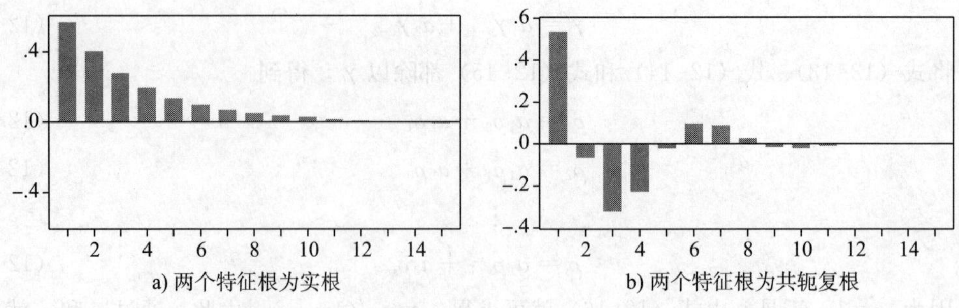

a) 两个特征根为实根　　b) 两个特征根为共轭复根

图 12-3　AR(2) 过程的总体自相关函数

12.2　移动平均模型

很多时间序列的值，常常会随着时间的推移发生变异，而导致变异的原因是这些取值在考察的时间内受到了冲击。我们可以认为这些变异是由不同取值的时间间隔内受到的冲击导致的。换句话说，时间序列的所有变异都是由不同时期的冲击所造成的综合结果。这便意味着，时间序列的值可能是由当前的干扰项和过去的冲击而形成的，这便是**移动平均过程**。

12.2.1　MA(1) 过程

1 阶移动平均过程 MA(1) 过程可以表述为

$$y_t = \mu_t + \beta\mu_{t-1} \tag{12-22}$$

$$\mu_t \sim N(0, \sigma^2)$$

从式 (12-22) 可以看出，序列的当期值 y_t 可以表述为当期冲击和上期的冲击的函数。我们可以把它想象成等式右边只包含干扰项的当期值和滞后值的回归模型。

1 阶移动平均 MA(1) 的无条件均值为

$$E(y_t) = E(\mu_t) + \beta E(\mu_{t-1}) = 0 \tag{12-23}$$

方差为

$$\mathrm{Var}(y_t) = \mathrm{Var}(u_t) + \beta^2\mathrm{Var}(u_{t-1}) = \sigma^2 + \beta^2\sigma^2 = (1+\beta^2)\sigma^2 \tag{12-24}$$

值得注意的是，在 σ 保持不变的情况下，无条件方差随着 β 绝对值的增大而增大。换句话说，β 的绝对值越大，MA(1) 过程的波动幅度越大。

自协方差函数为

$$\gamma_s = E(y_t y_{t-s}) = E[(\mu_t + \beta\mu_{t-1})(\mu_{t-s} + \beta\mu_{t-s-1})] = \begin{cases} \beta\sigma^2 & s = 1 \\ 0 & s > 1 \end{cases} \tag{12-25}$$

因此，y_t 与 y_{t-s} 之间的自相关系数为

$$\sigma_s = \frac{\gamma_s}{\gamma_0} = \begin{cases} \dfrac{\beta}{1+\beta^2} & s = 1 \\ 0 & s > 1 \end{cases} \tag{12-26}$$

图 12-4 展示了由式 (12-26) 给出的自相关系数的图形。这里，关键特征在于**自相关函

数的截尾。这意味着 MA(1) 过程只有 1 个时期的短暂记忆。当时间间隔大于 1，超过 MA 过程的阶数时，所有自相关系数都等于 0。值得注意的是，任何 MA(1) 过程都满足协方差平稳的必要条件（无条件均值为常数，无条件方差有限且为常数 $(1+\beta^2)\sigma^2$，自相关系数只依赖于其时间间隔，因为与时间起点无关）。

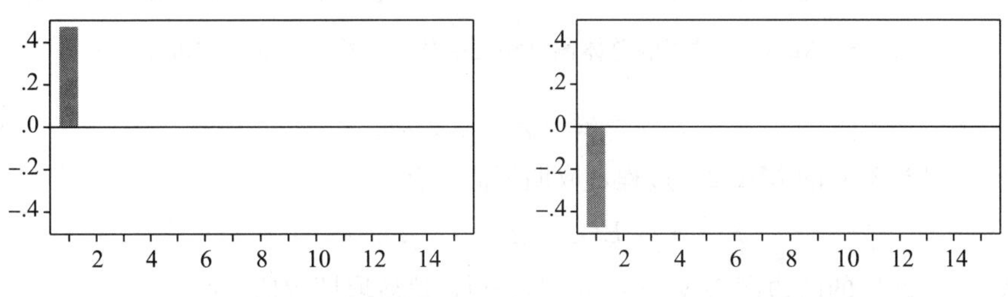

图 12-4　MA(1) 过程的总体自相关函数（左边 $\beta>0$，右边 $\beta<0$）

此外，如果 MA(1) 过程还满足 $|\beta|<1$，那么，就称 MA(1) 过程是**可逆的**，换句话说，MA 模型可以转化为 AR 模型。在这种情况下，可以把 MA(1) 过程倒置，序列的当前值不是用当前的冲击和过去的冲击来表述，而是用当前的冲击和序列的滞后值来表述，称为**自回归表达式**（autoregressive representation）。自回归表达式由当前的冲击和序列的（可观测的）滞后值表述，而移动平均表达式由当前的冲击和（不可观察的）滞后的冲击表述。

为了推导 1 阶移动平均 MA(1) 过程的自回归表达式，首先，把式（12-22）表述的 1 阶移动平均 MA(1) $y_t=\mu_t+\beta\mu_{t-1}$ 的白噪声表述为

$$\mu_t = y_t - \beta\mu_{t-1} \tag{12-27}$$

若把不同时期的白噪声用更多的连续时间滞后项来表示，则有

$$\mu_{t-1} = y_{t-1} - \beta\mu_{t-2}$$
$$\mu_{t-2} = y_{t-2} - \beta\mu_{t-3}$$
$$\mu_{t-3} = y_{t-3} - \beta\mu_{t-4}$$
$$\vdots$$

运用这些滞后的白噪声表达式，带入式（12-22）MA(1) 过程中，并进行递推，就可以得到无限阶的自回归表达式

$$y_t = \mu_t + \beta y_{t-1} - \beta^2 y_{t-2} + \beta^3 y_{t-3} + \cdots \tag{12-28}$$

从 MA(1) 过程的无限阶自回归表达式（12-28）可以看出，s 阶偏自相关系数恰好是自回归方程中 y_{t-s} 项对应的系数。因此，偏自相关函数会逐渐地衰减到 0。如果 $\beta>0$，则衰减模式呈现为震荡衰减，否则呈现为单侧直接衰减，如图 12-5 所示。

MA(1) 过程可以表述为无限阶自回归过程。因此，由 $|\beta|<1$ 可以得到随着时间间隔 s 的变大，偏自相关系数 ρ_s 衰减到零。

12.2.2　MA (2) 过程

2 阶移动平均 MA(2) 过程为

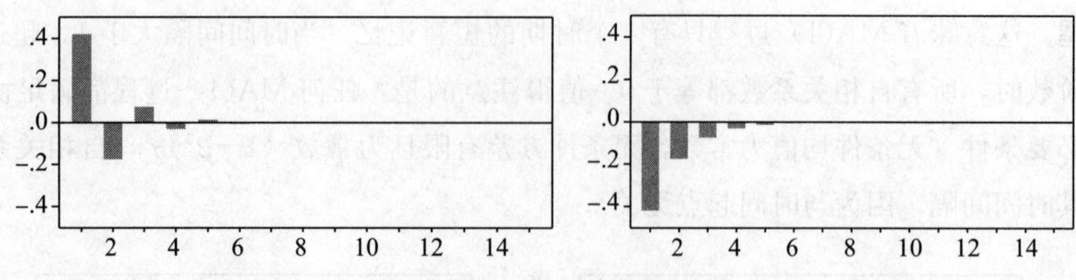

图 12-5 MA(1) 过程的总体偏自相关函数（左边 $\beta>0$，右边 $\beta<0$）

$$y_t = \mu_t + \beta_1\mu_{t-1} + \beta_2\mu_{t-2} \tag{12-29}$$

对于式（12-29）的 MA(2) 过程，取期望值，有

$$E(y_t) = E(\mu_t + \beta_1\mu_{t-1} + \beta_2\mu_{t-2}) = 0 \tag{12-30}$$

在式（12-29）的两边同乘 $y_{t-s}(s=0, 1, \cdots)$，然后取期望值，有

$$\gamma_0 = E(y_t y_t) = E(\mu_t + \beta_1\mu_{t-1} + \beta_2\mu_{t-2})^2 = (1+\beta_1^2+\beta_2^2)\sigma^2 \tag{12-31}$$

$$\gamma_1 = E(y_t y_{t-1}) = E(\mu_t y_{t-1} + \beta_1\mu_{t-1}y_{t-1} + \beta_2\mu_{t-2}y_{t-1}) \tag{12-32}$$

$$= \beta_1\sigma^2 + \beta_1\beta_2\sigma^2 = (\beta_1+\beta_1\beta_2)\sigma^2$$

$$\gamma_2 = E(y_t y_{t-2}) = E(\mu_t y_{t-2} + \beta_1\mu_{t-1}y_{t-2} + \beta_2\mu_{t-2}y_{t-2}) = \beta_2\sigma^2 \tag{12-33}$$

$$\gamma_s = E(y_t y_{t-s}) = E(\mu_t y_{t-s} + \beta_1\mu_{t-1}y_{t-s} + \beta_2\mu_{t-2}y_{t-s}) = 0 \quad (s>2) \tag{12-34}$$

因此，自相关系数 ρ 为

$$\rho = \frac{\gamma_s}{\gamma_0} = \begin{cases} \dfrac{\beta_1+\beta_1\beta_2}{1+\beta_1^2+\beta_2^2} & s=1 \\ \dfrac{\beta_2}{1+\beta_1^2+\beta_2^2} & s=2 \\ 0 & s>2 \end{cases} \tag{12-35}$$

可见，MA(2) 过程的自相关系数在出现了两个峰值后就截尾。与 1 阶移动平均 MA(1) 过程类似，平稳 MA(2) 过程也可表述为无限阶自回归过程，因此，MA(2) 过程的偏自相关系数也呈现为衰减形态，呈现拖尾的特征。

12.2.3 MA(q) 过程

更为一般的 q 阶移动平均过程 MA(q) 的一般形式为

$$y_t = \mu_t + \beta_1\mu_{t-1} + \cdots + \beta_q\mu_{t-q} \tag{12-36}$$

$$\mu_t \sim N(0, \sigma^2)$$

很显然，对式（12-36）取期望后，其值为零。在式（12-36）两边同乘以 $y_{t-s}(s=0, 1, 2, \cdots)$，并取期望值，得到

当 $s=0$ 时，有

$$\begin{aligned}\gamma_0 &= E(y_t y_t) = E(\mu_t y_t) + \beta_1 E(\mu_{t-1}y_t) + \cdots + \beta_q E(\mu_{t-q}y_t) \\ &= (1+\beta_1^2+\beta_2^2+\cdots+\beta_q^2)\sigma^2\end{aligned} \tag{12-37}$$

当 $1 \leqslant s \leqslant q$ 时，有

$$\begin{aligned}\gamma_s &= E(y_t y_{t-s}) = E(\mu_t y_{t-s}) + \beta_1 E(\mu_{t-1} y_{t-s}) + \cdots + \beta_q E(\mu_{t-q} y_{t-s}) \\ &= (\beta_s + \beta_1 \beta_{s+1} + \cdots + \beta_{q-s}\beta_q)\sigma^2\end{aligned} \tag{12-38}$$

当 $s > q$ 时，有

$$\begin{aligned}\gamma_s &= E(y_t y_{t-s}) = E(\mu_t y_{t-s}) + \beta_1 E(\mu_{t-1} y_{t-s}) + \cdots + \beta_q E(\mu_{t-q} y_{t-s}) \\ &= 0\end{aligned} \tag{12-39}$$

于是，自相关系数 $\rho_s = \dfrac{\gamma_s}{\gamma_0}$，因此，就可以得到自相关系数为

$$\rho_s = \begin{cases} \dfrac{\beta_s + \beta_1\beta_{s+1} + \cdots + \beta_{q-s}\beta_q}{1 + \beta_1^2 + \beta_2^2 + \cdots + \beta_q^2} & 1 \leqslant s \leqslant q \\ 0 & s > q \end{cases} \tag{12-40}$$

MA(q) 过程允许等式右边含有更多的滞后冲击，以此捕获更为丰富的信息。事实上，MA(1) 过程是 MA(q) 过程的一种特殊情况。

在 MA(1) 的情况下，当时间间隔超过 1 时，所有的自相关系数为 0；在 MA(q) 的情况下，当时间间隔超过 q 时，所有的自相关系数为 0。这种自相关系数截尾的性质是移动平均过程的特征之一。相反，MA(q) 过程的偏自相关函数却是逐渐衰减的，与无限阶自回归表达式一致，是震荡衰减还是单侧直接衰减，取决于过程的参数。

综合 MA(1)、MA(2) 和 MA(q) 过程，不难看出，MA(1) 过程是 MA(q) 过程的特例。MA(p) 过程的特征与 MA(1) 基本一致，主要差异在于 MA(q) 过程比 MA(1) 过程具有更长的记忆，这一点通过自相关系数可以体现得更为明显。

12.3　自回归移动平均模型

在有些时间序列中，当期的值不仅受到自身过去值的影响，也受到了当期和以往的冲击的影响，因此，将自回归（AR）模型和移动平均（MA）模型相结合，就产生了自回归移动平均（ARMA）过程，它既不是纯自回归过程，也不是纯移动平均过程。如果存在 p 阶自回归和 q 阶移动平均，则称为 ARMA(p，q) 过程，最简单 ARMA 过程为 ARMA(1，1)。

12.3.1　ARMA(1，1) 过程

在 ARMA(1，1) 过程中，包含的自回归滞后项和移动平均滞后项都只有一个，表述为

$$y_t = a_0 + a_1 y_{t-1} + \mu_t + \beta\mu_{t-1} \tag{12-41}$$

$$\mu_t \sim N(0, \sigma^2)$$

由于截距项并不影响平稳性，也不影响自协方差，因此，忽略 a_0，把式（12-41）重写为

$$y_t = a_1 y_{t-1} + \mu_t + \beta\mu_{t-1} \tag{12-42}$$

很明显，将 y_{t-1} 代入式（12-42）并进行递推就可以得到 y_t 是一个无限阶的移动平均过

程，因此，y_t 的期望值为零。

在式（12-42）的两边都乘以 $y_{t-s}(s=0, 1, 2, \cdots)$，然后取期望值，则有

$$\begin{aligned}\gamma_0 &= E(y_t y_t) = a_1 E(y_{t-1} y_t) + E(\mu_t y_t) + \beta E(\mu_{t-1} y_t) \\ &= a_1 \gamma_1 + [1+\beta(a_1+\beta)]\sigma^2\end{aligned} \tag{12-43}$$

$$\begin{aligned}\gamma_1 &= E(y_t y_{t-1}) = a_1 E(y_{t-1} y_{t-1}) + E(\mu_t y_{t-1}) + \beta E(\mu_{t-1} y_{t-1}) \\ &= a_1 \gamma_0 + \beta\sigma^2\end{aligned} \tag{12-44}$$

$$\begin{aligned}\gamma_2 &= E(y_t y_{t-2}) = a_1 E(y_{t-1} y_{t-2}) + E(\mu_t y_{t-2}) + \beta E(\mu_{t-1} y_{t-2}) \\ &= a_1 \gamma_1\end{aligned} \tag{12-45}$$

$$\vdots$$

$$\begin{aligned}\gamma_s &= E(y_t y_{t-s}) = a_1 E(y_{t-1} y_{t-s}) + E(\mu_t y_{t-s}) + \beta E(\mu_{t-1} y_{t-s}) \\ &= a_1 \gamma_{s-1}\end{aligned} \tag{12-46}$$

解由式（12-43）和式（12-44）的联立方程式，就可求得 γ_0 和 γ_1 的值分别为

$$\gamma_0 = \frac{1+\beta^2+2a_1\beta}{(1-a_1^2)}\sigma^2 \tag{12-47}$$

$$\gamma_1 = \frac{(1+a_1\beta)(a_1+\beta)}{(1-a_1^2)}\sigma^2 \tag{12-48}$$

因此

$$\rho_1 = \frac{(1+a_1\beta)(a_1+\beta)}{1+\beta^2+2a_1\beta} \tag{12-49}$$

且当所有的 $s \geqslant 2$ 时，有

$$\rho_s = \frac{\gamma_s}{\gamma_0} = \frac{a_1\gamma_{s-1}}{\gamma_0} = a_1\rho_{s-1} = a_1^{s-1}\rho_1 \tag{12-50}$$

ρ_1 的大小由 a_1 和 β 决定。从 ρ_1 开始，ARMA(1，1）过程的自相关系数很像 ACF AR(1)过程的自相关系数。若 $0<a_1<1$，它呈现单侧直接衰减。当 ρ_1 为正时，就几乎和 AR(1)过程的自相关系数相仿，从负向衰减至零，当 ρ_1 为负时，从正向衰减至零；若 $-1<a_1<0$，自相关系数振荡衰减至零。

类似于 MA(1）过程，ARMA(1，1）也可以表述为无限阶自回归过程，因此 s 阶偏自相关系数恰好是自回归方程中 y_{t-s} 项对应的系数，并且会逐渐衰减到 0。

12.3.2 ARMA(p, q) 过程

ARMA(p，q）过程是 ARMA(1，1）过程的推广，它允许存在多个自回归滞后项和移动平均滞后项。若忽略截距项 a_1，则 ARMA(p，q）过程的表达式为

$$y_t = a_1 y_{t-1} + a_2 y_{t-2} + \cdots + a_p y_{t-p} + \mu_t + \beta_1\mu_{t-1} + \beta_2\mu_{t-2} + \cdots + \beta_q\mu_{t-q} \tag{12-51}$$

同 ARMA(1，1）过程一样，在式（12-51）的两边同乘以 $y_{t-s}(s=0, 1, 2, \cdots)$，再取期望值，当 $s=0$ 时，有

$$\gamma_0 = E(y_t y_t) = a_1 E(y_{t-1} y_t) + a_2 E(y_{t-2} y_t) + \cdots + a_p E(y_{t-p} y_t)$$

$$+E(\mu_t y_t)+\beta_1 E(\mu_{t-1} y_t)+\beta_2 E(\mu_{t-2} y_t)+\cdots+\beta_q E(\mu_{t-q} y_t)$$
$$=a_1\gamma_1+a_2\gamma_2+\cdots+a_p\gamma_p+(1+\beta_1^2+\beta_2^2+\cdots+\beta_q^2)\sigma^2 \tag{12-52}$$

当$1\leqslant s\leqslant q$时，有

$$\gamma_s=E(y_t y_{t-s})=a_1 E(y_{t-1} y_{t-s})+a_2 E(y_{t-2} y_{t-s})+\cdots+a_p E(y_{t-p} y_{t-s})$$
$$+E(\mu_t y_{t-s})+\beta_1 E(\mu_{t-1} y_{t-s})+\beta_2 E(\mu_{t-2} y_{t-s})+\cdots+\beta_q E(\mu_{t-q} y_{t-s}) \tag{12-53}$$
$$=a_1\gamma_{s-1}+a_2\gamma_{s-2}+\cdots+a_p\gamma_{s-p}+(\beta_s+\beta_1\beta_{s+1}+\cdots+\beta_{q-s}\beta_q)\sigma^2$$

当$s>q$时，有

$$\gamma_s=E(y_t y_{t-s})=a_1 E(y_{t-1} y_{t-s})+a_2 E(y_{t-2} y_{t-s})+\cdots+a_p E(y_{t-p} y_{t-s})$$
$$+E(\mu_t y_{t-s})+\beta_1 E(\mu_{t-1} y_{t-s})+\beta_2 E(\mu_{t-2} y_{t-s})+\cdots+\beta_q E(\mu_{t-q} y_{t-s}) \tag{12-54}$$
$$=a_1\gamma_{s-1}+a_2\gamma_{s-2}+\cdots+a_p\gamma_{s-p}$$

当$s\leqslant q$时，联立式（12-52）和式（12-53），组成多方程联立方程，可以求得$\gamma_s(s=0, 1, 2, \cdots, q)$，据此，就可以求出自相关系数$\rho_s(s=0, 1, 2, \cdots, q)$。

当$s>q$时，根据式（12-54）并结合γ_0就得到自相关系数为

$$\rho_s=a_1\rho_{s-1}+a_2\rho_{s-2}+\cdots+a_p\rho_{s-p} \tag{12-55}$$

如果ARMA(p, q)过程平稳，则从q滞后期开始，自相关系数衰减，呈现拖尾特征。

类似于MA(q)过程，ARMA(p, q)也可以表述为无限阶自回归过程，因此s阶偏自相关系数恰好是自回归方程中y_{t-s}项对应的系数，并且会逐渐衰减到0。

ARMA(p, q)过程的自相关函数和偏自相关函数都不会在任何特定的时间间隔时截尾。通常，ARMA(p, q)过程的自相关系数从q阶滞后项开始逐渐趋于零，而偏自相关系数从p阶滞后项开始逐渐趋于零。

表12-1给出了不同模型的自相关函数和偏自相关函数的特征。事实上，AR(p)过程是ARMA(p, q)过程$q=0$时的特例，同样，MA(q)过程是ARMA(p, q)过程$p=0$时的特例。通过观测序列的自相关系数和偏自相关系数的特征就可以判断单变量模型是选择AR模型、MA模型还是ARMA模型。在滞后项选择时，应该遵循AIC和SC信息准则以及判定系数R^2。

表12-1 自相关函数和偏自相关函数的特征

过　程	自相关函数	偏自相关函数
白噪声	对于$s\neq 0$，所有$\rho_s=0$	所有的$\rho_s=0$
AR(1)：$a_1>0$	直接指数衰减：$\rho_s=a_1^s$	当$s=1$时，$\rho_1=a_1$， 当$s\geqslant 2$时，$\rho_s=0$
AR(1)：$a_1<0$	振荡衰减：$\rho_s=a_1^s$	当$s=1$时，$\rho_1=a_1$， 当$s\geqslant 2$时，$\rho_s=0$
AR(p)	向零衰减，系数可能振荡	直到滞后p期前有波峰， 当$s>p$时，$\rho_s=0$
MA(1)：$\beta>0$	滞后1期为正峰，当$s\geqslant 2$　$\rho_s=0$	振荡衰减
MA(1)：$\beta<0$	滞后1期为负峰，当$s\geqslant 2$　$\rho_s=0$	单侧直接衰减

（续）

过　程	自相关函数	偏自相关函数
ARMA(1，1)：$a_1>0$	从滞后 1 期开始单侧直接衰减	从滞后 1 期开始振荡衰减
ARMA(1，1)：$a_1<0$	从滞后 1 期开始振荡衰减	从滞后 1 期开始单侧直接衰减
ARMA(p，q)	从滞后 q 期开始衰减 （可能直接，可能振荡）	从滞后 p 期开始衰减 （可能直接，可能振荡）

资料来源：施图德蒙德．应用计量经济学［M］．杜江，李恒，译．北京：机械工业出版社，2011。

12.4　案例分析

案例 12-1

为了更好地掌握前面所学的知识，本章采用我国 2001～2012 年进出口总额的月度数据（命名为 GLOD）进行建模，如表 12-2 所示。

仔细观察表 12-2 可以看出，数据呈现逐渐上升的趋势，为非平稳数据，因此，在进行分析之前，需要首先对数据进行差分变换，获得平稳的数据，命名为 DGLOD，然后用差分后的样本数据 DGLOD 进行建模并分析。在 EViews 中，将已经录入的数据运用函数 D(GLOD)进行差分变换，命名为 DGLOD，也就是说，DGLOD＝D(GLOD)。

按照一般做法，在建模之前应该考察序列的自相关函数和偏自相关函数，然后通过两者的特征来确定选择何种模型。然而，本案例的目的旨在演示如何估计 AR 模型、MA 模型和 ARMA 模型，因此，先逐个估计，然后再采用自相关函数和偏自相关函数来估计模型。

表 12-2　2001～2012 年我国进出口总额月度数据

月　份	进出口总值（亿美元）	月　份	进出口总值（亿美元）
2001 年 01 月	324.57	2002 年 06 月	491.15
2001 年 02 月	374.24	2002 年 07 月	561.98
2001 年 03 月	439.08	2002 年 08 月	566.42
2001 年 04 月	446.52	2002 年 09 月	617.07
2001 年 05 月	396.29	2002 年 10 月	551.47
2001 年 06 月	433.33	2002 年 11 月	599.43
2001 年 07 月	438.43	2002 年 12 月	606.24
2001 年 08 月	457.02	2003 年 01 月	608.20
2001 年 09 月	458.40	2003 年 02 月	482.40
2001 年 10 月	416.92	2003 年 03 月	645.70
2001 年 11 月	448.45	2003 年 04 月	701.50
2001 年 12 月	468.93	2003 年 05 月	653.70
2002 年 01 月	406.74	2003 年 06 月	668.00
2002 年 02 月	350.56	2003 年 07 月	745.90
2002 年 03 月	463.25	2003 年 08 月	720.00
2002 年 04 月	524.79	2003 年 09 月	835.50
2002 年 05 月	470.79	2003 年 10 月	760.80

（续）

月　份	进出口总值（亿美元）	月　份	进出口总值（亿美元）
2003 年 11 月	786.50	2007 年 04 月	1 780.20
2003 年 12 月	904.00	2007 年 05 月	1 656.50
2004 年 01 月	714.30	2007 年 06 月	1 796.30
2004 年 02 月	760.90	2007 年 07 月	1 911.30
2004 年 03 月	923.20	2007 年 08 月	1 977.40
2004 年 04 月	966.40	2007 年 09 月	2 010.50
2004 年 05 月	878.30	2007 年 10 月	1 884.00
2004 年 06 月	994.20	2007 年 11 月	2 089.60
2004 年 07 月	999.70	2007 年 12 月	2 061.50
2004 年 08 月	982.10	2008 年 01 月	1 998.30
2004 年 09 月	1 065.10	2008 年 02 月	1 661.80
2004 年 10 月	979.50	2008 年 03 月	2 045.20
2004 年 11 月	1 119.30	2008 年 04 月	2 207.40
2004 年 12 月	1 164.90	2008 年 05 月	2 207.80
2005 年 01 月	950.60	2008 年 06 月	2 217.10
2005 年 02 月	844.50	2008 年 07 月	2 480.70
2005 年 03 月	1 160.10	2008 年 08 月	2 410.50
2005 年 04 月	1 197.10	2008 年 09 月	2 435.00
2005 年 05 月	1 078.70	2008 年 10 月	2 214.10
2005 年 06 月	1 222.40	2008 年 11 月	1 898.90
2005 年 07 月	1 207.60	2008 年 12 月	1 833.40
2005 年 08 月	1 256.00	2009 年 01 月	1 418.00
2005 年 09 月	1 328.10	2009 年 02 月	1 249.50
2005 年 10 月	1 241.70	2009 年 03 月	1 620.20
2005 年 11 月	1 337.50	2009 年 04 月	1 707.30
2005 年 12 月	1 398.10	2009 年 05 月	1 641.30
2006 年 01 月	1 204.90	2009 年 06 月	1 825.70
2006 年 02 月	1 058.50	2009 年 07 月	2 002.10
2006 年 03 月	1 449.00	2009 年 08 月	1 917.00
2006 年 04 月	1 434.40	2009 年 09 月	2 189.40
2006 年 05 月	1 332.20	2009 年 10 月	1 975.40
2006 年 06 月	1 481.20	2009 年 11 月	2 082.10
2006 年 07 月	1 460.60	2009 年 12 月	2 430.20
2006 年 08 月	1 627.40	2010 年 01 月	2 047.80
2006 年 09 月	1 679.80	2010 年 02 月	1 814.30
2006 年 10 月	1 524.30	2010 年 03 月	2 314.60
2006 年 11 月	1 687.90	2010 年 04 月	2 381.60
2006 年 12 月	1 672.00	2010 年 05 月	2 439.90
2007 年 01 月	1 573.60	2010 年 06 月	2 547.70
2007 年 02 月	1 404.40	2010 年 07 月	2 623.10
2007 年 03 月	1 599.90	2010 年 08 月	2 585.70

（续）

月 份	进出口总值（亿美元）	月 份	进出口总值（亿美元）
2010 年 09 月	2 731.00	2011 年 11 月	3 344.00
2010 年 10 月	2 448.10	2011 年 12 月	3 329.10
2010 年 11 月	2 837.60	2012 年 01 月	2 726.00
2010 年 12 月	2 952.20	2012 年 02 月	2 604.20
2011 年 01 月	2 950.10	2012 年 03 月	3 259.70
2011 年 02 月	2 008.00	2012 年 04 月	3 080.80
2011 年 03 月	3 042.60	2012 年 05 月	3 435.80
2011 年 04 月	2 999.50	2012 年 06 月	3 286.90
2011 年 05 月	3 012.70	2012 年 07 月	3 287.30
2011 年 06 月	3 016.90	2012 年 08 月	3 292.90
2011 年 07 月	3 187.70	2012 年 09 月	3 450.30
2011 年 08 月	3 288.70	2012 年 10 月	3 191.00
2011 年 09 月	3 248.30	2012 年 11 月	3 391.30
2011 年 10 月	2 979.50	2012 年 12 月	3 668.40

资料来源：中华人民共和国国家统计局，《中国统计年鉴——2013》，中国统计出版社，2013。

1. 估计 AR 模型

综合 AIC 和 SC 等各种设定模型的思想和方法，选择 2 阶自回归。在工作文档下，点击"Quick/ Estimate Equation"，在弹出的对话框中键入"DGLOD C AR(1) AR(2)"，就得到了 AR 模型的估计结果，如表 12-3 所示。

表 12-3 AR 模型的估计结果

Dependent Variable：DGLOD
Method：Least Squares
Date：02/08/15 Time：10:06
Sample(adjusted)：2001:04 2012:12
Included observations：141 after adjusting endpoints
Convergence achieved after 3 iterations

Variable	Coefficient	Std. Error	t-Statistic	Prob.
C	22.063 86	9.372 959	2.353 991	0.020 0
AR(1)	−0.402 094	0.081 144	−4.955 330	0.000 0
AR(2)	−0.329 314	0.081 349	−4.048 170	0.000 1

R-squared	0.186 165	Mean dependent var	22.902 98
Adjusted R-squared	0.174 370	S.D. dependent var	212.065 7
S.E. of regression	192.691 7	Akaike info criterion	13.381 11
Sum squared resid	5 123 952.	Schwarz criterion	13.443 85
Log likelihood	−940.368 0	F-statistic	15.783 78
Durbin-Watson stat	2.063 496	Prob(F-statistic)	0.000 001
Inverted AR Roots	−.20+.54i	−.20 −.54i	

从表 12-3 可以看出，AR(1) 和 AR(2) 都在 1%的水平下显著。可见，AR(2) 模型能较好地刻画 DGLOD 序列的动态性。当然，AR(2) 是选择的结果，读者可以继续试验其他的 AR 设定，并采用校正的判定系数 $\bar{R}^2$ 以及 AIC 统计量和 SC 统计量来进行判断。

2. 估计 MA 模型

在 EViews 中，点击“Quick/ Estimate Equation”，在方程设定栏中键入“DGLOD MA(1) MA(2) MA(3) MA(4)”[AIC 和 SC 两个统计量都表明选择 MA(4) 最优]，就得到了 MA 模型的估计结果，如表 12-4 所示。

表 12-4　MA 模型的估计结果

Dependent Variable：DGLOD

Method：Least Squares

Date：02/08/15　Time：10:37

Sample(adjusted)：2001:02 2012:12

Included observations：143 after adjusting endpoints

Convergence achieved after 24 iterations

Backcast：2000：10 2001：01

Variable	Coefficient	Std. Error	t-Statistic	Prob.
MA(1)	−0.360 353	0.085 399	−4.219 630	0.000 0
MA(2)	−0.085 097	0.089 919	−0.946 370	0.345 6
MA(3)	0.138 953	0.090 691	1.532 157	0.127 8
MA(4)	0.057 295	0.086 114	0.665 343	0.506 9
R-squared	0.148 246	Mean dependent var		23.383 43
Adjusted R-squared	0.129 863	S. D. dependent var		210.607 8
S. E. of regression	196.457 3	Akaike info criterion		13.426 34
Sum squared resid	5 364 771.	Schwarz criterion		13.509 22
Log likelihood	−955.983 4	Durbin-Watson stat		2.015 863
Inverted MA Roots	.50 −.42i	.50+.42i	−.32 −.18i	−.32+.18i

从表 12-4 可以看出，MA(1)、MA(2)、MA(3) 、MA(4) 中，除 MA(1) 外，其余的都在 5%的水平下不显著。可见，MA(4) 模型不能较好地刻画 DGOLD 序列的动态性。然而，MA(4) 是通过 AIC 统计量和 SC 统计量选择的结果，未必是最好的，读者可以继续试验其他的 MA 设定，并采用校正的判定系数 $\bar{R}^2$ 以及 AIC 统计量和 SC 统计量来进行判断。

3. ARMA 模型的估计

在工作文档下，点击“Quick/Estimate Equation”，在弹出的对话框中键入“DGOLD C AR(1) MA(1)”就得到了 ARMA 模型的估计结果，如表 12-5 所示。

表 12-5　ARMA 模型的估计结果

Dependent Variable：DGLOD

Method：Least Squares

Date：02/08/15　Time：10:50

Sample(adjusted)：2001:03 2012:12

Included observations：142 after adjusting endpoints

Convergence achieved after 12 iterations

Backcast：2001:02

（续）

Variable	Coefficient	Std. Error	t-Statistic	Prob.
C	22.079 92	5.709 608	3.867 152	0.000 2
AR(1)	0.323 749	0.136 212	2.376 809	0.018 8
MA(1)	−0.767 886	0.092 009	−8.345 779	0.000 0
R-squared	0.178 172	Mean dependent var		23.198 31
Adjusted R-squared	0.166 347	S.D. dependent var		211.341 6
S.E. of regression	192.964 6	Akaike info criterion		13.383 79
Sum squared resid	5 175 710.	Schwarz criterion		13.446 24
Log likelihood	−947.249 1	F-statistic		15.067 60
Durbin-Watson stat	1.980 578	Prob(F-statistic)		0.000 001
Inverted AR Roots	.32			
Inverted MA Roots	.77			

从表 12-5 可以看出，在 5%的显著水平下，AR(1) 和 MA(1) 都是显著的。

4. ARMA 模型的识别

通过表 12-1 的归纳结果，我们可以利用各类模型中对应的自相关函数和偏自相关函数的特征来识别或选择 ARMA 模型的设定形式。在工作文档下，点开序列 GGLOD，点击“View/Correlogram”就会出现如图 12-6 的对话框。

图 12-6 中“Level”表示原始序列，“1st difference”表示 1 阶差分，“2 st difference”表示 2 阶差分。“lags to include”表示滞后期的项数。由于 DGLOD 序列本身就是平稳序列，因此，无需差分，直接选择“Level”，点击“OK”，就得到了序列的自相关函数和偏自相关函数，如图 12-7 所示。在图 12-7 中只给出了前 24 阶的自相关系数和偏自相关系数。

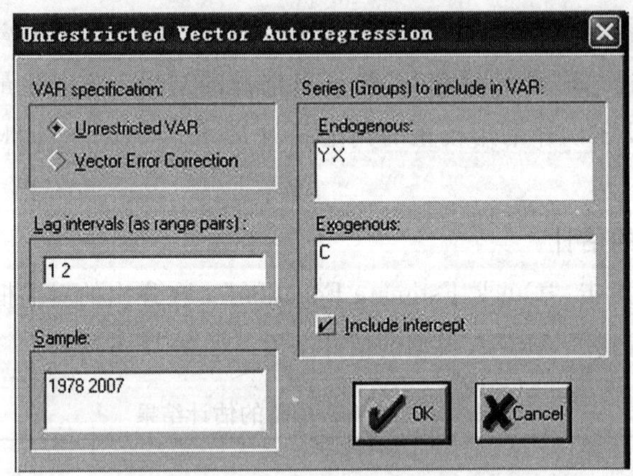

图 12-6　Correlogram 对话框

仔细观测图 12-7，可以发现自相关系数和偏自相关系数在第 12 个峰值后衰减，并且观测自相关系数和偏自相关系数的显著性，重新设定和估计了模型。在工作文档下，点击“Quick/ Estimate Equation”，在弹出的对话框中键入“DGOLD AR(1) AR(12) MA(1)

Date: 02/08/15　Time: 11:10
Sample: 2001:01 2012:12
Included observations: 143

Autocorrelation	Partial Correlation		AC	PAC	Q-Stat	Prob
		1	−0.297	−0.297	12.914	0.000
		2	−0.202	−0.318	18.897	0.000
		3	0.083	−0.111	19.915	0.000
		4	0.084	0.140	24.940	0.000
		5	−0.215	−0.104	31.874	0.000
		6	0.042	0.013	32.137	0.000
		7	−0.219	−0.357	39.474	0.000
		8	0.189	−0.029	44.965	0.000
		9	0.115	0.144	47.013	0.000
		10	−0.308	−0.246	61.772	0.000
		11	−0.083	−0.215	62.862	0.000
		12	0.572	0.370	114.72	0.000
		13	−0.207	0.095	121.55	0.000
		14	−0.161	0.017	125.72	0.000
		15	0.040	−0.132	125.97	0.000
		16	0.125	−0.064	128.52	0.000
		17	−0.146	−0.103	132.03	0.000
		18	0.065	0.059	132.73	0.000
		19	−0.269	−0.121	144.85	0.000
		20	0.228	−0.079	153.61	0.000
		21	0.104	0.022	155.46	0.000
		22	−0.278	−0.055	168.71	0.000
		23	−0.037	−0.035	168.94	0.000
		24	0.405	−0.010	197.53	0.000

图 12-7　DGLOD 序列的自相关函数和样本自相关函数

MA(2) MA(12)”就得到了 ARMA 模型的估计结果，如表 12-6 所示。观察各类统计量可知，表 12-6 的结果优于之前所有估计的结果。

表 12-6　ARMA 模型的估计结果

Dependent Variable：DGLOD
Method：Least Squares
Date：02/08/15　Time：11:41
Sample(adjusted)：2002:02 2012:12
Included observations：131 after adjusting endpoints
Convergence achieved after 9 iterations
Backcast：OFF (Roots of MA process too large for backcast)

Variable	Coefficient	Std. Error	t-Statistic	Prob.
AR(1)	0.079 974	0.032 552	2.456 820	0.015 4
AR(12)	1.081 343	0.031 180	34.680 45	0.000 0
MA(1)	−0.501 881	0.069 597	−7.211 205	0.000 0
MA(2)	0.205 251	0.053 553	3.832 680	0.000 2
MA(12)	−0.720 422	0.060 746	−11.859 53	0.000 0
R-squared	0.631 115	Mean dependent var		24.898 17
Adjusted R-squared	0.619 404	S. D. dependent var		219.746 1
S. E. of regression	135.566 7	Akaike info criterion		12.694 23
Sum squared resid	2 315 669.	Schwarz criterion		12.803 97
Log likelihood	−826.471 7	Durbin-Watson stat		2.216 346

案例 12-2

理论上，长期利率与短期利率之间的差不应该过大，如果利差过大，套利活动会使长短期利差向均衡方向靠拢。在这里，我们以美国 10 年期政府债券的收益率和 3 个月期的联邦基金利率差为例，用 ARMA 模型来识别利率差的变动过程。表 12-7 是美国的 3 个月和 10 年利率数据，R3 为 3 个月期的联邦基金利率，R10 为国 10 年期政府债券的收益率。

表 12-7 美国 3 个月和 10 年利率数据

时　期	R3	R10	时　期	R3	R10	时　期	R3	R10
1960:1	4.67	4.49	1968:1	5.65	5.61	1976:1	7.06	7.75
1960:2	4.25	4.26	1968:2	5.89	5.74	1976:2	7.14	7.77
1960:3	3.49	3.83	1968:3	5.45	5.46	1976:3	6.88	7.73
1960:4	3.52	3.89	1968:4	5.75	5.77	1976:4	6.00	7.19
1961:1	3.40	3.79	1969:1	6.31	6.18	1977:1	6.38	7.35
1961:2	3.40	3.79	1969:2	6.53	6.35	1977:2	6.42	7.37
1961:3	3.69	3.98	1969:3	7.46	6.86	1977:3	6.71	7.36
1961:4	3.65	3.97	1969:4	7.77	7.30	1977:4	7.24	7.60
1962:1	3.63	4.02	1970:1	7.73	7.37	1978:1	7.66	8.01
1962:2	3.39	3.87	1970:2	7.72	7.71	1978:2	8.07	8.32
1962:3	3.50	3.99	1970:3	7.38	7.46	1978:3	8.43	8.49
1962:4	3.37	3.90	1970:4	6.32	6.85	1978:4	9.00	8.82
1963:1	3.40	3.89	1971:1	5.06	6.02	1979:1	9.39	9.11
1963:2	3.55	3.96	1971:2	5.84	6.25	1979:2	9.27	9.11
1963:3	3.78	4.03	1971:3	6.33	6.48	1979:3	9.26	9.10
1963:4	3.94	4.12	1971:4	5.39	5.89	1979:4	10.95	10.45
1964:1	4.05	4.18	1972:1	5.32	6.03	1980:1	12.59	11.99
1964:2	4.07	4.20	1972:2	5.69	6.14	1980:2	10.12	10.48
1964:3	3.96	4.19	1972:3	5.88	6.29	1980:3	10.49	10.95
1964:4	4.05	4.17	1972:4	6.00	6.37	1980:4	12.99	12.42
1965:1	4.08	4.20	1973:1	6.57	6.60	1981:1	13.39	12.96
1965:2	4.10	4.21	1973:2	6.82	6.81	1981:2	14.49	13.75
1965:3	4.16	4.25	1973:3	7.56	7.21	1981:3	15.79	14.85
1965:4	4.52	4.47	1973:4	6.87	6.75	1981:4	14.09	14.09
1966:1	4.96	4.77	1974:1	7.02	7.05	1982:1	14.50	14.29
1966:2	4.98	4.78	1974:2	8.16	7.54	1982:2	14.14	13.93
1966:3	5.58	5.14	1974:3	8.49	7.96	1982:3	12.88	13.11
1966:4	5.40	5.00	1974:4	7.62	7.67	1982:4	10.16	10.67
1967:1	4.65	4.58	1975:1	6.90	7.54	1983:1	9.80	10.56
1967:2	4.63	4.82	1975:2	7.44	8.05	1983:2	9.91	10.54
1967:3	5.23	5.25	1975:3	8.06	8.30	1983:3	11.09	11.63
1967:4	5.65	5.64	1975:4	7.57	8.06	1983:4	10.99	11.69

（续）

时　期	R3	R10	时　期	R3	R10	时　期	R3	R10
1984:1	11.19	11.94	1992:2	5.78	7.38	2000:3	6.16	5.89
1984:2	12.64	13.20	1992:3	4.68	6.62	2000:4	5.63	5.57
1984:3	12.64	12.87	1992:4	5.00	6.74	2001:1	4.64	5.05
1984:4	11.10	11.74	1993:1	4.64	6.28	2001:2	4.43	5.27
1985:1	10.68	11.58	1993:2	4.41	5.99	2001:3	3.93	4.98
1985:2	9.76	10.81	1993:3	4.32	5.62	2001:4	3.33	4.77
1985:3	9.29	10.34	1993:4	4.41	5.61	2002:1	3.75	5.08
1985:4	8.84	9.76	1994:1	4.90	6.07	2002:2	3.77	5.10
1986:1	7.94	8.56	1994:2	6.20	7.08	2002:3	2.62	4.26
1986:2	7.18	7.60	1994:3	6.56	7.33	2002:4	2.27	4.01
1986:3	6.66	7.31	1994:4	7.40	7.84	2003:1	2.07	3.92
1986:4	6.48	7.26	1995:1	7.27	7.48	2003:2	1.77	3.62
1987:1	6.52	7.19	1995:2	6.25	6.62	2003:3	2.20	4.23
1987:2	7.72	8.34	1995:3	5.96	6.32	2003:4	2.38	4.29
1987:3	8.15	8.88	1995:4	5.58	5.89	2004:1	2.17	4.02
1987:4	8.29	9.12	1996:1	5.38	5.91	2004:2	2.98	4.60
1988:1	7.58	8.42	1996:2	6.29	6.72	2004:3	2.92	4.30
1988:2	8.10	8.91	1996:3	6.36	6.78	2004:4	3.05	4.17
1988:3	8.59	9.10	1996:4	5.94	6.34	2005:1	3.61	4.30
1988:4	8.75	8.96	1997:1	6.19	6.56	2005:2	3.73	4.16
1989:1	9.38	9.21	1997:2	6.42	6.70	2005:3	3.98	4.21
1989:2	8.92	8.77	1997:3	6.01	6.24	2005:4	4.37	4.49
1989:3	8.07	8.11	1997:4	5.78	5.91	2006:1	4.58	4.57
1989:4	7.86	7.91	1998:1	5.46	5.59	2006:2	4.98	5.07
1990:1	8.38	8.42	1998:2	5.57	5.60	2006:3	4.87	4.90
1990:2	8.62	8.68	1998:3	5.11	5.20	2006:4	4.65	4.63
1990:3	8.25	8.70	1998:4	4.41	4.67	2007:1	4.68	4.68
1990:4	7.76	8.40	1999:1	4.87	4.98	2007:2	4.76	4.85
1991:1	7.27	8.02	1999:2	5.35	5.54	2007:3	4.41	4.73
1991:2	7.25	8.13	1999:3	5.71	5.88	2007:4	3.50	4.26
1991:3	6.89	7.94	1999:4	6.00	6.14	2008:1	2.17	3.66
1991:4	5.84	7.35	2000:1	6.56	6.48			
1992:1	5.77	7.30	2000:2	6.52	6.18			

假定R10和R3都在工作文件中，则点击“Quick/Generate series”，键入“S＝R10－R3”，点击“OK”，便得到了利率差序列S。打开S序列，选择“view/correlogram”，点击“View/Correlogram”就会出现如图12-6的对话框，然后直接点击“OK”，就会出现如图12-8所示的图形。

通过图12-8可以大致看出，利率差序列S要么是1阶自回归AR(1)模型，要么是自回归移动平均ARMA(1，1)模型。

Date: 02/08/15　Time: 12:52
Sample: 1960:1 2008:1
Included observations: 193

	AC	PAC	Q-Stat	Prob
1	0.897	0.897	157.85	0.000
2	0.774	−0.162	275.82	0.000
3	0.684	0.116	368.39	0.000
4	0.573	−0.202	433.81	0.000
5	0.467	0.018	477.50	0.000
6	0.355	−0.168	502.88	0.000
7	0.245	−0.015	515.02	0.000
8	0.148	−0.063	519.50	0.000
9	0.059	−0.028	520.20	0.000
10	−0.023	−0.051	520.31	0.000
11	−0.078	0.066	521.58	0.000
12	−0.115	−0.007	524.34	0.000
13	−0.150	−0.027	529.06	0.000
14	−0.164	0.044	534.74	0.000
15	−0.163	0.005	540.38	0.000
16	−0.154	0.020	545.43	0.000
17	−0.127	0.052	548.88	0.000
18	−0.084	0.073	550.40	0.000
19	−0.048	−0.044	550.89	0.000
20	−0.022	−0.025	551.00	0.000
21	−0.001	−0.034	551.00	0.000
22	0.009	−0.051	551.02	0.000
23	0.008	−0.055	551.03	0.000
24	0.011	0.031	551.06	0.000
25	0.027	0.090	551.22	0.000
26	0.041	0.006	551.59	0.000
27	0.036	−0.046	551.87	0.000
28	0.036	0.067	552.17	0.000
29	0.048	0.037	552.71	0.000

图 12-8　利率差序列的自相关函数和样本自相关函数

1. 估计 AR 模型

在工作文档下，点击“Quick/Estimate Equation”，选择最小二乘法，键入“S C AR(1)”就得到了 ARMA 模型的估计结果，如表 12-8 所示。

表 12-8　AR(1) 模型的估计结果

Dependent Variable：S
Method：Least Squares
Date：02/08/15　Time：13:57
Sample(adjusted)：1960:2 2008:1
Included observations：192 after adjusting endpoints
Convergence achieved after 3 iterations

Variable	Coefficient	Std. Error	t-Statistic	Prob.
C	0.514 167	0.208 847	2.461 935	0.014 7
AR(1)	0.913 247	0.030 615	29.829 76	0.000 0
R-squared	0.824 044	Mean dependent var		0.422 604
Adjusted R-squared	0.823 118	S. D. dependent var		0.588 298
S. E. of regression	0.247 423	Akaike info criterion		0.054 925

（续）

Sum squared resid	11.631 42	Schwarz criterion	0.088 857
Log likelihood	−3.272 824	F-statistic	889.814 5
Durbin-Watson stat	1.513 200	Prob(F-statistic)	0.000 000
Inverted AR Roots	.91		

2. 估计 ARMA 模型

同时，图 12-8 中 S 序列的偏自相关图也可以看成是震荡的衰减形态，因此我们可以估计 ARMA(1，1) 模型。在工作文档下，点击“Quick/ Estimate Equation”，键入“S C AR(1) MA(1)”，就得到了 ARMA(1，1) 模型的估计结果，如表 12-9 所示。

表 12-9　ARMA(1，1) 模型的估计结果

Dependent Variable：S
Method：Least Squares
Date：02/08/15　Time：14:02
Sample(adjusted)：1960:2 2008:1
Included observations：192 after adjusting endpoints
Convergence achieved after 12 iterations
Backcast：1960:1

Variable	Coefficient	Std. Error	t-Statistic	Prob.
C	0.470 982	0.145 304	3.241 356	0.001 4
AR(1)	0.817 870	0.045 770	17.869 24	0.000 0
MA(1)	0.552 508	0.064 909	8.512 057	0.000 0

R-squared	0.841 709	Mean dependent var	0.422 604
Adjusted R-squared	0.840 034	S. D. dependent var	0.588 298
S. E. of regression	0.235 294	Akaike info criterion	−0.040 459
Sum squared resid	10.463 67	Schwarz criterion	0.010 439
Log likelihood	6.884 065	F-statistic	502.502 5
Durbin-Watson stat	2.193 332	Prob(F-statistic)	0.000 000
Inverted AR Roots	.82		
Inverted MA Roots	−.55		

比较表 12-8 和表 12-9，表 12-8 中的 AR(1) 模型校正的判定系数 $\bar{R}^2$ 为 0.82，小于表 12-9 的 ARMA(1，1) 的 0.84，说明 ARMA（1，1）模型的拟合程度更高。AR(1) 的 AIC 统计量为 0.55，大于 ARMA(1，1) 的−0.04；SC 统计量为 0.89，大于 ARMA(1，1) 的 0.01。这些都说明 ARMA(1，1) 模型要优于 AR(1) 模型。因此，我们最终选择 ARMA(1，1) 模型。

思考与练习

1. 请解释以下名词：AR 模型　MA 模型　ARMA 模型　自相关和偏自相关
2. 比较 ARMA 模型和多元线性回归模型的异同。

3. 如何确定 ARMA 模型的滞后期？

4. 表 12-10 给出了我国 2010 年 1 月～2012 年 12 月的 CPI 数据。要求

(1) 判断 CPI 的数据是否平稳。

(2) 选择合适的 ARMA 模型预测 2013 年的 CPI。

表 12-10 我国 2010 年 1 月～2012 年 12 月 CPI 数据 (%)

时间	CPI	时间	CPI	时间	CPI	时间	CPI
2010 年 01 月	1.50	2011 年 01 月	4.90	2012 年 01 月	4.50	2013 年 01 月	2.03
2010 年 02 月	2.70	2011 年 02 月	4.94	2012 年 02 月	3.20	2013 年 02 月	3.22
2010 年 03 月	2.40	2011 年 03 月	5.38	2012 年 03 月	3.60	2013 年 03 月	2.07
2010 年 04 月	2.80	2011 年 04 月	5.34	2012 年 04 月	3.40	2013 年 04 月	2.39
2010 年 05 月	3.10	2011 年 05 月	5.52	2012 年 05 月	3.00	2013 年 05 月	2.10
2010 年 06 月	2.90	2011 年 06 月	6.36	2012 年 06 月	2.20	2013 年 06 月	2.67
2010 年 07 月	3.30	2011 年 07 月	6.45	2012 年 07 月	1.80	2013 年 07 月	2.67
2010 年 08 月	3.50	2011 年 08 月	6.15	2012 年 08 月	2.00	2013 年 08 月	2.57
2010 年 09 月	3.60	2011 年 09 月	6.07	2012 年 09 月	1.90	2013 年 09 月	3.05
2010 年 10 月	4.40	2011 年 10 月	5.50	2012 年 10 月	1.70	2013 年 10 月	3.21
2010 年 11 月	5.10	2011 年 11 月	4.23	2012 年 11 月	2.00	2013 年 11 月	3.02
2010 年 12 月	4.60	2011 年 12 月	4.07	2012 年 12 月	2.50	2013 年 12 月	2.50

资料来源：中华人民共和国统计局 http：//www.stats.gov.cn/。

CHAPTER 13

第13章 向量自回归模型及其应用

在联立方程模型中，把一些变量看作内生变量，另一些变量看作前定变量。为了保证模型是可识别的，必须确保联立方程模型中的每一个随机方程都是可识别的。因此，为了实现这个目的，依据阶条件或秩条件，常常要假定一些前定变量只能出现在某些方程中。但是，这种决定是主观的，如果一组变量确实具有相关性，但不能确信一些变量是外生变量时，这些变量就不应该事先被划分为内生变量和外生变量，而应该平等地加以对待。向量自回归模型（Vector Autoregressive Model，简称VAR模型），就是针对变量无法确定为外生变量时，一种新的多方程模型的分析方法。向量自回归（VAR）模型是指每个方程等号右侧有相同的变量，而这些在方程右侧的变量包括所有内生变量的滞后项。

向量自回归（VAR）模型可以用于分析和预测相互联系的多变量时间序列系统，分析随机干扰项所探讨的经济系统的动态冲击，解释各种经济冲击对经济变量的影响。

13.1 向量自回归模型

13.1.1 简单的向量自回归模型

当我们对变量是否真是外生变量的情况不自信时，很自然的想法就是均等地对待每一个变量，把它们都看作内生变量。在两个变量的情况下，我们可以令$\{Y_t\}$的时间路径受序列$\{Z_t\}$的当期或过去的实际值的影响。考虑如下简单的双变量模型

$$Y_t = b_{10} - b_{12} Z_t + \gamma_{11} Y_{t-1} + \gamma_{12} Z_{t-1} + \mu_{yt} \tag{13-1}$$

$$Z_t = b_{20} - b_{21} Y_t + \gamma_{21} Y_{t-1} + \gamma_{22} Z_{t-1} + \mu_{zt} \tag{13-2}$$

式中，假设：

（1）Y_t和Z_t都是平稳的随机过程。

（2）μ_{yt}和μ_{zt}是白噪声干扰项，即均值都为零，标准差分别为σ_y和σ_z。

（3）白噪声干扰项μ_{yt}和μ_{zt}不相关，$\mathrm{Cov}(\mu_{yt}, \mu_{zt})=0$，即相互间的协方差为零。

因为最长的滞后长度为1，因此，方程（13-1）和方程（13-2）构成了一个1阶向量自回归模型，是一个最简单的向量自回归模型。这一简单的双变量1阶VAR模型，有利于阐

述在后面所提到的多元高阶向量自回归模型。

因为由方程（13-1）和方程（13-2）构成的向量自回归模型中，允许Y_t和Z_t相互影响，所以模型结构中结合了反馈因素。例如，$-b_{12}$是1单位Z_t的变化对Y_t的影响，γ_{21}表示1单位Y_{t-1}的变化对Z_t的影响。μ_{yt}和μ_{zt}分别是Y_t和Z_t中的随机干扰项（或冲击，或脉冲），因此，如果b_{21}不为零，则μ_{yt}通过影响Y_t的路径，对Z_t有一个间接的影响，如果b_{12}不为零，μ_{zt}同时对Y_t也有一个间接的影响。

例如，假定我国的居民消费支出和国民收入分别为C_t和Y_t，设定居民消费支出的当期值和过去值影响人均国民收入，同时也允许国民收入的当期值与过去值影响居民消费支出。显然，居民消费支出与国民收入二者之间存在反馈因素。也就是说，构成了如方程（13-3）和（13-4）所示的向量自回归模型。

$$Y_t = b_{10} + b_{11}C_t + \gamma_{11}C_{t-1} + \mu_{1t} \tag{13-3}$$

$$C_t = b_{20} + b_{21}Y_t + \gamma_{22}Y_{t-1} + \mu_{2t} \tag{13-4}$$

13.1.2 结构式VAR模型与标准型VAR模型

方程（13-1）和方程（13-2）并不是一个简约型方程。因为Y_t对Z_t有一个同时期的影响，而Z_t对Y_t也有一个同时期的影响，所以，无法通过方程（13-1）或方程（13-2）导出简约型方程。但是，我们可以将由方程（13-1）和方程（13-2）构成的模型写成矩阵形式

$$\begin{bmatrix}1 & b_{12}\\ b_{21} & 1\end{bmatrix}\begin{bmatrix}Y_t\\ Z_t\end{bmatrix}=\begin{bmatrix}b_{10}\\ b_{20}\end{bmatrix}+\begin{bmatrix}\gamma_{11} & \gamma_{12}\\ \gamma_{21} & \gamma_{22}\end{bmatrix}\begin{bmatrix}Y_{t-1}\\ Z_{t-1}\end{bmatrix}+\begin{bmatrix}\mu_{yt}\\ \mu_{zt}\end{bmatrix} \tag{13-5}$$

或

$$\boldsymbol{B}\boldsymbol{X}_t = \boldsymbol{\Gamma}_0 + \boldsymbol{\Gamma}_1\boldsymbol{X}_{t-1} + \boldsymbol{u}_t \tag{13-6}$$

式中，

$$\boldsymbol{B}=\begin{bmatrix}1 & b_{12}\\ b_{21} & 1\end{bmatrix}\qquad \boldsymbol{X}_t=\begin{bmatrix}Y_t\\ Z_t\end{bmatrix}\qquad \boldsymbol{\Gamma}_0=\begin{bmatrix}b_{10}\\ b_{20}\end{bmatrix}$$

$$\boldsymbol{\Gamma}_1=\begin{bmatrix}\gamma_{11} & \gamma_{12}\\ \gamma_{21} & \gamma_{22}\end{bmatrix}\qquad \boldsymbol{u}_t=\begin{bmatrix}\mu_{yt}\\ \mu_{zt}\end{bmatrix}$$

用$\boldsymbol{B}^{-1}$左乘以方程（13-6），得到向量自回归模型的简约式，标准向量自回归模型

$$\boldsymbol{X}_t = \boldsymbol{A}_0 + \boldsymbol{A}_1\boldsymbol{X}_{t-1} + \boldsymbol{e}_t \tag{13-7}$$

式中，$\boldsymbol{A}_0=\boldsymbol{B}^{-1}\boldsymbol{\Gamma}_0$，$\boldsymbol{A}_1=\boldsymbol{B}^{-1}\boldsymbol{\Gamma}_1$，$\boldsymbol{e}_t=\boldsymbol{B}^{-1}\boldsymbol{u}_t$

我们定义a_{i0}为列向量$\boldsymbol{A}_0$的第i个元素，a_{ij}为矩阵$\boldsymbol{A}_1$中第i行第j列的元素，e_{it}为列向量$\boldsymbol{e}_t$的第i个元素。于是，可以用等价形式把方程（13-7）改写为

$$Y_t = a_{10} + a_{11}Y_{t-1} + a_{12}Z_{t-1} + e_{1t} \tag{13-8}$$

$$Z_t = a_{20} + a_{21}Y_{t-1} + a_{22}Z_{t-1} + e_{2t} \tag{13-9}$$

由方程（13-1）和方程（13-2）所组成的模型同方程（13-8）和方程（13-9）所代表

的模型的差异在于，前者被称为**结构式向量自回归模型**（SVAR）或原始系统，后者被称为**标准型向量自回归模型**或诱导系统。

更一般地，我们可以在向量自回归模型中，包含很多变量，每个内生变量的滞后阶数扩展为高阶。假定有 k 个变量，滞后阶数为 p，则 p 阶结构向量自回归模型 SVAR（p）为

$$\boldsymbol{B}\boldsymbol{X}_t = \boldsymbol{\Gamma}_0 + \boldsymbol{\Gamma}_1\boldsymbol{X}_{t-1} + \boldsymbol{\Gamma}_2\boldsymbol{X}_{t-2} + \cdots + \boldsymbol{\Gamma}_p\boldsymbol{X}_{t-p} + \boldsymbol{u}_t \tag{13-10}$$

式中，

$$\boldsymbol{B} = \begin{bmatrix} 1 & b_{12} & \cdots & b_{1k} \\ b_{21} & 1 & \cdots & b_{2k} \\ \vdots & \vdots & & \vdots \\ b_{k1} & b_{k2} & \cdots & 1 \end{bmatrix} \qquad \boldsymbol{X}_t = \begin{bmatrix} X_{1t} \\ X_{2t} \\ \vdots \\ X_{kt} \end{bmatrix} \qquad \boldsymbol{\Gamma}_0 = \begin{bmatrix} b_{10} \\ b_{20} \\ \vdots \\ b_{k0} \end{bmatrix}$$

$$\boldsymbol{\Gamma}_i = \begin{bmatrix} \gamma_{11}^{(i)} & \gamma_{12}^{(i)} & \cdots & \gamma_{1k}^{(i)} \\ \gamma_{21}^{(i)} & \gamma_{22}^{(i)} & \cdots & \gamma_{2k}^{(i)} \\ \vdots & \vdots & & \vdots \\ \gamma_{k1}^{(i)} & \gamma_{k2}^{(i)} & \cdots & \gamma_{kk}^{(i)} \end{bmatrix} \quad i = 1,2,\cdots,p \qquad \boldsymbol{u}_t = \begin{bmatrix} \mu_{1t} \\ \mu_{2t} \\ \vdots \\ \mu_{kt} \end{bmatrix}$$

需要说明的是，$\boldsymbol{\Gamma}_i$ 是内生变量向量 $\boldsymbol{X}_t$ 的滞后 i 期的前定内生变量向量 $\boldsymbol{X}_{t-i}$的系数矩阵。

用 $\boldsymbol{B}^{-1}$左乘以方程（13-10），得到 p 阶向量自回归模型的简约式，标准向量自回归模型

$$\boldsymbol{X}_t = \boldsymbol{A}_0 + \boldsymbol{A}_1\boldsymbol{X}_{t-1} + \boldsymbol{A}_2\boldsymbol{X}_{t-2} + \cdots + \boldsymbol{A}_p\boldsymbol{X}_{t-p} + \boldsymbol{e}_t \tag{13-11}$$

式中，$\boldsymbol{A}_0=\boldsymbol{B}^{-1}\boldsymbol{\Gamma}_0$；$\boldsymbol{A}_i=\boldsymbol{B}^{-1}\boldsymbol{\Gamma}_i$，$i=1$，2，…，$p$；$\boldsymbol{e}_t=\boldsymbol{B}^{-1}\boldsymbol{u}_t$

事实上，模型（13-6）是结构向量自回归模型 SVAR(p) 中的最简单形式。

13.2　向量自回归模型的估计

13.2.1　向量自回归模型的识别条件

同第 9 章联立方程模型一样，在对结构式模型的参数进行估计时，遇到的首要问题是模型的识别问题。也就是说，能否从结构式和简约式之间的参数关系中，估计得到相应的结构参数。

对于 k 个变量的 p 阶结构向量自回归模型 SVAR(p)

$$\boldsymbol{B}\boldsymbol{X}_t = \boldsymbol{\Gamma}_0 + \boldsymbol{\Gamma}_1\boldsymbol{X}_{t-1} + \boldsymbol{\Gamma}_2\boldsymbol{X}_{t-2} + \cdots + \boldsymbol{\Gamma}_p\boldsymbol{X}_{t-p} + \boldsymbol{u}_t \tag{13-12}$$

需要估计的参数个数为 $pk^2+(k+k^2)/2$。

对于 k 个变量的 p 阶简约向量自回归模型

$$\boldsymbol{X}_t = \boldsymbol{A}_0 + \boldsymbol{A}_1\boldsymbol{X}_{t-1} + \boldsymbol{A}_2\boldsymbol{X}_{t-2} + \cdots + \boldsymbol{A}_p\boldsymbol{X}_{t-p} + \boldsymbol{e}_t \tag{13-13}$$

需要估计的参数个数为 $k+pk^2$。

如果要得到唯一的结构式参数估计值，则要求简约式的未知参数不能多于结构式的未知参数。

13.2.2　向量自回归模型的参数估计

向量自回归模型类似于联立方程模型，可以用二阶段最小二乘法进行估计。对于标准向量自回归模型，也就是说，如果每一方程都含有同样个数的模型中的滞后变量，则可以直接采用普通的最小二乘法进行估计。

在 EViews 软件中，可以分两种情况，分别进入估计向量自回归模型的对话框。

第 1 种情形：带变量名。在 EViews 软件的工作窗口下，选中向量自回归模型中所需变量，例如表 2-1 提供的变量 X 和 Y，单击右键“Open/as VAR”，将出现如图 13-1 所示的对话框。

其中，VAR specification 表示 VAR 设定选择框，Unrestricted VAR 指无约束的 VAR 模型，VEC 表示受约束的 VAR 模型，即向量误差修正模型。Lag intervals 表示滞后区间选择框，默认情况是 1～2 期，最佳滞后期的确定通常采用 SC 和 AIC 统计量以及相应滞后期系数的显著性加以判别。Sample 表示样本区间的范围。Endogenous 表示内生变量，在对应窗口中填写内生变量。Exogenous 表示外生变量，可在对应窗口中填写外生变量。Include intercept 表示是否包括截距项。此时，只需进行相关设置，比如选择滞后期等，再点击“OK”便可得到 VAR 模型的估计结果。

第 2 种情形：不带变量名。在 EViews 软件的主菜单下，选择“Object/New Object/VAR”，或“Quick/Estimate VAR”，弹出如图 13-2 所示的对话框。

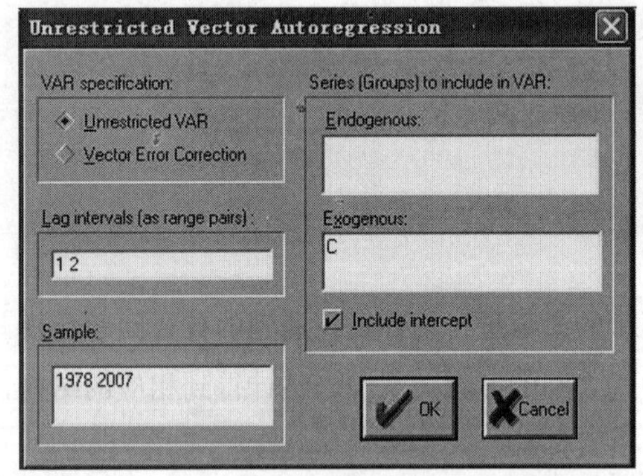

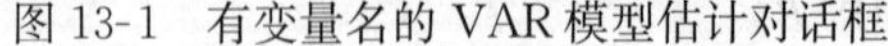
图 13-1　有变量名的 VAR 模型估计对话框

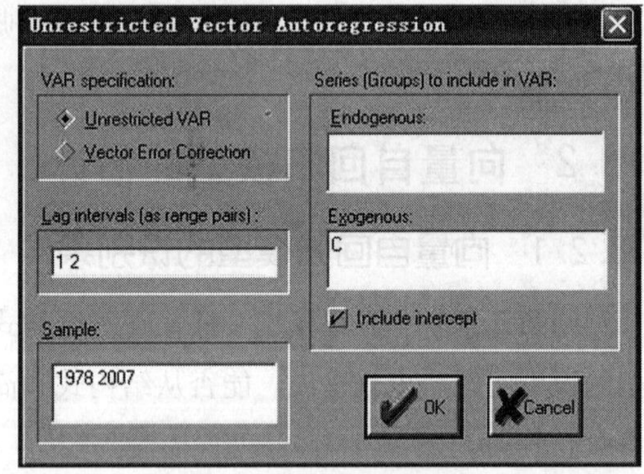

图 13-2　无变量名的 VAR 模型估计对话框

当出现图 13-2 的对话框后，只需在相应的窗口下填入 VAR 模型需要的变量名，然后进行相关设置，点击“OK”即可得到 VAR 模型的估计结果。在“Endogenous”下面键入“Y X”（表 2-1 的数据），通过反复试验，利用 SC 和 AIC 统计量判断最佳滞后期为 1 期，因此在“Lag intervals”下填写“1 1”，点击“OK”得到 VAR 模型的估计结果，如表 13-1 所示。

表 13-1　VAR 模型的估计结果

Date：12/12/09　Time：20:23
Sample(adjusted)：1979 2007
Included observations：29 after adjusting Endpoints
Standard errors & t-statistics inparentheses

	Y	X
Y(−1)	0.734 327	−0.916 164
	(0.112 47)	(0.228 62)
	(6.529 28)	(−4.007 35)
X(−1)	0.148 340	1.503 895
	(0.044 98)	(0.091 43)
	(3.298 09)	(16.448 6)
C	92.930 03	175.041 7
	(36.858 7)	(74.925 7)
	(2.521 25)	(2.336 20)
R-squared	0.997 056	0.998 174
Adj. R-squared	0.996 830	0.998 034
Sum sq. resids	336 783.7	1 391 659.
S. E. equation	113.812 2	231.355 5
F-statistic	4 402.743	7 106.662
Log likelihood	−176.867 8	−197.440 5
Akaike AIC	12.404 67	13.823 48
Schwarz SC	12.546 12	13.964 93
Mean dependent	2 243.724	5 209.038
S. D. dependent	2 021.281	5 217.295
Determinant Residual Covariance		1.05E+08
Log Likelihood		−350.167 8
Akaike Information Criteria		24.563 30
Schwarz Criteria		24.846 18

根据表 13-1 的回归结果可写出标准型 VAR 估计结果：

$$Y_t = 92.930 + 0.734Y_{t-1} + 0.148X_{t-1} + e_{1t}$$

$$X_t = 175.042 - 0.916Y_{t-1} + 1.504X_{t-1} + e_{2t}$$

从结果中可以看到，上期 $Y(X)$ 每变化 1 单位会导致本期 Y 同向变化 0.734(0.148) 单位；同理，上期 Y 每变化 1 单位会导致本期 X 反向变化 0.916 单位，而上期 X 会使本期 X 同向变化 1.504 单位。

13.3　脉冲响应函数

13.3.1　线性动态模型与动态乘数

差分方程组解起来比较容易，将差分方程组拆分成独立的单方程模型很有用处。如果构成一个模型的所有差分方程都是线性的，则称这个模型是线性的。

考察一个由3个方程构成的乘数-加速度宏观经济模型。

$$C_t = \alpha_0 + \alpha_1 Y_{t-1} \tag{13-14}$$

$$I_t = \beta_0 + \beta_1 (Y_{t-1} - Y_{t-2}) \tag{13-15}$$

$$Y_t = C_t + I_t + G_t \tag{13-16}$$

式中，C代表消费，I代表投资，Y代表GDP，它们为内生变量；G代表政府支出，为外生变量。

先把3个方程合并成一个差分方程，我们称这个差分方程为基本动态方程。例如，把方程（13-14）和方程（13-15）代入方程（13-16），得到的方程

$$Y_t - (\alpha_1 + \beta_1) Y_{t-1} + \beta_1 Y_{t-2} = (\alpha_0 + \beta_0) + G_t \tag{13-17}$$

就是一个基本动态方程。我们所关心的是外生变量G的变化是如何影响内生变量Y的变化的，并且在未来的时间内Y会有什么变化。最初G_t的1单位变化引起Y_t的动态变化程度称为动态乘数，Y_t的最初变化称为1期动态乘数，而各时期动态乘数之和称为长期总乘数。

13.3.2 脉冲响应函数

1. 脉冲响应函数的提出

在前一节的线性动态模型中，只讨论了外生变量变化对内生变量的影响，没有涉及每个内生变量对自己以及其他所有内生变量的变化是如何反应的。脉冲响应函数表达的正是内生变量对自己或其他内生变量的变化的反应。

仍然考察一个由3个方程构成的乘数-加速度宏观经济计量模型。

$$C_t = \alpha_0 + \alpha_1 Y_{t-1} + \mu_{ct} \tag{13-18}$$

$$I_t = \beta_0 + \beta_1 (Y_{t-1} - Y_{t-2}) + \mu_{it} \tag{13-19}$$

$$Y_t = C_t + I_t + G_t \tag{13-20}$$

现在，考察随机干扰项μ_{ct}和μ_{it}的变化对模型产生的影响。首先，根据方程（13-18），μ_{ct}的变化将立即影响消费，通过方程（13-20）也会影响收入，其结果就会通过方程（13-19）很快影响未来的投资。随着时间的推移，随机干扰项的最初影响在模型中的逐步扩散，将会影响模型中其他内生变量，使之变化可能更大。同样的原理，μ_{it}的变化将立即直接影响投资，进而影响收入，最终在未来影响消费，也影响投资。

脉冲响应就是试图描述随机干扰项对内生变量的影响轨迹。如果可以的话，我们很想分辨各内生变量的扰动，从而使我们能够准确确定一个变量的意外变化是如何影响模型中其他内生变量的。如果模型是线性的，并且不同随机方程中的随机行为是相互独立的，这一点是可以做到的。

2. 脉冲响应函数

为了便于阐述，继续采用双变量1阶VAR模型

$$Y_t = a_{10} + a_{11} Y_{t-1} + a_{12} Z_{t-1} + e_{1t} \tag{13-21}$$

$$Z_t = a_{20} + a_{21}Y_{t-1} + a_{22}Z_{t-1} + e_{2t} \tag{13-22}$$

把双变量 VAR 模型写成矩阵的形式为

$$\begin{bmatrix} Y_t \\ Z_t \end{bmatrix} = \begin{bmatrix} a_{10} \\ a_{20} \end{bmatrix} + \begin{bmatrix} a_{11} & a_{12} \\ a_{21} & a_{22} \end{bmatrix} \begin{bmatrix} Y_{t-1} \\ Z_{t-1} \end{bmatrix} + \begin{bmatrix} e_{1t} \\ e_{2t} \end{bmatrix} \tag{13-23}$$

应用 1 阶 VAR 模型稳定时的特解，我们可得到

$$\begin{bmatrix} Y_t \\ Z_t \end{bmatrix} = \begin{bmatrix} \overline{Y} \\ \overline{Z} \end{bmatrix} + \sum_{i=0}^{\infty} \begin{bmatrix} a_{11} & a_{12} \\ a_{21} & a_{22} \end{bmatrix}^i \begin{bmatrix} e_{1t-i} \\ e_{2t-i} \end{bmatrix} \tag{13-24}$$

方程（13-24）是用序列 $\{e_{1t}\}$ 和 $\{e_{2t}\}$ 来表示内生量 Y_t 和 Z_t 的，由于误差向量为

$$\begin{bmatrix} e_{1t} \\ e_{2t} \end{bmatrix} = \frac{1}{1-b_{12}b_{21}} \begin{bmatrix} 1 & -b_{12} \\ -b_{21} & 1 \end{bmatrix} \begin{bmatrix} \mu_{yt} \\ \mu_{zt} \end{bmatrix} \tag{13-25}$$

所以，结合方程（13-24）和方程（13-25），用序列 $\{\mu_{yt}\}$ 和 $\{\mu_{zt}\}$ 把方程（13-25）再次改写为

$$\begin{bmatrix} Y_t \\ Z_t \end{bmatrix} = \begin{bmatrix} \overline{Y} \\ \overline{Z} \end{bmatrix} + \frac{1}{1-b_{12}b_{21}} \sum_{i=0}^{\infty} \begin{bmatrix} a_{11} & a_{12} \\ a_{21} & a_{22} \end{bmatrix}^i \begin{bmatrix} 1 & -b_{12} \\ -b_{21} & 1 \end{bmatrix} \begin{bmatrix} \mu_{yt-i} \\ \mu_{zt-i} \end{bmatrix} \tag{13-26}$$

显然方程（13-26）是一个移动平均表达式，是有深刻见解的。

为了使用更为方便，定义 2×2 的矩阵 $\boldsymbol{\phi}_i$ 对其简化，矩阵的元素表示为 $\phi_{jk}(i)$，$\boldsymbol{\phi}_i$ 的定义为

$$\boldsymbol{\phi}_i = \frac{A_1^i}{1-b_{12}b_{21}} \begin{bmatrix} 1 & -b_{12} \\ -b_{21} & 1 \end{bmatrix} \tag{13-27}$$

因此，方程（13-26）的移动平均表达式可用序列 $\{\mu_{yt}\}$ 和 $\{\mu_{zt}\}$ 描述。

$$\begin{bmatrix} Y_t \\ Z_t \end{bmatrix} = \begin{bmatrix} \overline{Y} \\ \overline{Z} \end{bmatrix} + \sum_{i=0}^{\infty} \begin{bmatrix} \phi_{11}(i) & \phi_{12}(i) \\ \phi_{21}(i) & \phi_{22}(i) \end{bmatrix}^i \begin{bmatrix} \mu_{yt-i} \\ \mu_{zt-i} \end{bmatrix} \tag{13-28}$$

或更紧凑的形式为

$$X_t = \mu + \sum_{i=0}^{\infty} \phi_i \mu_{t-i} \tag{13-29}$$

移动平均表达式是一种解释序列 $\{Y_t\}$ 与 $\{Z_t\}$ 相互作用的极其有用的工具，$\boldsymbol{\phi}_i$ 的系数能够被用于构造 μ_{yt} 和 μ_{zt} 脉冲对序列 $\{Y_t\}$ 与 $\{Z_t\}$ 的整个时间路径所产生的影响。

事实上，式（13-29）是式（13-28）的矩阵形式。在式（13-28）中 $\phi_{jk}(i)$（$j=1$，2；$k=1$，2；$i=0$，1，…，∞）是效应乘数。例如，系数 $\phi_{12}(0)$ 是指 1 单位 μ_{zt} 的变化对 Y_t 产生的当期影响。同样，$\phi_{11}(1)$ 和 $\phi_{12}(1)$ 是 1 单位 μ_{yt-1} 和 μ_{zt-1} 的变化使得 Y_t 在 1 个时期后的响应。修正 1 期为 $\phi_{11}(1)$ 和 $\phi_{12}(1)$，也表示了 μ_{yt} 和 μ_{zt} 的 1 个单位变化对 Y_{t+1} 产生的影响。

μ_{yt} 和（或）μ_{zt} 的单位脉冲的累积效果，是通过对脉冲响应函数的系数的恰当加总获取的。例如，在 n 期后，μ_{zt} 对 Y_{t+n} 的值的影响是 $\phi_{12}(n)$。因此，在 n 期后，μ_{zt} 对序列 $\{Y_t\}$ 影响的累积和为

$$\sum_{i=0}^{n} \phi_{12}(i) \tag{13-30}$$

令 n 趋于无穷大，得到长期乘数。因为假定序列 $\{Y_t\}$ 与 $\{Z_t\}$ 是平稳的，所以，对于所有的 j 和 k，满足

$$\sum_{t=0}^{\infty} \phi_{jk}(i) \text{ 是有限的} \quad j, k = 1, 2 \tag{13-31}$$

系数 $\phi_{11}(i)$、$\phi_{12}(i)$、$\phi_{21}(i)$ 和 $\phi_{22}(i)$ 被称为**脉冲响应函数**。对脉冲响应函数进行描图（即描绘出不同 i 的 $\phi_{kj}(i)$ 的系数）是展现 $\{Y_t\}$ 与 $\{Z_t\}$ 对各种冲击的响应行为的实际方法。

如果随机干扰项恰好相关，则脉冲响应将取决于模型中方程的先后次序。不管怎样，脉冲响应显示出任何一个内生变量的变动是如何通过模型影响所有其他内生变量，最终又反馈到最初的那个变量自己身上来的。

更一般的讨论，请读者参考相关时间序列分析的著作。不过需要指出的是，如果动态结构模型中有 n 个内生变量，则有 n^2 个脉冲响应函数。

我们用 EViews 对表 13-1 给出的人均国内生产总值和居民消费水平两个时间序列的 VAR 估计结果进行脉冲响应分析。在 VAR 窗口下，在表 13-1 的界面下，点击“View/Impulse-VAR Decomposition”或者直接点击表 13-1 界面下的“Impulse”，将会弹出如图 13-3 的对话框。

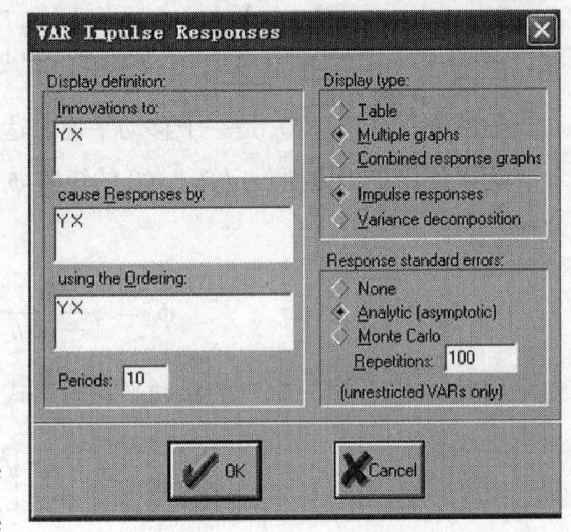

图 13-3　脉冲响应对话框

图 13-3 中 Display definition 表示与脉冲响应函数相关的说明，其中，Innovations to 中要求指定随机干扰项的排列顺序；cause Response by 要求给出内生变量的排列顺序；using the Ordering 要求指定 VAR 中变量的顺序；Periods 要求指定脉冲响应函数的响应期数。Display type 表示输出的类型，Table 指以表格的形式输出；Multiple graph 指以图形的形式输出；Combined response graph 指以描述每个内生变量对所有随机干扰项响应的联合图表输出。Impulse responses 指脉冲响应；Variance decomposion 指方差分解。Response standard errors 表示脉冲响应函数标准差的获取方式，None 指不计算标准差；Analytic（asymptotic）指通过渐进分析公式计算标准差；Monte Carlo 指通过蒙特卡罗实验计算标准差；Repetitions 表示重复的次数。

按照图 13-3 的设置，点击“OK”，便得到脉冲响应函数的图形输出结果，如图 13-4 所示。

从图 13-4 中可以看到，图中实线为 1 单位脉冲冲击的脉冲响应函数的时间路径，两边

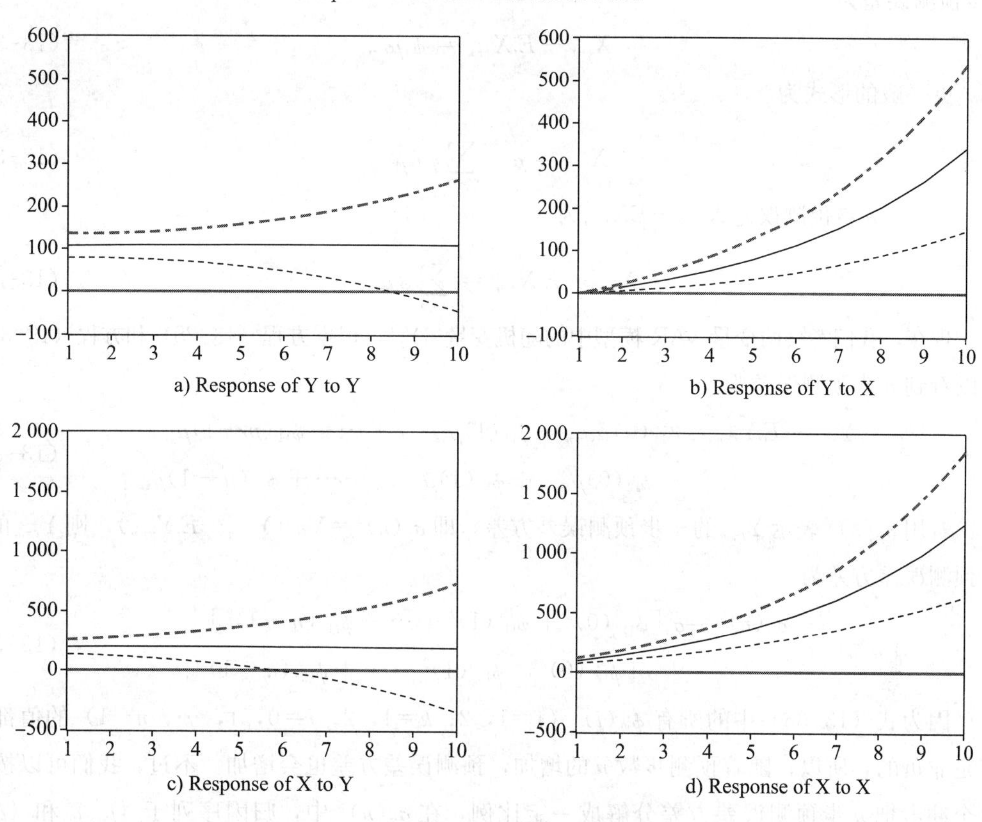

图 13-4　脉冲响应函数的图形输出结果

虚线为 2 个标准差的置信区间。左边为 Y 的响应函数时间路径，图 13-4a 为 Y 对其自身的响应函数时间路径，响应路径一直为止且较为平坦，这说明居民消费水平的提高会引起后面时期居民消费增长的提高，但对后面各期的影响比较稳定，响应变化不大。图 13-4c 为 X 对 Y 实施冲击的 Y 的时间响应路径，响应路径也一直为正且比较平坦，说明人均国内生产总值的增长会引起后面时期消费的增长，但对后面各期的影响比较稳定，响应变化不大。右边为 X 的响应函数时间路径，图 13-4b 为 Y 对 X 实施冲击，X 的脉冲响应函数时间路径，响应路径一直为正且响应随时间的推移不断增加，说明居民消费水平对人均国内生产总值具有乘数效应。图 13-4d 为 X 对其自身响应函数的时间路径，响应路径一直为正且响应随时间的推移不断增加，说明人均国内生产总值对其自身也有乘数效应。

13.4　预测误差方差分解

理解预测误差的特征对于揭示系统中各变量间的相互关系是很有帮助的。方差分解能够给出随机干扰项的相对重要性信息。这种预测误差来源于随机干扰项的当前值和未来值。在第一个时期，一个变量的变动均来自其本身的信息。如果使用式（13-29）预测 X_{t+1}，则

1 步预测误差为

$$X_{t+1}-E_tX_{t+1}=\phi_0\mu_{t+1} \tag{13-32}$$

更一般的形式为

$$X_{t+n}=\mu+\sum_{i=0}^{\infty}\phi_i\mu_{t+n-i} \tag{13-33}$$

所以，n 步预测误差 $X_{t+n}-EX_{t+n}$ 为

$$X_{t+n}-E_tX_{t+n}=\sum_{i=0}^{n-1}\phi_i\mu_{t+n-i} \tag{13-34}$$

现在，我们考察两变量 VAR 模型中的随机变量 $\{Y_t\}$，根据方程（13-28）和方程（13-34），可以看到 n 步预测误差为

$$\begin{aligned}Y_{t+n}-E_tY_{t+n}=&\phi_{11}(0)\mu_{yt+n}+\phi_{11}(1)\mu_{yt+n-1}+\cdots+\phi_{11}(n-1)\mu_{yt+1}\\&+\phi_{12}(0)\mu_{zt+n}+\phi_{12}(1)\mu_{zt+n-1}+\cdots+\phi_{12}(n-1)\mu_{zt+1}\end{aligned} \tag{13-35}$$

若用 $\sigma_y(n)^2$ 表示 Y_{t+n} 的 n 步预测误差方差，即 $\sigma_y(n)^2=\mathrm{Var}(Y_{t+n}-E_tY_{t+n})$，则 Y_{t+n} 的 n 步预测误差方差为

$$\begin{aligned}\sigma_y(n)^2=&\sigma_y^2[\phi_{11}(0)^2+\phi_{11}(1)^2+\cdots+\phi_{11}(n-1)^2]\\&+\sigma_z^2[\phi_{12}(0)^2+\phi_{12}(1)^2+\cdots+\phi_{12}(n-1)^2]\end{aligned} \tag{13-36}$$

因为式（13-36）中的所有 $\phi_{jk}(i)^2$（$j=1$，2；$k=1$，2；$i=0$，1，…，$n-1$）的值都一定是非负的，所以，随着预测步数 n 的增加，预测误差方差也会增加。不过，我们可以按照每个冲击把 n 步预测误差方差分解成一定比例，在 $\sigma_y(n)^2$ 中，归因序列于 $\{\mu_{yt}\}$ 和 $\{\mu_{zt}\}$ 冲击的比例分别为

$$\frac{\sigma_y^2(\phi_{11}(0)^2+\phi_{11}(1)^2+\cdots+\phi_{11}(n-1)^2)}{\sigma_y(n)^2} \tag{13-37}$$

和

$$\frac{\sigma_z^2(\phi_{12}(0)^2+\phi_{12}(1)^2+\cdots+\phi_{12}(n-1)^2)}{\sigma_y(n)^2} \tag{13-38}$$

预测误差方差分解告诉我们序列中由于其“自身”冲击与其他变量的冲击而导致的移动的比例。如果 μ_{zt} 冲击在任何步数的预测水平上都无法解释 $\{Y_t\}$ 的预测误差方差，则就可以说变量 $\{Y_t\}$ 是外生的。在这种情况下，序列 $\{Y_t\}$ 将独立于 μ_{zt} 冲击和序列 $\{Z_t\}$ 而自我独自变化。在另一种极端情况下，μ_{zt} 在所有步数的预测水平下能解释序列 $\{Y_t\}$ 中所有预测误差方差，所以，序列 $\{Y_t\}$ 完全是内生的。

在实际应用研究中，对于一个变量，一般可解释其短期预测误差方差的绝大部分，以及可解释其长期预测误差方差的较小部分。如果 μ_{zt} 冲击对 $\{Y_t\}$ 没有当期影响，而滞后一期对序列 $\{Y_t\}$ 有影响，则我们可采用预测误差方差分解模型。

我们用 EViews 对表 13-1 给出的人均国内生产总值和居民消费水平两个时间序列的 VAR 估计结果进行方差分解。在图 13-3 的界面下，选择“Variance decomposion”，其他设置保持不变，点击“OK”，便得到方差分解的图形输出结果，如图 13-5 所示。

从图 13-5 中可以看到，图中实线为方差分解的时间路径。图 13-5a、图 13-5b 为居民消费水平的方差分解时间路径。其中，图 13-5a 为居民消费水平对其自身的方差分解时间路径，时间路径一直为正且不断下降，这说明当期居民消费水平对后面时期居民消费水平的贡献越来越小，在滞后 10 期贡献作用只有 30%左右。图 13-5b 为人均国内生产总值对居民消费水平的方差分解时间路径，时间路径也一直为正且不断增加，说明人均国内生产总值的增长对后面时期居民消费水平的贡献越来越大，在滞后 10 期贡献作用达到了 70%左右，中间过程还呈现出加速的过程。

图 13-5c、图 13-5d 为人均国内生产总值的方差分解时间路径，从图 13-5c 我们可以看到居民消费水平对人均国内生产总值的方差分解时间路径不断下降，这说明居民消费水平对人均国内生产总值的贡献不断减小，在滞后 10 期贡献作用只有 10%左右；图 13-5d 为人均国内生产总值对自身的方差分解时间路径，其路径不断上升，这说明人均国内生产总值当期对自身后面时期的贡献作用不断增加，在滞后 10 期达到 90%左右，中间有个减速过程。

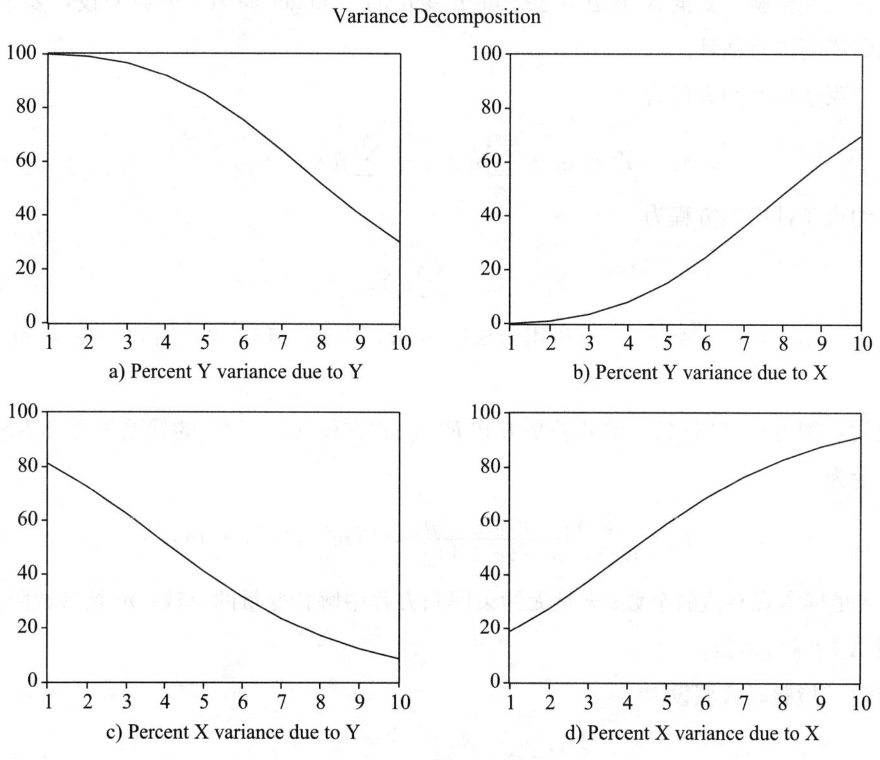

图 13-5　方差分解的图形输出结果

13.5 Granger 因果关系检验

事实上，因果关系检验是要确定是否一个变量的滞后项包含在另一个变量的方程中。因果关系检验的基本思想是：对于变量 X 和 Y，如果 X 的变化引起了 Y 的变化，X 的变化应

当发生在 Y 的变化之前。实际上，对于变量 X 和 Y，Granger 因果关系检验要求估计如下回归方程。

$$Y_t = \alpha_0 + \sum_{i=1}^{m} \alpha_i Y_{t-i} + \sum_{i=1}^{m} \beta_i X_{t-i} + \mu_{1t} \tag{13-39}$$

$$X_t = \lambda_0 + \sum_{i=1}^{m} \lambda_i Y_{t-i} + \sum_{i=1}^{m} \delta_i X_{t-i} + \mu_{2t} \tag{13-40}$$

换句话说，如果说“X 是引起 Y 变化的 Granger 原因”，则必须满足两个条件：

（1）变量 X 应该有助于预测变量 Y，即在变量 Y 关于变量 Y 的过去值的回归中，添加变量 X 的过去值作为独立变量应当显著地增加回归的解释能力。

（2）变量 Y 不应当有助于预测变量 X，其原因是如果变量 X 有助于预测变量 Y，变量 Y 也有助于预测变量 X，则很可能存在一个或几个其他的变量，它们既是引起 X 变化的原因，也是引起 Y 变化的原因。

要检验这两个条件是否成立，我们需要检验一个变量对预测另一个变量没有帮助的原假设。首先，检验“变量 X 不是引起变量 Y 变化的 Granger 原因”的原假设，要求对下列两个回归模型进行估计。

无约束条件回归方程为

$$Y_t = \alpha_0 + \sum_{i=1}^{m} \alpha_i Y_{t-i} + \sum_{i=1}^{m} \beta_i X_{t-i} + \mu_t \tag{13-41}$$

有约束条件回归方程为

$$Y_t = \alpha_0 + \sum_{i=1}^{m} \alpha_i Y_{t-i} + \mu_t \tag{13-42}$$

方程（13-41）的残差平方和用 RSS_U 表示，方程（13-42）的残差平方和用 RSS_R 表示。

然后，用方程（13-41）的残差平方和 RSS_U 和方程（13-42）的残差平方和 RSS_R 构造 F 统计量为

$$F = \frac{(RSS_R - RSS_U)/m}{RSS_U[n-(k+1)]} \sim F(m, n-(k+1)) \tag{13-43}$$

式中，n 是样本观察值的个数；k 是无约束回归方程中解释变量的个数；m 是参数限制个数，即变量 X 的滞后期数。

接着，检验联合假设

$$H_0: \beta_1 = \beta_2 = \cdots = \beta_m = 0$$

$$H_1: \beta_i \text{ 中至少有一个不为零且 } i = 1, 2, \cdots, m$$

是否成立。F 统计量服从 $F[m, n-(k+1)]$ 分布。如果原假设 H_0 成立，我们就不能拒绝“X 不是引起 Y 变化的 Granger 原因”。

在给定显著水平 α 下，如果 F 统计量大于临界值 $F_\alpha[m, n-(k+1)]$，则我们就拒绝原假设 H_0，得到 X 是引起 Y 变化的 Granger 原因，否则，不能拒绝原假设 H_0，得到 X 不是引起 Y 变化的 Granger 原因。

采用同样的原理，可以检验“变量 Y 不是引起变量 X 变化的 Granger 原因”。只需交换变量 X 与 Y，做同样的回归估计，检验变量 Y 的滞后项是否显著为零。要得到变量 Y 是引起变量 X 变化的 Granger 原因的结论，我们必须拒绝原假设“Y 不是引起 X 变化的 Granger 原因”，同时接受备择假设“Y 是引起 X 变化的 Granger 原因”。

显然，变量 X 与 Y 之间存在 3 种影响关系：

（1）变量 X 与 Y 之间互不影响，没有因果关系。

（2）变量 X 与 Y 之间只存在单向因果关系，要么变量 X 是引起变量 Y 变化的 Granger 原因，要么变量 Y 是引起变量 X 变化的 Granger 原因。

（3）变量 X 与 Y 之间只存在双向因果关系，变量 X 是引起变量 Y 变化的 Granger 原因，同时，变量 X 也是引起变量 Y 变化的 Granger 原因。

值得注意的是，Granger 因果检验只能建立在平稳变量之间或者是存在协整关系的非平稳变量之间，还有就是 Granger 因果检验对滞后期的长度比较敏感，不同的滞后期长度可能会得到完全不同的检验结果。关于 Granger 因果检验滞后期的选择有下列方法：

（1）Granger 因果检验的检验式是 VAR 模型的一个方程，因此，VAR 模型的最佳滞后期便是 Granger 因果检验的最佳滞后期。

（2）任意选择滞后期，用检验结果来判别。以 X_t 和 Y_t 为例，如果，X_{t-1} 对 Y_t 存在显著影响，则不必再做滞后期更长的检验；反之，则应该做滞后期更长的检验。一般来说，要检验若干个不同滞后期的 Granger 因果检验，并且结论相同时才能最终下结论。

还要注意这个因果关系检验的一个不足之处是，第三个变量 Z 也可能是引起 Y 变化的原因，而且同时又与 X 相关。

我们在工作文件下选中变量 X 和 Y，点击右键“Open/as Group/View/Granger Causality”，将会出现如图 13-6 的对话框。

如图 13-6 中的 Lags to include 对应的窗口中需要填写的是 Granger 因果检验的滞后期，系统中默认的滞后阶数为 2。由于表 13-1 给出的基于变量 X 和 Y 的 VAR 模型的最佳滞后期为 1，因此，Granger 因果检验的最佳滞后期也为 1。在“Lags to include”对应的窗口中填入 1，点击“OK”，便得到 Granger 因果检验的结果，如表 13-2 所示。

图 13-6　Granger 因果检验对话框

表 13-2　Granger 因果检验的输出结果

Pairwise Granger Causality Tests
Date：12/12/09　Time：21：43
Sample：1978 2007
Lags：1

NullHypothesis：	Obs	F-Statistic	Probability
X does not Granger Cause Y	29	10.877 4	0.002 82
Y does not Granger Cause X		16.058 9	0.000 46

在表 13-2 中，原假设“X does not Granger Cause Y”即“X 不是 Y 的 Granger 原因”的概率为 0.002 82，非常接近于 0，因此，拒绝原假设接受备择假设，认为 X 是 Y 的 Granger 原因；同理，原假设“Y does not Granger Cause X”即“Y 不是 X 的 Granger 原因”的概率为 0.000 46，也非常接近于 0，因此，拒绝原假设，接受备择假设，认为 Y 是 X 的 Granger 原因。由此，我们可以认为变量 X 和 Y 之间是双向因果关系。这一结果与向量自回归模型给出的结果是一致的。

13.6 案例分析

案例 13-1

能源是人类社会赖以生存的重要的物质之一，不仅如此，它还是经济发展过程中最重要的生产要素之一。随着经济的增长，能源的消费量也逐渐增长，并且能源消费的增长对一国经济的高速增长可谓至关重要，已经上升到影响国家安全的高度。下面我们将根据我国 1978～2008 年的能源消费数据与国内生产总值数据（见表 13-3），通过 VAR 模型来研究两者之间的关系。

表 13-3 1978～2008 我国能源消费量与国内生产总值

年 份	能源消费总量（万吨标准煤）	GDP（亿元）	年 份	能源消费总量（万吨标准煤）	GDP（亿元）
1978	57 144	3 645.21	1994	122 737	48 197.85
1979	58 588	4 062.57	1995	131 176	60 793.72
1980	60 275	4 545.62	1996	138 948	71 176.59
1981	59 447	4 891.56	1997	137 798	78 973.03
1982	62 067	5 323.35	1998	132 214	84 402.27
1983	66 040	5 962.65	1999	133 831	89 677.05
1984	70 904	7 208.05	2000	138 553	99 214.55
1985	76 682	9 016.03	2001	143 199	109 655.20
1986	80 850	10 275.17	2002	151 797	120 332.70
1987	86 632	12 058.61	2003	174 990	135 822.80
1988	92 997	15 042.82	2004	203 227	159 878.30
1989	96 934	16 992.31	2005	224 682	183 217.40
1990	98 703	18 667.82	2006	246 270	211 923.50
1991	103 783	21 781.49	2007	265 583	257 305.60
1992	109 170	26 923.47	2008	285 000	300 670.00
1993	115 993	35 333.92			

资料来源：国泰安信息技术有限公司开发的《中国宏观经济数据库》。

1. VAR 模型的估计

我们用 lnGDP 表示国内生产总值，lnEN 表示能源消费量，构建标准型 VAR 模型：

$$\ln GDP_t = a_{10} + \sum_{i=1}^{p} b_{1i} \ln GDP_{t-i} + \sum_{i=1}^{p} c_{1i} \ln EN_{t-i} + e_{1t}$$

$$\ln EN_t = a_{20} + \sum_{i=1}^{p} b_{2i} \ln GDP_{t-i} + \sum_{i=1}^{p} c_{2i} \ln EN_{t-i} + e_{2t}$$

选中变量 ln*GDP* 和 ln*EN*，点右键“Open/as VAR”，经反复验证，并通过 AIC 和 SC 判断出最佳滞后期为 2 期，完成相关设置后，点击“OK”即得到如表 13-4 的估计结果。

表 13-4　估计结果

Date：12/14/09　Time：15:31
Sample（adjusted）：1980 2008
Included observations：29 after adjusting endpoints
Standard errors & t-statistics inparentheses

	LNGDP	LNEN
LNGDP（−1）	1.553 618	−0.083 242
	(0.17 056)	(0.10 768)
	(9.10 874)	(−0.77 303)
LNGDP（−2）	−0.582 875	0.107 356
	(0.16 103)	(0.10 166)
	(−3.61 966)	(1.05 599)
LNEN（−1）	0.283 074	1.769 743
	(0.26 123)	(0.16 492)
	(1.08 363)	(10.7 308)
LNEN（−2）	−0.205 638	−0.844 098
	(0.30 034)	(0.18 962)
	(−0.68 468)	(−4.45 160)
C	−0.544 772	0.639 959
	(1.02 192)	(0.64 517)
	(−0.53 309)	(0.99 192)
R-squared	0.998 901	0.996 119
Adj. R-squared	0.998 718	0.995 472
Sum sq. resids	0.054 174	0.021 593
S. E. equation	0.047 511	0.029 995
F-statistic	5 455.949	1 539.960
Log likelihood	49.951 99	63.289 67
Akaike AIC	−3.100 137	−4.019 977
Schwarz SC	−2.864 396	−3.784 236
Mean dependent	10.542 41	11.687 94
S. D. dependent	1.327 139	0.445 760
Determinant Residual Covariance		1.02E−06
Log Likelihood		117.671 5
Akaike Information Criteria		−7.425 624
Schwarz Criteria		−6.954 142

从表 13-4 给出的估计结果中可以写出标准型的 VAR 模型为

$$\ln GDP_t = -0.545 + 1.554 \ln GDP_{t-1} - 0.583 \ln GDP_{t-2} + 0.283 \ln EN_{t-1} - 0.206 \ln EN_{t-2} + e_{1t}$$

$$\ln EN_t = 0.640 - 0.083\ln GDP_{t-1} + 0.107\ln GDP_{t-2} + 1.770\ln EN_{t-1} - 0.844\ln EN_{t-2} + e_{2t}$$

2. 脉冲响应函数

在表 13-4 的界面下，点击“Impulse”，在默认设置不变的情况下，选择“Multiple graphs”和“Impulse responses”，点击“OK”便得到脉冲响应函数的图形输出结果，如图 13-7所示。

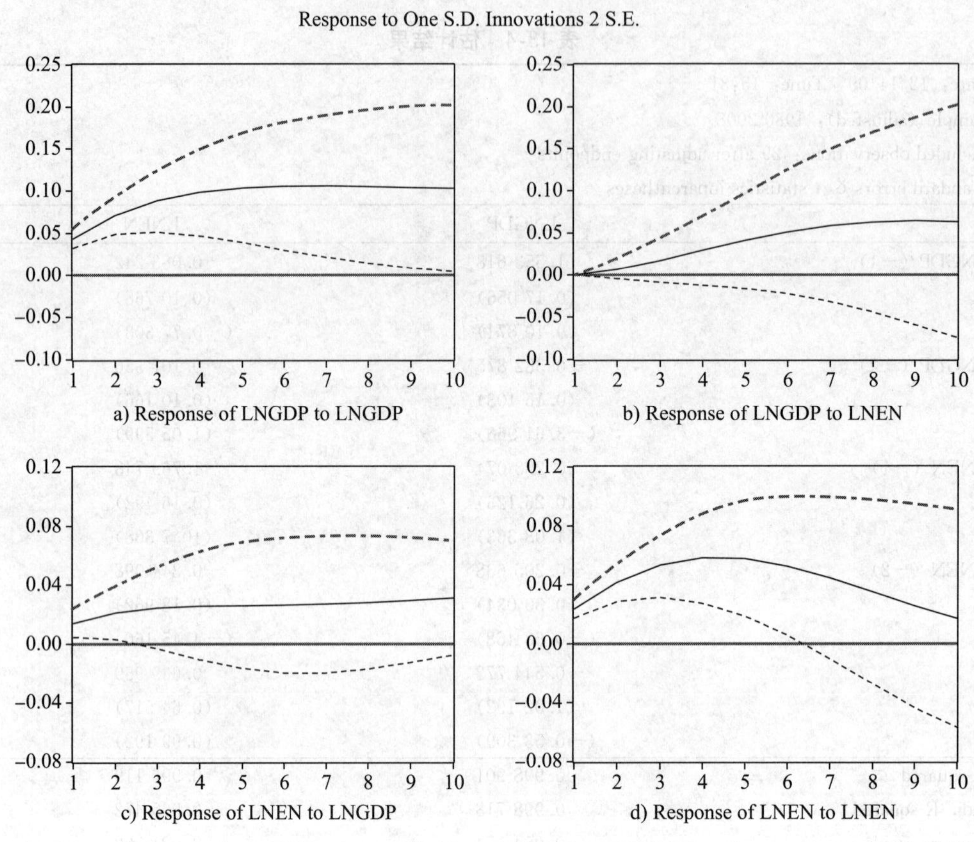

图 13-7　脉冲响应函数的图形输出结果

如图 13-7 所示，图中实线表示 1 单位脉冲冲击的脉冲响应函数的时间路径，两边的虚线表示 2 个标准差的置信区间。图 13-7a 表示 ln*GDP* 对自身的响应函数的时间路径，其脉冲影响在第 1 期大约为 0.05，以后逐期上升，并在第 5 期后趋于稳定，说明国内生产总值的增长会引起后面各时期国内生产总值的增长，且增长的弹性系数呈现变大后趋于稳定的规律。图 13-7c 为 ln*EN* 对 ln*GDP* 实施冲击，ln*GDP* 的响应函数时间路径，响应路径一直为正且比较平坦，说明能源消费的增加能引起后面各时期国内生产总值的增长，且这种增长是持续稳定的。图 13-7b 为 ln*GDP* 对 ln*EN* 实施冲击，ln*EN* 的响应函数时间路径，在第 1 期的时候脉冲影响几乎为 0，在以后的各期中逐渐上升，在到达第 7 期后趋于稳定，说明国内生产总值的增长会引发后面各时期的能源消费的增加，且增长的弹性呈现变大后趋于稳定的规律。图 13-7d ln*EN* 对自身的响应函数时间路径，响应路径一直为正，且呈现先上升后下降的趋势，说明能源消费的增长会引发后面各时期能源消费的增长，且增长的弹性呈现先上升后下降的规律。

3. 方差分解

在表 13-4 的界面下，点击“Impulse”，在默认设置不变的情况下，选择“Multiple graphs”和“Variance decomposition”，点击“OK”便得到方差分解的结果，如图 13-8 所示。

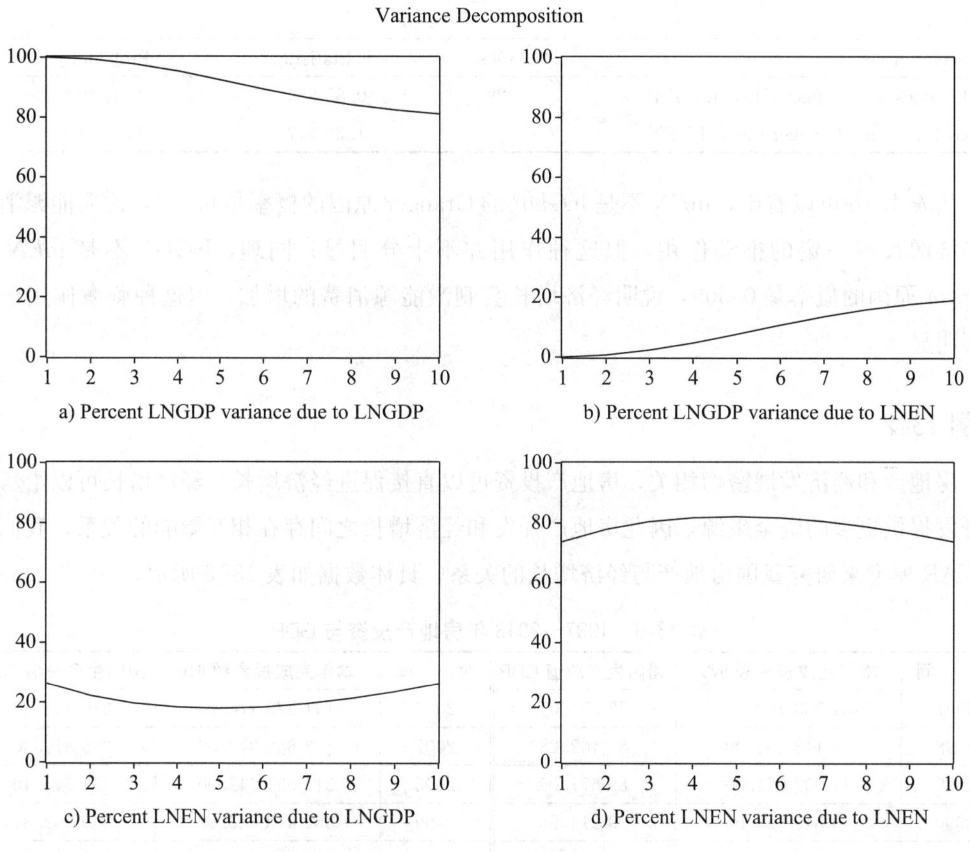

图 13-8　方差分解

图 13-8 中实线为方差分解的时间路径。图 13-8a 为 ln*GDP* 对自身的方差分解时间路径，时间路径一直为正且不断下降，这说明当期国内生产总值对后面各时期国内生产总值的贡献越来越小，随后各期间中自身变动的贡献率维持在 80%以上。图 13-8c 为 ln*GDP* 对 ln*EN* 的方差分解时间路径，时间路径一直为正且小幅度下降后逐渐回升，说明 ln*GDP* 对 ln*EN* 的贡献率大约维持在 20%～23%。图 13-8b 为 ln*EN* 对 ln*GDP* 的方差分解时间路径，时间路径一直为正且不断上升，这说明 ln*EN* 对 ln*GDP* 的贡献率越来越大。图 13-8d 为 ln*EN* 对自身的方差分解时间路径，时间路径一直为正且小幅度上升后逐渐下降，ln*EN* 对自身的贡献率大约维持在 77%～80%。

4. Granger 因果关系检验

在工作文件下，选中变量 lg*X* 和 lg*Y*，点击右键“Open/as Group/View/Granger Causality”，

在随后出现的滞后期选择对话框中填入 2（因为前述 VAR 模型的最佳滞后期为 2），点击“OK”便得到 Granger 因果关系检验的结果，如表 13-5 所示。

表 13-5 Granger 因果关系检验的结果

Pairwise Granger Causality Tests

Date：12/14/09 Time：18：05

Sample：1978 2008

Lags：2

NullHypothesis：	Obs	F-Statistic	Probability
LNEN does not Granger Cause LNGDP	29	0.87 659	0.42 911
LNGDP does not Granger Cause LNEN		1.23 517	0.30 862

从表 13-5 可以看出，ln*EN* 不是 ln*GDP* 的 Granger 原因的概率是 0.429，说明能源消费对经济增长有一定的推动作用，但这种作用并不十分明显；同理，ln*GDP* 不是 ln*EN* 的 Granger 原因的概率是 0.309，说明经济增长会刺激能源消费的增加，但这种刺激作用也不是很明显。

案例 13-2

房地产和经济发展密切相关，房地产投资可以直接促进经济增长，经济增长可以给房地产开发提供更多的资金来源，因此房地产开发和经济增长之间存在相互影响的关系，我们建立 VAR 模型来研究我国房地产与经济增长的关系，具体数据如表 13-6 所示。

表 13-6 1997～2013 年房地产投资与 GDP

时 间	本年完成投资额 INV	国内生产总值 GDP	时 间	本年完成投资额 INV	国内生产总值 GDP
1997	31 783 702.00	78 973.03	2006	194 229 174.00	216 314.40
1998	36 142 292.00	84 402.28	2007	252 888 373.00	265 810.30
1999	41 032 024.00	89 677.05	2008	312 031 942.00	314 045.40
2000	49 840 529.00	99 214.55	2009	362 418 080.00	340 902.81
2001	63 441 107.00	109 655.17	2010	482 594 030.00	401 512.80
2002	77 909 223.00	120 332.69	2011	617 968 858.00	473 104.00
2003	101 538 009.00	135 822.76	2012	718 037 869.00	519 470.10
2004	131 582 516.00	159 878.34	2013	860 133 826.00	588 019.00
2005	159 092 471.00	184 937.40			

资料来源：国泰安信息技术有限公司开发的《中国宏观经济数据库》。

我们将国内生产总值 GDP 和房地产投资 INV 取自然对数，分别命名为 ln*GDP*、ln*INV*。

1. VAR 模型的估计

构建标准型 VAR 模型

$$\ln GDP_t = a + \sum_{i=1}^{p} \alpha_i \ln GDP_{t-i} + \sum_{i=1}^{p} \beta_i \ln INV_{t-i} + \varepsilon_{1t}$$

$$\ln INV_t = b + \sum_{i=1}^{p} \omega_i \ln EN_{t-i} + \sum_{i=1}^{p} \gamma_i \ln GDP_{t-i} + \varepsilon_{2t}$$

选中变量 lnGDP 和 lnINV，点右键“Open/as VAR”，经反复验证，并通过 AIC 和 SC 判断出最佳滞后期为 2 期，完成相关设置后，点击“OK”即得到如表 13-7 的估计结果。

表 13-7　VAR 的估计结果

Date：02/08/15　Time：15：29

Sample(adjusted)：1999 2013

Included observations：15 after adjusting Endpoints

Standard errors & t-statistics inparentheses

	LNGDP	LNINV
LNGDP (−1)	0.779 424	−0.981 585
	(0.418 62)	(0.599 19)
	(1.861 87)	(−1.638 18)
LNGDP (−2)	−0.260 924	0.603 111
	(0.368 05)	(0.526 81)
	(−0.708 93)	(1.144 84)
LNINV (−1)	0.083 744	1.530 686
	(0.274 72)	(0.393 22)
	(0.30 483)	(3.892 68)
LNINV (−2)	0.230 064	−0.283 396
	(0.300 20)	(0.429 69)
	(0.766 37)	(−0.659 54)
C	0.088 487	0.172 313
	(0.214 15)	(0.306 52)
	(0.413 20)	(0.562 15)
R-squared	0.997 935	0.998 258
Adj. R-squared	0.997 109	0.997 561
Sum sq. resids	0.011 683	0.023 936
S. E. equation	0.034 181	0.048 924
F-statistic	1 208.128	1 432.671
Log likelihood	32.398 26	27.019 08
Akaike AIC	−3.653 101	−2.935 877
Schwarz SC	−3.417 084	−2.699 860
Mean dependent	12.315 20	19.087 21
S. D. dependent	0.635 703	0.990 704
Determinant Residual Covariance		3.53E−07
Log Likelihood		68.848 86
Akaike Information Criteria		−7.846 514
Schwarz Criteria		−7.374 481

从以上回归结果中可以写出标准型的 VAR 模型的估计方程为

$$\ln GDP_t = 0.088 + 0.779\ln GDP_{t-1} - 0.261\ln GDP_{t-2} + 0.084\ln INV_{t-1} + 0.230\ln INV_{t-2}$$

$$\ln INV_t = 0.172 - 0.982\ln GDP_{t-1} + 0.603\ln GDP_{t-2} + 1.531\ln INV_{t-1} - 0.283\ln EN_{t-2}$$

2. 脉冲响应函数

在表 13 7 的界面下，点击“Impulse”，在默认设置不变的情况下，选择“Multiple graphs”和“Impulse responses”，点击“OK”便得到脉冲响应函数的图形输出结果，如

图 13-9 所示。

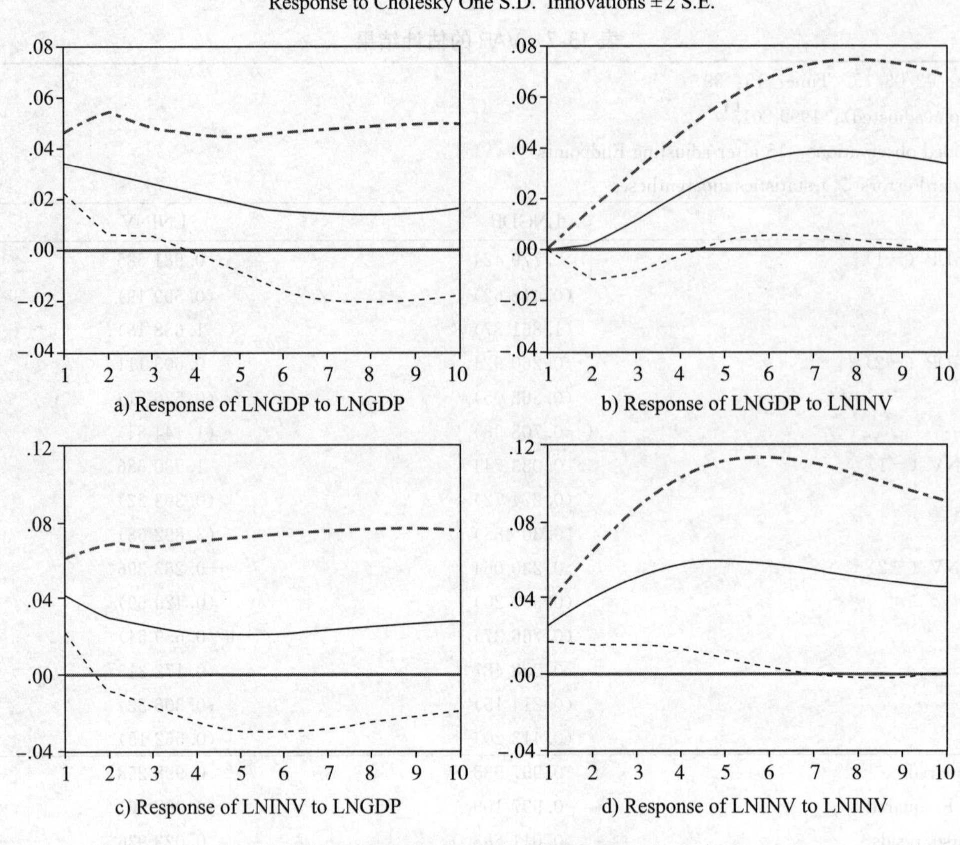

图 13-9 脉冲响应函数的图形输出结果

如图 13-9 所示，图中实线表示 1 单位脉冲冲击的脉冲响应函数的时间路径，两边的虚线表示 2 个标准差的置信区间。图 13-9a 表示 ln*GDP* 对自身的响应函数的时间路径，其脉冲影响在第 1 期大约为 0.038，以后逐期下降，并在第 7 期后趋于稳定，说明国内生产总值的增长会引起后面各时期国内生产总值的增长，且增长的弹性系数呈现减小后趋于稳定的规律。

图 13-9c 为 ln*INV* 对 ln*GDP* 实施冲击，ln*GDP* 的响应函数时间路径，响应路径一直为正且比较平坦，说明房地产投资的增加能引起后面各时期国内生产总值的增长，且这种增长是持续稳定的。

图 13-9b 为 ln*GDP* 对 ln*INV* 实施冲击，ln*INV* 的响应函数时间路径，在第 1 期的时候脉冲影响几乎为 0，在以后的各期中逐渐上升，在到达第 7 期后趋于稳定，说明国内生产总值的增长会引发后面各时期的房地产投资的增加，且增长的弹性呈现变大后趋于稳定的规律。

图 13-9d 为 ln*INV* 对自身的响应函数时间路径，响应路径一直为正，且呈现先上升后下降的趋势，说明房地产投资的增长会引发后面各时期房地产投资的增长，且增长的弹性呈

现先上升后下降的规律。

3. 方差分解

在表 13-7 的界面下，点击“Impulse”，在默认设置不变的情况下，选择“Multiple graphs”和“Variance decomposition”，点击“OK”便得到方差分解的结果，如图 13-10 所示。

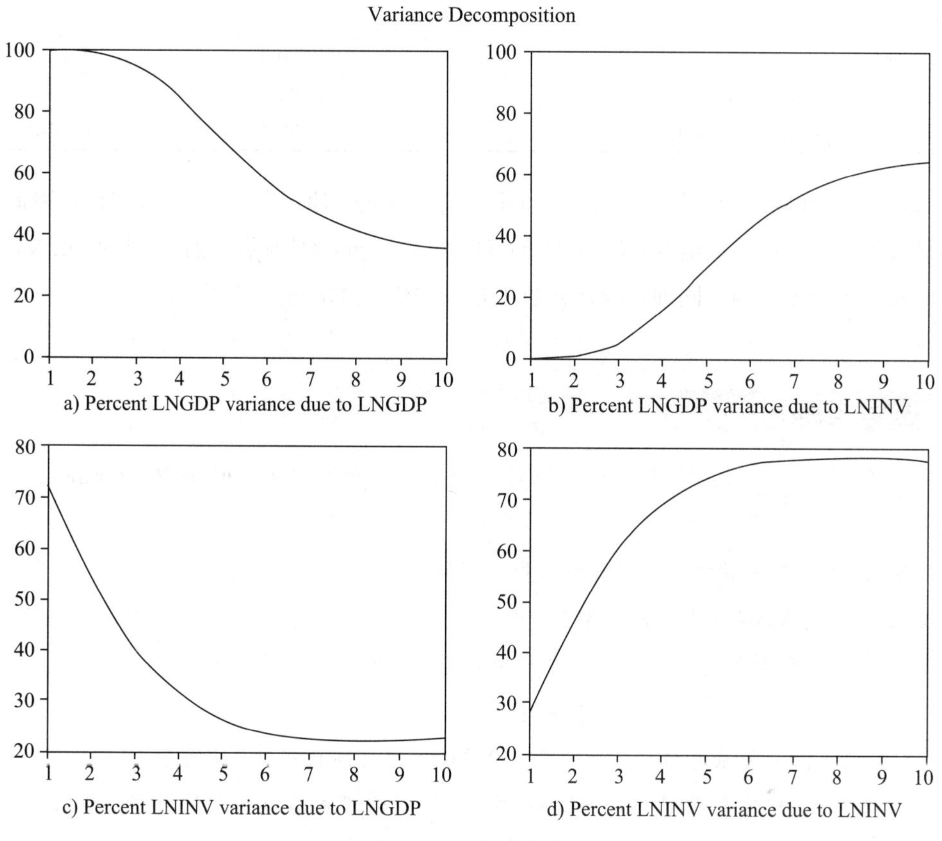

图 13-10　方差分解

图 13-10 中实线为方差分解的时间路径。图 13-10a 为 ln*GDP* 对自身的方差分解时间路径，时间路径一直为正且不断下降，这说明当期国内生产总值对后面各时期国内生产总值的贡献越来越小，随后各期间自身变动的贡献率维持在 40%。图 13-10c 为 ln*GDP* 对 ln*INV* 的方差分解时间路径，时间路径一直为正且呈指数下降，从第 7 期开始 ln*GDP* 对 ln*INV* 的贡献率大约维持在 20%～23%。图 13-10b 为 ln*INV* 对 ln*GDP* 的方差分解时间路径，时间路径一直为正且不断上升，这说明 ln*INV* 对 ln*GDP* 的贡献率越来越大。图 13-10d 为 ln*INV* 对自身的方差分解时间路径，时间路径一直为正且大幅度上升后略有下降，ln*INV* 对自身的贡献率大约维持在 77%～80%。

4. Granger 因果关系检验

在工作文件下，选中变量 *LNGDP* 和 *LNINV*，点击右键“Open/as Group/View/Granger Causality”，在随后出现的滞后期选择对话框中填入 2（因为前述 VAR 模型的最佳滞后期为 2），点击“OK”便得到 Granger 因果关系检验的结果，如表 13-8 所示。

表 13-8　Granger 因果关系检验的结果

Pairwise Granger Causality Tests
Date：01/20/15　Time：11：27
Sample：1997 2013
Lags：2

NullHypothesis：	Obs	F-Statistic	Prob.
LNINV does not Granger Cause LNGDP	15	2.895 86	0.101 8
LNGDP does not Granger Cause LNINV		1.507 33	0.267 8

从表 13-8 可以看出，ln*INV* 不是 ln*GDP* 的 Granger 原因的概率是 0.1018，因此，在 10%显著水平下，不能拒绝 ln*INV* 不是 ln*GDP* 的 Granger 原因的原假设，表明 ln*INV* 不是 ln*GDP* 的 Granger 原因。同理，ln*GDP* 也不是 ln*INV* 的 Granger 原因。

思考与练习

1. 请解释以下名词：VAR 模型　脉冲响应函数　预测误差方差分解　Granger 因果关系检验

2. VAR 模型与一般的联立方程组模型有何异同？

3. 如何确定 VAR 模型的滞后期？

4. 脉冲响应函数的思想是什么？主要用处是什么？

5. 方差分解的思想是什么？主要用处是什么？

6. Granger 因果关系思想是什么？它与 VAR 模型之间存在什么关系？

7. 表 13-9 给出的是我国 1978～2012 年国内生产总值和各项税收的数据。要求：

（1）请采用 VAR 模型估计两者之间的关系。

（2）做出脉冲响应函数并以此判断两者之间的关系。

（3）利用预测误差方差分解分析各变量的贡献程度。

（4）利用 Granger 因果关系检验验证两者的因果关系。

表 13-9　我国 1978～2012 年国内生产总值和税收数据　（单位：亿元）

年　份	各项税收	国内生产总值	年　份	各项税收	国内生产总值
1978	519.28	3 645.20	1985	2 040.79	9 016.00
1979	537.82	4 062.60	1986	2 090.73	10 275.20
1980	571.70	4 545.60	1987	2 140.36	12 058.60
1981	629.89	4 891.60	1988	2 390.47	15 042.80
1982	700.02	5 323.40	1989	2 727.40	16 992.30
1983	775.59	5 962.70	1990	2 821.86	18 667.80
1984	947.35	7 208.10	1991	2 990.17	21 781.50

（续）

年　　份	各 项 税 收	国内生产总值	年　　份	各 项 税 收	国内生产总值
1992	3 296.91	26 923.50	2003	20 017.31	135 822.80
1993	4 255.30	35 333.90	2004	24 165.68	159 878.30
1994	5 126.88	48 197.90	2005	28 778.54	184 937.40
1995	6 038.04	60 793.70	2006	34 804.35	216 314.40
1996	6 909.82	71 176.60	2007	45 621.97	265 810.30
1997	8 234.04	78 973.00	2008	54 223.79	314 045.40
1998	9 262.80	84 402.30	2009	59 521.59	340 902.80
1999	10 682.58	89 677.10	2010	73 210.79	401 512.80
2000	12 581.51	99 214.60	2011	89 738.39	473 104.00
2001	15 301.38	109 655.20	2012	100 614.30	518 942.10
2002	17 636.45	120 332.70			

资料来源：中华人民共和国国家统计局，《中国统计年鉴——2013》，中国统计出版社，2013。

第14章 协整与误差修正模型

在第11章中我们已经看到一个随机游走变量和另一个随机游走变量进行回归有可能导致"伪回归"。由于很多经济变量都是非平稳的，因此给经典回归分析带来诸多问题。为了使回归有意义，可以对非平稳变量实行平稳化。这一章探讨计量经济学中一个有趣的新发展：结构方程组的估计方法，或者说是包含非平稳变量的VAR的估计方法。在传统的回归分析中使用的所有非平稳变量通过多次差分可以消除随机趋势，并且形成平稳序列，然后对多次差分后变成的平稳序列进行回归。然而，这种做法却忽略了原时间序列包含的有用信息，而这些信息又对分析问题至关重要。为了解决这个问题，协整理论提供了一种科学的分析方法。尽管一些经济变量是非平稳的，但在多变量情况下，这些非平稳变量或单整变量的线性组合很可能是平稳的，这种变量间的关系被称为协整关系。具有协整关系的变量间具有长期稳定的均衡关系，这种平稳的线性组合被称为协整方程，可以采用经典回归分析方法进行估计。

14.1 协整理论

许多经济变量是非平稳的，这就给经典的回归分析方法带来了很大限制。但是，如果变量之间有着长期的稳定关系，即它们之间是**协整的**（cointegration），则可以使用经典回归分析方法建立回归模型。

14.1.1 单整变量线性组合

含有非平稳的变量的均衡理论要求非平稳变量的线性组合是平稳的。例如，在前面的章节中，我们已经得到消费函数中的消费支出与收入是非平稳的，但是，消费和收入的线性组合却是平稳的，它们之间确实存在必然的联系。

简单的持久假说理论认为维持居民生活水平的总消费（C_t）是持久性消费（C_t^p）与暂时性消费（C_t^t）之和。由于持久性消费（C_t^p）与持久性收入（Y_t^p）成正比例，不妨假设这个比例为β，因此，总消费函数就可以写成

$$C_t = \beta Y_t^p + C_t^t \tag{14-1}$$

总消费（C_t）和总收入（Y_t^p）都被认为是非平稳的，是 1 阶单整变量，即为 I（1）变量，暂时性消费（C_t^t）一定是平稳变量。也就是说，持久收入假设下的消费函数要求给定的两个变量（C_t）和（Y_t^p）的线性组合

$$C_t^t = C_t - \beta Y_t^p \tag{14-2}$$

是平稳的。很显然，如果暂时性消费 C_t^t 具有随机游走趋势，则模型中的误差将被积累，导致不能消除偏离持久消费的离差。因此，如果能够准确地揭示持久收入与持久消费之间的长期稳定的均衡关系，则意味着从本质上讲偏离持久消费的离差是暂时性的。于是，关键的假设是偏离持久消费的离差是平稳的，换句话说，暂时性消费 C_t^t 是平稳的。

假定有 n 个单整的经济变量 X_1，X_2，…，X_n，其线性组合具有长期均衡关系

$$\beta_1 X_{1t} + \beta_2 X_{2t} + \cdots + \beta_n X_{nt} = 0 \tag{14-3}$$

则相对于长期均衡（14-3）的离差，被称为均衡误差，用 e_t 表示为

$$e_t = \beta_1 X_{1t} + \beta_2 X_{2t} + \cdots + \beta_n X_{nt} \tag{14-4}$$

如果均衡是有意义的，则均衡误差过程一定是平稳的。

14.1.2　协整定义

Engle 和 Granger(1987) 提出了如下的协整定义。如果

（1）向量 $\boldsymbol{X}_t=(X_{1t}, X_{2t}, \cdots, X_{nt})'$ 的所有序列都是 d 阶单整。

（2）存在一个向量 $\boldsymbol{\beta}=(\beta_1, \beta_2, \cdots, \beta_n)$，使得线性组合

$$\boldsymbol{\beta X}_t = \beta_1 X_{1t} + \beta_2 X_{2t} + \cdots + \beta_n X_{nt} \tag{14-5}$$

是（$d-b$）阶单整，其中，$b>0$，则称向量 $\boldsymbol{X}_t=(X_{1t},X_{2t},\cdots,X_{nt})'$ 是 d、b 阶协整，记为 $\boldsymbol{X}_t \sim CI(d, b)$。向量 $\boldsymbol{\beta}$ 称为协整向量。

例如，总消费（C_t）和总收入（Y_t^p）都是非平稳的，是 I（1）变量，并且线性组合 $C_t - \beta Y_t^p = e_t$ 是平稳的，则变量间是 $CI(1, 1)$ 阶协整。

需要注意的是，协整只涉及非平稳的变量；如果有 n 个非平稳的变量，则有 $n-1$ 个线性独立的协整向量；如果（β_1，β_2，…，β_n）是协整向量，则相对于 X_{1t} 的标准化协整向量为（1，β_2/β_1，…，β_n/β_1）；如果线性组合中只有两个变量，则要求单整的阶数相同，而对于线性组合中超过两个变量时，尽管单整阶数不同，但还是有可能存在协整关系。例如，变量 X_{1t} 和 X_{2t} 是 2 阶单整的，而变量 X_{3t} 是 1 阶单整的，显然，X_{1t}（X_{2t}）与 X_{3t} 之间不可能存在协整关系；不过，如果变量 X_{1t} 和 X_{2t} 的线性组合是 1 阶单整的，即线性组合 $\beta_1 X_{1t} + \beta_2 X_{2t}$ 是 1 阶单整的，这个 1 阶单整的线性组合与另外一个 1 阶单整的变量 X_{3t} 可能是协整的。

14.1.3　协整检验方法：E-G 两步法

协整检验从检验的对象上可以分为两种：一种是基于回归方程的残差的检验，可通过

ADF 检验确认是否存在协整关系，本节讲述的 Engle-Granger 两步检验法，简称 E-G 两步法就属于这种类型的检验方法；另外一种是基于回归参数的协整检验，如 Johansen 协整检验。

为了说明 Engle-Granger 检验方法（E-G 法），我们从应用研究中经常遇到的问题类型开始。假设有两个变量 Y_t 和 X_t，它们都是 d 阶单整的，并且我们需要确定这两个变量之间是否存在一个长期均衡关系。Engle 和 Granger（1987）指出：确定两个 $I(d)$ 变量是否为 $CI(d, d)$ 阶协整要经过 2 个步骤。需要强调的是在只有两个变量的情况下，E-G 两步法只适用于同阶单整。

第 1 步：用普通最小二乘法（OLS）估计长期均衡关系。假设已经知道 $\{Y_t\}$ 和 $\{X_t\}$ 都是 1 阶单整的，即为 $I(1)$ 变量，则它们可能存在协整关系，于是采用回归方程

$$Y_t = \beta_0 + \beta_1 X_t + \mu_t \tag{14-6}$$

估计长期均衡关系。如果变量间是协整的，则 OLS 回归就会得到协整系数 β_0 和 β_1。为了确定变量间是否真正存在协整，用 $\{\hat{e}_t\}$ 表示回归方程（14-6）的残差序列。

第 2 步：用 ADF 检验估计残差序列的平稳性。由于 $\{\hat{e}_t\}$ 是偏离长期均衡关系的离差估计值，所以，如果这些离差估计值平稳，则序列 $\{Y_t\}$ 和 $\{X_t\}$ 是（1，1）阶协整。因此，根据 DF 检验的思想，需要对残差的自回归模型

$$\Delta\hat{e}_t = \rho\hat{e}_{t-1} + \varepsilon_t \tag{14-7}$$

进行考察，只需关心方程（14-7）中的参数 ρ 即可。如果我们不能拒绝原假设 $\rho=0$，则我们断定残差序列含有一个单位根，认为序列 $\{Y_t\}$ 和 $\{X_t\}$ 不是协整的；换句话说，拒绝原假设意味着残差序列是平稳的。若得出序列 $\{Y_t\}$ 和 $\{X_t\}$ 都是 $I(1)$，并且残差序列是平稳的话，则我们能够断定时间序列 Y_t 与 X_t 是（1，1）阶协整的。

需要强调的是，因为 $\{\hat{e}_t\}$ 序列是回归方程（14-6）的残差，残差之和为零，所以，在方程（14-7）中不需要包含截距项，也不应该包含时间趋势项。

在大多数应用研究中，仅仅用 DF 检验是不够的。问题在于 $\{\hat{e}_t\}$ 序列是由回归式产生的，研究者并不知道真实的随机干扰项 μ_t，只知道随机干扰项 μ_t 的估计值。方程（14-6）的回归拟合方法是选择使得残差的平方和达到最小的 β_0 和 β_1。尽可能地使残差方差最小，所以，使得寻找方程（14-7）的平稳误差过程的处理方法被破坏了。

如果方程（14-7）的随机干扰没有出现白噪声，则可以用扩展形式的检验替代方程（14-7）。假定诊断检测指出 $\{\varepsilon_t\}$ 序列存在序列相关，则替代方程（14-7）的自回归模型变为

$$\Delta\hat{e}_t = \rho\hat{e}_{t-1} + \sum_{i=1}^{p}\beta_i\Delta\hat{e}_{t-i} + \varepsilon_t \tag{14-8}$$

如果拒绝原假设 $\rho=0$，则断定残差序列平稳，变量 Y_t 与 X_t 之间是协整的。

我们用 EViews 实现 E-G 两步法来检验表 2-1 中人均国内生产总值和居民消费水平之间的协整关系。仍旧用 Y 表示居民消费水平，用 X 表示人均国内生产总值。在前 11 章我们已经检验出序列 Y 是 2 阶单整的，用同样的方法可以得到 X 也是 2 阶单整的，因此 Y_t 与 X_t 的

单整阶数相同，可以采用 E-G 两步法检验 X 与 Y 之间的协整关系。

第 1 步： 估计方程（14-6）。选中变量 Y 和 X，点右键“Open/as Equation”，点击“OK”，或先不选择变量，在主菜单下，点击“Quick/Estimate Equation”或“Object/new object/Equation”，键入“Y X c”，点击“OK”，便得到如表 14-1 的回归结果。

表 14-1 模型（14-6）的回归结果

Dependent Variable：Y

Method：Least Squares

Date：12/13/09 Time：09:14

Sample：1978 2007

Included observations：30

Variable	Coefficient	Std. Error	t-Statistic	Prob.
X	0.386 434	0.007 744	49.900 87	0.000 0
C	224.305 5	55.649 34	4.030 695	0.000 4

R-squared	0.988 880	Mean dependent var	2 175.067
Adjusted R-squared	0.988 483	S. D. dependent var	2 021.413
S. E. of regression	216.929 1	Akaike info criterion	13.661 36
Sum squared resid	1 317 631.	Schwarz criterion	13.754 77
Log likelihood	−202.920 4	F-statistic	2 490.097
Durbin-Watson stat	0.115 832	Prob(F-statistic)	0.000 000

点击“Quick/Generate series”，键入“e1＝resid”，点击“OK”。这样，便将残差序列赋值于 $e1$。

第 2 步： 估计残差的平稳性。返回到工作文件窗口，点开残差序列 e1，点击“View/Unit Root Test”，进入单位根检验对话框。在检验类型处选择“Augmented Dickey-Fuller”；在检验对象上选择“Level”，这里只能对原始的残差序列进行检验而不能对差分后的残差序列进行检验；在检验形式中选择“None”，因为方程（14-8）中既不包含时间趋势项又不包含截距项；在经过反复试验，并采用 SC 和 AIC 统计量以及相关滞后期的系数的显著性判断滞后期数，发现最佳滞后期为 1 期，于是选择滞后期为 1。完成相关设置，点击“OK”后便得到残差序列 e1 的平稳性检验结果，如表 14-2 所示。

表 14-2 残差序列 e1 的平稳性检验结果

ADF Test Statistic	−1.945 165	1%	Critical Value *	−2.648 6
		5%	Critical Value	−1.953 5
		10%	Critical Value	−1.622 1

Augmented Dickey-Fuller Test Equation

Dependent Variable：D(E1)

Method：Least Squares

Date：12/13/09 Time：12：00

Sample(adjusted)：1980 2007

Included observations：28 after adjusting endpoints

（续）

Variable	Coefficient	Std. Error	t-Statistic	Prob.
E1(－1)	－0.079 568	0.040 906	－1.945 165	0.062 6
D(E1(－1))	0.931 754	0.114 575	8.132 225	0.000 0
R-squared	0.712 785	Mean dependent var		－10.061 03
Adjusted R-squared	0.701 738	S. D. dependent var		74.461 93
S. E. of regression	40.666 17	Akaike info criterion		10.317 42
Sum squared resid	42 997.16	Schwarz criterion		10.412 58
Log likelihood	－142.443 9	Durbin-Watson stat		2.030 629

细心的读者可能已经发现，对残差序列的 ADF 检验实际上就是直接估计方程（11-20），也就是直接实现图 11-1 所示检验步骤的最后一步，因此，只需用 ADF 统计量判断 ρ 是否为 0 即可。由表 14-2 可知 ADF 统计量为－1.945，小于 10％显著水平下的临界值－1.622，因此，在 10％的显著水平下拒绝 $\rho=0$ 的原假设，即不存在单位根，残差序列是平稳的。由此，我们就可认为变量 X 和 Y 之间具有长期稳定的均衡关系，是协整的。

14.1.4　协整检验的另一种方法：Johansen 协整检验

Johansen 协整检验是一种基于向量自回归模型的检验回归参数的方法，适合于对多变量的协整检验。这种检验方法是由 Johansen(1988) 以及 Juselius(1990) 提出的，通常称为 JJ 检验。

1. JJ 检验的基本思想

为了说明 JJ 检验的基本思想，首先建立一个 VAR(P) 的差分向量自回归模型，

$$\Delta \boldsymbol{X}_t = \boldsymbol{\pi}_0 + \boldsymbol{\pi}\boldsymbol{X}_{t-1} + \boldsymbol{\pi}_1 \Delta \boldsymbol{X}_{t-1} + \boldsymbol{\pi}_2 \Delta \boldsymbol{X}_{t-2} + \cdots + \boldsymbol{\pi}_p \Delta \boldsymbol{X}_{t-p} + \boldsymbol{e}_t \tag{14-9}$$

对于差分向量自回归模型（14-9），其中向量 $\boldsymbol{X}_t=(X_{1t}, X_{2t}, \cdots, X_{nt})'$ 中的所有变量都是 $I(1)$ 变量，经差分后的变量都是 $I(0)$ 变量，为平稳变量，所以，就要求 $\boldsymbol{\pi X}_{t-1}$ 是 $I(0)$ 向量时才能保证 $\Delta \boldsymbol{X}_t$ 是平稳的向量，也就是说，只有当变量 X_{1t}，X_{2t}，…，X_{nt} 具有协整关系时，才能保证向量 $\Delta \boldsymbol{X}_t$ 是平稳的。因此，变量 X_{1t}，X_{2t}，…，X_{nt} 之间是否存在协整取决于 $\boldsymbol{X}_{t-1}$ 的系数矩阵 $\boldsymbol{\pi}=\boldsymbol{\alpha\beta}'$ 的秩。假定 $\boldsymbol{\pi}$ 的秩为 r，表示在 r 个内生变量中有 r 个协整向量存在，则 r 只会出现 3 种情况：要么为零，要么为 n，要么介于这两者之间。

由于协整取决于 $\boldsymbol{X}_{t-1}$ 的系数矩阵 $\boldsymbol{\pi}$ 的秩，而系数矩阵 $\boldsymbol{\pi}$ 的秩等于它的非零特征根的个数，于是 Johansen 就提出了通过对系数矩阵 $\boldsymbol{\pi}$ 的非零特征根个数的检验来检验协整关系和协整向量（协整方程）的个数。假定系数矩阵 $\boldsymbol{\pi}$ 的特征根为 $\hat{\lambda}_1 > \hat{\lambda}_2 > \cdots > \hat{\lambda}_n$。

2. 特征根迹检验（trace 检验）和最大特征值检验

$$\lambda_{\text{trace}}(r) = -T\sum_{i=r+1}^{n}\ln(1-\hat{\lambda}_i) \tag{14-10}$$

$$\lambda_{\max}(r, r+1) = -T\ln(1-\hat{\lambda}_{i+1}) \tag{14-11}$$

其中，$\hat{\lambda}$ 是从估计矩阵 $\boldsymbol{\pi}$ 而得到的特征根的值；T 是有效的样本观测数。当省略 r 后，这些

统计量简称为 λ_{trace} 和 λ_{max}。

式（14-10）给出的统计量用于检验原假设：不同协整向量的个数小于等于 r。式（14-11）给出的统计量用于检验原假设：协整向量个数等于 r。它们的备择假设都是协整向量的个数等于 $r+1$。从 $r=0$ 开始检验，若 $r=0$ 被拒绝，则检验 $r\leqslant 1$，$r\leqslant 2$，直至 $r\leqslant r^*$ 不能被拒绝，这样就可以得出 X_t 中存在 r^* 个协整向量。

3. 协整方程的形式

与单变量时间序列分析一样，协整方程可以包含截距和确定性趋势。于是，模型（14-9）就可能出现如下情况。

（1）序列 $\boldsymbol{X}_t$ 没有确定性趋势，协整方程不含截距项。

（2）序列 $\boldsymbol{X}_t$ 没有确定性趋势，协整方程包含截距项。

（3）序列 $\boldsymbol{X}_t$ 有确定性线性趋势，协整方程只包含截距项。

（4）序列 $\boldsymbol{X}_t$ 和协整方程都具有线性趋势。

（5）序列 $\boldsymbol{X}_t$ 有二次趋势，协整方程只有线性趋势。

JJ 检验可在 EViews 中直接实现，下面我们用 EViews 来实现表 2-1 中的 X 和 Y 的协整关系。由于在平稳性检验中，发现变量 X 和 Y 都是 2 阶单整，不适用于 JJ 检验，因此我们考虑采用 JJ 检验验证变量 X 和 Y 的对数序列的协整关系。选中变量 X，点击“Quick/Generate series”，键入“lgX=log(X)”，生成变量 X 的对数序列，再按照相同的方法生成变量 Y 的对数序列 lg$Y$。平稳性检验发现，变量 X 和 Y 的对数序列都是一阶单整序列，可以采用 JJ 检验进行验证。

在工作文件窗口下，选中变量 lg$X$ 和 lg$Y$，点击“Open/as Group/View/Cointegration Test”，将会出现如图 14-1 的对话框。在图 14-1 中有 6 个菱形选择框，其中情形 1：No intercept or trend in CE or test VAR 指协整方程或者 VAR 模型方程（14-9）中没有常数项；

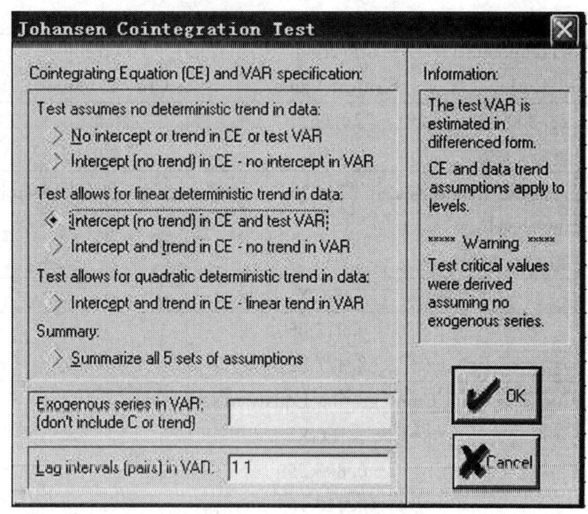

图 14-1　JJ 检验对话框

情形 2：Intercept（no trend）in CE-no intercept in VAR 指协整方程中有常数项（没有趋势项），VAR 模型中没有常数项；情形 3：Intercept（no trend）in CE and test VAR 指协整方程和 VAR 模型中有常数项，但协整方程中没有趋势项；情形 4：Intercept and trend in CE-no trend in VAR 指协整方程中含有常数项和线性趋势项，VAR 模型中没有趋势项；情形 5：Intercept and trend in CE-linear trend in VAR 指协整方程有常数项和趋势项，VAR 模型有二次趋势项；Summarize all 5 sets of assumptions 指评价以上 5 种情形。系统默认的是情形 3。

Exogenous series in VAR（don't include C or trend）对应的窗口中要求填写外生变量（不包含常数项和趋势项）。Lag intervals（pairs）in VAR 要求设定 VAR 的滞后区间。

关于以上 5 种情形的选择，除了采用 Summarize all 5 sets 之外，还可按照以下方法进行选择：

所有序列都不含有时间趋势项，在情形 1 和情形 2 中选择。如果所有的经济变量的均值为零，采用情形 1，否则选择情形 2。所有或者部分序列含有时间（线性）趋势项，在情形 3 和情形 4 中选择。如果所有的序列都含有常数项，采用情形 4，否则采用情形 3。情形 5 一般不使用。

关于滞后期的选择，通常是先选择"Summarize all 5 sets of assumptions"，采用 AIC 统计量和 SC 统计量进行判别，还可借助 Log*L* 统计量来综合判别。

在单位根检验中发现，lg*Y* 和 lg*X* 只有常数项而没有时间趋势项，因此适用情形 2，经反复试验发现，最佳滞后期为 1 期，完成相关设置后，点击"OK"，便得到 JJ 检验的结果，如表 14-3 所示。

表 14-3 JJ 检验的结果

Date：12/14/09 Time：11:28
Sample：1978 2007
Included observations：28
Test assumption：No deterministic trend inthe data
Series：LGY LGX
Lags interval：1 to 1

Eigenvalue	Likelihood Ratio	5 Percent Critical Value	1 Percent Critical Value	Hypothesized No. of CE(s)
0.395 811	23.300 32	19.96	24.60	None *
0.279 843	9.192 028	9.24	12.97	At most 1

*(**) denotes rejection of the hypothesis at 5%(1%) significance levelL. R. test indicates 1 cointegrating equation(s) at 5% significance level

Unnormalized Cointegrating Coefficients：

LGY	LGX	C
−1.136 951	0.917 860	1.167 696
−2.734 871	2.477 297	−0.278 299

Normalized Cointegrating Coefficients：1 Cointegrating Equation(s)

LGY	LGX	C
1.000 000	−0.807 299	−1.027 042
	(0.119 75)	(1.153 69)
Log likelihood	124.903 7	

表 14-3 报告了采用最大特征值统计量评判的 JJ 检验结果，由于在 5%的显著水平下，似然比 LR 统计量 23.30 大于临界值 19.96，因此拒绝没有协整方程的原假设。说明至少有一个协整方程；由于 9.19 小于 9.24，即在 5%的显著水平下接受最多一个协整方程的原假设，说明至多存在一个协整方程。综合判断，存在一个协整方程。标准化的协整方程为

$$\lg Y = 1.027 + 0.807 \lg X$$

14.2　误差修正模型

假设两个变量的长期均衡关系表现为

$$Y_t = \beta_0 + \beta_1 X_t + \mu_t \tag{14-12}$$

由于，在现实经济中常常有某种冲击导致在短期内偏离长期均衡，呈现非均衡关系。假定变量 X 和 Y 都是 1 阶单整的，具有动态特征的（1，1）阶分布滞后模型

$$Y_t = \beta_0 + \beta_1 X_t + \beta_2 X_{t-1} + \beta_3 Y_{t-1} + \mu_t \tag{14-13}$$

因为变量是非平稳的，因此，不能直接采用普通最小二乘法对方程（14-13）进行估计。于是对模型（14-13）进行适当变换，在方程（14-13）的两边减去 Y_{t-1}，同时，在方程的右边加一项 $\beta_1 X_{t-1}$，然后再减去该项 $\beta_1 X_{t-1}$，得到

$$\begin{aligned}\Delta Y_t &= \beta_0 + \beta_1 \Delta X_t + (\beta_1 + \beta_2) X_{t-1} - (1-\beta_3) Y_{t-1} + \mu_t \\ &= \beta_1 \Delta X_t - (1-\beta_3)\left(Y_{t-1} - \frac{\beta_0}{1-\beta_3} - \frac{\beta_1+\beta_2}{1-\beta_3} X_{t-1}\right) + \mu_t\end{aligned} \tag{14-14}$$

或

$$\Delta Y_t = \beta_1 \Delta X_t - \lambda (Y_{t-1} - \alpha_0 - \alpha_1 X_{t-1}) + \mu_t \tag{14-15}$$

式中，$\lambda = (1-\beta_3)$，$\alpha_0 = \beta_0/(1-\beta_3)$，$\alpha_1 = (\beta_1+\beta_2)/(1-\beta_3)$。

如果方程（14-15）括号中的 $Y_{t-1} - \alpha_0 - \alpha_1 X_{t-1}$ 与方程（14-12）相同，则括号内的 $Y_{t-1} - \alpha_0 - \alpha_1 X_{t-1}$ 就是 $t-1$ 期时的非均衡误差。因此，变量 Y 的短期变化取决于变量 X 的短期变化和上一期的偏离均衡的程度，Y 的值对前期的非均衡程度做出了一定的修正。模型（14-15）被称为**误差修正模型**（error correction model，ECM）。

一般地，误差修正模型写成

$$\Delta Y_t = \beta_1 \Delta X_t - \lambda ecm_{t-1} + \mu_t \tag{14-16}$$

式中，ecm 表示误差修正项。由于模型（14-13）中的 $|\beta_3| < 1$，否则，Y_t 将发散，系统不会收敛，所以，$0 < \lambda < 1$。由此，我们可以看出误差修正模型中的 ecm 所起到的修正作用，如果 $t-1$ 期的实际值大于长期均衡 $\alpha_0 + \alpha_1 X_{t-1}$，则 ecm_{t-1} 为正，$-\lambda ecm_{t-1}$ 为负，使得 ΔY_t 减少，向长期均衡 $\alpha_0 + \alpha_1 X_{t-1}$ 趋近；反之，如果 $t-1$ 期的实际值小于长期均衡 $\alpha_0 + \alpha_1 X_{t-1}$，则 ecm_{t-1} 为负，$-\lambda ecm_{t-1}$ 为正，使得 ΔY_t 增加，向长期均衡 $\alpha_0 + \alpha_1 X_{t-1}$ 趋近。不难看出，趋近的快慢取决于参数 λ 的大小。无论哪种情况，都体现了非均衡误差对 Y_t 的调控。事实上，要想回复到均衡水平，一是靠时间，二是靠强度。调整系数的绝对值越大，时间越短。

多变量的误差修正模型可类似地建立，假设三个变量之间存在长期稳定的均衡关系

$$Y_t = \beta_0 + \beta_1 X_t + \beta_2 Z_t + \mu_t \tag{14-17}$$

其误差修正模型可写为

$$\Delta Y_t = \beta_1 \Delta X_t + \beta_2 \Delta Z_t - \lambda ecm_{t-1} + \mu_t \tag{14-18}$$

式中，$ecm_{t-1} = Y_{t-1} - \beta_0 - \beta_1 X_{t-1} - \beta_2 Z_{t-1}$。

关于误差修正模型的建立，Engle 和 Granger 在 1987 年提出了著名的 **Granger 表述定理**，即如果变量 X 和 Y 是协整的，则它们间的短期非均衡关系总能由一个误差修正项来表述，即

$$\Delta Y_t = \sum_{i=1}^{p} \alpha_i \Delta Y_{t-i} + \sum_{i=0}^{q} \beta_i \Delta X_{t-i} - \lambda ecm_{t-1} + \mu_t \tag{14-19}$$

ΔX 允许有非滞后差分项 ΔX_t。滞后期的选择主要依据 AIC 和 SC 统计量以及相应滞后期的系数的显著水平。

14.2.1　误差修正模型的估计

Engle 和 Granger 在 1987 年指出：如果 X 和 Y 是协整的，则它们的短期非均衡关系总可以由误差修正模型描述。

很显然，如果变量 X 和 Y 都是 1 阶单整的，则 1 阶差分序列 ΔX_t 和 ΔY_t 是平稳序列，因此，对于误差修正模型（14-15）或方程（14-16），只有当变量 X 和 Y 之间存在协整时，即均衡误差项平稳时，才能保证 ΔY_t 是平稳的。

因此，在建立和估计误差修正模型前，首先需要对变量进行协整分析，以确定变量间是否存在协整关系。如果存在协整关系，就以这种关系构成误差修正项，把误差修正项作为一个解释变量，与其他影响短期波动的变量一起，构成形如方程（14-15）或方程（14-16）的误差修正模型。

误差修正模型的优点在于不再单纯地使用原始序列和变量的差分序列构造模型，而是把两者有机地结合在一起，充分利用两者所提供的有效信息。从短期来看，被解释变量的变动是由偏离长期均衡的离差和短期波动所引起的，也就是说，短期内系统偏离均衡状态的程度大小决定了短期波动程度的大小。从长期看，协整关系起到了反向修正的作用，使非均衡状态逐步回复到均衡状态。

最常用的误差修正模型的估计方法是 Engle-Granger 两步法，基本步骤为：

第 1 步：用普通最小二乘法估计方程

$$Y_t = \beta_0 + \beta_1 X_t + \mu_t \tag{14-20}$$

又称协整回归，检验变量间的协整关系，估计长期均衡关系参数，得到残差序列。如果存在协整关系，则进行第 2 步。

第 2 步：将第 1 步得到的残差，即非均衡误差项加入到误差修正模型中，用普通最小二乘法直接估计相应的参数。

需要说明的是，在实际的操作过程中，变量常以对数形式出现，其原因是变量对数的差分近似等于相应变量的变化率，而经济变量的变化率常常是平稳序列，适合包含在经典回归方程中。

14.2.2　误差修正模型估计在 EViews 中的实现

下面我们用 EViews 来实现构建基于表 2-1 的居民消费水平和人均国内生产总值的误差修正模型。

第 1 步：建立长期均衡方程。

$$\ln Y_t = \beta_0 + \beta_1 \ln X_t + \mu_t$$

首先，进行单整期数检验。选中变量 X，点击“Quick/Generate series”，键入“lgX=log(X)”生成变量 X 的对数序列，再按照相同的方法生成变量 Y 的对数序列。容易验证，$\ln Y_t$ 和 $\ln X_t$ 都是 1 阶单整的。然后，采用最小二乘法得到以上长期均衡方程的估计结果，如表 14-4 所示。

表 14-4　协整回归的估计结果

Dependent Variable：LOG(Y)
Method：Least Squares
Date：12/13/09　Time：16:00
Sample：1978 2007
Included observations：30

Variable	Coefficient	Std. Error	t-Statistic	Prob.
LOG(X)	0.927 758	0.007 746	119.773 0	0.000 0
C	−0.178 936	0.061 767	−2.896 968	0.007 2
R-squared	0.998 052	Mean dependent var		7.129 037
Adjusted R-squared	0.997 982	S. D. dependent var		1.171 388
S. E. of regression	0.052 616	Akaike info criterion		−2.987 255
Sum squared resid	0.077 516	Schwarz criterion		−2.893 842
Log likelihood	46.808 83	F-statistic		14 345.57
Durbin-Watson stat	0.222 790	Prob(F-statistic)		0.000 000

点击“Quick/Generate series”，键入“ecm=resid”，这样便得到了协整回归的残差。接着检验残差序列 *ecm* 的协整性，检验结果发现 *ecm* 是平稳序列（检验输出结果略去，读者可自行验证），说明长期均衡方程是协整的，可进入构建误差修正模型的第 2 步。

第 2 步：建立误差修正模型。将第 1 步中的 *ecm* 作为误差修正项，代入如下方程

$$\Delta \ln Y_t = \sum \alpha_p \Delta \ln Y_{t-p} + \sum \beta_p \Delta \ln X_{t-p} - \lambda ecm_{t-1} + \mu_t$$

经反复试验利用 AIC 和 SC 统计量以及相应滞后期的系数的显著性判断后发现，最佳滞后期为 1 期。因此，在工作文件下点击“Quick/Estimate Equation”，键入“d(lgY)　d(lgX)　−ecm(−1)　d(lgY(−1))　d(lgX(−1)))”，点击“OK”便得到误差修正模型的估计结果，

如表 14-5 所示。

表 14-5　误差修正模型的估计结果

Dependent Variable：D(LGY)
Method：Least Squares
Date：12/13/09　Time：16:31
Sample(adjusted)：1980 2007
Included observations：28 after adjusting endpoints

Variable	Coefficient	Std. Error	t—Statistic	Prob.
D(LGX)	0.885 063	0.088 029	10.054 18	0.000 0
—ECM(—1)	0.197 384	0.087 152	2.264 829	0.032 8
D(LGY(—1))	0.519 142	0.174 490	2.975 199	0.006 6
D(LGX(—1))	—0.421 854	0.216 792	—1.9458 89	0.063 5
R-squared	0.911 214	Mean dependent var		0.125 987
Adjusted R-squared	0.900 116	S.D. dependent var		0.063 077
S.E. of regression	0.019 935	Akaike info criterion		—4.861 110
Sum squared resid	0.009 538	Schwarz criterion		—4.670 795
Log likelihood	72.055 54	Durbin-Watson stat		2.012 231

由表 14-5 我们可以写出误差修正模型的估计结果

$$\Delta \ln Y_t = 0.885\Delta \ln X_t + 0.519\Delta \ln Y_{t-1} - 0.422\Delta \ln X_{t-1} - 0.197 ecm_{t-1}$$

从上面的估计结果可以看出，误差修正项的系数为－0.197，表示当短期波动偏离长期均衡时，误差修正项将以 0.197 的力度做反向调整，将非均衡状态拉回到均衡状态。

14.3　向量误差修正模型

在第 13 章，我们已经看到双变量的标准型 VAR 模型为

$$Y_t = a_{10} + a_{11} Y_{t-1} + a_{12} Z_{t-1} + e_{1t} \tag{14-21}$$

$$Z_t = a_{20} + a_{21} Y_{t-1} + a_{22} Z_{t-1} + e_{2t} \tag{14-22}$$

e_{1t}和e_{2t}都是均值为零，方差恒定的随机干扰项，它们相互之间可以是相关的。为叙述方便，假定$a_{10}=a_{20}=0$。如果在方程（14-21）的两端都减去Y_{t-1}，方程（14-22）的两端都减去Z_{t-1}，则方程（14-21）和方程（14-22）分别改写为方程（14-23）和方程（14-24）所表示的差分方程。

$$\Delta Y_t = (a_{11} - 1) Y_{t-1} + a_{12} Z_{t-1} + e_{1t} \tag{14-23}$$

$$\Delta Z_t = a_{21} Y_{t-1} + (a_{22} - 1) Z_{t-1} + e_{2t} \tag{14-24}$$

为了保证变量 Y 和 Z 是 $CI(1, 1)$，系数必须满足 $a_{11}-1=-a_{12}a_{21}/(1-a_{22})$ [⊖] 于是，方程（14-23）和方程（14-24）就可以写为

⊖ 恩德斯．应用计量经济学：时间序列分析［M］．杜江，谢志超，译．2 版．北京：高等教育出版社，2006.

$$\Delta Y_t = [-a_{12}a_{21}/(1-a_{22})]Y_{t-1} + a_{12}Z_{t-1} + e_{1t} \tag{14-25}$$

$$\Delta Z_t = a_{21}Y_{t-1} + (a_{22}-1)Z_{t-1} + e_{2t} \tag{14-26}$$

方程（14-25）和方程（14-26）就构成了向量误差修正模型。如果 $a_{12}\neq 0$ 且 $a_{21}\neq 0$，则可以相对于一个变量对协整向量进行标准化。假定相对于 Y_t 进行标准化，就可以得到

$$\Delta Y_t = \alpha_y(Y_{t-1} - \beta Z_{t-1}) + e_{1t} \tag{14-27}$$

$$\Delta Z_t = \alpha_z(Y_{t-1} - \beta Z_{t-1}) + e_{2t} \tag{14-28}$$

式中，$\alpha_y = -a_{12}a_{21}/(1-a_{22})$；$\alpha_z = a_{21}$；$\beta = (1-a_{22})/a_{21}$。$\alpha_y$ 和 α_z 为速度调整系数，协整向量为（1，β）。

很明显，变量 Y_t 和 Z_t 的变化是受到了前期相对于长期均衡离差 $Y_{t-1}-\beta Z_{t-1}$ 的影响，如果 $Y_{t-1}=\beta Z_{t-1}$，则 Y_t 和 Z_t 的变化只受到了随机干扰项的影响。当 $\alpha_y<0$ 且 $\alpha_z>0$ 时，随着相对于长期均衡的正向离差的增大，Y_t 才会减少，Z_t 才会增大，趋向于长期均衡。较大的 α_z 意味着变量 Z_t 对上期相对于长期均衡的离差的响应比较大。如果 α_y 和 α_z 都等于零，则不可能出现长期均衡，并且模型也不会是误差修正模型，或者说，不存在协整关系。

如果变量 Y 与 Z 都是 1 阶单整的，协整方程为

$$Y_t = \beta_0 + \beta_1 Z_t \tag{14-29}$$

则向量自回归模型变为

$$\Delta Y_t = \alpha_y(Y_{t-1} - \beta_0 - \beta_1 Z_{t-1}) + e_{1t} \tag{14-30}$$

$$\Delta Z_t = \alpha_z(Y_{t-1} - \beta_0 - \beta_1 Z_{t-1}) + e_{2t} \tag{14-31}$$

更一般地，向量自回归模型可以表述为

$$\Delta Y_t = \delta_1 + \alpha_y(Y_{t-1} - \beta_0 - \beta_1 Z_{t-1}) + e_{1t} \tag{14-32}$$

$$\Delta Z_t - \delta_2 + \alpha_z(Y_{t-1} - \beta_0 - \beta_1 Z_{t-1}) + e_{2t} \tag{14-33}$$

在这个向量误差修正模型（VECM）的方程中，在括号外有一个截距项，反映了原始序列的随机性趋势。

对于两个变量 Y_t 和 Z_t 的更加一般的向量误差修正模型为

$$\Delta Y_t = \delta_1 + \alpha_y(Y_{t-1} - \beta_0 - \beta_1 Z_{t-1}) + \sum_{i=1}^{p} a_{1i}\Delta Y_{t-i} + \sum_{i=1}^{q} b_{1i}\Delta Z_{t-i} + e_{1t} \tag{14-34}$$

$$\Delta Z_t = \delta_2 + \alpha_z(Y_{t-1} - \beta_0 - \beta_1 Z_{t-1}) + \sum_{i=1}^{p} a_{2i}\Delta Y_{t-i} + \sum_{i=1}^{q} b_{2i}\Delta Z_{t-i} + e_{2t} \tag{14-35}$$

向量误差修正模型的估计可以在 EViews 中直接实现，在工作文件窗口下，我们采用表 2-1 的数据的对数序列 lg$X$ 和 lg$Y$ 来构建向量误差修正模型。选中变量 lg$X$ 和 lg$Y$，点击“Open/as VAR”，此时将会弹出如图 13-1 的对话框；然后选择“Vector Error Correction”，点击“OK”就会出现如图 14-2 的对话框。与估计 VAR 模型类似，在估计 VEC 模型时也要给出内生变量、外生变量和滞后区间，但截距项与趋势项的设置应该与 JJ 检验时的设置一致。除此之外，还需在“Numbers of CE”中填写协整方程的个数。

由于我们针对相同数据的 JJ 检验的时候，选择的是情形 2，结果发现只有 1 个协整方

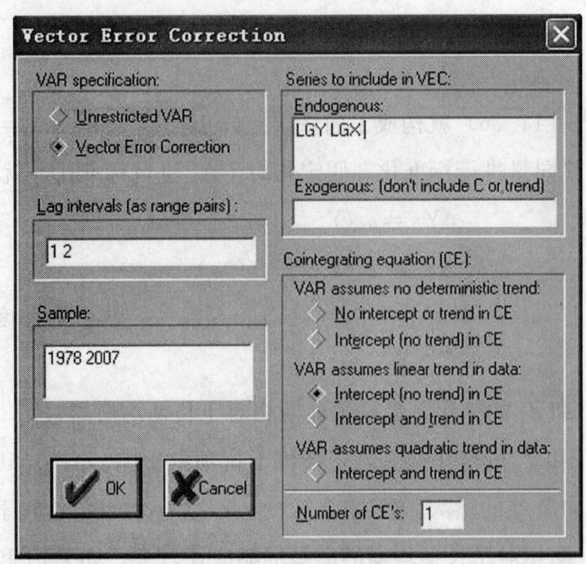

图 14-2 向量误差修正模型对话框

程，通过 AIC 和 SC 统计量判断最佳滞后期是 1 期。因此，在滞后期处设置为 1，协整方程个数设置为 1。完成所有设置后，点击"OK"便得到向量误差修正模型的估计结果，如表 14-6 所示。

表 14-6 向量误差修正模型的估计结果

Date：12/14/09 Time：13:20
Sample(adjusted)：1980 2007
Included observations：28 after adjusting Endpoints
Standard errors & t-statistics in parentheses

Cointegrating Eq：	CointEq1	
LGY(−1)	1.000 000	
LGX(−1)	−0.807 299	
	(0.119 75)	
	(−6.741 70)	
C	−1.027 042	
	(1.153 69)	
	(−0.890 22)	
Error Correction：	**D(LGY)**	**D(LGX)**
CointEq1	−0.157 945	−0.157 068
	(0.041 00)	(0.040 80)
	(−3.852 14)	(−3.849 37)
D(LGY(−1))	−0.792 493	−1.355 086
	(0.296 34)	(0.294 91)
	(−2.674 24)	(−4.594 93)
D(LGX(−1))	1.400 635	1.979 879
	(0.263 53)	(0.262 25)
	(5.314 99)	(7.549 57)

（续）

Error Correction:	D(LGY)	D(LGX)
R-squared	0.697 337	0.694 856
Adj. R-squared	0.673 124	0.670 444
Sum sq. resids	0.032 513	0.032 200
S. E. equation	0.036 063	0.035 888
F-statistic	28.800 07	28.464 26
Log likelihood	54.886 02	55.021 84
Akaike AIC	−3.706 144	−3.715 846
Schwarz SC	−3.563 408	−3.573 110
Mean dependent	0.125 987	0.136 076
S. D. dependent	0.063 077	0.062 516
Determinant Residual Covariance		4.58E−07
Log Likelihood		124.903 7
Akaike Information Criteria		−8.278 835
Schwarz Criteria		−7.850 627

表 14-6 的输出结果分为 4 个部分，第 1 部分为协整向量，它将作为误差修正项进入 VAR 模型的两个方程；第 2 部分为向量误差修正模型的估计结果，CointEq 对应的值便是调整速度系数的值，分别为−0.1579 和−0.1571，其余各项分别为内生变量差分项的参数估计值；第 3 部分给出的是向量误差修正模型中每个方程的评价统计量；最后一个部分给出的是向量误差修正模型的 4 个总体评价统计量。

14.4　案例分析

案例 14-1

为了研究税收收入的影响因素，我们用包含中央和地方税收的各项收入作为被解释变量，以反映税收水平；以反映经常增长水平的国内生产总值和反映公共财政需求的财政支出作为解释变量，表 14-7 给出了相关数据。以下我们通过协整与误差修正模型来研究税收收入的影响因素。

表 14-7　1978～2008 年税收及相关收入数据　　（单元：亿元）

年　份	各项税收	国内生产总值	财政支出	年　份	各项税收	国内生产总值	财政支出
1978	519.28	3 645.21	1 122.09	1986	2 090.73	1 0275.17	2 204.91
1979	537.82	4 062.57	1 281.79	1987	2 140.36	12 058.61	2 262.18
1980	571.70	4 545.62	1 228.83	1988	2 390.47	15 042.82	2 491.21
1981	629.89	4 891.56	1 138.41	1989	2 727.40	16 992.31	2 823.78
1982	700.02	5 323.35	1 229.98	1990	2 821.86	18 667.82	3 083.59
1983	775.59	5 962.65	1 409.52	1991	2 990.17	21 781.49	3 386.62
1984	947.35	7 208.05	1 701.02	1992	3 296.91	26 923.47	3 742.20
1985	2 040.79	9 016.03	2 004.25	1993	4 255.30	35 333.92	4 642.30

（续）

年　份	各项税收	国内生产总值	财政支出	年　份	各项税收	国内生产总值	财政支出
1994	5 126.88	48 197.85	5 792.62	2002	17 636.45	120 332.68	22 053.15
1995	6 038.04	60 793.72	6 823.72	2003	20 017.31	135 822.75	24 649.95
1996	6 909.82	71 176.59	7 937.55	2004	24 165.68	159 878.33	28 486.89
1997	8 234.04	78 973.03	9 233.56	2005	28 778.54	183 217.40	33 930.28
1998	9 262.80	84 402.27	10 798.18	2006	34 804.35	211 923.50	40 422.73
1999	10 682.58	89 677.05	13 187.67	2007	45 621.97	257 305.60	49 781.35
2000	12 581.51	99 214.55	15 886.50	2008	54 223.79	300 670.00	62 592.66
2001	15 301.38	109 655.17	18 902.58				

资料来源：国泰安信息技术有限公司开发的《中国宏观经济数据库》。

1. 变量的平稳性检验

我们分别用 ln*TAX*、ln*GDP*、ln*EP* 表示税收收入、国内生产总值、财政支出的对数。在 EViews 中，点击“Quick/Generate series”，键入“lntax=log(tax)”，点击“OK”，便得到 ln*TAX* 序列。相同方法，可得到 ln*GDP* 和 ln*EP*。经平稳性检验发现，ln*TAX*、ln*GDP* 和 ln*EP* 都是 1 阶单整序列，且 3 个变量都含有常数项而没有时间趋势项。可以采用 E—G 两步法和 JJ 检验来进行协整检验。

2. E—G 两步法

估计方程：

$$\ln TAX_t = \beta_0 + \beta_1 \ln GDP_t + \beta_2 \ln EP_t + \mu_t \tag{14-36}$$

在工作文件下，点击“Quick/Estimate Equation”，键入“lnTAX　lnGDP　lnEP”，点击“OK”后，得到回归结果，此时点击“Quick/Generate series”，键入“e1=resid”，将得到残差序列。用另外一个变量 e1，返回到工作文件窗口下，点击打开序列 e1 后，出现序列对话窗口，点击“View/Unit Root Test”，在检验形式上选择“none”，反复试验后发现最佳滞后期为 0 期，完成相关设置之后点击“OK”就得到残差的平稳性检验结果，如表 14-8 所示。

表 14-8　残差的平稳性检验结果

ADF Test Statistic	−2.118 170	1%	Critical Value *	−2.642 3
		5%	Critical Value	−1.952 6
		10%	Critical Value	−1.621 6

* MacKinnon critical values for rejection of hypothesis of a unit root.

Augmented Dickey-Fuller Test Equation

Dependent Variable：D(E1)

Method：Least Squares

Date：12/14/09　Time：21:02

Sample(adjusted)：1979 2008

Included observations：30 after adjusting endpoints

Variable	Coefficient	Std. Error	t-Statistic	Prob.
E1(−1)	−0.257 457	0.121 547	−2.118 170	0.042 9

（续）

R-squared	0.130 741	Mean dependent var	0.006 967
Adjusted R-squared	0.130 741	S. D. dependent var	0.115 811
S. E. of regression	0.107 976	Akaike info criterion	−1.581 059
Sum squared resid	0.338 103	Schwarz criterion	−1.534 352
Log likelihood	24.715 88	Durbin-Watson stat	1.869 878

从表14-8中可以看出，ADF统计量为−2.118，小于5%显著水平下的临界值−1.953，说明残差序列是平稳的，进而说明ln*TAX*、ln*GDP*、ln*EP*之间存在协整关系。

3. JJ检验

在工作文件下，选中ln*TAX*、ln*GDP*、ln*EP*，点击右键"Open/as Group/View/Cointegration Test"，由于在平稳性检验的时候发现ln*TAX*、ln*GDP*、ln*EP*都含有常数项，没有时间趋势项。因此，在JJ检验时选择情形2，即选择"Test assumption：No deterministic trend in the data"，经反复试验最佳滞后期为2，完成相关设置点击"OK"就得到JJ检验的结果，如表14-9所示。

表14-9　JJ检验的结果

Date：12/14/09　Time：21:58
Sample：1978 2008
Included observations：28
Test assumption：No deterministic trend inthe data
Series：LNTAX LNGDP LNEP
Lags interval：1 to 2

Eigenvalue	Likelihood Ratio	5 Percent Critical Value	1 Percent Critical Value	Hypothesized No. of CE (s)
0.633 194	51.332 68	34.91	41.07	None **
0.429 256	23.250 89	19.96	24.60	At most 1 *
0.236 295	7.548 066	9.24	12.97	At most 2

*(**) denotes rejection of the hypothesis at 5%(1%) significance level
L. R. test indicates 2 cointegrating equation(s) at 5% significance level

Unnormalized Cointegrating Coefficients：

LNTAX	LNGDP	LNEP	C
0.064 672	−0.676 990	0.470 275	1.790 957
0.502 617	0.343 418	−0.814 154	−0.900 097
1.299 109	−0.582 807	−0.866 351	2.906 462

Normalized Cointegrating Coefficients：1 Cointegrating Equation(s)

LNTAX	LNGDP	LNEP	C
1.000 000	−10.468 04	7.271 686	27.692 91
	(32.437 1)	(25.531 3)	(84.534 0)
Log likelihood	136.356 2		

（续）

Normalized Cointegrating Coefficients：2 Cointegrating Equation(s)			
LNTAX	LNGDP	LNEP	C
1.000 000	0.000 000	−1.075 031	0.015 700
		(0.179 56)	(1.164 44)
0.000 000	1.000 000	−0.797 352	−2.643 973
		(0.085 01)	(0.551 29)
Log likelihood	144.207 6		

从表 14-9 可知，51.33 大于 5%显著水平下的临界值 34.91，拒绝没有协整方程的原假设，认为至少存在一个协整方程；23.25 大于 5%显著水平下的临界值 19.96，拒绝至多有一个协整方程的原假设，认为至少存在两个协整方程；7.55 小于 5%显著水平下的临界值 9.24，接受至多两个协整方程的原假设。综合判断可知，序列 $\ln TAX$、$\ln GDP$、$\ln EP$ 之间存在两个协整方程。

标准化的协整方程如下

$$\ln TAX = -0.016 + 1.075\ln EP$$

$$\ln GDP = 2.644 + 0.797\ln EP$$

4. 误差修正模型

在本案例的第 2 部分中，我们已经估计了方程（14-36），并获取了方程（14-36）的残差 $e1$。为了构建误差修正模型，我们将 $e1$ 作为误差修正项，估计方程：

$$\Delta\ln TAX_t = \Sigma\alpha_p\Delta\ln TAX_{t-p} + \Sigma\beta_p\Delta\ln GDP_{t-p} + \Sigma\gamma_p\Delta\ln EP_{t-p} - \lambda e1_{t-1} + \mu_t$$

在工作文件下，点击“Quick/Estimate Equation”，经反复试验并通过 ACI 和 SC 统计量结合相关滞后期的显著水平，发现最佳滞后期为 0 期，因此，键入“d(lnTAX)　d(lnGDP)　d(lnEP)　−e1(−1)”，点击“OK”便得到误差修正模型的估计结果，如表 14-10 所示。

表 14-10　误差修正模型的估计结果

Dependent Variable：D(LNTAX)
Method：Least Squares
Date：12/15/09　Time：10:05
Sample(adjusted)：1979 2008
Included observations：30 after adjusting endpoints

Variable	Coefficient	Std. Error	t-Statistic	Prob.
D(LNGDP)	0.692 049	0.276 798	2.500 194	0.018 8
D(LNEP)	0.417 465	0.290 885	1.435 156	0.162 7
−E1(−1)	0.271 617	0.128 200	−2.118 701	0.043 5
R-squared	0.342 000	Mean dependent var		0.154 948
Adjusted R-squared	0.293 259	S. D. dependent var		0.132 054
S. E. of regression	0.111 015	Akaike info criterion		−1.463 658
Sum squared resid	0.332 759	Schwarz criterion		−1.323 538
Log likelihood	24.954 87	Durbin-Watson stat		1.825 477

由表 14-10 我们可以写出误差修正模型的估计结果：

$$\Delta \ln TAX_t = 0.692\Delta \ln GDP_t + 0.417\Delta \ln EP_t - 0.272 e1_{t-1}$$

从上面的估计结果可以看出，误差修正项的系数为 0.272，表示当短期波动偏离长期均衡时，误差修正项将以 0.272 的力度做反向调整，将非均衡状态回复到均衡状态。

5. 向量误差修正模型

在工作文件窗口下，选中 lnTAX、lnGDP、lnEP，点击右键“Open/as VAR”，选择“Vector Error Correction”，经反复试验发现最佳滞后期为 3 期，根据 JJ 检验的设置，应该选择情形 2，协整方程个数为 2 个。设置完毕后，点击“OK”便得到向量误差修正模型的估计结果，如表 14-11 所示。

表 14-11　向量误差修正模型的估计结果

Date：12/15/09　Time：10:28

Sample(adjusted)：1982 2008

Included observations：27 after adjusting endpoints

Standard errors & t-statistics inparentheses

Cointegrating Eq：	CointEq1	CointEq2	
LNTAX(−1)	1.000 000	0.000 000	
LNGDP(−1)	0.000 000	1.000 000	
LNEP(−1)	−1.065 255	−0.822 978	
	(0.066 23)	(0.040 05)	
	(−16.083 7)	(−20.547 8)	
C	0.389 832	−2.435 003	
	(0.437 68)	(0.264 68)	
	(0.890 67)	(−9.199 97)	
Error Correction：	D(LNTAX)	D(LNGDP)	D(LNEP)
CointEq1	−0.388 919	−0.088 982	−0.114 347
	(0.089 02)	(0.043 01)	(0.027 41)
	(−4.368 97)	(−2.068 81)	(−4.171 74)
CointEq2	−0.410 712	0.035 875	0.121 345
	(0.118 40)	(0.057 21)	(0.036 46)
	(−3.468 93)	(0.627 12)	(3.328 52)
D(LNTAX(−1))	−0.560 865	−0.083 533	0.065 676
	(0.188 57)	(0.091 11)	(0.058 06)
	(−2.974 26)	(−0.916 81)	(1.131 09)
D(LNTAX(−2))	−0.533 791	0.125 919	0.012 027
	(0.204 30)	(0.098 71)	(0.062 91)
	(−2.612 73)	(1.275 60)	(0.191 18)
D(LNTAX(−3))	−0.221 689	0.110 060	0.056 517
	(0.186 93)	(0.090 32)	(0.057 56)
	(−1.185 94)	(1.218 57)	(0.981 90)
D(LNGDP(−1))	0.866 170	1.245 639	0.310 769
	(0.510 73)	(0.246 77)	(0.157 26)
	(1.695 96)	(5.047 82)	(1.976 16)

（续）

Error Correction:	D(LNTAX)	D(LNGDP)	D(LNEP)
D(LNGDP(−2))	−0.269 591	−0.522 927	−0.242 210
	(0.765 53)	(0.369 88)	(0.235 72)
	(−0.352 17)	(−1.413 78)	(−1.027 55)
D(LNGDP(−3))	0.354 257	0.064 999	−0.032 314
	(0.555 24)	(0.268 27)	(0.170 96)
	(0.638 03)	(0.242 29)	(−0.189 01)
D(LNEP(−1))	1.712 250	−0.242 025	0.168 550
	(0.736 12)	(0.355 67)	(0.226 66)
	(2.326 04)	(−0.680 47)	(0.743 62)
D(LNEP(−2))	0.507 089	0.160 608	−0.154 573
	(0.597 30)	(0.288 60)	(0.183 92)
	(0.848 97)	(0.556 52)	(−0.840 46)
D(LNEP(−3))	1.214 330	−0.344 102	−0.268 649
	(0.552 52)	(0.266 96)	(0.170 13)
	(2.197 79)	(−1.288 95)	(−1.579 09)
R-squared	0.716 369	0.689 501	0.802 590
Adj. R-squared	0.539 099	0.495 439	0.679 208
Sum sq. resids	0.135 131	0.031 547	0.012 812
S. E. equation	0.091 901	0.044 404	0.028 297
F-statistic	4.041 130	3.552 997	6.504 939
Log likelihood	33.202 80	52.842 26	65.007 09
Akaike AIC	−1.644 652	−3.099 426	−4.000 525
Schwarz SC	−1.116 719	−2.571 493	−3.472 592
Mean dependent	0.165 012	0.152 537	0.148 408
S. D. dependent	0.135 368	0.062 512	0.049 961
Determinant Residual Covariance		2.08E−09	
Log Likelihood		154.952 4	
Akaike Information Criteria		−8.440 919	
Schwarz Criteria		−6.473 167	

如表 14-11 所示，CointEq1 和 CointEq2 对应的值便是调整速度系数的值，表示当短期波动偏离长期均衡时，误差修正项将以 CointEq1 和 CointEq2 对应参数估计值的力度将其回复长期均衡状态。

案例 14-2

利率期限结构是指在某一时点上，不同期限资金的收益率与到期期限之间的关系。利率的期限结构反映了不同期限的资金供求关系，揭示了市场利率的总体水平和变化方向。长期利率和短期利率之间相互影响，我们研究美国 3 个月和 10 年利率间的协整关系。数据在表 12-7 中。

1. 单位根检验

在第 12 章中，3 个月的短期利率和 10 年的长期利率的变量名分别为 $R3$ 和 $R10$。按照

第 11 章的方法，对变量 $R3$ 和 $R10$ 进行单位根检验，结果发现 $R3$ 和 $R10$ 都是 1 阶单整变量。

2. JJ 检验

在工作文件下，选中 $R10$ 和 $R3$，点击右键“Open/as Group/View/ Cointegration Test”，由于在平稳性检验的时候发现 $R10$ 和 $R3$ 都含有常数项，没有时间趋势项。因此，在 JJ 检验时选择情形 2，经反复试验最佳滞后期为 3，完成相关设置点击“OK”就得到 JJ 检验的结果，如表 14-12 所示。

表 14-12　JJ 检验的结果

Date：02/08/15　Time：16:58 Sample：1960：1 2008：1 Included observations：188 Test assumption：No deterministic trend inthe data Series：R10 R3 Lags interval：1 to3				
Eigenvalue	Likelihood Ratio	5 Percent Critical Value	1 Percent Critical Value	Hypothesized No. of CE(s)
0.104 011	24.282 08	19.96	24.60	None *
0.018 476	3.524 689	9.24	12.97	At most 1
*(**) denotes rejection of the hypothesis at 5%(1%) significance level L. R. rejects any cointegration at 5% significance level				
Unnormalized Cointegrating Coefficients：				
R10	R3	C		
−0.146 344	0.142 645	0.090 660		
0.041 182	−0.011 299	−0.209 302		
Normalized Cointegrating Coefficients：1 Cointegrating Equation(s)				
R10	R3	C		
1.000 000	−0.974 724	−0.619 497		
	(0.042 11)	(0.293 01)		
Log likelihood	−80.406 13			

从表 14-12 可知，LR 统计量的值为 24.28，大于 5%显著水平下的临界值 19.96，拒绝没有协整方程的原假设，认为至少存在一个协整方程；3.52 小于 5%显著水平下的临界值 9.24，不能拒绝至多有一个协整方程的原假设。因此，可以判定，序列 $R10$ 和 $R3$ 之间存在一个协整方程。

标准化的协整方程为

$$R10 = 0.619 + 0.975R3$$

3. 向量误差修正模型

因为长短期利率是相互影响的，因而建立向量误差修正模型更符合实际情况。在工作文件窗口下，选中 $R10$ 和 $R3$，点击右键“Open/as VAR”，选择“Vector Error Correction”，经反复试验，为了模型的简练，选最佳滞后期为 1 期，根据 JJ 检验的设置，应该选择情形

2，协整方程个数为1个。设置完毕后，点击“OK”便得到向量误差修正模型的估计结果，如表14-13所示。

表14-13 向量误差修正模型的估计结果

Date：02/08/15 Time：18:04
Sample(adjusted)：1960：3 2008：1
Included observations：191 after adjusting Endpoints
Standard errors & t-statistics inparentheses

Cointegrating Eq：	CointEq1	
R10(−1)	1.000 000	
R3(−1)	−0.974 387	
	(0.048 52)	
	(−20.083 7)	
C	−0.631 476	
	(0.336 71)	
	(−1.875 44)	
Error Correction：	D(R10)	D(R3)
CointEq1	−0.016 868	0.095 290
	(0.064 74)	(0.086 64)
	(−0.260 57)	(1.099 80)
D(R10(−1))	0.375 920	0.159 670
	(0.215 98)	(0.289 07)
	(1.740 51)	(0.552 35)
D(R3(−1))	−0.109 442	0.123 967
	(0.163 86)	(0.219 32)
	(−0.667 88)	(0.565 24)
R-squared	0.061 605	0.052 698
Adj. R-squared	0.051 622	0.042 620
Sum sq. resids	43.597 75	78.098 38
S.E. equation	0.481 563	0.644 528
F-statistic	6.171 049	5.229 167
Log likelihood	−129.938 2	−185.611 2
Akaike AIC	1.392 023	1.974 986
Schwarz SC	1.443 105	2.026 069
Mean dependent	−0.003 141	−0.010 890
S.D. dependent	0.494 496	0.658 719
Determinant Residual Covariance		0.009 286
Log Likelihood		−95.169 18
Akaike Information Criteria		1.090 777
Schwarz Criteria		1.244 025

如表14-13所示，CointEq1正是前面估计出的协整方程，CointEq1系数对应的值便是调整速度系数的值，于是，估计出的向量误差方程为

$$\Delta R10_t = -0.017ecm_{t-1} + 0.376\Delta R10_{t-1} - 0.109\Delta R3_{t-1}$$

$$\Delta R3_t = 0.095ecm_{t-1} + 0.160\Delta R10_{t-1} + 0.124\Delta R3_{t-1}$$

在我们得到的误差修正模型中，第一方程中误差修正项的系数－0.017表示当误差修正项大于0时，长期利率$R10$以每期0.103的速度减小，直到回复到长期均衡水平；第二个方程中误差修正项的系数0.02表示当误差修正项大于0时，$R3$以0.02的速度增大，直到回复到长期均衡水平。这表明它们都符合反向修正机制。

思考与练习

1. 请解释下列名词：协整　误差修正模型　Granger表述定理　向量误差修正模型　E-G两步法　JJ检验

2. 在采用E-G两步法进行协整检验的时候，对残差的检验有没有特殊要求？

3. 简述误差修正机制，这种机制有什么特点？

4. 简述E-G两步法的思路和步骤。

5. 简述JJ检验的基本思路和步骤。

6. 在固定资产存量模型

$$K_t = \beta_0 + \beta_1 K_{t-1} + \beta_2 I_t + \beta_3 I_{t-1} + \mu_t$$

式中，经过检验K_t为2阶单整，I_t为1阶单整。请写出由模型导出的误差修正模型的表达式。

7. 表14-14给出的是某城市人均实物年支出、人均年生活费收入和职工生活费用定基价格指数的相关数据，试根据这些数据构建误差修正模型并进行估计。

表14-14　某城市1970～1990年人均食物年支出以及相关数据

年　份	人均食物年支出（元）	人均年生活费收入（元）	职工生活费用定基价格指数（1950=1）
1970	144.60	261.48	1.274 516
1971	151.20	274.08	1.271 967
1972	163.20	286.68	1.271 967
1973	165.00	288.00	1.277 055
1974	170.52	293.52	1.273 224
1975	170.16	301.92	1.274 497
1976	177.36	313.80	1.274 497
1977	181.56	330.12	1.278 321
1978	200.40	361.44	1.278 321
1979	219.60	398.76	1.291 104
1980	260.76	491.76	1.356 95
1981	271.08	501.00	1.374 591
1982	290.28	529.20	1.381 464
1983	318.48	552.72	1.388 371
1984	365.40	671.16	1.413 362
1985	418.92	811.80	1.598 512
1986	517.56	988.44	1.707 211

（续）

年　份	人均食物年支出（元）	人均年生活费收入（元）	职工生活费用定基价格指数（1950=1）
1987	577.92	1 094.64	1.823 301
1988	665.76	1 231.80	2.131 439
1989	756.24	1 374.60	2.444 76
1990	833.76	1 522.20	2.518 103

8. 为研究1978～2012年我国农村居民消费情况，根据1978～2012年我国农村居民年人均消费支出（Y）和农村居民年人均收入（X）数据（见表14-15）建立消费模型。分别对Y和X取对数，则有$\ln Y$和$\ln X$。试完成如下要求：

（1）对$\ln X$和$\ln Y$进行平稳性检验。

（2）对$\ln X$和$\ln Y$进行协整性检验并建立误差修正模型，并分析该模型的经济意义。

表14-15　我国1978～2012年农村居民消费及人均收入数据　（单元：元）

年　份	Y	X	年　份	Y	X
1978	138	133.6	1996	1 626	1 926.1
1979	159	160.2	1997	1 722	2 090.1
1980	178	191.3	1998	1 730	2 162.0
1981	201	223.4	1999	1 766	2 210.3
1982	223	270.1	2000	1 860	2 253.4
1983	250	309.8	2001	1 969	2 366.4
1984	287	355.3	2002	2 062	2 475.6
1985	349	397.6	2003	2 103	2 622.2
1986	378	423.8	2004	2 319	2 936.4
1987	421	462.6	2005	2 657	3 254.9
1988	509	544.9	2006	2 950	3 587.0
1989	549	601.5	2007	3 347	4 140.4
1990	560	686.3	2008	3 901	4 760.6
1991	602	708.6	2009	4 163	5 153.2
1992	688	784.0	2010	4 700	5 919.0
1993	805	921.6	2011	5 870	6 977.3
1994	1 038	1 221.0	2012	6 631	7 916.6
1995	1 313	1 577.7			

资料来源：中华人民共和国国家统计局，《中国统计年鉴——2013》，中国统计出版社，2013。

PART 5
第五篇

高级计量经济学应用

第 15 章 虚拟被解释变量模型

在现实生活中，人们会面临各种选择。例如，上班的时候是利用公共交通工具车还是驾车去，当利用公共交通时，是乘地铁还是坐公共汽车。还比如，想喝饮料时是喝咖啡还是茶，购房时是一次性付款还是按揭，本科毕业后是考研还是找工作等。事实上，人们做出的恰当选择都是建立在各种因素影响之上的。面对诸如此类的问题，我们都可以采用计量经济学进行研究。研究这类问题的计量经济模型有个显著的特点是被解释变量往往是虚拟变量，取值仅为 0 或 1，这类模型通常称为**虚拟被解释变量模型**。本章主要介绍 2 种最常见的虚拟被解释变量模型，即线性概率模型、二元 logit 模型。

15.1 线性概率模型

15.1.1 什么是线性概率模型

线性概率模型（linear probability model）是最直观的虚拟被解释变量模型，它和一般计量经济学模型唯一的区别在于被解释变量的取值只有 0 和 1。和一般计量经济学模型一样，线性概率模型也采用 OLS 法估计。

线性概率模型用参数线性方程来解释虚拟被解释变量。例如，某研究者想知道为什么有些大学生毕业后直接找工作，而另外一些大学生则继续深造，构建了线性概率模型

$$D_i = \beta_0 + \beta_1 X_{1i} + \beta_2 X_{2i} + \mu_i \tag{15-1}$$

式中，D 是虚拟变量，当第 i 个大学毕业生选择找工作时，取值为 1，否则取值为 0；X_1 和 X_2 是解释变量，分别表示家庭收入和父母受教育年限；β_0、β_1 和 β_2 为回归参数，μ 为随机干扰项。

术语“线性概率模型”意思是方程的右边是线性的，而左边刻画的是 $D_i=1$ 的概率。假设家庭收入较高、父母受教育年限较长的大学毕业生倾向于继续深造，那么，D 的值可能接近于 0。假设我们估计出了式（15-1），得到某个特定大学毕业生的 $\hat{D}_i$ 值为 0.10。这是什么意思呢？既然 $D_i=1$ 表示直接就业，$D_i=0$ 表示继续深造，那么，某毕业生的 $\hat{D}_i$ 值为 0.10 就表示该生直接就业的可能性为 10%，它取决于该生的家庭收入和父母的受教育年限这两

个解释变量的取值。因此，$\hat{D}_i$ 刻画的是 D 的第 i 个观测值为 1 的概率，也就是说，用表达式可表示为

$$\hat{D}_i = \Pr(D_i = 1) = \beta_0 + \beta_1 X_{1i} + \beta_2 X_{2i} \tag{15-2}$$

式中，$\Pr(D_i=1)$ 表示第 i 个观测值为 $D_i=1$ 的概率。

那么，又如何解释式（15-2）的参数呢？由于 $\hat{D}_i$ 刻画的是 $D_i=1$ 的概率，因此，线性概率模型参数的经济意义为：当方程中其他解释变量不变时，1 单位某解释变量的变动引起的 $D_i=1$ 的概率变动的百分比。真实的概率是无法观察的，因为它反映的是离散选择发生之前的情况。选择发生后，只能观察到选择的结果，所有被解释变量 D_i 的取值只能为 0 或 1。因此，虽然被解释变量 D_i 的期望值可以是 0～1 的任意值，但能够观察到的仅仅是两个极端值 0 和 1。

15.1.2　线性概率模型存在的问题

线性概率模型的优点在于简单、直观，然而，采用 OLS 估计线性概率模型的参数会产生两个严重的问题。

（1）校正的判定系数$\bar{R}^2$ 不能准确度量模型的拟合优度。对于线性概率模型而言，校正的判定系数$\bar{R}^2$ 很难反映解释变量对被解释变量的解释程度。由于 D_i 只能等于 1 或 0，而 $\hat{D}_i$ 的取值却在 0 和 1 这两个极端值之间连续变化，意味着在 X_i 的一定范围内，$\hat{D}_i$ 与 D_i 之间存在明显的差别。因此，即便模型很好地解释了所涉及的选择，校正的判定系数$\bar{R}^2$ 也会远小于1。其结果是，不能依赖校正的判定系数$\bar{R}^2$（或判定系数 R^2）来度量虚拟被解释变量模型的整体拟合优度。

（2）$\hat{D}_i$ 不以 0 和 1 为界。因为 D_i 是虚拟变量，所以，既然 $\hat{D}_i$ 是概率值，取值就应该介于 0～1。概率的预测值大于 1（或小于 0）是没有意义的。然而，再次观察式（15-2），根据 X 和 β 的值，方程左边的取值可能会超出有意义的范围。例如，如果式（15-2）中所有的 X 和 β 都取 1，则 $\hat{D}_i$ 等于 3，远大于 1。

对于以上两个问题，第一个是可以解决的，因为对于虚拟被解释变量方程来说，校正的判定系数$\bar{R}^2$ 并非是衡量拟合优度的唯一指标。最常用的方法是构造新统计量$\bar{R}_p^2$，它等于 1 和 0 分别被正确预测的百分比的均值。为了应用这种方法，一般假设 $\hat{D}_i>0.5$ 意味着 $D_i=1$，而 $\hat{D}_i\leqslant 0.5$ 意味着 $D_i=0$，此时比较预测值与真实 D_i，就能计算出观测值被正确解释的百分比。

第二个可采用的方法是令所有大于 1 的 $\hat{D}_i$ 等于 1，所有小于 0 的 $\hat{D}_i$ 等于 0。这种处理方法忽略了无界性，因为对于线性概率模型来说，有理由相信预测概率为 2 的观测值比预测概率为 1 的观测值更有可能令 $\hat{D}_i$ 等于 1。

15.2　二元 logit 模型

15.2.1　什么是二元 logit

线性概率模型存在无界限问题，为了解决这一问题，其中一种方法是采用一种平滑且有

意义的方法，将 $\hat{D}_i$ 的值限制在 0～1 的范围内，二元 logit 模型就可以做到这一点。**二元 logit**(binomial logit) 模型采用累积 logistic 函数的变形来回避线性概率模型的无界性问题。累积 logistics 函数的变形为

$$D_i=\frac{1}{1+e^{-(\beta_0+\beta_1 X_{1i}+\beta_2 X_{2i}+\mu_i)}} \tag{15-3}$$

仔细观察式（15-3）可知，$\hat{D}_i$ 的值被限制在 0～1。当 $\beta_0+\beta_1 X_{1i}+\beta_2 X_{2i}+\mu_i$ 为正无穷时，因为 e 的负无穷次方为 0，有

$$D_i=\frac{1}{1+e^{-\infty}}=\frac{1}{1}=1 \tag{15-4}$$

当 $\beta_0+\beta_1 X_{1i}+\beta_2 X_{2i}+\mu_i$ 为负无穷时，有

$$D_i=\frac{1}{1+e^{\infty}}=\frac{1}{\infty}=0 \tag{15-5}$$

因此，$\hat{D}_i$ 的取值介于 0～1。$\hat{D}_i$ 逐渐接近于 1 和 0。因此，二元 logit 模型避免了线性概率模型在处理虚拟被解释变量时产生的概率值超出概率取值范围的无界限问题。此外，多数研究者之所以偏爱 logit 模型，是因为现实数据经常呈现“S”形。

Logit 模型不能采用 OLS 估计，而应该采用**最大似然法**（maximum likelihood，ML）。与 OLS 估计不同的是，最大似然估计是通过最大化样本数据被观察到的概率来确定参数估计值的。OLS 估计与 ML 估计的结果并非完全不同，对线性方程来说，在古典假设（包括正态性假设）满足的情况下，ML 估计结果与 OLS 估计结果完全相同。

使用最大似然法的原因之一是最大似然法具有很多可取的大样本特性。最大似然估计量具有一致性和渐进有效性（在大样本下具有无偏性和最小方差性）。在大样本下，最大似然法还有另外一些优点，诸如生成正态分布的参数估计值，适用于典型的假设检验方法。因此，logit 模型需要的样本容量远大于线性回归需要的样本容量。

还有一点值得注意的是，logit 样本中两种选择（如直接就业或继续深造）的观测值都应该足够多。例如，假设 98%的样本观测值为选择直接就业，2%的样本观测值为选择继续深造，那么，在一个样本容量为 500 的随机样本中，选择继续深造的观测值只有 10 个。在这种情况下，参数估计值将非常依赖于这 10 个观测值的特性。

尽管采用最大似然法可以估计式（15-3），但式（15-3）的函数形式过于复杂，需要简化。首先，采用数学变换可以将式（15-3）变换为

$$\ln\left(\frac{D_i}{1-D_i}\right)=\beta_0+\beta_1 X_{1i}+\beta_2 X_{2i}+\mu_i \tag{15-6}$$

式中，D_i 是虚拟变量。式（15-6）看起来也有些复杂，因为方程左边包含了 $D_i/(1-D_i)$ 的自然对数。为简便起见，可以令

$$L\text{：}\Pr(D_i=1)=\ln\left[\frac{D_i}{(1-D_i)}\right] \tag{15-7}$$

式中，L 表示 logit 函数形式，“$\Pr(D_i=1)$”表示被解释变量为虚拟变量，由估计出的 logit

方程计算出的 $\hat{D}_i$ 表示 $D_i=1$ 的概率。将式（15-7）带入式（15-6），有

$$L: \Pr(D_i = 1) = \beta_0 + \beta_1 X_{1i} + \beta_2 X_{2i} + \mu_i \quad (15\text{-}8)$$

式（15-8）是被估 logit 模型的标准格式。Logit 模型可以采用 EViews 直接估计，在 EViews 主菜单下，点击“Quick/Estimare Equation”，在“Equation specification”中写入各变量名，然后在“method”下拉菜单中选择“Binary choice”，点击“确定”即可，如图 15-1 所示。

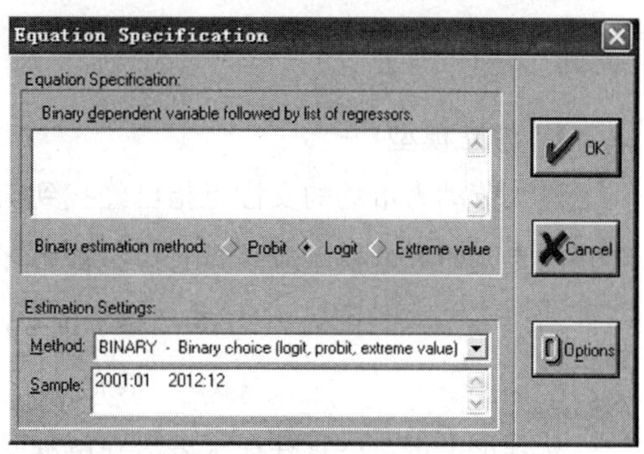

图 15-1　logit 模型的估计窗口

15.2.2　解释 logit 模型的参数估计值

Logit 模型也需要进行假设检验，这里用到的假设检验方法和前面章节采用的方法相同。Logit 模型与线性概率模型的参数估计值的符号具有相同的经济意义。在这里，需要着重强调如何解释 logit 模型的参数的经济意义。对于相同的样本，在模型设定一致的情况下，logit 模型的参数估计值的绝对值与线性概率模型的参数估计值的绝对值之间具有很大的区别。原因在于：第一，logit 模型和线性概率模型的设定形式可知，logit 方程中的被解释变量与线性概率模型中的被解释变量不同。被解释变量不同，参数估计值自然就不同。第二，logit 模型的参数估计值更富有动态性。logit 曲线的斜率随 D_i 在 0～1 变动而变动。因此，1 单位某解释变量的变动引起 $D_i=1$ 的概率的变动（方程中其他解释变量保持不变），将随着 D_i 由 0 到 1 而变化。

那么，该怎么解释 logit 模型的参数估计值呢？有 3 种方法可供选择。

（1）改变平均观测值。将所有解释变量的平均值带入估计出的 logit 方程，计算出“平均”$\hat{D}_i$，即构造出平均观测值。然后，增加 1 单位解释变量，重新计算 $\hat{D}_i$。前后两次计算出的 $\hat{D}_i$ 之差便是 1 单位解释变量变动引起 $D_i=1$ 的概率的平均变动量（保持其他解释变量不变）。

（2）使用偏导数。对 logit 模型求导，可以发现：在其他解释变量不变时，X_{1i} 每增加 1 单位，$\hat{D}_i$ 的变动量为 $\hat{\beta}_1\hat{D}_i(1-\hat{D}_i)$。在运用这个公式时，只需将 β_1 和 D_i 的参数估计值代入即可。从公式中可以看出，X 的边际影响 β_1 确实决定 $\hat{D}_i$ 的值。

（3）采用 0.25 的粗略估计。以上两种方法都比较精确，但操作起来很不方便，最简便的方法是将 logit 模型的参数估计值乘以 0.25，这样得到的参数相当于线性概率模型的参数。

具体应该采用哪种方法应视研究情况而定，然而，在精度要求不是太苛刻的情况下，本书倾向于第 3 种方法。只需乘以 0.25（或除以 4）就可以近似的得到 logit 模型参数的经济意义。

与线性概率模型一样，校正的判断系数 $\overline{R}^2$ 也不能用于评价 logit 模型的拟合优度，用于评价线性概率模型拟合优度的正确预测平均百分比 $\overline{R}_p^2$ 也可以用来评价 logit 模型的拟合优度。

15.3　案例分析

案例 15-1

1. 建立模型

进入劳动力市场的女性是指已经找到工作或正在找工作的女性。因此，女性参与劳动力市场的专题研究的模型应该具有虚拟被解释变量。

$$D_i=\begin{cases}1 & \text{第 } i \text{ 位女性找到了工作或正在找工作}\\ 0 & \text{其他}\end{cases}$$

从理论上讲，尽管存在很多潜在解释变量影响女性的就业选择，但其中最重要的两个变量为女性的婚姻状况和受教育年限。一般来说，相较于受教育年限较短的女性，受教育年限长的更容易进入劳动力市场。

假设：M_i 为虚拟变量，若第 i 位女性已婚则为 1，否则为 0；S_i 表示第 i 位女性的受教育年限。表 15-1 同时列出了第 i 位女性的年龄，这些数据将在案例 15-2 中继续使用。

表 15-1　女性参与劳动力市场的数据及其估计结果

样本序号	D_i	M_i	S_i	$\hat{D}_i$	正确（√）	样本序号	D_i	M_i	S_i	$\hat{D}_i$	正确（√）
1	1	0	16	1.20	√	16	1	0	10	0.64	√
2	1	1	14	0.63	√	17	1	1	14	0.63	√
3	1	1	16	0.82	√	18	0	1	10	0.26	√
4	0	0	9	0.55		19	0	1	12	0.45	√
5	1	0	12	0.83	√	20	1	0	13	0.92	√
6	0	1	12	0.45	√	21	1	0	14	1.01	√
7	1	0	14	1.01	√	22	1	1	12	0.45	
8	1	0	10	0.64	√	23	0	1	7	−0.01	√
9	0	0	12	0.83		24	0	1	11	0.35	√
10	1	0	8	0.45		25	0	1	12	0.45	√
11	1	0	11	0.73	√	26	1	1	10	0.26	
12	1	0	14	1.01	√	27	1	0	15	1.11	√
13	0	1	12	0.45	√	28	0	1	10	0.26	√
14	1	1	13	0.54	√	29	0	1	11	0.35	√
15	0	1	9	0.17	√	30	1	1	12	0.45	

资料来源：施图德蒙德．应用计量经济学［M］．杜江，李恒，译．北京：机械工业出版社，2011。

假设两个解释变量对女性就业选择的影响都是线性的，那么，线性概率模型可以设定为

$$D_i=\beta_0+\beta_1 M_i+\beta_2 S_i+\mu_i \tag{15-9}$$

2. 估计模型

线性概率模型与一般计量经济学模型一样，采用 OLS 估计，对于模型（15-9），变量 D、M、S 分别命名为 DI、M、S。在工作文件下，点击"Quick/Estimate Equation"，键入

"DI M S C"，点击"OK"就得到如表 15-2 所示的结果。

表 15-2　线性概率模型的估计结果

Dependent Variable：DI
Method：Least Squares
Date：02/08/15　Time：18:59
Sample：1 30
Included observations：30

Variable	Coefficient	Std. Error	t-Statistic	Prob.
M	−0.381 780	0.153 053	−2.494 430	0.019 0
S	0.093 012	0.034 598	2.688 402	0.012 1
C	−0.284 301	0.435 743	−0.652 452	0.519 6
R-squared	0.363 455	Mean dependent var		0.600 000
Adjusted R-squared	0.316 304	S. D. dependent var		0.498 273
S. E. of regression	0.412 001	Akaike info criterion		1.159 060
Sum squared resid	4.583 121	Schwarz criterion		1.299 180
Log likelihood	−14.385 90	F-statistic		7.708 257
Durbin-Watson stat	2.550 725	Prob(F-statistic)		0.002 247

3. 解释

从表 15-2 可以看出，尽管样本容量很小且可能存在设定偏误（遗漏变量所致），但两个解释变量的参数估计值依然是显著的，其符号也符合经济意义。此外，对线性概率模型来说，校正的判定系数 $\bar{R}^2$ 约为 0.32，算是非常高的了。原因在于，D_i 等于 0 或 1，校正的判定系数大于 0.7 几乎是不可能的。

下面我们来计算 $\bar{R}_p^2$。由模型（15-9）可知，$\hat{D}_i=D_i-\varepsilon$。在模型（15-9）对应的工作文件下点击"Quick/Generate Series"，键入"dii=di-resid"（dii 即为 $\hat{D}_i$），就可以得到被解释变量的估计值 $\hat{D}_i$，如表 15-1 对应"正确"的那一列所示。从表 15-1 可以看出，被解释变量观察值为"1"的有 18 个，而被解释变量估计值大于 0.5 的有 14 个，用"√"表示，正确解释的百分比为 14/18=0.78；被解释变量观测值为"0"的有 12 个，而被解释变量估计值小于 0.5 的有 10 个，正确解释的概率为 10/12=0.83。对 0.78 和 0.83 求均值的结果就是 $\bar{R}_p^2$，为 0.81。可见，式（15-9）的线性概率模型的拟合程度较高，表明被式（15-9）"正确"预测的百分比均值为 81%。

值得注意的是，在解释式（15-9）的参数估计值时必须十分谨慎。线性概率模型的斜率参数是指在方程中其他解释变量不变的情况下，1 单位某解释变量的变动引起的 $D_i=1$ 的概率变动的百分比。参数估计值是否具有经济意义呢？答案是肯定的。式（15-9）显示受教育年限相同的情况下，已婚女性参与劳动力市场的概率比未婚女性参与劳动力市场的概率低 38 个百分点。在婚姻状况相同的情况下，受教育年限每增加 1 年，女性参与劳动力市场的概率上升 9 个百分点。此外，从表 15-1 还可以看出 $\hat{D}_i$ 经常超出有意义的范围（0～1），即存在 $\hat{D}_i$ 的无界限问题。

案例 15-2

为了解决线性概率模型的无界限问题，可以采用 logit 模型来估计参数。沿用前文女性参与劳动力市场的案例。

1. 建立模型

$$L: \Pr(D_i = 1) = \beta_0 + \beta_1 M_i + \beta_2 S_i + \mu_i \tag{15-10}$$

式中，各变量的含义与案例 15-1 中的相同。

2. 估计模型

对于模型（15-10），在工作文档下，点击“Quick/Estimate Equation”，键入“Di M S　C”，然后在“method”下拉菜单中选择“Binary choice”，点击“OK”（如图所示）出现如图 15-2 所示的界面。

在图 15-2 中的“Binary estimation”中选择“logit”，点击“确定”，就可以得到如表 15-3 的估计结果。

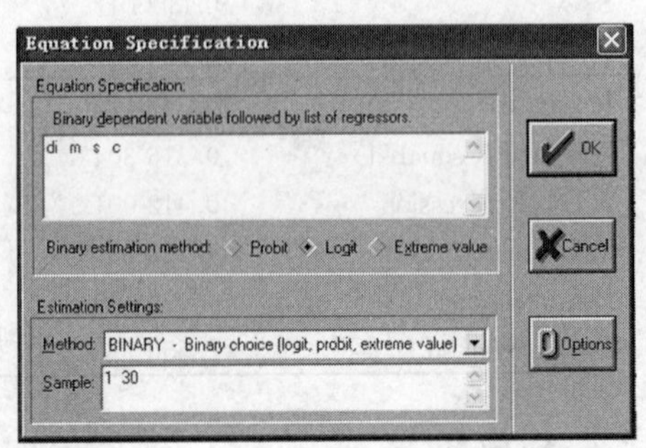

图 15-2　logit 模型估计窗口选项

表 15-3　logit 模型的估计结果

Dependent Variable：DI
Method：ML-Binary Logit (Quadratic hill climbing)
Date：11/02/12　Time：10:36
Sample：1 30
Included observations：30
Convergence achieved after 5 iterations
Covariance matrix computed using second derivatives

Variable	Coefficient	Std. Error	z-Statistic	Prob.
M	−2.586 110	1.180 162	−2.191 318	0.028 4
S	0.690 368	0.315 828	2.185 899	0.028 8
C	−5.895 933	3.324 731	−1.773 356	0.076 2
Mean dependent var	0.600 000	S. D. dependent var		0.498 273
S. E. of regression	0.399 177	Akaike info criterion		1.085 128
Sum squared resid	4.302 237	Schwarz criterion		1.225 248
Log likelihood	−13.276 93	Hannan-Quinn criter.		1.129 954
Restr. log likelihood	−20.190 35	Avg. log likelihood		−0.442 564
LR statistic (2 df)	13.826 85	McFadden R-squared		0.342 412
Probability(LR stat)	0.000 994			
Obs with Dep=0	12	Total obs		30
Obs with Dep=1	18			

如表 15-3 所示，比较式（15-10）和式（15-9），斜率参数的符号和显著性都相同。即便如前面建议的那样，将 logit 模型的参数估计值除以 4，logit 模型的参数估计值仍大于线性

概率模型的参数估计值。尽管存在差别，特别是被解释变量不同，估计方法不同，但两个模型的整体拟合优度大致相同（本案例中，logit 模型的$\overline{R}_p^2$ 与线性概率模型的$\overline{R}_p^2$ 非常接近，两者的计算方法完全相同，不再赘述）。在本案例中，两种估计方法的不同主要在于 logit 模型不会产生超出 0～1 的范围。

思考与练习

1. 解释以下名词：线性概率模型　二元 logit 模型
2. 线性概率模型的优缺点是什么？
3. logit 模型的优点是什么？
4. 估计 logit 模型参数的方法有哪些？
5. logit 模型参数的经济学含义是什么？
6. 表 15-4 给出 2013 年上市公司每股收益与是否分红情况。求：

（1）估计每股收益对分红情况的线性概率模型。

（2）估计对应的 logit 模型。

表 15-4　2013 年部分上市公司每股收益与是否分红情况

股票代码	是否分红	每股收益	股票代码	是否分红	每股收益
600887	1	1.65	600664	1	0.09
000100	1	0.25	300111	0	0.04
002362	0	−1.01	000423	1	1.84
000848	1	0.83	600060	1	1.21
002024	1	0.05	300022	0	−4.00
300104	1	0.32	601633	1	2.70
002166	0	0.27	300101	0	−0.06
000625	1	0.75	002240	0	0.02
002594	1	0.30	002570	1	1.13
000800	1	0.61	002557	1	0.75
000538	1	3.34	000063	1	0.39
600085	1	0.50	600332	1	0.77
000650	1	0.20	600436	1	2.73

资料来源：国泰安数据库。

第16章 面板数据模型

对一些经济变量进行研究时，研究者经常会遇到模型涉及的数据既不是时间序列数据也不是截面数据，而是两者的结合。例如

$$C_{it} = \beta_i + \beta_1 X_{it} + \mu_{it} \tag{16-1}$$

式中，C_{it} 表示我国31个省、市、自治区，1978～2011年的居民家庭平均消费额，下标“i”表示不同的省份，“t”表示不同的年份。与经典计量经济学模型不同的是，该模型同时涉及截面、时间和指标三个方面的信息，在分析的过程中既能考察截面关系又能考察时间序列关系，比单纯的截面数据模型或时间序列模型的分析更加深入。

16.1 什么是面板数据模型

假设被解释变量与 $k\times1$ 维的解释变量向量（列向量）之间满足线性关系

$$y_{it} = \alpha_{it} + \boldsymbol{\beta}_{it}\boldsymbol{x}_{it} + \mu_{it} \quad i=1, 2, \cdots, N \quad t=1, 2, \cdots, T \tag{16-2}$$

式（16-2）表示 k 个经济指标在 N 个个体以及 T 个时间点上的变动关系。其中，N 表示每个时间点的截面个数；T 表示每个截面的时间点个数；α_{it} 为模型的常数项；$\boldsymbol{\beta}_{it}$ 表示解释变量向量对应的系数向量（行向量）；μ_{it} 为随机干扰项，且每个随机干扰项之间相互独立、零均值、同方差。这样的模型称为**面板数据模型**（panel data model）。

观察模型（16-2）可知，常数项 α_{it} 和系数向量 $\boldsymbol{\beta}_{it}$ 的性质决定了面板数据模型的性质。一般来说，可以根据常数项 α_{it} 和系数向量 $\boldsymbol{\beta}_{it}$ 的不同限制要求，将面板数据模型划分为三种类型，即混合回归模型（也称无个体影响的不变系数模型）、变截距模型、变系数模型。

16.1.1 混合回归模型

混合回归模型表述为

$$y_{it} = \alpha + \boldsymbol{\beta}\boldsymbol{x}_{it} + \mu_{it} \quad i=1, 2, \cdots, N \quad t=1, 2, \cdots, T \tag{16-3}$$

该模型称为混合回归模型。在混合回归模型中，对任何个体和截面，回归系数 α 和系数向量 $\boldsymbol{\beta}$ 都相同，表示既不受个体影响也不存在结构变化。在不存在模型设定偏误的前提下，解释变量与随机干扰项不相关，即 $\mathrm{Cov}(\boldsymbol{x}_{it}, \mu_{it})=0$，将个体的时间序列数据按序堆积起来作为样本数据，模型参数的混合最小二乘估计量（Pooled OLS）是一致有效估计量。

16.1.2　变截距模型

变截距模型表述为

$$y_{it} = \alpha_i + \boldsymbol{\beta x}_{it} + \mu_{it} \quad i=1,2,\cdots,N \quad t=1,2,\cdots,T \tag{16-4}$$

式中，α_i 为个体影响，反映了混合回归模型中被忽略的个体差异，但与式（16-2）所有个体的系数向量 $\boldsymbol{\beta}_i$ 相比较，在式（16-4）中的系数向量都相同，为 $\boldsymbol{\beta}$。这说明变截距模型的每个个体都存在差异。μ_{it} 为随机干扰项。该模型称为**变截距模型**，是应用最广泛的面板数据模型之一。

在变截距模型（16-4）中，若个体影响 α_i 为固定（未知）常数，则模型（16-4）称为**个体固定效应变截距模型**；若个体影响 α_i 是一个随机变量，不是固定的常数，则模型（16-4）称为**个体随机效应变截距模型**。

与式（16-4）类似，时点固定效应变截距模型表述为

$$y_{it} = \gamma_t + \boldsymbol{\beta x}_{it} + \mu_{it} \quad i=1,2,\cdots,N \quad t=1,2,\cdots,T \tag{16-5}$$

式中，若 γ_t 表示固定的（未知）常数，换句话说，表示 T 个时点有 T 个不同的截距项。因此，截距项刻画出了随不同时点变化，但不随个体变化的难以观测的变量的影响，所以把模型（16-5）称为**时点固定效应变截距模型**；若 γ_t 为随机变量，则模型（16-5）为**时点随机效应变截距模型**。

同样地，在变截距模型中，还有个体时点双固定效应模型、个体时点双随机效应模型。

16.1.3　变系数模型

在变截距模型中，模型的截距会随着个体的变化而变化，反映了未纳入模型的变量对被解释变量的影响。然而，在某些情况下，不同个体的解释变量对应的参数并不相同，例如，个体之间的经济结构不同或者面临的经济背景不同。此时的面板数据模型为

$$y_{it} = \alpha_i + \boldsymbol{\beta}_i \boldsymbol{x}_{it} + \mu_{it} \quad i=1,2,\cdots,N \quad t=1,2,\cdots,T \tag{16-6}$$

我们把这种模型称为**变系数模型**（又称无约束模型）。在这种模型中，被解释变量既受个体影响，又随横截面变化而变化。与变截距模型类似，变系数模型也可以分为固定效应和随机效应两种。

16.1.4　面板数据模型设定检验方法

尽管面板数据模型有多种设定方法，但如果模型设定产生偏误，那么，估计结果就会与真实情况相去甚远。因此，建立面板数据模型的第 1 步是正确地设定模型形式，究竟是采用混合回归模型、变截距模型还是变系数模型；第 2 步是确定是固定效应模型还是随机效应模型。

对于模型的设定，常用的检验方法为协变分析检验，该检验建立在以下两个假设的基础上

$$\mathrm{H}_1: \boldsymbol{\beta}_1 = \boldsymbol{\beta}_2 = \cdots = \boldsymbol{\beta}_N$$

$$\mathrm{H}_2: \alpha_1 = \alpha_2 = \cdots = \alpha_N$$

$$\boldsymbol{\beta}_1 = \boldsymbol{\beta}_2 = \cdots = \boldsymbol{\beta}_N$$

如果不能拒绝 H_2，那么，应该选择混合回归模型，检验到此结束，不需要继续检验。如果拒绝假设 H_2，那么，需要检验 H_1。在此基础上，如果不能拒绝 H_1，那么模型为变截距模型；如果拒绝 H_1，则为变系数模型。

协变分析检验建立在 F 统计量的基础上，记检验 H_2 的 F 统计量为 F_2，则有

$$F_2 = \frac{(S_3 - S_1)/(N-1)(k+1)}{S_1/[NT - N(k+1)]} \sim F[(N-1)(k+1), N(T-k-1)] \qquad (16\text{-}7)$$

式中，S_3 表示模型（16-3）的残差平方和，S_1 表示模型（16-6）的残差平方和，N 表示每个时间点的截面个数，T 表示每个截面的时间点个数，k 表示解释变量个数。如果计算出的 F 统计量小于给定显著水平下的 F 分布临界值，则不能拒绝原假设，即认定真实的模型为混合模型；反之，应该继续检验 H_1。记检验 H_1 的 F 统计量为 F_1，则有

$$F_1 = \frac{(S_2 - S_1)/[(N-1)k]}{S_1/[NT - N(k+1)]} \sim F[(N-1)k, N(T-k-1)] \qquad (16\text{-}8)$$

式中，S_2 表示模型（16-4）的残差平方和，S_1 表示模型（16-6）的残差平方和，N 表示每个时间点的截面个数，T 表示每个截面的时间点个数。如果计算出的 F 统计量大于给定显著水平下 F 分布的临界值，则拒绝 H_1，认为模型为变系数模型；反之，为变截距模型。

16.2 固定效应模型

在面板数据中，如果不同的截面或不同的时间序列，模型的截距不同，则可以采用在模型中加虚拟变量的方法估计回归参数，这种模型为称为**固定效应模型**（fixed effects regression model）。固定效应模型分为三种类型，即**个体固定效应模型**（entity fixed effects regression model）、**时点固定效应模型**（time fixed effects regression model）和**时点个体固定效应模型**（time and entity fixed effects regression model）。

16.2.1 个体固定效应模型

个体固定效应模型就是不同的个体有不同截距的模型。如果不同时间序列（个体）的截距不同，但对于不同的截面，模型的截距没有显著变化，那么，就应该建立个体固定效应模型，记为

$$y_{it} = \boldsymbol{\beta} \boldsymbol{x}_{it} + \alpha_1 W_{1it} + \alpha_2 W_{2it} + \cdots + \alpha_N W_{Nit} + \mu_{it} \quad t = 1, 2, \cdots, T \quad i = 1, 2, \cdots, N \qquad (16\text{-}9)$$

式中，$W_j(j=1, 2, \cdots, N)$ 为个体虚拟变量。在任意时刻 t，第 j 个虚拟变量定义为

$$W_j=\begin{cases}1 & j=i\\0 & 其他\end{cases}$$

y_{it}、$\boldsymbol{x}_{it}$ 分别表示被解释变量和解释变量，μ_{it} 表示随机干扰项。

模型（16-9）可以更加直观地表示为

$$\begin{cases}y_{1t}=\alpha_1+\boldsymbol{\beta x}_{1t}+\mu_{1t} & （针对第 1 个个体），t=1, 2, \cdots, T\\ y_{2t}=\alpha_2+\boldsymbol{\beta x}_{2t}+\mu_{2t} & （针对第 2 个个体），t=1, 2, \cdots, T\\ \quad\vdots & \\ y_{Nt}=\alpha_N+\boldsymbol{\beta x}_{Nt}+\mu_{Nt} & （针对第 N 个个体），t=1, 2, \cdots, T\end{cases}$$

16.2.2 时点固定效应模型

时点固定效应模型是指不同截面（时点）有不同截距的模型。如果不同截面的截距显著不同，而时间序列（个体）截距是相同的，那么，应该建立时点固定效应模型，记为

$$y_{it}=\boldsymbol{\beta x}_{it}+\gamma_1 D_{1it}+\gamma_2 D_{2it}+\cdots+\gamma_T D_{Tit}+\mu_{it} \quad t=1, 2, \cdots, T \quad i=1, 2, \cdots, N \tag{16-10}$$

式中，$D_j(j=1, 2, \cdots, T)$ 为时点虚拟变量，对于任意个体 i，第 j 个虚拟变量定义为

$$D_j=\begin{cases}1 & 当 j=t 时\\0 & 其他\end{cases}$$

y_{it}、$\boldsymbol{x}_{it}$ 分别表示被解释变量和解释变量，μ_{it} 表示随机干扰项。

模型（16-10）可以更加直观地表示为

$$\begin{cases}y_{i1}=\gamma_1+\boldsymbol{\beta x}_{i1}+\mu_{i1} & （针对第 1 个截面），i=1, 2, \cdots, N\\ y_{i2}=\gamma_2+\boldsymbol{\beta x}_{i2}+\mu_{i2} & （针对第 2 个截面），i=1, 2, \cdots, N\\ \quad\vdots & \\ y_{iT}=\gamma_T+\boldsymbol{\beta x}_{iT}+\mu_{iT} & （针对第 T 个截面），i=1, 2, \cdots, N\end{cases}$$

16.2.3 时点个体固定效应模型

时点个体固定效应模型，顾名思义，就是不同的截面、不同的时间序列都有不同截距项的模型。如果不同的截面、不同的时间序列的截距都显著不相同，那么应该建立时点个体效应模型，记为

$$y_{it}=\boldsymbol{\beta x}_{it}+\alpha_1 W_{1it}+\alpha_2 W_{2it}+\cdots+\alpha_N W_{Nit}+\gamma_1 D_{1it}+\gamma_2 D_{2it}+\cdots+\gamma_T D_{Tit}+\mu_{it}$$
$$t=1, 2, \cdots, T \quad i=1, 2, \cdots, N \tag{16-11}$$

式中，$W_j(j=1, 2, \cdots, N)$ 为个体虚拟变量，$D_j(j=1, 2, \cdots, T)$ 为时点虚拟变量，其定义与前面相同。y_{it}、$\boldsymbol{x}_{it}$ 分别表示被解释变量和解释变量，μ_{it} 表示随机干扰项。

模型（16-11）可以更加直观地表示为

$$\begin{cases} y_{11} = \alpha_1 + \gamma_1 + \boldsymbol{\beta x}_{11} + \mu_{11}, & t = 1, i = 1 \quad (\text{第 1 个截面、第 1 个个体}) \\ y_{21} = \alpha_1 + \gamma_2 + \boldsymbol{\beta x}_{21} + \mu_{21}, & t = 1, i = 2 \quad (\text{第 1 个截面、第 2 个个体}) \\ \vdots \\ y_{N1} = \alpha_1 + \gamma_N + \boldsymbol{\beta x}_{N1} + \mu_{N1} & t = 1, i = N \quad (\text{第 1 个截面、第 } N \text{ 个个体}) \end{cases}$$

$$\begin{cases} y_{12} = \alpha_2 + \gamma_1 + \boldsymbol{\beta x}_{12} + \mu_{12}, & t = 2, i = 1 \quad (\text{第 2 个截面、第 1 个个体}) \\ y_{22} = \alpha_2 + \gamma_2 + \boldsymbol{\beta x}_{22} + \mu_{22}, & t = 2, i = 2 \quad (\text{第 2 个截面、第 2 个个体}) \\ \vdots \\ y_{N2} = \alpha_2 + \gamma_N + \boldsymbol{\beta x}_{N2} + \mu_{N2} & t = 2, i = N \quad (\text{第 2 个截面、第 } N \text{ 个个体}) \end{cases}$$

$$\begin{cases} y_{1T} = \alpha_T + \gamma_1 + \boldsymbol{\beta x}_{12} + \mu_{1T}, & t = T, i = 1 \quad (\text{第 } T \text{ 个截面、第 1 个个体}) \\ y_{2T} = \alpha_T + \gamma_2 + \boldsymbol{\beta x}_{22} + \mu_{2T}, & t = T, i = 2 \quad (\text{第 } T \text{ 个截面、第 2 个个体}) \\ \vdots \\ y_{NT} = \alpha_T + \gamma_N + \boldsymbol{\beta x}_{NT} + \mu_{NT} & t = T, i = N \quad (\text{第 } T \text{ 个截面、第 } N \text{ 个个体}) \end{cases}$$

16.3 随机效应模型

固定效应模型是采用虚拟变量来解释没有纳入模型的变量对被解释变量的影响的模型，然而，这并非是唯一的解决办法。本书第 3 章曾指出随机干扰项可以代表未知的影响因素、模型的众多次要变量等。因此，也可以通过对随机干扰项的分解来描述缺失的信息。

假设面板数据模型为

$$y_{it} = \alpha + \boldsymbol{\beta x}_{it} + \mu_{it} \tag{16-12}$$

式中，随机干扰项在时间上和截面上都是相关的，可以用三个分量表示为

$$\mu_{it} = u_i + v_t + \omega_{it} \tag{16-13}$$

式中，$u_i \sim N(0, \sigma_u^2)$ 表示截面的随机干扰项；$v_t \sim N(0, \sigma_v^2)$ 表示时间（个体）的随机干扰项；$\omega_{it} \sim N(0, \sigma_\omega^2)$ 表示混和随机干扰项。与此同时，假定 u_i、v_t、ω_{it} 之间互不相关，各自之间不存在截面自相关、时间自相关和混合自相关。这样的模型称为**随机效应模型**。

相对于固定效应模型来说，随机效应模型只是将固定效应模型中的截距项看作两个随机变量，即截面随机误差项（u_i）和时间随机误差项（v_t）。与上节类似，随机效应模型也分为**个体随机效应模型**、**时点随机效应模型**、**个体时点随机效应模型**。

16.4 Hausman 检验

如第 16.1.4 节所述，协变分析检验可以确定采用混合模型、变截距模型还是变系数模型。然而，变截距模型和变系数模型都有固定效应和随机效应之分。那么，应该如何来确定固定效应还是随机效应呢？Hausman 检验能够回答这个问题。该检验的原假设是：随机效

应模型中个体影响与解释变量之间不相关。

H_0：个体影响与解释变量无关

H_1：个体影响与解释变量相关

该检验统计量为

$$H=(\hat{\boldsymbol{\beta}}_w-\tilde{\boldsymbol{\beta}}_{RE})[\mathrm{Var}(\tilde{\boldsymbol{\beta}}_{RE})-\mathrm{Var}(\hat{\boldsymbol{\beta}}_w)]^{-1}(\hat{\boldsymbol{\beta}}_w-\tilde{\boldsymbol{\beta}}_{RE})'\sim\chi^2(k) \tag{16-14}$$

式中，$\hat{\boldsymbol{\beta}}_w$ 表示 $\boldsymbol{\beta}$ 的离差 OLS 估计量；$\tilde{\boldsymbol{\beta}}_{RE}$ 表示 $\boldsymbol{\beta}$ 的随机 GLS 法估计量；k 表示待估参数向量 $\boldsymbol{\beta}$ 的维数。

在给定的显著水平下，如果计算出的 H 统计量小于卡方分布临界值，则不能拒绝原假设，即认定真实的模型为随机效应模型；反之，如果计算出的 H 统计量大于卡方分布临界值，则拒绝原假设，即认定真实的模型为固定效应模型。

16.5 案例分析

通常农村人口转化为城镇人口的过程称为城镇化。反映城镇化水平高低的一个重要指标为城镇化率，即一个地区常住于城镇的人口占该地区总人口的比重。城镇化是人口持续向城镇集聚的过程，是世界各国工业化进程中必然经历的历史阶段。本案例主要针对影响城镇化的人均 GDP 这个因素，分析人均 GDP 对城镇化率之间的影响。为此，本案例选择了北京、天津、河北、黑龙江、江苏、浙江等省市 2000～2009 年的人均 GDP 和城镇化率作为样本数据（见表 16-1）。

表 16-1　人均 GDP 与城镇化率数据

	时间	北京	天津	河北	黑龙江	江苏	浙江
人均 GDP（元）	2000	22 460	17 993	7 663	8 562	11 773	13 461
	2001	25 523	20 154	8 362	9 349	12 922	14 655
	2002	28 449	22 380	9 115	10 184	14 391	16 838
	2003	32 061	26 532	10 513	11 615	16 809	20 147
	2004	41 099	30 575	11 248	12 449	20 223	24 352
	2005	45 444	35 783	14 782	14 434	24 560	27 703
	2006	50 467	41 163	16 962	16 195	28 814	31 874
	2007	58 204	46 122	19 877	18 478	33 928	37 411
	2008	63 029	55 473	23 239	21 727	39 622	42 214
	2009	68 788	62 403	24 284	21 665	44 232	44 335
城镇化率（%）	2000	77.54	71.99	26.08	51.54	41.49	48.67
	2001	78.10	72.08	30.70	52.38	42.60	50.90
	2002	79.50	72.59	35.86	52.8	48.20	54.00
	2003	79.10	72.30	33.51	52.6	46.80	53.00
	2004	78.60	72.15	33.00	52.6	44.70	51.90
	2005	83.62	75.11	37.69	53.10	50.11	56.02
	2006	84.33	75.73	38.44	53.50	51.90	56.50
	2007	84.50	76.31	40.25	53.90	53.20	57.20

（续）

	时　间	北　京	天　津	河　北	黑　龙　江	江　苏	浙　江
城镇化率（%）	2008	84.90	77.23	41.90	55.40	54.30	57.60
	2009	85.00	78.01	43.00	55.50	55.60	57.90

资料来源：中华人民共和国国家统计局，《中国统计年鉴—2010》，中国统计出版社，2010。

1. 建立混合数据库

首先建立工作文档，建立工作文档的时候在“Workfile structure type”的下拉菜单中选择“Dated-regular frequency”，在“Date specification”中填入时间跨度（见图 16-1），点击“OK”。进入工作文档后，点击“Objects”，选择“New Object”，在“Type of Object”选择区选择“Pool”，并在“Name of Object”选择区为混合数据库命名（初始显示为 Untitled），点击“OK”键，从而打开混合数据库（Pool）窗口，在里面写上表示各个省市的符号，bj（北京）、tj（天津）等，如图 16-2 所示。

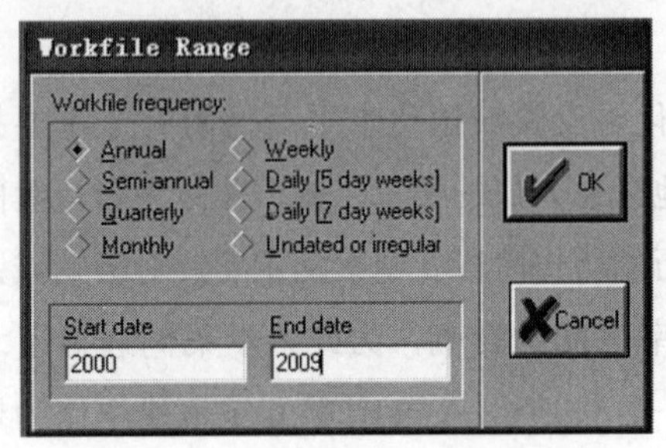

图　16-1

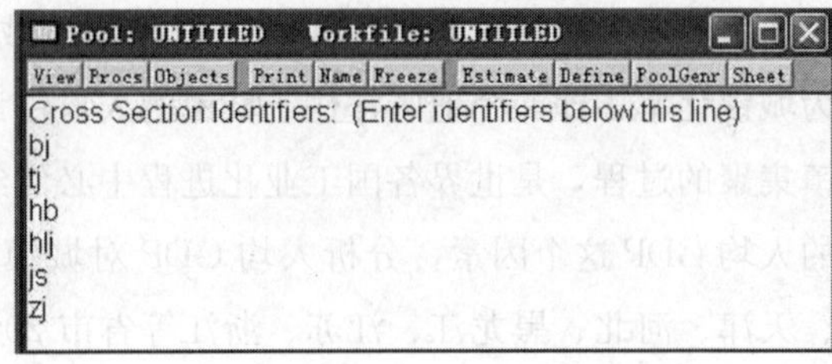

图　16-2

2. 定义序列名并输入数据

在新建的混合数据库（Pool）窗口的工具栏中点击“Sheet”键，从而打开“Series List”（列写序列名）窗口，在空白区域写入变量名，值得注意的是每个变量名后必须加上“?”，变量之间以空格隔开，如图 16-3 所示，变量分别是 GDP 和 CZHL，点击“OK”键，然后，点击“Edit+－”键，输入数据，输入完成后的情形如图 16-4 所示。

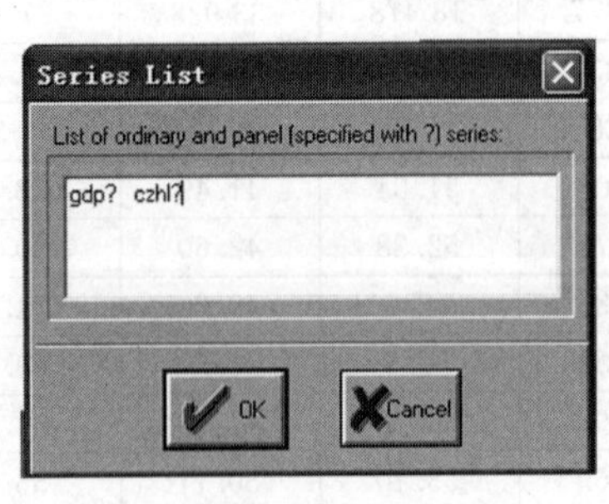

图　16-3

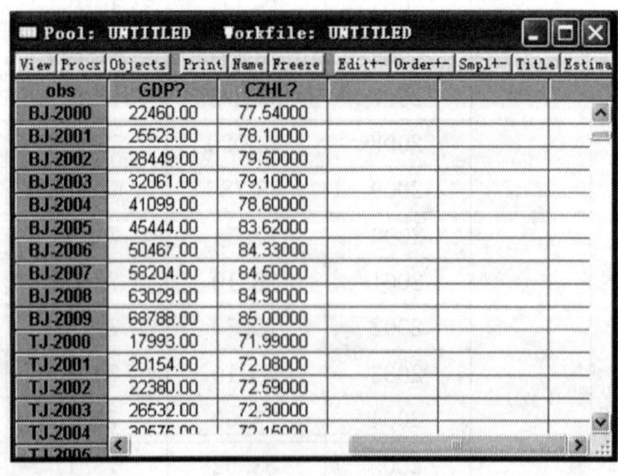

obs	GDP?	CZHL?
BJ-2000	22460.00	77.54000
BJ-2001	25523.00	78.10000
BJ-2002	28449.00	79.50000
BJ-2003	32061.00	79.10000
BJ-2004	41099.00	78.60000
BJ-2005	45444.00	83.62000
BJ-2006	50467.00	84.33000
BJ-2007	58204.00	84.50000
BJ-2008	63029.00	84.90000
BJ-2009	68788.00	85.00000
TJ-2000	17993.00	71.99000
TJ-2001	20154.00	72.08000
TJ-2002	22380.00	72.59000
TJ-2003	26532.00	72.30000
TJ-2004	30575.00	72.15000

图　16-4

值得注意的是，点击“Order＋－”键，还可以变换为以时间为序的阵列式排列。

3. 估计模型

用 EViwes 可以估计固定效应模型（包括个体固定效应模型、时点固定效应模型和时点个体固定效应模型 3 种）、随机效应模型、带有 AR(1) 参数的模型、截面不同回归系数也不同的面板数据模型。点击图 16-2 中的“Estimation”键，随后弹出“Pooled Estimation”（混合估计）对话窗，如图 16-5 所示。

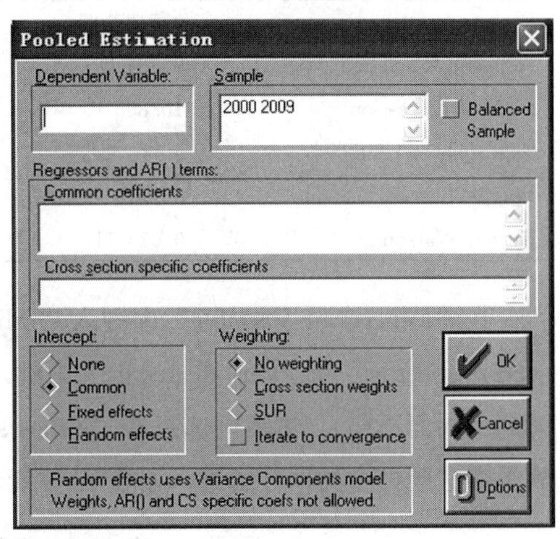

图　16-5

如图 16-5 所示，“Dependent Variable”用于填写被解释变量；“Common”表示所有截面成员的系数相同，而各变量的系数不同；“Cross-section specific”表示每个截面的系数不同。“Period specific”表示每个时期的系数不同。“Estimation method”对应的是各界面单位或各时期的影响，下拉菜单有“None、Fixed、Random”三个选项。“None”对应的是混合效应，在 EViews 中为默认状态；“Fixed”对应的是固定效应；“Random”对应的是随机效应（值得注意的是截面影响和时期影响都可以表现为固定效应和随机效应两种）。“weights”下拉菜单中有 5 个选项，分别为“No weighting”“Cross-section weights”“Cross-section SUR”“Period weights”“Period SUR”，依次表示：所有观测值的权重相等；假定模型出现截面异方差（截面较多，时间跨度较短时容易出现这种情况），对模型进行相应的广义最小二乘回归；假定模型出现截面异方差和同期相关（截面较多，时间跨度较长时），对模型进行相应的广义最小二乘回归；假定模型出现时期异方差（高频数据时容易出现这种情况），对模型进行相应的广义最小二乘回归；假定模型存在时期异方差和同期相关（时间跨度较长的高频数据容易出现这种情况），可采用广义最小二乘回归进行修正。

如图 16-5 所示，“Dependent Variable”中键入“czhl?”，在“Common”中键入“gdp? c”，点击“OK”就得到了混合模型的估计结果，如表 16-2 所示。

表 16-2　混合模型的估计结果

Dependent Variable：CZHL?

Method：PooledLeast Squares

Date：11/05/12　Time：21:14

Sample：2000 2009

Included observations：10

Cross-sections included：6

Total pool (balanced) observations：60

（续）

Variable	Coefficient	Std. Error	t-Statistic	Prob.
GDP?	0.000 757	9.14E−05	8.286 152	0.000 0
C	37.822 85	2.818 280	13.420 54	0.000 0
R-squared	0.542 082	Mean dependent var		58.083 83
Adjusted R-squared	0.534 187	S. D. dependent var		15.904 79
S. E. of regression	10.855 10	Akaike info criterion		7.639 912
Sum squared resid	6 834.321	hwarz criterion		7.709 723
Log likelihood	−227.197 3	F-statistic		68.660 32
Durbin-Watson stat	0.073 549	Prob(F-statistic)		0.000 000

在"Dependent Variable"中键入"czhl?"，在"Common"中键入"gdp?"，在"Cross-section specific"或"Period specific"中键入"c"（截距随截面不同而不同，后者表示截面随时期不同而不同），本案例选择在"Cross-section specific"中键入"c"，点击"OK"，就得到了变截距模型的估计结果，如表 16-3 所示。

表 16-3 变截距模型的估计结果

Dependent Variable：CZHL?

Method：PooledLeast Squares

Date：11/05/12 Time：21:32

Sample：2000 2009

Included observations：10

Cross-sections included：6

Total pool (balanced) observations：60

Variable	Coefficient	Std. Error	t-Statistic	Prob.
GDP?	0.000 247	2.60E−05	9.527 233	0.000 0
BJ—C	70.743 02	1.334 157	53.024 51	0.000 0
TJ—C	65.477 86	1.169 556	55.985 25	0.000 0
HB—C	32.429 47	0.802 814	40.394 78	0.000 0
HLJ—C	49.752 79	0.801 118	62.104 20	0.000 0
JS—C	42.771 81	0.955 535	44.762 15	0.000 0
ZJ—C	47.614 53	1.001 641	47.536 54	0.000 0
R-squared	0.982 221	Mean dependent var		58.083 83
Adjusted R-squared	0.980 208	S. D. dependent var		15.904 79
S. E. of regression	2.237 528	Akaike info criterion		4.557 901
Sum squared resid	265.346 2	Schwarz criterion		4.802 241
Log likelihood	−129.737 0	F-statistic		488.010 3
Durbin-Watson stat	0.831 175	Prob(F-statistic)		0.000 000

值得注意的是，变截距模型没有固定的截距项，从表 16-3 可以看出，随着地区的不同，截距项也不同。在"Dependent Variable"中键入"czhl?"，在"Cross-section specific"或"Period specific"中键入"gdp? c"（系数和截距随截面不同而不同，后者表示系数和截距随时期不同而不同），本案例选择在"Cross-section specific"中键入"gdp? c"，点击"OK"，就得到了变系数模型的估计结果，如表 16-4 所示。

表 16-4 变系数模型的估计结果

Dependent Variable: CZHL?
Method: PooledLeast Squares
Date: 11/05/12 Time: 22:03
Sample: 2000 2009
Included observations: 10
Cross-sections included: 6
Total pool (balanced) observations: 60

Variable	Coefficient	Std. Error	t-Statistic	Prob.
BJ—GDPBJ	0.000 179	3.07E−05	5.810 044	0.000 0
TJ—GDPTJ	0.000 150	3.31E−05	4.539 810	0.000 0
HB—GDPHB	0.000 779	8.11E−05	9.596 355	0.000 0
HLJ—GDPHLJ	0.000 253	0.000 103	2.457 887	0.017 6
JS—GDPJS	0.000 396	4.36E−05	9.087 358	0.000 0
ZJ—GDPZJ	0.000 252	4.44E−05	5.662 428	0.000 0
BJ—C	73.742 61	1.421 203	51.887 45	0.000 0
TJ—C	68.962 40	1.279 361	53.903 81	0.000 0
HB—C	24.671 46	1.277 729	19.308 84	0.000 0
HLJ—C	49.669 11	1.565 014	31.737 17	0.000 0
JS—C	39.089 44	1.179 629	33.137 04	0.000 0
ZJ—C	47.499 99	1.303 832	36.431 07	0.000 0
R-squared	0.992 654	Mean dependent var		58.083 83
Adjusted R-squared	0.990 971	S. D. dependent var		15.904 79
S. E. of regression	1.511 289	Akaike info criterion		3.840 659
Sum squared resid	109.631 7	Schwarz criterion		4.259 528
Log likelihood	−103.219 8	F-statistic		589.682 6
Durbin-Watson stat	1.797 298	Prob(F-statistic)		0.000 000

表 16-2 至表 16-4 中的“Sum squared resid”给出了相应的残差平方和，据此就可以计算出用于协变分析检验 F 统计量。根据式（16-7）和式（16-8）有 $F_2=336.23$，$F_1=13.66$。在显著水平为 5%的条件下，F_2 的临界值介于 1.99～2.08，表明应该拒绝 H_2；在显著水平为 5%的条件下，F_1 的临界值介于 2.37～2.45，表明应该拒绝 H_1，认为模型是变系数模型。

在“Dependent Variable”中键入“czhl?”，在“Common”中键入“gdp?”，在“Cross-section specific”中选择“Fixed”，点击“OK”，就得到了个体固定效应模型的估计结果，如表 16-5 所示。

表 16-5 固定效应模型的估计结果

Dependent Variable: CZHL?
Method: PooledLeast Squares
Date: 11/06/12 Time: 08:55
Sample: 2000 2009
Included observations: 10
Cross-sections included: 6
Total pool (balanced) observations: 60

（续）

Variable	Coefficient	Std. Error	t-Statistic	Prob.
C	51.464 91	0.752 397	68.401 27	0.000 0
GDP?	0.000 247	2.60E−05	9.527 233	0.000 0
Fixed Effects (Cross)				
BJ—C	19.278 11			
TJ—C	14.012 95			
HB—C	−19.035 44			
HLJ—C	−1.712 124			
JS—C	−8.693 106			
ZJ—C	−3.850 385			
		Effects Specification		
Cross-section fixed (dummy variables)				
R-squared	0.982 221	Mean dependent var		58.083 83
Adjusted R-squared	0.980 208	S.D. dependent var		15.904 79
S.E. of regression	2.237 528	Akaike info criterion		4.557 901
Sum squared resid	265.346 2	Schwarz criterion		4.802 241
Log likelihood	−129.737 0	F-statistic		488.010 3
Durbin-Watson stat	0.831 175	Prob(F-statistic)		0.000 000

如模型（16-9）所示，个体固定效应模型不带有常数项，然而，表 16-5 的估计结果中却有常数项。原因在于在 EViews 输出结果中 γ_i［模型（16-9）中的参数］是以一个不变的常数部分和随个体变化的部分相加而成。在“Dependent Variable”中键入“czhl?”，在“Common”中键入“gdp?”，在“Cross-section specific”中选择“Random”，点击“OK”，就得到了个体随机效应模型的估计结果，如表 16-6 所示。

表 16-6　个体随机效应的估计结果

Dependent Variable：CZHL?
Method：Pooled EGLS (Cross-section random effects)
Date：11/06/12　Time：09:20
Sample：2000 2009
Included observations：10
Cross-sections included：6
Total pool (balanced) observations：60
Swamy andArora estimator of component variances

Variable	Coefficient	Std. Error	t-Statistic	Prob.
C	51.258 25	3.296 859	15.547 60	0.000 0
GDP?	0.000 255	2.59E−05	9.860 153	0.000 0
Random Effects (Cross)				
BJ—C	18.994 53			
TJ—C	13.830 62			
HB—C	−18.789 48			
HLJ—C	−1.604 224			
JS—C	−8.607 783			
ZJ—C	−3.823 662			

（续）

Effects Specification			
Cross-section random S. D. / Rho		7. 863 831	0. 925 1
Idiosyncratic random S. D. / Rho		2. 237 528	0. 074 9
Weighted Statistics			
R-squared	0. 583 729	Mean dependent var	5. 205 215
Adjusted R-squared	0. 576 552	S. D. dependent var	3. 759 417
S. E. of regression	2. 446 360	Sum squared resid	347. 111 4
F-statistic	81. 332 37	Durbin-Watson stat	0. 637 205
Prob(F-statistic)	0. 000 000		
Unweighted Statistics			
R-squared	0. 303 716	Mean dependent var	58. 083 83
Sum squared resid	10 391. 89	Durbin-Watson stat	0. 021 284

在表 16-6 对应的工作文档下，点击“View/Fixed/Random Effects Testing/ Correlated Random Effects-Hausman Tests”，就可以自动实现 Hausman 检验。值得注意的是，进行 Hausman 检验的时候必须首先估计出一个随机效应模型，然后，在此基础上通过前述按钮进行检验。检验结果如表 16-7 所示。

表 16-7　Hausman 检验的输出结果

Correlated Random Effects-Hausman Test				
Pool：POOL01				
Test cross-section random effects				
Test Summary		Chi-Sq. Statistic	Chi-Sq. d. f.	Prob.
Cross-section random		12. 331 706	1	0. 000 4
Cross-section random effects test comparisons：				
Variable	Fixed	Random	Var(Diff.)	Prob.
GDP?	0. 000 247	0. 000 255	0. 000 000	0. 000 4
Cross-section random effects test equation：				
Dependent Variable：CZHL?				
Method：PanelLeast Squares				
Date：11/06/12　Time：09:36				
Sample：2000 2009				
Included observations：10				
Cross-sections included：6				
Total pool (balanced) observations：60				
Variable	Coefficient	Std. Error	t-Statistic	Prob.
C	51. 464 91	0. 752 397	68. 401 27	0. 000 0
GDP?	0. 000 247	2. 60E−05	9. 527 233	0. 000 0
Effects Specification				
Cross-section fixed (dummy variables)				
R-squared	0. 982 221	Mean dependent var		58. 083 83
Adjusted R-squared	0. 980 208	S. D. dependent var		15. 904 79
S. E. of regression	2. 237 528	Akaike info criterion		4. 557 901

（续）

Sum squared resid	265.346 2	Schwarz criterion	4.802 241
Log likelihood	−129.737 0	Hannan-Quinn criter.	4.653 476
F-statistic	488.010 3	Durbin-Watson stat	0.831 175
Prob(F-statistic)	0.000 000		

从表16-7可以看出，Hausman统计量对应的卡方值为12.33，相伴概率为0.000 4远小于0.05，因此，应该拒绝随机效应模型中个体影响与解释变量之间不相关的原假设，选择固定效应模型。其实，有时候未必需要Hausman检验来选择固定效应模型还是随机效应模型，只要灵活运用前面章节学到的知识就可以协助判断。比较表16-5和表16-6可知，固定效应模型下调整后的判定系数$\overline{R}^2$为0.980 2，而固定效应模型下调整后的判定系数$\overline{R}^2$为0.576，可见前者的拟合效果高于后者。通过比较EViews的输出结果还可以协助选择混合模型、变截距模型和变系数模型，有兴趣的读者可以比较表16-2、表16-3、表16-4中的调整后的判定系数$\overline{R}^2$、AIC统计量、SC统计量，并将比较的结果和协变分析检验的结果进行印证。

固定效应和随机效应都可以分别表现在截面和时期上，为了演示，表16-5和表16-6为了演示仅仅给出了个体固定效应模型和个体随机效应模型的估计结果，而没有给出在设定模型的时候如何选择。应该选择个体固定（随机），还是时点固定（随机）效应呢？这一点可以通过检验个体固定（随机）效应或时点固定（随机）效应的显著性来实现。下面我们以固定效应模型为例，来判断应该选择个体固定效应还是时点固定效应。在“Dependent Variable”中键入“czhl?”，在“Common”中键入“gdp?”，在“Cross-section specific”中选择“Fixed”，在“period”中选择“Fixed”，点击“OK”，就得到了个体时点固定效应模型的估计结果。然后，点击“View/Fixed/Random Effects Testing/Redundant Fixed Effects-Likelihood Ratio”，点击“OK”就得到固定效应检验的结果。

表16-8 固定效应检验的结果

Redundant Fixed Effects Tests

Pool：POOL01

Test cross-section and period fixed effects

Effects Test	Statistic	d.f.	Prob.
Cross-section F	274.543 595	（5，44）	0.000 0
Cross-section Chi-square	208.314 513	5	0.000 0
Period F	5.161 899	（9，44）	0.000 1
Period Chi-square	43.241 157	9	0.000 0
Cross-Section/Period F	163.273 905	（14，44）	0.000 0
Cross-Section/Period Chi-square	238.161 777	14	0.000 0

从表16-8可以看出，不管是F统计量还是卡方统计量都在5%的显著水平下拒绝个体（时点）固定效应不显著的原假设，二者均认为既存在个体固定效应，又存在时点固定效应。

思考与练习

1. 什么是面板数据，它和截面数据与时间序列数据相比有什么优点？
2. 混合效应模型、变截距模型和变系数模型的差别是什么？如何判断用哪个模型？
3. 固定效应与随机效应的含义是什么？如何判断用哪个模型？
4. Hausman 检验的原理是什么？
5. 表 16-9 给出了中国四个直辖市 2001～2013 年的进出口总额和 GDP 数据。求：
(1) 它们属于哪种数据类型，应该用采用什么模型估计其关系？
(2) 试确定应该选用混合模型、变截距模型还是变系数模型，并给出理由。
(3) 试确定应该选用固定效应还是随机效应？
(4) 估计该模型并根据估计结果解释其经济学含义。

表 16-9　中国四个直辖市进出口总额和 GDP

	时　间	北　京	天　津	上　海	重　庆
进出口总额（万元）	2001	5 149 809.00	1 816 714.00	6 088 332.00	183 391.00
	2002	5 250 529.00	2 281 140.00	7 262 711.00	179 307.00
	2003	6 850 017.00	2 934 244.00	11 233 955.00	259 476.00
	2004	9 457 572.50	4 202 860.60	16 000 992.00	385 714.70
	2005	12 550 642.53	5 327 680.45	18 633 673.79	429 284.22
	2006	15 803 662.77	6 446 193.98	22 752 419.59	546 967.90
	2007	19 299 976.10	7 144 973.30	28 285 387.80	743 794.40
	2008	27 169 289.90	8 040 083.60	32 205 531.00	952 139.40
	2009	21 473 305.30	6 383 123.40	27 771 361.10	771 252.10
	2010	30 172 154.80	8 210 005.00	36 895 065.20	1 242 707.40
	2011	38 955 597.70	10 337 616.50	43 754 861.50	2 920 763.50
	2012	40 810 731.90	11 563 427.20	43 658 695.30	5 320 358.20
	2013	42 899 581.20	12 850 178.80	44 126 821.60	6 869 216.40
GDP（亿元）	2001	3 710.52	1 919.09	5 210.12	1 976.86
	2002	4 330.40	2 150.76	5 741.03	2 232.86
	2003	5 023.77	2 578.03	6 694.23	2 555.72
	2004	6 033.20	3 110.97	8 072.83	3 034.58
	2005	6 886.31	3 697.62	9 154.18	3 467.72
	2006	7 870.28	4 359.15	10 366.37	3 907.23
	2007	9 353.32	5 050.40	12 188.85	4 676.13
	2008	11 115.00	6 719.01	14 069.87	5 793.66
	2009	12 153.03	7 521.85	15 046.45	6 530.01
	2010	14 113.58	9 224.46	17 165.98	7 925.58
	2011	16 251.93	11 307.28	19 195.69	10 011.37
	2012	17 879.40	12 893.88	20 181.72	11 409.60
	2013	19 500.56	14 370.16	21 602.12	12 656.69

资料来源：中华人民共和国国家统计局，《中国统计年鉴——2014》，中国统计出版社，2014。

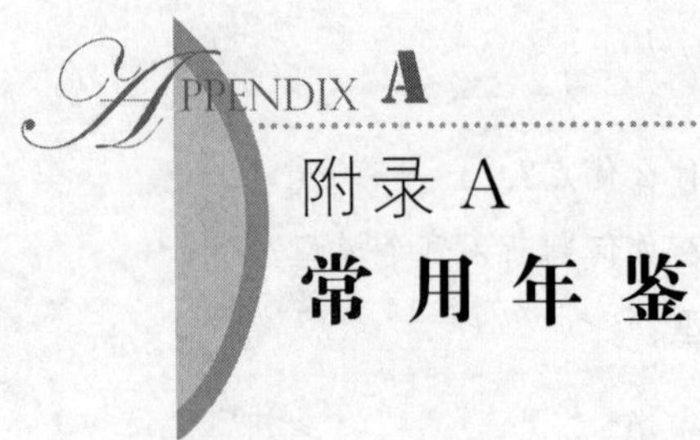

附录A 常用年鉴

《中国统计年鉴》
《中国海关统计年鉴》
《中国商务年鉴》
《中国商业年鉴》
《世界经济年鉴》
《中国经济贸易年鉴》
《中国—东盟商务年鉴》
《中国非公有制经济年鉴》
《中国欧洲商务年鉴》
《中国第三产业统计年鉴》
《中国建筑业统计年鉴》
《中国工业经济统计年鉴》
《中国国土资源统计年鉴》
《中国人口和就业统计年鉴》
《中国高技术产业统计年鉴》
《中国科技统计年鉴》
《中国房地产统计年鉴》
《中国农村住户调查年鉴》
《中国农产品价格调查年鉴》
《中国教育经费统计年鉴》
《中国大型工业企业年鉴》
《中国环境统计年鉴》
《中国人口统计年鉴》
《中国城市统计年鉴》
《中国能源统计年鉴》
《中国固定资产投资统计年鉴》
《中国保险年鉴》
《上海证券交易所统计年鉴》
《上海期货交易所交易统计年鉴》
《中国农业发展银行统计年鉴》
《中国财政年鉴》
《中国会计年鉴》
《中国风险投资年鉴》
《中国能源统计年鉴》
《中国证券业年鉴》
《中国金融年鉴》
《中国信托业年鉴》
《中国劳动和社会保障年鉴》
《中国中小企业年鉴》
《中国产权市场年鉴》
《中国审计年鉴》
《中国经济年鉴》
《世界军事年鉴》
《中国物价年鉴》
《中国农村统计年鉴》
《中国社会统计年鉴》
《中国政府采购年鉴》
《中国企业并购年鉴》
《中国投资年鉴》
《中国轻工业年鉴》
《中国纺织工业年鉴》
《中国国土资源统计年鉴》

《中国工业年鉴》

《中国汽车工业年鉴》

《中国橡胶工业年鉴》

《中国农业机械工业年鉴》

《中国电器工业年鉴》

《中国国有资产监督管理年鉴》

《中国汽车市场年鉴》

附录 B
标准正态分布表

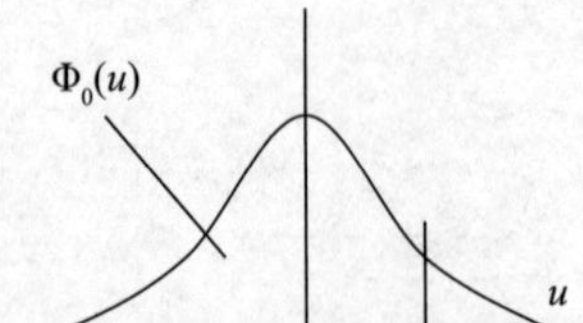

$$\Phi_0 = \frac{1}{\sqrt{2\pi}}\int_{-\infty}^{u} e^{-\frac{x^2}{2}}\,dx\,(u \geqslant 0)$$

Z	0.00	0.01	0.02	0.03	0.04	0.05	0.06	0.07	0.08	0.09
0.0	0.000 0	0.004 0	0.008 0	0.012 0	0.016 0	0.019 9	0.023 9	0.027 9	0.031 9	0.035 9
0.1	0.039 8	0.043 8	0.047 8	0.051 7	0.055 7	0.059 6	0.063 6	0.067 5	0.071 4	0.075 3
0.2	0.079 3	0.083 2	0.087 1	0.091 0	0.094 8	0.098 7	0.102 6	0.106 4	0.110 3	0.114 1
0.3	0.117 9	0.121 7	0.125 5	0.129 3	0.133 1	0.136 8	0.140 6	0.144 3	0.148 0	0.151 7
0.4	0.155 4	0.159 1	0.162 8	0.166 4	0.170 0	0.173 6	0.177 2	0.180 8	0.184 4	0.187 9
0.5	0.191 5	0.195 0	0.198 5	0.201 9	0.205 4	0.208 8	0.212 3	0.215 7	0.219 0	0.222 4
0.6	0.225 7	0.229 1	0.232 4	0.235 7	0.238 9	0.242 2	0.245 4	0.248 6	0.251 7	0.254 9
0.7	0.258 0	0.261 1	0.264 2	0.267 3	0.270 4	0.273 4	0.276 4	0.279 4	0.282 3	0.285 2
0.8	0.288 1	0.291 0	0.293 9	0.296 7	0.299 5	0.302 3	0.305 1	0.307 8	0.310 6	0.313 3
0.9	0.315 9	0.318 6	0.321 2	0.323 8	0.3264	0.328 9	0.331 5	0.334 0	0.336 5	0.338 9
1.0	0.341 3	0.343 8	0.346 1	0.348 5	0.350 8	0.353 1	0.355 4	0.357 7	0.359 9	0.362 1
1.1	0.364 3	0.366 5	0.368 6	0.370 8	0.372 9	0.374 9	0.377 0	0.379 0	0.381 0	0.383 0
1.2	0.384 9	0.386 9	0.388 8	0.390 7	0.392 5	0.394 4	0.396 2	0.398 0	0.399 7	0.401 5
1.3	0.403 2	0.404 9	0.406 6	0.408 2	0.409 9	0.411 5	0.413 1	0.414 7	0.416 2	0.417 7
1.4	0.419 2	0.420 7	0.422 2	0.423 6	0.4251	0.426 5	0.427 9	0.429 2	0.430 6	0.431 9
1.5	0.433 2	0.434 5	0.435 7	0.437 0	0.438 2	0.439 4	0.440 6	0.441 8	0.442 9	0.444 1
1.6	0.445 2	0.446 3	0.447 4	0.448 4	0.449 5	0.450 5	0.451 5	0.452 5	0.453 5	0.454 5
1.7	0.445 4	0.456 4	0.457 3	0.458 2	0.459 1	0.459 9	0.460 8	0.461 6	0.462 5	0.463 3
1.8	0.464 1	0.464 9	0.465 6	0.466 4	0.467 1	0.467 8	0.468 6	0.469 3	0.469 9	0.470 6
1.9	0.471 3	0.471 9	0.472 6	0.473 2	0.473 8	0.474 4	0.475 0	0.475 6	0.476 1	0.476 7
2.0	0.477 2	0.477 8	0.478 3	0.478 8	0.479 3	0.479 8	0.480 3	0.480 8	0.481 2	0.481 7
2.1	0.482 1	0.482 6	0.483 0	0.483 4	0.483 8	0.484 2	0.484 6	0.485 0	0.485 4	0.485 7
2.2	0.486 1	0.486 4	0.486 8	0.487 1	0.487 5	0.487 8	0.488 1	0.488 4	0.488 7	0.489 0
2.3	0.489 3	0.489 6	0.489 8	0.490 1	0.490 4	0.490 6	0.490 9	0.491 1	0.491 3	0.491 6
2.4	0.491 8	0.492 0	0.492 2	0.492 5	0.492 7	0.492 9	0.493 1	0.493 2	0.493 4	0.493 6
2.5	0.493 8	0.494 0	0.494 1	0.494 3	0.494 5	0.494 6	0.494 8	0.494 9	0.495 1	0.495 2
2.6	0.495 3	0.495 5	0.495 6	0.495 7	0.495 9	0.496 0	0.496 1	0.496 2	0.496 3	0.496 4
2.7	0.496 5	0.496 6	0.496 7	0.496 8	0.496 9	0.497 0	0.497 1	0.497 2	0.497 3	0.497 4
2.8	0.497 4	0.497 5	0.497 6	0.497 7	0.497 7	0.497 8	0.497 9	0.497 9	0.498 0	0.498 1
2.9	0.498 1	0.498 2	0.498 2	0.498 3	0.498 4	0.498 4	0.498 5	0.498 5	0.498 6	0.498 6
3.0	0.498 7	0.498 7	0.498 7	0.498 8	0.498 8	0.498 9	0.498 9	0.498 9	0.499 0	0.499 0

附录C

t 分布表

$$p\{t > t_{\alpha/2}\} = \alpha$$

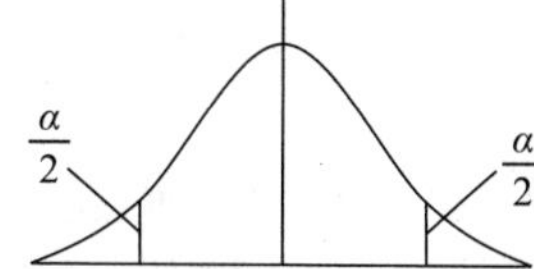

v	α						
	0.25	0.10	0.05	0.025	0.01	0.005	0.001
1	1.000	3.078	6.314	12.706	31.821	63.657	318.31
2	0.816	1.886	2.920	4.303	6.965	9.925	22.327
3	0.765	1.638	2.353	3.182	4.541	5.841	10.214
4	0.741	1.533	2.132	2.776	3.747	4.604	7.173
5	0.727	1.476	2.015	2.571	3.365	4.032	5.893
6	0.718	1.440	1.943	2.447	3.143	3.707	5.208
7	0.711	1.415	1.895	2.365	2.998	3.499	4.785
8	0.706	1.397	1.860	2.306	2.896	3.355	4.501
9	0.703	1.383	1.833	2.262	2.821	3.250	4.297
10	0.700	1.372	1.812	2.228	2.764	3.169	4.144
11	0.697	1.363	1.796	2.201	2.718	3.106	4.025
12	0.695	1.356	1.782	2.179	2.681	3.055	3.930
13	0.694	1.350	1.771	2.160	2.650	3.012	3.852
14	0.692	1.345	1.761	2.145	2.624	2.977	3.787
15	0.691	1.341	1.753	2.131	2.602	2.947	3.733
16	0.690	1.337	1.746	2.120	2.583	2.921	3.686
17	0.689	1.333	1.740	2.110	2.567	2.898	3.646
18	0.688	1.330	1.734	2.101	2.552	2.878	3.610
19	0.688	1.328	1.729	2.093	2.539	2.861	3.579
20	0.687	1.325	1.725	2.086	2.528	2.845	3.552
21	0.686	1.323	1.721	2.080	2.518	2.831	3.527
22	0.686	1.321	1.717	2.074	2.508	2.819	3.505
23	0.685	1.319	1.714	2.069	2.500	2.807	3.485
24	0.685	1.318	1.711	2.064	2.492	2.797	3.467
25	0.684	1.316	1.708	2.060	2.485	2.787	3.450
26	0.684	1.315	1.706	2.056	2.479	2.779	3.435
27	0.684	1.314	1.703	2.052	2.473	2.771	3.421
28	0.683	1.313	1.701	2.048	2.467	2.763	3.408
29	0.683	1.311	1.699	2.045	2.462	2.756	3.396
30	0.683	1.310	1.697	2.042	2.457	2.750	3.385
40	0.681	1.303	1.684	2.021	2.423	2.704	3.307
60	0.679	1.296	1.671	2.000	2.390	2.660	3.232
120	0.677	1.289	1.658	1.980	2.358	2.617	3.160
∞	0.674	1.282	1.645	1.960	2.326	2.576	3.090

附录 D χ² 分布百分位数表

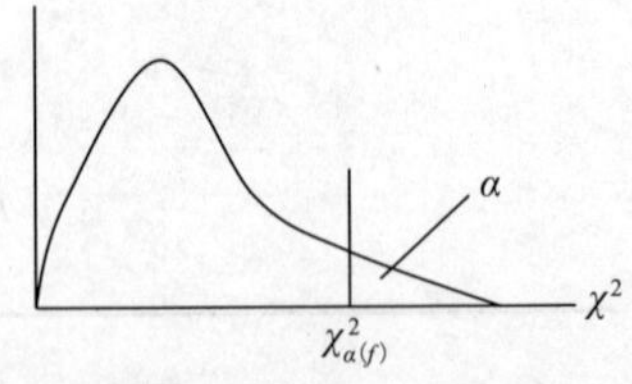

$P\{\chi^2 > \chi^2_{\alpha(f)}\} = \alpha$

式中，α 表示概率，f 表示自由度

f	α								
	0.99	0.975	0.95	0.9	0.1	0.05	0.025	0.01	0.005
1	—	0.001	0.004	0.016	2.706	3.841	5.024	6.635	7.879
2	0.02	0.051	0.103	0.211	4.605	5.991	7.378	9.21	10.597
3	0.115	0.216	0.352	0.584	6.251	7.815	9.348	11.345	12.838
4	0.297	0.484	0.711	1.064	7.779	9.488	11.143	13.277	14.86
5	0.554	0.831	1.145	1.61	9.236	11.071	12.833	15.086	16.75
6	0.872	1.237	1.635	2.204	10.645	12.592	14.449	16.812	18.548
7	1.239	1.69	2.167	2.833	12.017	14.067	16.013	18.475	20.278
8	1.646	2.18	2.733	3.49	13.362	15.507	17.535	20.09	21.955
9	2.088	2.7	3.325	4.168	14.684	16.919	19.023	21.666	23.589
10	2.558	3.247	3.94	4.865	15.987	18.307	20.483	23.209	25.188
11	3.053	3.816	4.575	5.578	17.275	19.675	21.92	24.725	26.757
12	3.571	4.404	5.226	6.304	18.549	21.026	23.337	26.217	28.299
13	4.107	5.009	5.892	7.042	19.812	22.362	24.736	27.688	29.819
14	4.66	5.629	6.571	7.79	21.064	23.685	26.119	29.141	31.319
15	5.229	6.262	7.261	8.547	22.307	24.966	27.488	30.578	32.801
16	5.812	6.908	7.962	9.312	23.542	26.296	28.845	32	34.267
17	6.408	7.564	8.672	10.085	24.769	27.587	30.191	33.409	35.718
18	7.015	8.231	9.39	10.865	25.989	28.869	31.526	34.805	37.156
19	7.633	8.907	10.117	11.651	27.204	30.144	32.852	36.191	38.582
20	8.26	9.591	10.851	12.443	28.412	31.41	34.17	37.566	39.997
21	8.897	10.283	11.591	13.24	29.615	32.671	35.479	38.932	41.401
22	9.542	10.982	12.338	14.042	30.813	33.924	36.781	40.289	42.796
23	10.196	11.689	13.091	14.848	32.007	35.172	38.076	41.638	44.181
24	10.856	12.401	13.848	15.659	33.196	36.415	39.364	42.98	45.559
25	11.524	13.12	14.611	16.473	34.382	37.652	40.646	44.314	46.928
26	12.198	13.844	15.379	17.292	35.563	38.885	41.923	45.642	48.29
27	12.879	14.573	16.151	18.114	36.741	40.113	43.194	46.963	49.645
28	13.565	15.308	16.928	18.939	37.916	41.337	44.461	48.278	50.993

（续）

f	α								
	0.99	0.975	0.95	0.9	0.1	0.05	0.025	0.01	0.005
29	14.257	16.047	17.708	19.768	39.087	42.557	45.722	49.588	52.336
30	14.954	16.791	18.493	20.599	40.256	43.773	46.979	50.892	53.672
31	15.655	17.539	19.281	21.434	41.422	44.985	48.232	52.191	55.003
32	16.362	18.291	20.072	22.271	42.585	46.194	49.48	53.486	56.328
33	17.074	19.047	20.867	23.11	43.745	47.4	50.725	54.776	57.648
34	17.789	19.806	21.664	23.952	44.903	48.602	51.966	56.061	58.964
35	18.509	20.569	22.465	24.797	46.059	49.802	53.203	57.342	60.275
36	19.233	21.336	23.269	25.643	47.212	50.998	54.437	58.619	61.581
37	19.96	22.106	24.075	26.492	48.363	52.192	55.668	59.892	62.883
38	20.691	22.878	24.884	27.343	49.513	53.384	56.896	61.162	64.181
38	21.426	23.654	25.695	28.196	50.66	54.572	58.12	62.428	65.476
40	22.164	24.433	26.509	29.051	51.805	55.758	59.342	63.691	66.766
50	29.707	32.357	34.764	37.689	63.167	67.505	71.420	76.154	79.490
60	37.485	48.482	43.188	46.459	74.397	79.082	83.298	88.379	91.952
70	45.442	48.758	51.739	55.329	85.527	90.531	95.023	100.425	104.215
80	53.540	57.513	60.392	64.278	96.578	101.879	106.629	112.329	116.321
90	61.754	65.647	69.126	73.291	107.565	113.145	118.136	124.116	128.299
100	70.065	74.222	77.930	83.358	118.498	124.342	129.561	135.807	140.169

附录E
F 分布百分位数表

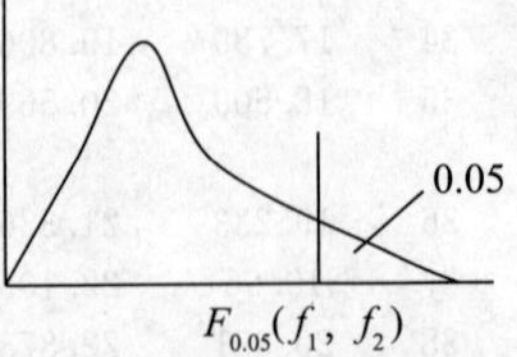

$P\{F > F_{0.05}(f_1, f_2)\} = 0.05$

其中 f_1 表示分子自由度，f_2 表示分母自由度

分母自由度	Pr	分子自 1	2	3	4	5	6	7	8	9	10	11	12
	0.25	5.83	7.50	8.20	8.58	8.82	8.98	9.10	9.19	9.26	9.32	9.36	9.41
1	0.10	39.9	49.5	53.6	55.8	57.2	58.2	58.9	59.4	59.9	60.2	60.5	60.7
	0.05	161	200	216	225	230	234	237	239	241	242	243	244
	0.25	2.57	3.00	3.15	3.23	3.28	3.31	3.34	3.35	3.37	3.38	3.39	3.39
2	0.10	8.53	9.00	9.16	9.24	9.29	9.33	9.35	9.37	9.38	9.39	9.40	9.41
	0.05	18.5	19.0	19.2	19.2	19.3	19.3	19.4	19.4	19.4	19.4	19.4	19.4
	0.01	98.5	99.0	99.2	99.2	99.3	99.3	99.4	99.4	99.4	99.4	99.4	99.4
	0.25	2.02	2.28	2.36	2.39	2.41	2.42	2.43	2.44	2.44	2.44	2.45	2.45
3	0.10	5.54	5.46	5.39	5.34	5.31	5.28	5.27	5.25	5.24	5.23	5.22	5.22
	0.05	10.1	9.55	9.28	9.12	9.01	8.94	8.89	8.85	8.81	8.79	8.76	8.74
	0.01	34.1	30.8	29.5	28.7	28.2	27.9	27.7	27.5	27.3	27.2	27.1	27.1
	0.25	1.81	2.00	2.05	2.06	2.07	2.08	2.08	2.08	2.08	2.08	2.08	2.08
4	0.10	4.54	4.32	4.19	4.11	4.05	4.01	3.98	3.95	3.94	3.92	3.91	3.90
	0.05	7.71	6.94	6.59	6.39	6.26	6.16	6.09	6.04	6.00	5.96	5.94	5.91
	0.01	21.2	18.0	16.7	16.0	15.5	15.2	15.0	14.8	14.7	14.5	14.4	14.4
	0.25	1.69	1.85	1.88	1.89	1.89	1.89	1.89	1.89	1.89	1.89	1.89	1.89
5	0.10	4.06	3.78	3.62	3.52	3.45	3.40	3.37	3.34	3.32	3.30	3.28	3.27
	0.05	6.61	5.79	5.41	5.19	5.05	4.95	4.88	4.82	4.77	4.74	4.71	4.68
	0.01	16.3	13.3	12.1	11.4	11.0	10.7	10.5	10.3	10.2	10.1	9.96	9.89
	0.25	1.62	1.76	1.78	1.79	1.79	1.78	1.78	1.78	1.77	1.77	1.77	1.77
6	0.10	3.78	3.46	3.29	3.18	3.11	3.05	3.01	2.98	2.96	2.94	2.92	2.90
	0.05	5.99	5.14	4.76	4.53	4.39	4.28	4.21	4.15	4.10	4.06	4.03	4.00
	0.01	13.7	10.9	9.78	9.15	8.75	8.47	8.26	8.10	7.98	7.87	7.79	7.72
	0.25	1.57	1.70	1.72	1.72	1.71	1.71	1.70	1.70	1.69	1.69	1.69	1.68
7	0.10	3.59	3.26	3.07	2.96	2.88	2.83	2.78	2.75	2.72	2.70	2.68	2.67
	0.05	5.59	4.74	4.35	4.12	3.97	3.87	3.79	3.73	3.68	3.64	3.60	3.57
	0.01	12.2	9.55	8.45	7.85	7.46	7.19	6.99	6.84	6.72	6.62	6.54	6.47
	0.25	1.54	1.66	1.67	1.66	1.66	1.65	1.64	1.64	1.63	1.63	1.63	1.62
8	0.10	3.46	3.11	2.92	2.81	2.73	2.67	2.62	2.59	2.56	2.54	2.52	2.50
	0.05	5.32	4.46	4.07	3.84	3.69	3.58	3.50	3.44	3.39	3.35	3.31	3.28
	0.01	11.3	8.65	7.59	7.01	6.63	6.37	6.18	6.03	5.91	5.81	5.73	5.67
	0.25	1.51	1.62	1.63	1.63	1.62	1.61	1.60	1.60	1.59	1.59	1.58	1.58
9	0.10	3.36	3.01	2.81	2.69	2.61	2.55	2.51	2.47	2.44	2.42	2.40	2.38
	0.05	5.12	4.26	3.86	3.63	3.48	3.37	3.29	3.23	3.18	3.14	3.10	3.07
	0.01	10.6	8.02	6.99	6.42	6.06	5.80	5.61	5.47	5.35	5.26	5.18	5.11

由度													分母
15	20	24	30	40	50	60	100	120	200	500	∞	Pr	自由度
9.49	9.58	9.63	9.67	9.71	9.74	9.76	9.78	9.80	9.82	9.84	9.85	0.25	
61.2	61.7	62.0	62.3	62.5	62.7	62.8	63.0	63.1	63.2	63.3	63.3	0.10	1
246	248	249	250	251	252	252	253	253	254	254	254	0.05	
3.41	3.43	3.43	3.44	3.45	3.45	3.46	3.47	3.47	3.48	3.48	3.48	0.25	
9.42	9.44	9.45	9.46	9.47	9.47	9.47	9.48	9.48	9.49	9.49	9.49	0.10	2
19.4	19.4	19.5	19.5	19.5	19.5	19.5	19.5	19.5	19.5	19.5	19.5	0.05	
99.4	99.4	99.5	99.5	99.5	99.5	99.5	99.5	99.5	99.5	99.5	99.5	0.01	
2.46	2.46	2.46	2.47	2.47	2.47	2.47	2.47	2.47	2.47	2.47	2.47	0.25	
5.20	5.18	5.18	5.17	5.16	5.15	5.15	5.14	5.14	5.14	5.14	5.13	0.10	3
8.70	8.66	8.64	8.62	8.59	8.58	8.57	8.55	8.55	8.54	8.53	8.53	0.05	
26.9	26.7	26.6	26.5	26.4	26.4	26.3	26.2	26.2	26.2	26.1	26.1	0.01	
2.08	2.08	2.08	2.08	2.08	2.08	2.08	2.08	2.08	2.08	2.08	2.08	0.25	
3.87	3.84	3.83	3.82	3.80	3.80	3.79	3.78	3.78	3.77	3.76	3.76	0.10	4
5.86	5.80	5.77	5.75	5.72	5.70	5.69	5.66	5.66	5.65	5.64	5.63	0.05	
14.2	14.0	13.9	13.8	13.7	13.7	13.7	13.6	13.6	13.5	13.5	13.5	0.01	
1.89	1.88	1.88	1.88	1.88	1.88	1.87	1.87	1.87	1.87	1.87	1.87	0.25	
3.24	3.21	3.19	3.17	3.16	3.15	3.14	3.13	3.12	3.12	3.11	3.10	0.10	5
4.62	4.56	4.53	4.50	4.46	4.44	4.43	4.41	4.40	4.39	4.37	4.36	0.05	
9.72	9.55	9.47	9.38	9.29	9.24	9.20	9.13	9.11	9.08	9.04	9.02	0.01	
1.76	1.76	1.75	1.75	1.75	1.75	1.74	1.74	1.74	1.74	1.74	1.74	0.25	
2.87	2.84	2.82	2.80	2.78	2.77	2.76	2.75	2.74	2.73	2.73	2.72	0.10	6
3.94	3.87	3.84	3.81	3.77	3.75	3.74	3.71	3.70	3.69	3.68	3.67	0.05	
7.56	7.40	7.31	7.23	7.14	7.09	7.06	6.99	6.97	6.93	6.90	6.88	0.01	
1.68	1.67	1.67	1.66	1.66	1.66	1.65	1.65	1.65	1.65	1.65	1.65	0.25	
2.63	2.59	2.58	2.56	2.54	2.52	2.51	2.50	2.49	2.48	2.48	2.47	0.10	7
3.51	3.44	3.41	3.38	3.34	3.32	3.30	3.27	3.27	3.25	3.24	3.23	0.05	
6.31	6.16	6.07	5.99	5.91	5.86	5.82	5.75	5.74	5.70	5.67	5.65	0.01	
1.62	1.61	1.60	1.60	1.59	1.59	1.59	1.58	1.58	1.58	1.58	1.58	0.25	
2.46	2.42	2.40	2.38	2.36	2.35	2.34	2.32	2.32	2.31	2.30	2.29	0.10	8
3.22	3.15	3.12	3.08	3.04	2.02	3.01	2.97	2.97	2.95	2.94	2.93	0.05	
5.52	5.36	5.28	5.20	5.12	5.07	5.03	4.96	4.95	4.91	4.88	4.86	0.01	
1.57	1.56	1.56	1.55	1.55	1.54	1.54	1.53	1.53	1.53	1.53	1.53	0.25	
2.34	2.30	2.28	2.25	2.23	2.22	2.21	2.19	2.18	2.17	2.17	2.16	0.10	9
3.01	2.94	2.90	2.86	2.83	2.80	2.79	2.76	2.75	2.73	2.72	2.71	0.05	
4.96	4.81	4.73	4.65	4.57	4.52	4.48	4.42	4.40	4.36	4.33	4.31	0.01	

分母自由度	Pr	分子自 1	2	3	4	5	6	7	8	9	10	11	12
	0.25	1.49	1.60	1.60	1.59	1.59	1.58	1.57	1.56	1.56	1.55	1.55	1.54
10	0.10	3.29	2.92	2.73	2.61	2.52	2.46	2.41	2.38	2.35	2.32	2.30	2.28
	0.05	4.96	4.10	3.71	3.48	3.33	3.22	3.14	3.07	3.02	2.98	2.94	2.91
	0.01	10.0	7.56	6.55	5.99	5.64	5.39	5.20	5.06	4.94	4.85	4.77	4.71
	0.25	1.47	1.58	1.58	1.57	1.56	1.55	1.54	1.53	1.53	1.52	1.52	1.51
11	0.10	3.23	2.86	2.66	2.54	2.45	2.39	2.34	2.30	2.27	2.25	2.23	2.21
	0.05	4.84	3.98	3.59	3.36	3.20	3.09	3.01	2.95	2.90	2.85	2.82	2.79
	0.01	9.65	7.21	6.22	5.67	5.32	5.07	4.89	4.74	4.63	4.54	4.46	4.40
	0.25	1.46	1.56	1.56	1.55	1.54	1.53	1.52	1.51	1.51	1.50	1.50	1.49
12	0.10	3.18	2.81	2.61	2.48	2.39	2.33	2.28	2.24	2.21	2.19	2.17	2.15
	0.05	4.75	3.89	3.49	3.26	3.11	3.00	2.91	2.85	2.80	2.75	2.72	2.69
	0.01	9.33	6.93	5.95	5.41	5.06	4.82	4.64	4.50	4.39	4.30	4.22	4.16
	0.25	1.45	1.55	1.55	1.53	1.52	1.51	1.50	1.49	1.49	1.48	1.47	1.47
13	0.10	3.14	2.76	2.56	2.43	2.35	2.28	2.23	2.20	2.16	2.14	2.12	2.10
	0.05	4.67	3.81	3.41	3.18	3.03	2.92	2.83	2.77	2.71	2.67	2.63	2.60
	0.01	9.07	6.70	5.74	5.21	4.86	4.62	4.44	4.30	4.19	4.10	4.02	3.96
	0.25	1.44	1.53	1.53	1.52	1.51	1.50	1.49	1.48	1.47	1.46	1.46	1.45
14	0.10	3.10	2.73	2.52	2.39	2.31	2.24	2.19	2.15	2.12	2.10	2.08	2.05
	0.05	4.60	3.74	3.34	3.11	2.96	2.85	2.76	2.70	2.65	2.60	2.57	2.53
	0.01	8.86	6.51	5.56	5.04	4.69	4.46	4.28	4.14	4.03	3.94	3.86	3.80
	0.25	1.43	1.52	1.52	1.51	1.49	1.48	1.47	1.46	1.46	1.45	1.44	1.44
15	0.10	3.07	2.70	2.49	2.36	2.27	2.21	2.16	2.12	2.09	2.06	2.04	2.02
	0.05	4.54	3.68	3.29	3.06	2.90	2.79	2.71	2.64	2.59	2.54	2.51	2.48
	0.01	8.68	6.36	5.42	4.89	4.56	4.32	4.14	4.00	3.89	3.80	3.73	3.67
	0.25	1.42	1.51	1.51	1.50	1.48	1.47	1.46	1.45	1.44	1.44	1.44	1.43
16	0.10	3.05	2.67	2.46	2.33	2.24	2.18	2.13	2.09	2.06	2.03	2.01	1.99
	0.05	4.49	3.63	3.24	3.01	2.85	2.74	2.66	2.59	2.54	2.49	2.46	2.42
	0.01	8.53	6.23	5.29	4.77	4.44	4.20	4.03	3.89	3.78	3.69	3.62	3.55
	0.25	1.42	1.51	1.50	1.49	1.47	1.46	1.45	1.44	1.43	1.43	1.42	1.41
17	0.10	3.03	2.64	2.44	2.31	2.22	2.15	2.10	2.06	2.03	2.00	1.98	1.96
	0.05	4.45	3.59	3.20	2.96	2.81	2.70	2.61	2.55	2.49	2.45	2.41	2.38
	0.01	8.40	6.11	5.18	4.67	4.34	4.10	3.93	3.79	3.68	3.59	3.52	3.46
	0.25	1.41	1.50	1.49	1.48	1.46	1.45	1.44	1.43	1.42	1.42	1.41	1.40
18	0.10	3.01	2.62	2.42	2.29	2.20	2.13	2.08	2.04	2.00	1.98	1.96	1.93
	0.05	4.41	3.55	3.16	2.93	2.77	2.66	2.58	2.51	2.46	2.41	2.37	2.34
	0.01	8.29	6.01	5.09	4.58	4.25	4.01	3.84	3.71	3.60	3.51	3.43	3.37
	0.25	1.41	1.49	1.49	1.47	1.46	1.44	1.43	1.42	1.41	1.41	1.40	1.40
19	0.10	2.99	2.61	2.40	2.27	2.18	2.11	2.06	2.02	1.98	1.96	1.94	1.91
	0.05	4.38	3.52	3.13	2.90	2.74	2.63	2.54	2.48	2.42	2.38	2.34	2.31
	0.01	8.18	5.93	5.01	4.50	4.17	3.94	3.77	3.63	3.52	3.43	3.36	3.30
	0.25	1.40	1.49	1.48	1.46	1.45	1.44	1.43	1.42	1.41	1.40	1.39	1.39
20	0.10	2.97	2.59	2.38	2.25	2.16	2.09	2.04	2.00	1.96	1.94	1.92	1.89
	0.05	4.35	3.49	3.10	2.87	2.71	2.60	2.51	2.45	2.39	2.35	2.31	2.28
	0.01	8.10	5.85	4.94	4.43	4.10	3.87	3.70	3.56	3.46	3.37	3.29	3.23

（续）

由度													分母
15	20	24	30	40	50	60	100	120	200	500	∞	Pr	自由度
1.53	1.52	1.52	1.51	1.51	1.50	1.50	1.49	1.49	1.49	1.48	1.48	0.25	
2.24	2.20	2.18	2.16	2.13	2.12	2.11	2.09	2.08	2.07	2.06	2.06	0.10	10
2.85	2.77	2.74	2.70	2.66	2.64	2.62	2.59	2.58	2.56	2.55	2.54	0.05	
4.56	4.41	4.33	4.25	4.17	4.12	4.08	4.01	4.00	3.96	3.93	3.91	0.01	
1.50	1.49	1.49	1.48	1.47	1.47	1.47	1.46	1.46	1.46	1.45	1.45	0.25	
2.17	2.12	2.10	2.08	2.05	2.04	2.03	2.00	2.00	1.99	1.98	1.97	0.10	11
2.72	2.65	2.61	2.57	2.53	2.51	2.49	2.46	2.45	2.43	2.42	2.40	0.05	
4.25	4.10	4.02	3.94	3.86	3.81	3.78	3.71	3.69	3.66	3.62	3.60	0.01	
1.48	1.47	1.46	1.45	1.45	1.44	1.44	1.43	1.43	1.43	1.42	1.42	0.25	
2.10	2.06	2.04	2.01	1.99	1.97	1.96	1.94	1.93	1.92	1.91	1.90	0.10	12
2.62	2.54	2.51	2.47	2.43	2.40	2.38	2.35	2.34	2.32	2.31	2.30	0.05	
4.01	3.86	3.78	3.70	3.62	3.57	3.54	3.47	3.45	3.41	3.38	3.36	0.01	
1.46	1.45	1.44	1.43	1.42	1.42	1.42	1.41	1.41	1.40	1.40	1.40	0.25	
2.05	2.01	1.98	1.96	1.93	1.92	1.90	1.88	1.88	1.86	1.85	1.85	0.10	13
2.53	2.46	2.42	2.38	2.34	2.31	2.30	2.26	2.25	2.23	2.22	2.21	0.05	
3.82	3.66	3.59	3.51	3.43	3.38	3.34	3.27	3.25	3.22	3.19	3.17	0.01	
1.44	1.43	1.42	1.41	1.41	1.40	1.40	1.39	1.39	1.39	1.38	1.38	0.25	
2.01	1.96	1.94	1.91	1.89	1.87	1.86	1.83	1.83	1.82	1.80	1.80	0.10	14
2.46	2.39	2.35	2.31	2.27	2.24	2.22	2.19	2.18	2.16	2.14	2.13	0.05	
3.66	3.51	3.43	3.35	3.27	3.22	3.18	3.11	3.09	3.06	3.03	3.00	0.01	
1.43	1.41	1.41	1.40	1.39	1.39	1.38	1.38	1.37	1.37	1.36	1.36	0.25	
1.97	1.92	1.90	1.87	1.85	1.83	1.82	1.79	1.79	1.77	1.76	1.76	0.10	15
2.40	2.33	2.29	2.25	2.20	2.18	2.16	2.12	2.11	2.10	2.08	2.07	0.05	
3.52	3.37	3.29	3.21	3.13	3.08	3.05	2.98	2.96	2.92	2.89	2.87	0.01	
1.41	1.40	1.39	1.38	1.37	1.37	1.36	1.36	1.35	1.35	1.34	1.34	0.25	
1.94	1.89	1.87	1.84	1.81	1.79	1.78	1.76	1.75	1.74	1.73	1.72	0.10	16
2.35	2.28	2.24	2.19	2.15	2.12	2.11	2.07	2.06	2.04	2.02	2.01	0.05	
3.41	3.26	3.18	3.10	3.02	2.97	2.93	2.86	2.84	2.81	2.78	2.75	0.01	
1.40	1.39	1.38	1.37	1.36	1.35	1.35	1.34	1.34	1.34	1.33	1.33	0.25	
1.91	1.86	1.84	1.81	1.78	1.76	1.75	1.73	1.72	1.71	1.69	1.69	0.10	17
2.31	2.23	2.19	2.15	2.10	2.08	2.06	2.02	2.01	1.99	1.97	1.96	0.05	
3.31	3.16	3.08	3.00	2.92	2.87	2.83	2.76	2.75	2.71	2.68	2.65	0.01	
1.39	1.38	1.37	1.36	1.35	1.34	1.34	1.33	1.33	1.32	1.32	1.32	0.25	
1.89	1.84	1.81	1.78	1.75	1.74	1.72	1.70	1.69	1.68	1.67	1.66	0.10	18
2.27	2.19	2.15	2.11	2.06	2.04	2.02	1.98	1.97	1.95	1.93	1.92	0.05	
3.23	3.08	3.00	2.92	2.84	2.78	2.75	2.68	2.66	2.62	2.59	2.57	0.01	
1.38	1.37	1.36	1.35	1.34	1.33	1.33	1.32	1.32	1.31	1.31	1.30	0.25	
1.86	1.81	1.79	1.76	1.73	1.71	1.70	1.67	1.67	1.65	1.64	1.63	0.10	19
2.23	2.16	2.11	2.07	2.03	2.00	1.98	1.94	1.93	1.91	1.89	1.88	0.05	
3.15	3.00	2.92	2.84	2.76	2.71	2.67	2.60	2.58	2.55	2.51	2.49	0.01	
1.37	1.36	1.35	1.34	1.33	1.33	1.32	1.31	1.31	1.30	1.30	1.29	0.25	
1.84	1.79	1.77	1.74	1.71	1.69	1.68	1.65	1.64	1.63	1.62	1.61	0.10	20
2.20	2.12	2.08	2.04	1.99	1.97	1.95	1.91	1.90	1.88	1.86	1.84	0.05	
3.09	2.94	2.86	2.78	2.69	2.64	2.61	2.54	2.52	2.48	2.44	2.42	0.01	

分母自由度	Pr	分子自											
		1	2	3	4	5	6	7	8	9	10	11	12
	0.25	1.40	1.48	1.47	1.45	1.44	1.42	1.41	1.40	1.39	1.39	1.38	1.37
22	0.10	2.95	2.56	2.35	2.22	2.13	2.06	2.01	1.97	1.93	1.90	1.88	1.86
	0.05	4.30	3.44	3.05	2.82	2.66	2.55	2.46	2.40	2.34	2.30	2.26	2.23
	0.01	7.95	5.72	4.82	4.31	3.99	3.76	3.59	3.45	3.35	3.26	3.18	3.12
	0.25	1.39	1.47	1.46	1.44	1.43	1.41	1.40	1.39	1.38	1.38	1.37	1.36
24	0.10	2.93	2.54	2.33	2.19	2.10	2.04	1.98	1.94	1.91	1.88	1.85	1.83
	0.05	4.26	3.40	3.01	2.78	2.62	2.51	2.42	2.36	2.30	2.25	2.21	2.18
	0.01	7.82	5.61	4.72	4.22	3.90	3.67	3.50	3.36	3.26	3.17	3.09	3.03
	0.25	1.38	1.46	1.45	1.44	1.42	1.41	1.39	1.38	1.37	1.37	1.36	1.35
26	0.10	2.91	2.52	2.31	2.17	2.08	2.01	1.96	1.92	1.88	1.86	1.84	1.81
	0.05	4.23	3.37	2.98	2.74	2.59	2.47	2.39	2.32	2.27	2.22	2.18	2.15
	0.01	7.72	5.53	4.64	4.14	3.82	3.59	3.42	3.29	3.18	3.09	3.02	2.96
	0.25	1.38	1.46	1.45	1.43	1.41	1.40	1.39	1.38	1.37	1.36	1.35	1.34
28	0.10	2.89	2.50	2.29	2.16	2.06	2.00	1.94	1.90	1.87	1.84	1.81	1.79
	0.05	4.20	3.34	2.95	2.71	2.56	2.45	2.36	2.29	2.24	2.19	2.15	2.12
	0.01	7.64	5.45	4.57	4.07	3.75	3.53	3.36	3.23	3.12	3.03	2.96	2.90
	0.25	1.38	1.45	1.44	1.42	1.41	1.39	1.38	1.37	1.36	1.35	1.35	1.34
30	0.10	2.88	2.49	2.28	2.14	2.05	1.98	1.93	1.88	1.85	1.82	1.79	1.77
	0.05	4.17	3.32	2.92	2.69	2.53	2.42	2.33	2.27	2.21	2.16	2.13	2.09
	0.01	7.56	5.39	4.51	4.02	3.70	3.47	3.30	3.17	3.07	2.98	2.91	2.84
	0.25	1.36	1.44	1.42	1.40	1.39	1.37	1.36	1.35	1.34	1.33	1.32	1.31
40	0.10	2.84	2.44	2.23	2.09	2.00	1.93	1.87	1.83	1.79	1.76	1.73	1.71
	0.05	4.08	3.23	2.84	2.61	2.45	2.34	2.25	2.18	2.12	2.08	2.04	2.00
	0.01	7.31	5.18	4.31	3.83	3.51	3.29	3.12	2.99	2.89	2.80	2.73	2.66
	0.25	1.35	1.42	1.41	1.38	1.37	1.35	1.33	1.32	1.31	1.30	1.29	1.29
60	0.10	2.79	2.39	2.18	2.04	1.95	1.87	1.82	1.77	1.74	1.71	1.68	1.66
	0.05	4.00	3.15	2.76	2.53	2.37	2.25	2.17	2.10	2.04	1.99	1.95	1.92
	0.01	7.08	4.98	4.13	3.65	3.34	3.12	2.95	2.82	2.72	2.63	2.56	2.50
	0.25	1.34	1.40	1.39	1.37	1.35	1.33	1.31	1.30	1.29	1.28	1.27	1.26
120	0.10	2.75	2.35	2.13	1.99	1.90	1.82	1.77	1.72	1.68	1.65	1.62	1.60
	0.05	3.92	3.07	2.68	2.45	2.29	2.17	2.09	2.02	1.96	1.91	1.87	1.83
	0.01	6.85	4.79	3.95	3.48	3.17	2.96	2.79	2.66	2.56	2.47	2.40	2.34
	0.25	1.33	1.39	1.38	1.36	1.34	1.32	1.31	1.29	1.28	1.27	1.26	1.25
200	0.10	2.73	2.33	2.11	1.97	1.88	1.80	1.75	1.70	1.66	1.63	1.60	1.57
	0.05	3.89	3.04	2.65	2.42	2.26	2.14	2.06	1.98	1.93	1.88	1.84	1.80
	0.01	6.76	4.71	3.88	3.41	3.11	2.89	2.73	2.60	2.50	2.41	2.34	2.27
	0.25	1.32	1.39	1.37	1.35	1.33	1.31	1.29	1.28	1.27	1.25	1.24	1.24
∞	0.10	2.71	2.30	2.08	1.94	1.85	1.77	1.72	1.67	1.63	1.60	1.57	1.55
	0.05	3.84	3.00	2.60	2.37	2.21	2.10	2.01	1.94	1.88	1.83	1.79	1.75
	0.01	6.63	4.61	3.78	3.32	3.02	2.80	2.64	2.51	2.41	2.32	2.25	2.18

（续）

由度													分母
15	20	24	30	40	50	60	100	120	200	500	∞	Pr	自由度
1.36	1.34	1.33	1.32	1.31	1.31	1.30	1.30	1.30	1.29	1.29	1.28	0.25	
1.81	1.76	1.73	1.70	1.67	1.65	1.64	1.61	1.60	1.59	1.58	1.57	0.10	22
2.15	2.07	2.03	1.98	1.94	1.91	1.89	1.85	1.84	1.82	1.80	1.78	0.05	
2.98	2.83	2.75	2.67	2.58	2.53	2.50	2.42	2.40	2.36	2.33	2.31	0.01	
1.35	1.33	1.32	1.31	1.30	1.29	1.29	1.28	1.28	1.27	1.27	1.26	0.25	
1.78	1.73	1.70	1.67	1.64	1.62	1.61	1.58	1.57	1.56	1.54	1.53	0.10	24
2.11	2.03	1.98	1.94	1.89	1.86	1.84	1.80	1.79	1.77	1.75	1.73	0.05	
2.89	2.74	2.66	2.58	2.49	2.44	2.40	2.33	2.31	2.27	2.24	2.21	0.01	
1.34	1.32	1.31	1.30	1.29	1.28	1.28	1.26	1.26	1.26	1.25	1.25	0.25	
1.76	1.71	1.68	1.65	1.61	1.59	1.58	1.55	1.54	1.53	1.51	1.50	0.10	26
2.07	1.99	1.95	1.90	1.85	1.82	1.80	1.76	1.75	1.73	1.71	1.69	0.05	
2.81	2.66	2.58	2.50	2.42	2.36	2.33	2.25	2.23	2.19	2.16	2.13	0.01	
1.33	1.31	1.30	1.29	1.28	1.27	1.27	1.26	1.25	1.25	1.24	1.24	0.25	
1.74	1.69	1.66	1.63	1.59	1.57	1.56	1.53	1.52	1.50	1.49	1.48	0.10	28
2.04	1.96	1.91	1.87	1.82	1.79	1.77	1.73	1.71	1.69	1.67	1.65	0.05	
2.75	2.60	2.52	2.44	2.35	2.30	2.26	2.19	2.17	2.13	2.09	2.06	0.01	
1.32	1.30	1.29	1.28	1.27	1.26	1.26	1.25	1.24	1.24	1.23	1.23	0.25	
1.72	1.67	1.64	1.61	1.57	1.55	1.54	1.51	1.50	1.48	1.47	1.46	0.10	30
2.01	1.93	1.89	1.84	1.79	1.76	1.74	1.70	1.68	1.66	1.64	1.62	0.05	
2.70	2.55	2.47	2.39	2.30	2.25	2.21	2.13	2.11	2.07	2.03	2.01	0.01	
1.30	1.28	1.26	1.25	1.24	1.23	1.22	1.21	1.21	1.20	1.19	1.19	0.25	
1.66	1.61	1.57	1.54	1.51	1.48	1.47	1.43	1.42	1.41	1.39	1.38	0.10	40
1.92	1.84	1.79	1.74	1.69	1.66	1.64	1.59	1.58	1.55	1.53	1.51	0.05	
2.52	2.37	2.29	2.20	2.11	2.06	2.02	1.94	1.92	1.87	1.83	1.80	0.01	
1.27	1.25	1.24	1.22	1.21	1.20	1.19	1.17	1.17	1.16	1.15	1.15	0.25	
1.60	1.54	1.51	1.48	1.44	1.41	1.40	1.36	1.35	1.33	1.31	1.29	0.10	60
1.84	1.75	1.70	1.65	1.59	1.56	1.53	1.48	1.47	1.44	1.41	1.39	0.05	
2.35	2.20	2.12	2.03	1.94	1.88	1.84	1.75	1.73	1.68	1.63	1.60	0.01	
1.24	1.22	1.21	1.19	1.18	1.17	1.16	1.14	1.13	1.12	1.11	1.10	0.25	
1.55	1.48	1.45	1.41	1.37	1.34	1.32	1.27	1.26	1.24	1.21	1.19	0.10	120
1.75	1.66	1.61	1.55	1.50	1.46	1.43	1.37	1.35	1.32	1.28	1.25	0.05	
2.19	2.03	1.95	1.86	1.76	1.70	1.66	1.56	1.53	1.48	1.42	1.38	0.01	
1.23	1.21	1.20	1.18	1.16	1.14	1.12	1.11	1.10	1.09	1.08	1.06	0.25	
1.52	1.46	1.42	1.38	1.34	1.31	1.28	1.24	1.22	1.20	1.17	1.14	0.10	200
1.72	1.62	1.57	1.52	1.46	1.41	1.39	1.32	1.29	1.26	1.22	1.19	0.05	
2.13	1.97	1.89	1.79	1.69	1.63	1.58	1.48	1.44	1.39	1.33	1.28	0.01	
1.22	1.19	1.18	1.16	1.14	1.13	1.12	1.09	1.08	1.07	1.04	1.00	0.25	
1.49	1.42	1.38	1.34	1.30	1.26	1.24	1.18	1.17	1.13	1.08	1.00	0.10	
1.67	1.57	1.52	1.46	1.39	1.35	1.32	1.24	1.22	1.17	1.11	1.00	0.05	
2.04	1.88	1.79	1.70	1.59	1.52	1.47	1.36	1.32	1.25	1.15	1.00	0.01	

附录 F

杜宾 - 沃森检验临界值表

5%的上下界

n	$k=2$		$k=3$		$k=4$		$k=5$		$k=6$	
	d_L	d_U	d_L	d_U	d_L	d_U	d_L	d_U	d_L	d_U
15	1.08	1.36	0.95	1.54	0.82	1.75	0.69	1.97	0.56	2.21
16	1.10	1.37	0.98	1.54	0.86	1.73	0.74	1.93	0.62	2.15
17	1.13	1.38	1.02	1.54	0.90	1.71	0.78	1.90	0.67	2.10
18	1.16	1.39	1.05	1.53	0.93	1.69	0.82	1.87	0.71	2.06
19	1.18	1.40	1.08	1.53	0.97	1.68	0.86	1.85	0.75	2.02
20	1.20	1.41	1.10	1.54	1.00	1.68	0.90	1.83	0.79	1.99
21	1.22	1.42	1.13	1.54	1.03	1.67	0.93	1.81	0.83	1.96
22	1.24	1.43	1.15	1.54	1.05	1.66	0.96	1.80	0.86	1.94
23	1.26	1.44	1.17	1.54	1.08	1.66	0.99	1.79	0.90	1.92
24	1.27	1.45	1.19	1.55	1.10	1.66	1.01	1.78	0.93	1.90
25	1.29	1.45	1.21	1.55	1.12	1.66	1.04	1.77	0.95	1.89
26	1.30	1.46	1.22	1.55	1.14	1.65	1.06	1.76	0.98	1.88
27	1.32	1.47	1.24	1.56	1.16	1.65	1.08	1.76	1.01	1.86
28	1.33	1.48	1.26	1.56	1.18	1.65	1.10	1.75	1.03	1.85
29	1.34	1.48	1.27	1.56	1.20	1.65	1.12	1.74	1.05	1.84
30	1.35	1.49	1.28	1.57	1.21	1.65	1.14	1.74	1.07	1.83
31	1.36	1.50	1.30	1.57	1.23	1.65	1.16	1.74	1.09	1.83
32	1.37	1.50	1.31	1.57	1.24	1.65	1.18	1.73	1.11	1.82
33	1.38	1.51	1.32	1.58	1.26	1.65	1.19	1.73	1.13	1.81
34	1.39	1.51	1.33	1.58	1.27	1.65	1.21	1.73	1.15	1.81
35	1.40	1.52	1.34	1.58	1.28	1.65	1.22	1.73	1.16	1.80
36	1.41	1.52	1.35	1.59	1.29	1.65	1.24	1.73	1.18	1.80
37	1.42	1.53	1.36	1.59	1.31	1.66	1.25	1.72	1.19	1.80
38	1.43	1.54	1.37	1.59	1.32	1.66	1.26	1.72	1.21	1.79
39	1.43	1.54	1.38	1.60	1.33	1.66	1.27	1.72	1.22	1.79
40	1.44	1.54	1.39	1.60	1.34	1.66	1.29	1.72	1.23	1.79
45	1.48	1.57	1.43	1.62	1.38	1.67	1.34	1.72	1.29	1.78
50	1.50	1.59	1.46	1.63	1.42	1.67	1.38	1.72	1.34	1.77
55	1.53	1.60	1.49	1.64	1.45	1.68	1.41	1.72	1.38	1.77
60	1.55	1.62	1.51	1.65	1.48	1.69	1.44	1.73	1.41	1.77
65	1.57	1.63	1.54	1.66	1.50	1.70	1.47	1.73	1.44	1.77
70	1.58	1.64	1.55	1.67	1.52	1.70	1.49	1.74	1.46	1.77
75	1.60	1.65	1.57	1.68	1.54	1.71	1.51	1.74	1.49	1.77
80	1.61	1.66	1.59	1.69	1.56	1.72	1.53	1.74	1.51	1.77
85	1.62	1.67	1.60	1.70	1.57	1.72	1.55	1.75	1.52	1.77
90	1.63	1.68	1.61	1.70	1.59	1.73	1.57	1.75	1.54	1.78
95	1.64	1.69	1.62	1.71	1.60	1.73	1.58	1.75	1.56	1.78
100	1.65	1.69	1.63	1.72	1.61	1.74	1.59	1.76	1.57	1.78

1%的上下界

n	$k=2$		$k=3$		$k=4$		$k=5$		$k=6$	
	d_L	d_U	d_L	d_U	d_L	d_U	d_L	d_U	d_L	d_U
15	0.81	1.07	0.70	1.25	0.59	1.46	0.49	1.70	0.39	1.96
16	0.84	1.09	0.74	1.25	0.63	1.44	0.53	1.66	0.44	1.90
17	0.87	1.10	0.77	1.25	0.67	1.43	0.57	1.63	0.48	1.85
18	0.90	1.12	0.80	1.26	0.71	1.42	0.61	1.60	0.52	1.80
19	0.93	1.13	0.83	1.26	0.74	1.41	0.65	1.58	0.56	1.77
20	0.95	1.15	0.86	1.27	0.77	1.41	0.68	1.57	0.60	1.74
21	0.97	1.16	0.89	1.27	0.80	1.41	0.72	1.55	0.63	1.71
22	1.00	1.17	0.91	1.28	0.83	1.40	0.75	1.54	0.66	1.69
23	1.02	1.19	0.94	1.29	0.86	1.40	0.77	1.53	0.70	1.67
24	1.04	1.20	0.96	1.30	0.88	1.41	0.80	1.53	0.72	1.66
25	1.05	1.21	0.98	1.30	0.90	1.41	0.83	1.52	0.75	1.65
26	1.07	1.22	1.00	1.31	0.93	1.41	0.85	1.52	0.78	1.64
27	1.09	1.23	1.02	1.32	0.95	1.41	0.88	1.51	0.81	1.63
28	1.10	1.24	1.04	1.32	0.97	1.41	0.90	1.51	0.83	1.62
29	1.12	1.25	1.05	1.33	0.99	1.42	0.92	1.51	0.85	1.61
30	1.13	1.26	1.07	1.34	1.01	1.42	0.94	1.51	0.88	1.61
31	1.15	1.27	1.08	1.34	1.02	1.42	0.96	1.51	0.90	1.60
32	1.16	1.28	1.10	1.35	1.04	1.43	0.98	1.51	0.92	1.60
33	1.17	1.29	1.11	1.36	1.05	1.43	1.00	1.51	0.94	1.59
34	1.18	1.30	1.13	1.36	1.07	1.43	1.01	1.51	0.95	1.59
35	1.19	1.31	1.14	1.37	1.08	1.44	1.03	1.51	0.97	1.59
36	1.21	1.32	1.15	1.38	1.10	1.44	1.04	1.51	0.99	1.59
37	1.22	1.32	1.16	1.38	1.11	1.45	1.06	1.51	1.00	1.59
38	1.23	1.33	1.18	1.39	1.12	1.45	1.07	1.52	1.02	1.58
39	1.24	1.34	1.19	1.39	1.14	1.45	1.09	1.52	1.03	1.58
40	1.25	1.34	1.20	1.40	1.15	1.46	1.10	1.52	1.05	1.58
45	1.29	1.38	1.24	1.42	1.20	1.48	1.16	1.53	1.11	1.58
50	1.32	1.40	1.28	1.45	1.24	1.49	1.20	1.54	1.16	1.59
55	1.36	1.43	1.32	1.47	1.28	1.51	1.25	1.55	1.21	1.59
60	1.38	1.45	1.35	1.48	1.32	1.52	1.28	1.56	1.25	1.60
65	1.41	1.47	1.38	1.50	1.35	1.53	1.31	1.57	1.28	1.61
70	1.43	1.49	1.40	1.52	1.37	1.55	1.34	1.58	1.31	1.61
75	1.45	1.50	1.42	1.53	1.39	1.56	1.37	1.59	1.34	1.62
80	1.47	1.52	1.44	1.54	1.42	1.57	1.39	1.60	1.36	1.62
85	1.48	1.53	1.46	1.55	1.43	1.58	1.41	1.60	1.39	1.63
90	1.50	1.54	1.47	1.56	1.45	1.59	1.43	1.61	1.41	1.64
95	1.51	1.55	1.49	1.57	1.47	1.60	1.45	1.62	1.42	1.64
100	1.52	1.56	1.50	1.58	1.48	1.60	1.46	1.63	1.44	1.65

注：n是观察值的数目；k是解释变量的数目，包含常数项。

附录 G ADF 分布临界值表

模型形式	显著性水平				
	样本数	0.01	0.025	0.05	0.10
无常数项和趋势项	25	−2.66	−2.26	−1.95	−1.60
	50	−2.62	−2.25	−1.95	−1.61
	100	−2.60	−2.24	−1.95	−1.61
	250	−2.58	−2.23	−1.95	−1.62
	300	−2.58	−2.23	−1.95	−1.62
	∞	−2.58	−2.23	−1.95	−1.62
有常数项但无趋势项	25	−3.75	−3.33	−3.00	−2.62
	50	−3.58	−3.22	−2.93	−2.60
	100	−3.51	−3.17	−2.89	−2.58
	250	−3.46	−3.14	−2.88	−2.57
	300	−3.44	−3.13	−2.87	−2.57
	∞	−3.43	−3.12	−2.86	−2.57
有常数项和趋势项	25	−4.38	−3.95	−3.60	−3.24
	50	−4.15	−3.80	−3.50	−3.18
	100	−4.04	−3.73	−3.45	−3.15
	250	−3.99	−3.69	−3.43	−3.13
	300	−3.98	−3.68	−3.42	−3.13
	∞	−3.96	−3.66	−3.41	−3.12

附录 H
ϕ 的经验分布表

模型形式	显著性水平				
	样 本 数	0.10	0.05	0.025	0.01
ϕ_1	25	4.12	5.18	6.30	7.88
	50	3.94	4.86	5.80	7.06
	100	3.86	4.71	5.57	6.70
	250	3.81	4.63	5.45	6.52
	300	3.79	4.61	5.41	6.47
	∞	3.78	4.59	5.38	6.43
ϕ_2	25	4.67	5.68	6.75	8.21
	50	4.31	5.13	5.94	7.02
	100	4.16	4.88	5.59	6.50
	250	4.07	4.75	5.40	6.22
	300	4.05	4.71	5.35	6.15
	∞	4.03	4.68	5.31	6.09
ϕ_3	25	5.91	7.24	8.65	10.61
	50	5.61	6.73	7.81	9.31
	100	5.47	6.49	7.44	8.73
	250	5.39	6.34	7.25	8.43
	300	5.36	6.30	7.20	8.34
	∞	5.34	6.25	7.16	8.27

参考文献

[1] 陈强．高级计量经济学及 Stata 应用［M］．2 版．北京：高等教育出版社，2014.

[2] 道格拉斯 A 林德，威廉 G 马歇尔，塞缪尔 A 沃森．商务与经济统计方法——全球数据集［M］．冯燕奇，叶光，聂巧平，译．北京：机械工业出版社，2009.

[3] 达摩达尔 N 古扎拉蒂．计量经济学基础［M］．费剑平，孙春霞，等译．4 版．北京：中国人民大学出版社，2005.

[4] 邓翔，杜江，张蕊．计量经济学［M］．成都：四川大学出版社，2002.

[5] 弗朗西斯 X 迪博尔德．经济预测基础教程［M］．杜江，李恒，译．北京：机械工业出版社，2012.

[6] 高铁梅．计量经济分析方法与建模：EViews 应用及实例［M］．2 版．北京：清华大学出版社，2009.

[7] 李宝仁．计量经济学［M］．北京：机械工业出版社，2008.

[8] 李子奈，潘文卿．计量经济学［M］．2 版．北京：高等教育出版社，2005.

[9] 罗伯特 S 平狄克，丹尼尔 L 鲁宾菲尔德．计量经济模型与经济预测［M］．钱小军，等译．北京：机械工业出版社，1999.

[10] 潘文卿，李子奈，高吉丽．计量经济学习题集［M］．北京：高等教育出版社，2005.

[11] 庞皓．计量经济学［M］．北京：科学出版社，2007.

[12] 施图德蒙德．应用计量经济学［M］．杜江，李恒，译．6 版．北京：机械工业出版社，2011.

[13] 沃尔特·恩格斯．应用计量经济学：时间序列分析［M］．杜江，袁景安，译．3 版．北京：机械工业出版社，2012.

[14] 张晓峒．EViews 使用指南与案例［M］．北京：机械工业出版社，2008.

[15] 蓑谷千凰彦．计量经济学大全［M］．东京：东洋经济新报社，2007.

[16] 滝川好夫，前田洋树．EViews 计量经济学入门［M］．2 版．东京：日本评论社，2006.

HZ BOOKS 华章教育

经济学

课程名称	书号	书名、作者及出版时间	版别	定价
预测理论与方法	978-7-111-38130-3	经济预测基础教程（第4版）（迪博尔德）（2012年）	外版	59
国际经济学	978-7-111-34033-1	国际经济学（第8版）（赫斯特德）（2011年）	外版	62
国际经济学	978-7-111-35280-8	国际经济学（英文版·第8版）（赫斯特德）（2011年）	外版	69
国际经济学	978-7-111-49021-0	国际经济学：国际金融分册（第8版）（阿普尔亚德）（2015年）	外版	39
国际经济学	978-7-111-47783-9	国际经济学：国际贸易分册（第8版）（阿普尔亚德）（2014年）	外版	59
管理经济学	978-7-111-48424-0	管理经济学（第11版）（莫瑞斯）（2014年）	外版	75
管理经济学	978-7-111-39670-3	管理经济学（第12版）（麦圭根）（2012年）	外版	89
管理经济学	978-7-111-41881-8	管理经济学（第12版）（中国版）（麦圭根）（2013年）	外版	55
管理经济学	978-7-111-31879-8	管理经济学（第9版）（中国版）（托马斯、刘延平）（2010年）	外版	48
管理经济学	978-7-111-26569-6	管理经济学（英文版·第11版）（麦圭根）（2009年）	外版	68
管理经济学	978-7-111-48567-4	管理经济学（英文版·第11版）（莫瑞斯）（2014年）	外版	89
发展经济学	978-7-111-45840-1	发展经济学（第11版）（托达罗）（2014年）	外版	89
财政学	即将出版	财政学（第4版）（格鲁伯）（2015年）	外版	79
经贸英语	978-7-111-40348-7	经贸英语阅读教程（第3版）（潘忠）（2012年）	本版	25
经贸英语	978-7-111-44666-8	商务英语阅读（沈素萍）（2013年）	本版	35
经贸英语	978-7-111-46218-7	商务英语阅读教程（杨伶俐）（2014年）	本版	29
经济法	978-7-111-47546-0	经济法（第2版）（葛恒云）（2014年）	本版	35
经济法	978-7-111-44659-0	经济法（第2版）（郭懿美）（2014年）	本版	39
经济法	978-7-111-41779-8	经济法（刘大洪）（2013年）	本版	39
经济法	978-7-111-13974-4	经济法基础与实务（黄瑞）（2008年）	本版	32
国际经济学	978-7-111-25578-9	国际经济学（精品课）（赵英军）（2009年）	本版	32
国际经济关系学	978-7-111-27371-4	国际经济关系学概论（周林）（2009年）	本版	30
管理经济学	978-7-111-39608-6	管理经济学（毛蕴诗）（“十二五”普通高等教育本科国家级规划教材）（2012年）	本版	45
产业经济学	978-7-111-49568-0	产业经济学（刘志彪）（2015年）	本版	39
财政学	978-7-111-27276-2	财政学（第2版）（李友元）（2009年）	本版	36
财经应用文写作	978-7-111-42715-5	财经应用文写作（刘常宝）（2013年）	本版	30
博弈论	978-7-111-30394-7	博弈论及其应用（李帮义）（2010年）	本版	25

华章文渊系列

课程名称	书号	书名、作者及出版时间	定价
财务管理（公司理财）	即将出版	财务管理（刘淑莲）（2015年）	39
战略管理	978-7-111-32666-3	战略管理（第2版）（“十一五”国家级规划教材）（王方华）（2010年）	38
运营管理	978-7-111-42293-8	生产运作管理（第4版）（陈荣秋，马士华）（2013年）	49
企业文化	978-7-111-44522-7	企业文化（第2版）（“十二五”普通高等教育本科国家级规划教材）（陈春花）（2013年）	35
管理学	978-7-111-37505-0	管理学原理（第2版）（陈传明）（2012年）	36
管理沟通	978-7-111-46992-6	管理沟通：成功管理的基石（第3版）（魏江）（2014年）	39
创业管理	978-7-111-42860-2	创业管理（第3版）（基础版）（张玉利）（“十二五”普通高等教育本科国家级规划教材）（2013年）	29
创业管理	978-7-111-42833-6	创业管理（第3版）（张玉利）（“十二五”普通高等教育本科国家级规划教材）（2013年）	39
会计学	978-7-111-46849-3	基础会计学（潘爱玲）（2014年）	35
统计学	978-7-111-31321-2	统计学（曾五一）（2010年）	35
数量经济学	978-7-111-26575-7	应用数量经济学（“十一五”国家级规划教材）（张晓峒）（2009年）	45
管理经济学	978-7-111-39608-6	管理经济学（毛蕴诗）（“十二五”普通高等教育本科国家级规划教材）（2012年）	45
产业经济学	978-7-111-49568-0	产业经济学（刘志彪）（2015年）	39
组织行为学	978-7-111-39625-3	组织行为学（第2版）（陈春花）（2012年）	39
供应链（物流）管理	978-7-111-45453-3	供应链管理（第4版）（马士华）（2014年）	39